BESSER DENKEN BESSER LEBEN

BESSER DENKEN BESSER LEBEN

Geistige Fähigkeiten spielerisch entfalten

Verlag Das Beste Stuttgart · Zürich · Wien

Impressum

Freie Mitarbeit
Konzeption, Koordination und Redaktion: Thomas Kopal
Konzeptionelle Fachberatung: Dr. Matthias Reiss
Autoren: Frank Miltner und Werner Siefer (S. 16–77);
Josef Scheppach (S. 80–165);
Julianne Breitenfeld (S. 168–311)
Bildresearch: Gabriele Forst

Verlag Das Beste
Redaktion: Annegret Diener-Steinherr (Projektleitung),
Sigrid Blank, Dr. Angela Meder, Erwin Tivig
Bildredaktion: Christina Horut
Grafik: Gunthara Michaelis, Nicole Teufel, Peter Waitschies
Bildresearch: Christina Horut
Produktion: Hans-Peter Ullmann
Redaktionsdirektorin: Suzanne Koranyi-Esser
Redaktionsleiter: Christof Schmid-Flemmig
Art Director: Rudi K. F. Schmidt
Direktor Operations: Hanspeter Diener
Leitung Produktion Buch: Joachim Spillner

Satz: Lihs GmbH, Medienhaus, Ludwigsburg
Druck und Binden: Grafica Editoriale, Bologna

Printed in Italy
ISBN 3 87070 811 5

Vorwort

Jeder braucht und gebraucht sein Gehirn, um sich in unserer immer komplizierter werdenden Welt zurechtzufinden. Doch kaum jemandem sind die faszinierenden Wechselspiele bekannt, die dabei unablässig zwischen unserem Geist und der Umwelt ablaufen. Dieses Buch ist eine fesselnde und lehrreiche Abenteuertour durch den dichten Dschungel des geistigen Potenzials, das der Mensch besitzt. Spannende Berichte, informative Schaubilder, ansprechende Fotos, neueste wissenschaftliche Erkenntnisse sowie Übungen und Tests, die Neugier wecken, bilden darin eine „gehirngerechte“ Mischung, die unsere Begeisterung am Lesen und Lernen Seite für Seite aufrechterhält.

Es wäre zu wünschen, dass möglichst viele Leser aus diesem Buch den Nutzen ziehen, sich selbst besser zu begreifen und die eigenen mentalen Fähigkeiten zu entfalten. Dabei viel Spaß und Erfolg!

Dr. Gunther Karsten,
Deutscher Gedächtnismeister 1998

Teil 2

Denken

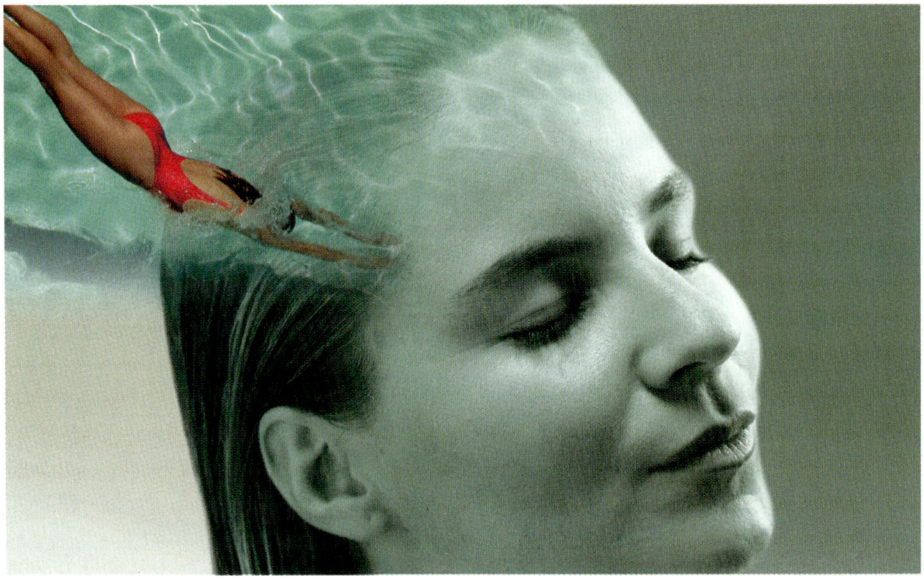

Teil 4 Sich verständigen 246

Über dieses Buch

Ob wir träumen oder wachen, aus Erfahrungen lernen oder unsere Zukunft planen, lieben oder leiden: Alles geschieht zuerst in unserem Kopf. Unser Gehirn ist ein verblüffendes Organ, doch wie ist es darum bestellt, wenn fast die Hälfte der Bewohner der Industrienationen glaubt, dass ihr Gedächtnis immer schlechter wird? Wie stehen Sie zu dieser Frage? Wissen Sie noch ganz genau, was Sie am letzten Sonntag getan haben? Haben Sie alle Geburtstage Ihrer Lieben im Kopf? Und wie ist es um Ihre Kreativität bestellt?

Die Antworten finden Sie in diesem ganz neuen Spiel-, Spaß- und Spannungsbuch, das Sie einlädt auf eine Reise in die faszinierende Welt des menschlichen Denkens. Am Ende haben Sie Ihr Denk- und Erinnerungsvermögen gesteigert und Ihre Wahrnehmungsfähigkeit und Verständigung verbessert. Dieses Buch zeigt Ihnen, wie einfach Sie Ihre grauen Zellen in Schwung bringen.

Faszinierende Einblicke

Wussten Sie, dass Ihr Gehirn aus rund 100 Milliarden Nervenzellen besteht, zwischen denen in jeder Millisekunde Hunderttausende von elektrischen Impulsen hin- und herjagen? Dass die geistige „Fitness“ mit den Jahren nicht sinken muss, wie gemeinhin angenommen? Aus der Fülle der Erkenntnisse, die die

Hereinspaziert

Hier kommen Ihre grauen Zellen so richtig in Schwung. In diesen Rätselecken finden Sie Denksport pur und ein wahres Feuerwerk an kniffligen Knobelaufgaben. Aber keine Sorge: Auch wenn Sie Ihre Begeisterung für solche Ratespiele erst entdecken, kommen Sie immer dahinter. Vorausgesetzt, Sie wollen es auch. Auf dem Weg zur Lösung haben Sie ganz nebenbei ein Aha-Erlebnis, das Ihnen die Tür zu einer anderen Welt öffnet.

BEZIEHEN SIE DEN RAUM MIT EIN

Zündende Knobeleien

Bilden Sie mit sechs Streichhölzern vier gleichschenklige Dreiecke. Man darf die Hölzchen aber weder knicken noch entzweibrechen. Zu leicht? Mehr dazu erfahren Sie auf Seite 135.

So geht es

Allzu sehr sollen Sie dann doch nicht auf die Folter gespannt werden. Für jedes Rätsel gibt es auch eine Lösung, entweder an Ort und Stelle oder irgendwo auf den nächsten Seiten.

Dreieckslösung

Wie lang haben Sie die Streichhölzer in der Ebene hin und her geschoben? Die Lösung auf Seite 137 ist verblüffend einfach.

Biologie, die Medizin und die Psychologie in den vergangenen Jahren über unser Gehirn zusammengetragen haben, finden Sie im vorliegenden Buch die interessantesten und wichtigsten Ergebnisse anschaulich und verständlich aufgearbeitet. Geschichten, Erlebnisse, Versuche und ihre Ergebnisse sind in den 38 Kapiteln mit kniffligen Übungen und nützlichen Tipps zu einem einmaligen Leseerlebnis verwoben. Davon werden Sie profitieren, wenn Sie darangehen, Ihr eigenes Denken zu verbessern.

Ein Blick hinter die Kulissen

Wo immer Sie das Buch aufschlagen, können Sie die Reise ins Innere unseres Gehirns beginnen. Wie Sie dabei Ihr geistiges Potenzial ausschöpfen und Ihr Denkvermögen optimieren, vermitteln Ihnen insgesamt vier Teile, deren wiederkehrende Textelemente Sie auf diesen Seiten sehen.

Teil 1 befasst sich mit den vielfältigen Wahrnehmungen, also Sehen, Hören, Fühlen und Riechen. Sie entführen uns in eine Welt voll sinnlicher Eindrücke, gaukeln uns aber auch seltsame Dinge vor, die es gar nicht gibt. Wer seine Sinne schärft, erhält einen besseren Eindruck von seiner Umwelt.

Der zweite Teil des Buches widmet sich den Vorgängen beim Denken und zeigt etwa, wie einfach man komplexe

Im Spielkabinett

Seltsames, Verblüffendes und Obskures tummelt sich hier. Ob Illusionen oder verrückte Einfälle, ob neue Denkmuster oder rettende Ideen – gefordert werden Sie hier in jedem Fall. Viel Spaß!

DENKEN SIE UM

Spieglein, Spieglein an der Wand

Finden Sie heraus, welcher der kleinen Luftballons das Spiegelbild des großen Ballons wiedergibt. Lesen Sie erst weiter, wenn Sie sicher sind!

Dieses Rätsel können Sie nur lösen, wenn Sie die einzelnen Elemente genau betrachten und im Geist spiegeln. Systematisch können Sie beispielsweise so vorgehen: Schauen Sie, wo das Element mit den beiden hintereinander liegenden blauen Punkten auf den kleinen Ballons genau spiegelbildlich wiederkehrt …

Wie es weitergeht und wie des Rätsels Lösung lautet, erfahren Sie schon bald auf Seite 25.

Aufgaben lösen oder sich von eingefahrenen Denkweisen befreien kann.

In Teil 3 dreht sich alles um das Gedächtnis. Hier finden Sie zahlreiche Tipps, Tricks und Strategien, wie Sie bis ins hohe Alter geistig rege bleiben, die alltäglichen Aufgaben optimal bewältigen und Ihr Leben bereichern können.

Der letzte Abschnitt befasst sich mit einem wesentlichen Teil der menschlichen Natur, der emotionalen Intelligenz. Sich selbst zu kennen und die Kunst zu beherrschen, sich mit anderen verständigen zu können – darin liegt der Schlüssel zum persönlichen Erfolg.

Was dieses Buch noch kann

Was fange ich mit all dem Wissen an?, werden Sie sich fragen. Die zahlreichen Anregungen und Übungsmöglichkeiten bieten außer Kurzweil noch viel mehr. Sie vermitteln auf spielerische Weise überraschende Einsichten und zeigen, wie Sie auf unkonventionellen Wegen Probleme besser und eleganter angehen und lösen können.

Leider gibt es für die wenigsten Problemlösungen Patentrezepte. Erfahrungsgemäß sind diese wenig hilfreich, denn jeder von uns hat ganz individuelle Stärken und Schwächen. Um ein glückliches und erfolgreiches Leben zu führen, sind sehr viele unterschiedliche Fähigkeiten und Fertigkeiten gefragt, und genau die

Ich will mehr

Sie wollen noch mehr zum Thema erfahren? Bitte sehr. Aufregende Geschichten, sensationelle Forschungsergebnisse oder allerlei Wissenswertes zu besonderen Menschen können Sie in den blau markierten Texten in aller Ruhe nachlesen.

EINEN APFEL ZUM KAFFEE

Wenn Sie sich mehrere Dinge zugleich merken müssen, helfen Bildergeschichten weiter.

Meine Güte, die Zeit rennt nur so davon! Der Termin im Büro drängt, und eingekauft werden muss auch noch. Was brauche ich? Klar, die Einkaufsliste hat sich mal wieder in Luft aufgelöst, und wie stets sind weder Zettel noch Stift zur Hand. Also all dies jetzt im Gedächtnis speichern: Brot, Zahnbürste, Äpfel und Kaffee fehlen. Aber wie das Ganze neben all den anderen wichtigen Dingen behalten? Schnell eine Geschichte ausdenken, in der sämtliche Stichworte der Einkaufsliste vorkommen. Und so könnte es gehen: Zur morgendlichen Tasse Kaffee eine Scheibe frisches Brot schmieren. Nach dem Frühstück mit der apfelroten Bürste die Zähne putzen.

kann jeder mit dem vorliegenden Buch zutage fördern und entwickeln. Für unser Gehirn gilt schließlich das gleiche Fitness-Motto wie für unseren Körper: Wer rastet, rostet. In diesem Sinn muss es täglich genutzt und gefordert werden. Erst dann bringt es gute Leistungen.

Es geht um Sie…

Je mehr Sie sich von den folgenden Kapiteln fesseln lassen, desto rascher stellen sich die Effekte ein, die Ihren Alltag positiv beeinflussen. Sie bringen auf einmal Ordnung in Ihr Privatleben und kommen mit Kollegen und Vorgesetzten besser aus. Oder Sie werden aufnahmefähiger und können sich z. B. Namen und Zahlen besser merken, indem Sie aktiv mit den Spielen, Übungen und Aufgaben Ihre Konzentration erhöhen und spielerisch das Gedächtnis trainieren.

… und die anderen

Wenn es nicht gleich so vorangeht wie erhofft, lassen Sie sich nicht entmutigen. Etwas Geduld und Übung müssen schon sein. Dass es sich lohnt, zeigt das Beispiel der Künstler, Manager, Sportler und Wissenschaftler, die im Buch vorgestellt werden. Sie verdanken ihren Erfolg oft den Methoden, die auch in diesem Buch empfohlen werden. Wer sie anwendet, gewinnt garantiert an geistiger Beweglichkeit und schöpferischer Kraft.

Leichter durchs Leben

Tipps, Ratschläge und Hilfen sind dazu da, sich das Leben leichter zu machen. Mit diesen gelben Merkzetteln geht nicht nur das Denken besser und einfacher. Hier finden Sie nützliche Anregungen für Ihren Alltag.

Kopfrechnen und reden

Lesen und stricken

LERNEN, ZWEI DINGE AUF EINMAL ZU TUN

Mehrere Dinge gleichzeitig zu tun ist keine Hexerei! Wenn Sie gleichmäßig üben, können Sie sich in dieser Disziplin steigern.

Versuchen Sie mal, eine Geschichte aus einem Buch zu lesen und gleichzeitig einen Text niederzuschreiben, den Sie hören. Sie werden bemerken, dass die Lesegeschwindigkeit stark abnimmt und die Handschrift schlechter ist als sonst.

Nach etwa 30 Stunden Training wird es Ihnen gelingen, Lesen und Diktat routiniert miteinander zu vereinen. Das kann man jedenfalls aus entsprechenden Tests schließen. Wer beim Stricken oder Häkeln auch lesen will, sollte noch mehr Übungszeit investieren. Das Gleiche gilt, wenn man in der Lage sein will, am Computer zu schreiben und gleichzeitig zu telefonieren. Übung macht den Meister.

Teil 1

Wahrnehmen

Augen, Ohren, Nase, Haut: Vor allem über diese Organe nehmen wir die Welt wahr. Doch Hand aufs Herz, wer geht schon immer mit hellwachen Sinnen durchs Leben? Dabei ist es so einfach, die eigene Aufmerksamkeit zu schulen. Ob im Konzertsaal, im Restaurant, in der Natur oder auf Reisen – überall warten neue Eindrücke auf uns. Wer sie geschickt verarbeitet, entdeckt Zusammenhänge, die ihm lange verborgen geblieben waren. Und mit diesen Erkenntnissen macht er leicht das Beste aus jeder Situation.

ENTDECKEN SIE DIE WELT MIT ALLEN SINNEN NEU

Über unsere Sinnesorgane stehen wir mit der Außenwelt in Verbindung. Was wir mit ihrer Hilfe wahrnehmen, kann vielerlei Empfindungen von höchstem Glück bis zu schwerstem Leid in uns hervorrufen. Oft täuschen sie uns allerdings auch.

Stellen Sie sich vor, Sie schlendern zufrieden an einem Feldrain entlang. Da springt knapp vor Ihnen ein Hase aus dem Gras und nimmt Reißaus. Nun hören Sie das Rascheln der Blätter in den Bäumen und das entspannende Plätschern eines Baches. Der Wind weht den Duft frisch gemähten Heus heran, während Sie einige der appetitlich roten, süßen Kirschen essen, die Sie gerade von einem Baum gepflückt haben …

Ob beim Wandern oder beim Einkaufen, bei der Arbeit oder auf einer Reise – für uns ist es selbstverständlich zu wissen, wie unsere Umgebung beschaffen ist. Dabei gelangt nur ein Bruchteil aller Informationen, die unsere Sinnesorgane aufnehmen, bis in unser Bewusstsein. Mehrere Filter verhindern, dass wir mit Reizen überflutet werden. So können wir uns

Sehen, Riechen, Hören, Schmecken, Tasten – das sind unsere fünf bekanntesten Sinne. Sie vermitteln uns ein wahres Feuerwerk von Eindrücken, die unser Gehirn zu einem geordneten Bild zusammenfügen muss.

auf das Wesentliche konzentrieren und den Überblick behalten.

Haben Sie sich auch schon einmal darüber geärgert, dass Ihre Autofokus-Kamera nicht auf die anvisierte Person scharf gestellt hat, sondern auf irgendeinen ganz unbedeutenden Gegenstand? Dem Menschen passiert so etwas nicht, denn unser Gehirn ist intelligenter als der Computer des Fotoapparates: Ganz automatisch trennt es das Wichtige vom Unwichtigen. Der Onkel, die Tante oder der eigene Sprössling sind für uns eben weit interessanter als die Mauer, vor der sie stehen.

Ein genialer Detektiv

Ein Meister in der Kunst der Wahrnehmung ist Sherlock Holmes, der berühmte Detektiv in den Kriminalromanen des britischen Schriftstellers Arthur Conan Doyle. Besonders deutlich wird in dem Buch *Studie in Scharlachrot* beschrieben, wie Sherlock Holmes gleichzeitig alle Indizien sieht und sich dennoch auf die Hauptsache konzentrieren kann.

In diesem Buch trifft der Detektiv seinen späteren Freund und Helfer Dr. Watson zum ersten Mal. Sofort erkennt der Meisterdetektiv, dass ein ehemaliger Truppenarzt aus Afghanistan vor ihm steht. Die soldatisch stramme Haltung, das gebräunte Gesicht und eine typische Armverletzung haben den genialen Beobachter augenblicklich auf die richtige Spur gebracht.

Unbewusste Wahrnehmung

Unser ganzes Leben lang sind die Sinnesorgane einem ständig wechselnden Strom von Reizen ausgesetzt. Diese wahre Informationsflut besteht nicht nur aus so vertrauten Signalen wie Geruchs- und Geschmacksstoffen, Licht- und Schallwellen oder Druck – wir verfügen noch über ganz andere Sinne. Unser Körper horcht ständig in sich hinein und registriert, ob wir Hunger oder Durst haben, wie warm oder kalt es ist und in welcher Stellung sich Muskeln, Gelenke und Sehnen befinden. Ohne diese Kontrolle, die uns weitgehend verborgen bleibt, käme kein Laut über unsere Lippen, und wir könnten nicht einen Schritt vor den anderen setzen.

VIER SÄULEN DER VERWIRRUNG

Welche der Säulen ragen aus dem Bild heraus, und welche rücken in den Hintergrund?

Victor de Vasarély illustrierte mit diesem Acrylbild aus dem Jahr 1969 in eindrucksvoller Weise, dass die Wahrheit oft komplexer ist, als es auf den ersten Blick erscheint. Konzentrieren Sie sich auf das Bild, und entscheiden Sie, in welche Richtung die Säulen weisen. Scheinen für Sie die erste und dritte Säule nach vorn zu ragen? Dann überlegen Sie einmal, ob nicht auch die zweite und vierte nach vorn treten könnten.

◆ Die Welt ist ein Konstrukt
Wenn Ihnen die Säulen nun in einem anderen Licht erscheinen, dann haben Sie erkannt, dass Ihr Gehirn die Welt nach Sinneseindrücken konstruiert. Bisher ist den Fachleuten noch nicht bekannt, wie dies genau abläuft.

Unsere Wahrnehmung ist ein lebendiger Prozess, der sich mit einem Straßennetz vergleichen lässt, auf dem ständig Verkehr zu einem Zentrum hin fließt. Aus den vielen breiten Einfallstraßen strömen die Informationen von den Sinneszellen der verschiedenen Organe auf bestimmten Wegen zum Gehirn. Ein hochkompliziertes Verkehrsleitsystem schleust die elektrischen Signale durch verschiedene Schaltzentralen. Sie werden ständig analysiert und in die richtigen Bahnen gelenkt.

Unser Gehirn, das diese erstaunlichen Leistungen vollbringt, ist ununterbrochen im Einsatz. Wie die Informationen von den Sinnesorganen zu den grauen Zellen gelangen und dort weiterverarbeitet werden, hat die Wissenschaft noch lange nicht in allen Einzelheiten verstanden. Es handelt sich um einen hochkomplexen Vorgang.

Die Wahrnehmung steht nur am Anfang

Wenn unsere Augen drei Striche registrieren, wissen wir noch nicht, was wir sehen. Erst unser Gehirn entscheidet nach genauer Prüfung, ob wir den Buchstaben H, ein Dreieck oder die römische Zahl III vor uns haben.

Die Information eines Sinnesorgans wird in einem komplizierten Denkprozess mit bereits gespeichertem Wissen verglichen und in vertraute Kategorien eingeordnet. Erst wenn alle diese Operationen abgeschlossen sind, können wir unsere Umwelt wirklich wahrnehmen. Dann erkennen wir, dass ein Kirschbaum reife Früchte trägt. In der Regel laufen diese Vorgänge so selbstverständlich ab, dass wir sie nicht bemerken.

Von Bienen und einem knurrenden Magen

Wir müssen aus einer Unmenge an Nachrichten, die ständig über die Datenautobahnen in unser Gehirn gelangen, eine vernünftige Auswahl treffen, um nicht im Chaos zu versinken. Die Natur hat die Empfindlichkeit unserer Sinnesorgane auf die Signale beschränkt, die für uns von Bedeutung sind. So kann unser Auge nur bestimmte Bereiche des Sonnenlichts wahrnehmen. Im Unterschied zu den Bienen sehen wir beispielsweise kein ultraviolettes Licht.

Es gibt viele Stoppstellen für Sinneseindrücke. Stellen Sie sich vor, Sie fahren durch eine fremde Stadt und halten mit knurrendem Magen Ausschau nach einem viel versprechenden Restaurant. Mit Sicherheit achten Sie dann nicht auf Passanten, bewundern nicht die außergewöhnliche Architektur der Häuser oder die Auslagen der Geschäfte; stattdessen richten Sie

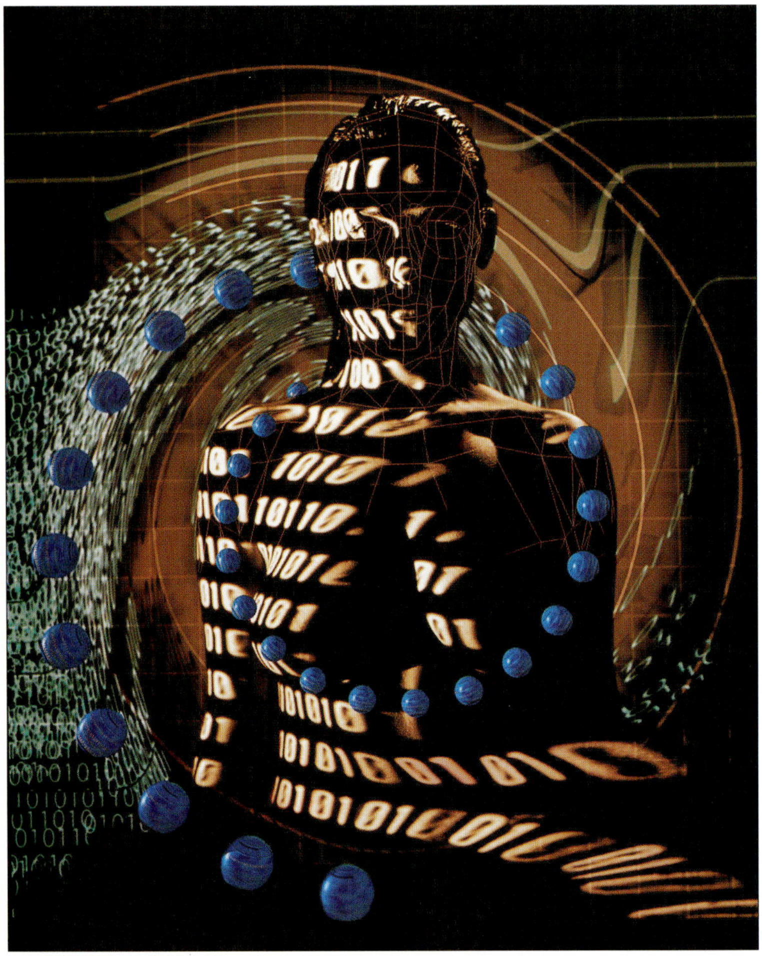

In der Meditation richten wir unsere Wahrnehmung nach innen und versuchen, alle äußeren Reize zu ignorieren. Je mehr störende Signale wir ausschalten, desto deutlicher können wir das Wesentliche erkennen.

DAS RICHTIGE FUTTER FÜR DIE WAHRNEHMUNG

Jeder Mensch bevorzugt bestimmte Sinneskanäle. Finden Sie heraus, welcher Sinnestyp Sie sind!

◆ Ihr Lieblingssinn

Lesen Sie gern selbst oder mögen Sie es lieber, wenn jemand Ihnen ein Buch vorliest? Verstehen Sie eine Rede besser, wenn Sie den Text schriftlich vor sich haben? Können Sie sich am ehesten an die Düfte einer fremden Stadt erinnern? Bleiben Ihnen Geruch und Geschmack einer Speise besser im Gedächtnis als ihr Aussehen? Verspüren Sie den Drang, alles Neue anzufassen, um es buchstäblich zu begreifen?

◆ Trainieren Sie Ihre Wahrnehmung

Wenn Sie erkannt haben, mit welchen Sinnen Sie vorzugsweise die Welt erforschen, sollten Sie dies auch optimal nutzen – etwa beim Lernen auf eine Prüfung. Wer sich den Stoff am besten merken kann, wenn er ihn hört, lernt besonders viel in Vorlesungen und von Kassetten.

Überlegen Sie auch, ob Sie vielleicht einen oder sogar mehrere Sinne vernachlässigen. Wenn sie verkümmern, entgehen Ihnen wichtige Erfahrungen.

Jeder Sinn ist trainierbar. So sind Weinkenner in der Lage, eine Traubensorte und die Herkunft eines Weines an Farbe, Geruch und Geschmack zu erkennen. Auch Sie können Ihre Wahrnehmung verbessern. Eine Möglichkeit dazu sind die folgenden Übungen, die Sie überall durchführen können. Sie sollten es aber regelmäßig tun.

◆ Sehen

Nehmen Sie einen beliebigen Gegenstand zur Hand, und betrachten Sie ihn aus allen Blickwinkeln. Achten Sie auf Gestalt, Form, Farbe, Oberfläche und andere Merkmale. Schreiben Sie Ihre Beobachtungen danach auf.

Setzen Sie sich in ein Café oder Restaurant, und betrachten Sie die Menschen, die kommen und gehen. In welchen Merkmalen unterscheiden sie sich, und in welchen gleichen sie sich?

Besuchen Sie ein Museum, und wählen Sie ein Bild aus, das Ihnen gefällt. Prägen Sie sich Einzelheiten wie Farben, Lichteinfall, Perspektiven, Stilelemente und Hintergrund genau ein.

◆ Hören

Schließen Sie für diese Übung die Augen. Versuchen Sie, einige Minuten lang Ihre ganze Aufmerksamkeit den Geräuschen in Ihrer Umgebung zu widmen. Was hören Sie in der Ferne, was in der Nähe? Sind die Geräusche laut oder leise, und wie kann man sie beschreiben? Sie werden erstaunt sein, wie viel Sie plötzlich hören und wie schwer es ist, alle Geräusche zu benennen.

◆ Tasten

Lassen Sie sich mit geschlossenen Augen verschiedene Gegenstände reichen. Erfühlen Sie deren Form und Oberfläche, und versuchen Sie dann zu erraten, um was es sich handelt. Ist das Objekt rau oder glatt, weich oder hart, warm oder kalt, flauschig oder kratzig, runzelig oder seidig? Denken Sie nach: Wo haben Sie so etwas schon einmal gefühlt?

◆ Riechen

Man muss sich nicht auf den weiten Weg in einen orientalischen Basar machen, um ein Feuerwerk der Düfte zu erleben. Gehen Sie einfach eine Straße entlang, und konzentrieren Sie sich auf die Gerüche, die Ihnen von überall entgegenwehen. Versuchen Sie, diese Düfte zu beschreiben. Können Sie erraten, wo jeder einzelne seinen Ursprung hat? Was riecht ähnlich? Wo haben Sie solche Düfte schon einmal wahrgenommen?

◆ Schmecken

Das ist die schönste Übung – denn sie hat in der Regel mit Essen und Trinken zu tun. Konzentrieren Sie sich bei den nächsten Mahlzeiten immer wieder ganz auf den Geschmack der Speisen. Essen Sie langsam, und lassen Sie jeden Bissen auf der Zunge ruhen. Schmeckt der Eintopf heute anders als sonst? Was ist der Unterschied? Enthält er andere Zutaten, und wenn ja, welche? Probieren Sie bewusst fremdländische Gerichte aus. Welche Gewürze geben ihnen den speziellen Geschmack? Testen Sie auch Dinge, die Sie sonst kaum in den Mund nehmen, etwa Leder oder Edelstahl.

RUHE FÜR DIE SINNE

Wer gestresst ist, kann sich nicht konzentrieren. Befreien Sie sich!

◆ **Kurze Pause**
Oft reicht es schon, wenn Sie sich für einige Minuten entspannt hinsetzen, die Augen schließen, an etwas Schönes denken und beim Ein- und Ausatmen jeweils langsam bis fünf zählen.

◆ **Bewährte Techniken**
Etwas Übung verlangen folgende Methoden: autogenes Training, Meditation, Kinesiologie, Yoga und Muskelentspannung nach Jacobson. Sie sind aber meist auch viel wirksamer als einfaches Entspannen.

Ihre Aufmerksamkeit voll und ganz auf Gaststätten, die Sie an großen Schriftzügen, etwa *Zur Sonne*, *Zum Bären*, *Delphi* oder *Bella Napoli*, erkennen.

Auch wenn wir die Prozesse nicht ganz verstehen, mit denen wir unsere Umwelt wahrnehmen – wir können sie besser nutzen. Ob bei der Suche nach einem Restaurant, beim Lesen eines Buches, bei der Arbeit am Computer oder bei der Vorbereitung auf eine Prüfung: Wir gewinnen viel, wenn wir unsere Aufmerksamkeit auf das Wesentliche richten.

Volle Konzentration

Meditation ist die bekannteste Methode, mit der man die Gedanken auf das Entscheidende richten und die Wahrnehmung schulen kann. Diese Praxis wird beispielsweise von buddhistischen Mönchen geübt, um den Geist von allen irdischen Zwängen zu befreien und neue Wege der Erkenntnis zu beschreiten.

Wer die Kunst der Meditation beherrscht, kann dadurch die höchste Stufe des Erfolges erreichen – davon sind die Zen-Buddhisten überzeugt. Sie sagen, dass auf diese Weise ein Bogenschütze mit verbundenen Augen eine brennende Kerze auslöschen kann. Das scheinbar aussichtslose Unterfangen gelingt ihm, wenn er sich in höchster Konzentration und tiefster Ruhe sammelt.

Nicht nur in asiatischen Religionen, sondern auch in der westlichen Psychologie wird das Phänomen der gelenkten Aufmerksamkeit genutzt. Wer sein Gedächtnis schulen will, muss bereits bei der konzentrierten Wahrnehmung beginnen. Wenn Sie immer wieder Namen von Gesprächspartnern vergessen, liegt das in erster Linie daran, dass Sie den Namen zu wenig Aufmerksamkeit schenken und sich von anderen Dingen ablenken lassen, wenn Ihnen der Partner vorgestellt wird.

Auch Ihre Kreativität wird davon beeinflusst, wie intensiv Sie sich mit der jeweiligen Aufgabe befassen. Wenn Sie dringend eine neue Idee brauchen – etwa ein originelles Geschenk für einen Freund –, lassen Sie sich von Ihrer Umgebung inspirieren. Der Funke springt allerdings nur über, wenn Sie ohne Scheuklappen unterwegs sind und allen Dingen eine gleichsam schwebende Aufmerksamkeit schenken – auch solchen, die Sie bisher nicht beachtet haben.

Aufnahmebereit

Wer schon einmal inmitten einer Wiese gelegen und die wechselnden Gestalten vorbeiziehender Wolken beobachtet hat, weiß, wie angenehm es sein kann, sich auf eine einzige Sache zu konzentrieren. Je mehr Sinneskanäle wir dabei öffnen, desto umfassender und genauer wird die Wahrnehmung.

Wenn Sie so angespannt sind, dass Sie sich nicht konzentrieren können, lassen Sie kurz die Gedanken schweifen. Danach ist Ihr Kopf wieder frei und aufnahmefähig.

Dies bestätigten Wissenschaftler in zahlreichen Versuchen. Studenten merken sich etwa neuen Stoff doppelt so gut, wenn er ihnen mit einem Film präsentiert wurde und nicht nur über einen Vortrag. Auch die Augen lernen mit.

Warum die Konzentration so oft nachlässt

Viele Menschen kämpfen häufig mit Konzentrationsschwäche, doch in der Regel kann man etwas dagegen unternehmen. Nur in ganz wenigen Fällen handelt es sich um eine angeborene Krankheit, gegen die es kein Mittel gibt. Diese Patienten zu behandeln ist ausgewiesenen Spezialisten vorbehalten.

In den meisten Fällen kann man die Ursachen für mangelnde Konzentrationsfähigkeit leicht beheben. Manchmal sind wir einfach körperlich nicht auf der Höhe, weil wir zu wenig geschlafen haben oder weil Hunger oder Durst uns schwächen und ablenken.

Immer wieder kommt es vor, dass sich alte, allein stehende Personen einseitig ernähren und deshalb unter drastischem Gedächtnisschwund und zunehmender Verwirrtheit leiden. Bei diesen Menschen kann eine Ernährungsumstellung Wunder wirken; oft erhalten sie damit rasch ihre gewohnte geistige Form zurück. Außerdem vergessen viele, vor allem ältere Menschen, ausreichend zu trinken. Das schadet ihrer Gesundheit. Etwa 2 l Flüssigkeit pro Tag, am besten Wasser, sollte man zu sich nehmen.

Auch das Raumklima kann unsere Konzentrationsfähigkeit stark beeinflussen. Die meisten Menschen empfinden 21 °C als angenehmste Raumtemperatur. Wer

DIE TEILE UND DAS GANZE

Ich sehe was, was du nicht siehst

„Ich esse jetzt den Elefanten im Rührei", verkündet das sechsjährige Mädchen. Mit seiner Phantasie verleiht es dem Gericht auf dem Teller eine neue Bedeutung.

Schon vor über 70 Jahren untersuchten Psychologen, wie wir Formen erkennen. Die so genannte Gestaltpsychologie geht davon aus, dass das Ganze mehr ist als die Summe seiner Teile. Unser Gehirn beweist das jeden Tag. So sehen wir durch die regennasse, reflektierende Scheibe eines Autos in der Nacht eigentlich nur eine Reihe von diffusen Lichtpunkten, die an uns vorbeiziehen – wir erkennen aber ohne Probleme, dass es sich um Fahrzeuge handelt.

Heute wissen wir, dass das Gehirn ähnliche Informationen zu Gruppen zusammenfasst und bündelt. Zunächst werden an den abrupten Wechseln von Helligkeit und Farben die „Grenzen" der Flächen abgesteckt, und anschließend konstruieren wir in Gedanken Figuren und den Hintergrund. Fehlende Informationen werden ergänzt, sodass wir ein vollständiges Gesamtbild vor uns sehen.

meint, sich erst bei 25 °C so richtig wohl zu fühlen, irrt; die geistige Leistung sinkt dann nämlich um 20 Prozent. Fast selbstverständlich ist auch, dass der Arbeitsplatz gut belüftet sein muss, denn obwohl unser Gehirn nur drei Prozent der Körpermasse ausmacht, verbraucht es rund 25 Prozent des Sauerstoffs.

Genauso wichtig ist es, auf den persönlichen Biorhythmus zu achten. Manche Menschen können sich besser morgens konzentrieren, manche abends. Daher sollte jeder seine Arbeit so weit wie möglich nach den eigenen Bedürfnissen organisieren.

Ablenkung überall: gesprächige Kollegen und Musik

Auch Geräusche können unsere Aufmerksamkeit in Anspruch nehmen und uns von der Arbeit ablenken, obwohl wir es nicht wollen. Wenn sich beispielsweise Kollegen im Hintergrund unterhalten, dirigiert offensichtlich ein angeborener Instinkt unsere Aufmerksamkeit auf das Gespräch – wir lauschen wie unter Zwang und können uns nicht auf unsere eigentliche Aufgabe konzentrieren. Interessanterweise ist es dabei ziemlich gleichgültig, ob das Gespräch in Deutsch geführt wird oder in einer Sprache, die wir überhaupt nicht verstehen. Auch bestimmte Musikstücke bringen uns leicht aus dem Konzept.

Nicht alle Geräusche sind zwangsläufig störend, die meisten Menschen fühlen sich nur in manchen Fällen belästigt. Wer jedoch den Eindruck hat, durch akustische Störungen in seiner Leistung eingeschränkt zu werden, sollte auf die Suche nach der Quelle gehen. Lässt sich der Lärm nicht beheben, helfen meist Ohrstöpsel.

Nicht immer ist das Abschalten so einfach. Stress bringt in unserer Gesellschaft viele Menschen in einen Teufelskreis, aus dem sie kaum entrinnen können. Lebenslanges Lernen, Leistungsdruck, Konkurrenzkampf, die Informationsflut und die Forderung nach mehr Mobilität lassen uns kaum noch Zeit zum Atmen. Stress ist – neben Langeweile – der größte Feind der Konzentrationsfähigkeit. Wer sich ständig über- oder unterfordert fühlt, ist nicht mehr in der Lage, seine Aufmerksamkeit auf die wichtigen Dinge zu lenken.

Yoga und Sauerkraut

Wenn Sie sich gestresst fühlen, sollten Sie versuchen, den Druck aktiv zu bewältigen. Dabei hilft regelmäßiger Sport ebenso wie Entspannungstechniken. Wenn Sie sich außerdem ausgewogen ernähren, haben Sie gute Chancen, Ihre Konzentrationsfähigkeit zurückzugewinnen.

Als regelrechte Kraftnahrung für Geist und Körper gelten frische Säfte, Getreidekeime, Nüsse, Bierhefe und Milchprodukte. Selbst Sauerkraut bringt die grauen Zellen auf Trab. Es verbessert wegen seines Gehalts an Acetylcholin die Funktion der Nervenzellen.

Mut zur Lücke

Damit wir uns orientieren können, müssen wir unsere Umwelt nicht nur wahrnehmen, sondern sie uns auch einprägen. Manchmal kann es allerdings sehr nützlich sein, bestimmte Dinge zu ignorieren und zu vergessen.

Einige Erfahrungen wollen wir nicht wahrnehmen, weil sie Angst, Schmerz oder Demütigung in uns hervorrufen. In anderen Fällen erweist sich das Vergessen-Können als großer Vorteil. Menschen, die ein extrem gutes Gedächtnis haben und sich an unendlich viele Kleinigkeiten und Nebensächlichkeiten erinnern, leiden oft unter dieser Fähigkeit. Würden wir alles lückenlos im Gedächtnis behalten, müssten wir uns immer wieder fragen: Was ist wirklich wichtig und was völlig unwichtig? Wir wüssten es nicht und würden in der Flut sinnlos aneinander gereihter Bilder hilflos ertrinken.

Schon im Normalfall ist es oft nicht einfach, das Wesentliche vom Nebensächlichen zu trennen. Stellen Sie sich vor, Sie müssten einem Fremden den Weg vom Marktplatz zum Bahnhof Ihrer Heimatstadt beschreiben. Versuchen Sie, aus dem Gedächtnis eine Karte zu zeichnen und alle wichtigen Merkmale wie Kreuzungen, Straßenbahnlinien, Flüsse und markante Bauwerke einzutragen. Vergleichen Sie anschließend Ihre Skizze mit einem richtigen Stadtplan. Sie werden wahrscheinlich staunen, wie viele Fehler Sie gemacht haben; anhand Ihrer Schilderung hätte der Fremde wahrscheinlich den Weg nur mit größter Mühe gefunden. Wenn Sie die von Ihnen gezeichnete Strecke das nächste Mal zurücklegen, achten Sie doch einmal bewusst auf den Straßenverlauf und alle Orientierungspunkte. So schärfen Sie Ihren Orientierungssinn.

Das Geheimnis des Sehens

Es ist gar nicht so einfach, all die Eindrücke aufzunehmen und zu verarbeiten, die Tag für Tag auf uns einströmen. Dies gelingt nur durch ein präzises Zusammenspiel von Wahrnehmung, Aufmerksamkeit und Konzentration sowie durch die korrekte Zuordnung der Informationen im Gehirn.

Was geschieht, wenn wir etwas sehen? Licht, das auf unser Auge trifft, wird durch Hornhaut und Linse gebündelt und auf die Netzhaut gelenkt. Dort wandeln Sinneszellen die Lichtwellen in elektrische Signale um, die über den Sehnerv zum Gehirn gelangen. Damit wir den Gegenstand richtig erkennen, muss fast die Hälfte unserer Großhirnrinde tätig werden. Die Wissenschaft hat die dabei ablaufenden Vorgänge noch längst nicht entschlüsselt.

Wer in der Stadt vorankommen will, darf sich von hektischen Menschen und hupenden Autos nicht ablenken lassen. Damit wir die Orientierung nicht verlieren, nehmen wir in erster Linie das wahr, was uns direkt zum Ziel führt.

ORIENTIERUNG IN DER DRITTEN DIMENSION

Wie trügerisch kann doch die Welt sein! Oft entspricht das, was wir zu sehen glauben, nicht der Realität. Unser Gehirn interpretiert die Signale der Augen, und manchmal deutet es die Bilder falsch.

Sie stehen am Fenster Ihrer Wohnung und blicken hinaus. Ein Auto braust an einem Radfahrer vorbei, und in der Ferne hören Sie einen Zug. Die Telefonzelle steht nur einen Steinwurf weit vor dem Nachbarhaus. Alles ist Ihnen bestens vertraut. Sogar im mehrstöckigen Parkhaus des Stadtzentrums, wo jede Etage der anderen gleicht, finden Sie Ihren Wagen wieder – meistens jedenfalls.

Wir bewegen uns in der dreidimensionalen Welt, in der wir leben, scheinbar völlig selbstverständlich und problemlos. Dies ermöglichen uns vor allem zwei Sinnesorgane: das Gleichgewichtsorgan im Innenohr und das Auge.

Versuchen Sie, das Gleichgewicht zu halten, während Sie auf einem Bein stehen. Das geht nor-

Wer sich schon einmal in einem Labyrinth bewegt hat, weiß, wie schnell man die Orientierung verlieren kann. Unser Gehirn ist auf solche Aufgaben nicht eingerichtet. Konzentration und Geduld führen hier zum Ziel.

malerweise recht gut. Wenn Sie jetzt aber die Augen schließen, fällt es bedeutend schwerer, und Sie haben bald das Gefühl umzukippen. Ist der Gleichgewichtssinn gestört, etwa nach einer Verletzung oder einer Erkrankung des Innenohrs, taumeln die Patienten meist umher und können ohne fremde Hilfe nicht mehr das Gleichgewicht halten. In diesem Fall hilft es ihnen nicht, dass sie gut sehen.

Anhaltspunkte im Raum

Wir können uns sogar in Gedanken orientieren, wenn wir eine sehr gute Wegbeschreibung erhalten. Anhand von Karten etwa erreichen wir in fremden Städten unser Ziel – selbst wenn außer den eingezeichneten Straßenzügen und Häuserblocks keine weiteren Fixpunkte verzeichnet sind.

Sich im Raum zurechtzufinden ist unabdingbar für alle beweglichen Lebewesen, auch für uns Menschen. Nur so können wir Gefahren vermeiden oder Lebensmittel im Kühlschrank finden. Wir orientieren uns, indem wir jeden Gegenstand in Beziehung zu einem anderen setzen, wie mit den Begriffen oben, unten, hinten, vorn, rechts und links. Das hört sich nach Binsenweisheit an, doch „hinter den Kulissen" geraten unsere grauen Zellen dabei ziemlich ins Schwitzen.

Aus Bildern wird eine Welt

Die Abbildungen der Umgebung auf der Netzhaut unseres Auges sind zweidimensional. Nur mit zwei Augen können wir die dritte Dimension wahrnehmen. Sie registrieren unterschiedliche Bilder der Umgebung, die das Gehirn

DENKEN SIE UM

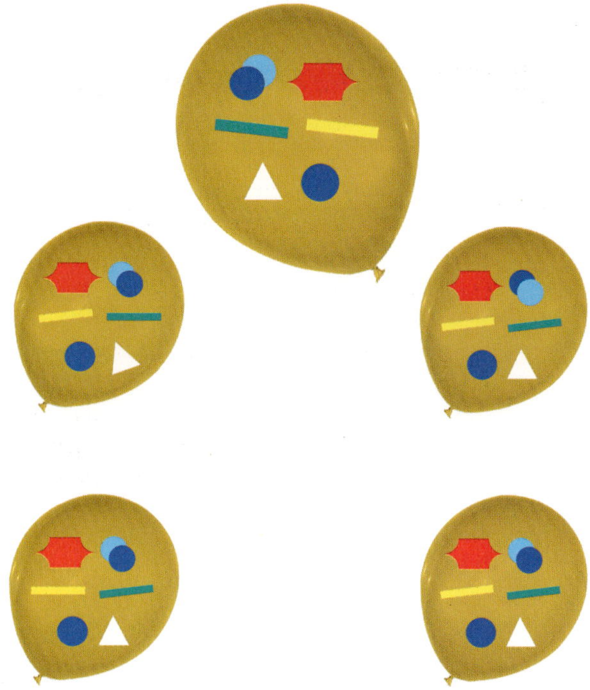

Spieglein, Spieglein an der Wand

Finden Sie heraus, welcher der kleinen Luftballons das Spiegelbild des großen Ballons wiedergibt. Lesen Sie erst weiter, wenn Sie sicher sind!

Dieses Rätsel können Sie nur lösen, wenn Sie die einzelnen Elemente genau betrachten und im Geist spiegeln. Systematisch können Sie so vorgehen: Schauen Sie, wo das Element mit den beiden hintereinander liegenden blauen Punkten auf den kleinen Ballons genau spiegelbildlich abgebildet ist. Bei dem Ballon rechts oben sind die Punkte vertauscht, er scheidet also aus. Nun betrachten Sie das weiße Dreieck. Es steht bei dem kleinen Ballon links oben schräg, sodass auch dieser nicht das Spiegelbild sein kann. Nun sind nur noch die beiden unteren übrig. Den letzten falschen Ballon finden Sie, wenn Sie die Lage der beiden Striche vergleichen. Richtig: bei dem linken Ballon steht der gelbe Strich gerade, nicht schräg. Damit ist der Ballon rechts unten das korrekte Spiegelbild.

IM LAND DER RIESEN UND DER ZWERGE

Traum oder Wirklichkeit? Die Illusion ist perfekt. Hier wurde unsere Wahrnehmung absichtlich getäuscht.

In diesem ganz speziell konstruierten Raum scheint alles unwirklich. Zwei Miniaturmenschen stehen in einer riesigen Tür, während sich gleich daneben ein „Riese" bücken muss, um durch eine viel zu niedrige Tür zu kommen. Falls im nächsten Moment diese Personen ihre Plätze tauschen würden, würden plötzlich die Zwerge zu Riesen, und der Hüne würde zum Liliputaner schrumpfen.

In Wirklichkeit sind alle Personen gleich groß. Was kann unsere Wahrnehmung so täuschen, dass wir auf das Unmögliche hereinfallen? Die Erklärung für das Phänomen liegt in der Gestaltung des Raums, der nach seinem Erfinder Adelbert Ames als Ames-Raum bezeichnet wird. Seine hintere Wand ist so gebaut, dass der rechte Teil doppelt so weit entfernt ist wie der linke. Da der Betrachter nur von einem Punkt, einem Guckloch, in den Raum hineinblicken kann, sieht er ihn immer aus derselben Perspektive. Sie vermittelt die Illusion, es handle sich um einen ganz normalen Raum.

◆ Betrug am Gehirn

Dass wir auf diesen Trick hereinfallen, liegt an unserer Wahrnehmung. Unser Gehirn errechnet die Größe von Gegenständen aus der Entfernung des Objekts und seiner Größe, wie sie im Auge abgebildet wird. Wenn ein 1,80 m großer Mensch weit entfernt ist, wird er auf unserer Netzhaut sehr klein abgebildet; steht er jedoch unmittelbar vor uns, nimmt er den größten Teil unseres Sehfeldes ein. Die Entfernung messen wir zusätzlich durch den Vergleich der Bilder unserer beiden Augen.

◆ Nähe und Ferne im Raum

Da man nur mit einem Auge durch das Guckloch in den Ames-Raum schauen kann, ist das räumliche Sehen ausgeschaltet. Das Gehirn misst die Größe der Personen nur noch an der Abbildung auf der Netzhaut. Menschen mit gleichen Körpermaßen wirken unterschiedlich groß, weil sie in verschiedener Distanz stehen. So erscheint die linke Person riesig, die Männer rechts wirken dagegen winzig. Um die tatsächlichen Größenverhältnisse zu erkennen, benötigen wir beide Augen.

zusammenführt, sodass wir einen räumlichen Eindruck erhalten.

Probieren Sie einmal Folgendes: Schließen Sie das linke Auge, und halten Sie Ihre beiden Zeigefinger vor das rechte, sodass sich einer eine Armlänge und der andere etwa eine Handbreit vor Ihrem Gesicht befindet. Beide Zeigefinger müssen vom Auge aus gesehen auf einer Linie liegen. Halten Sie nun die Finger in dieser Position, schließen Sie das rechte Auge, und öffnen Sie das linke. Was passiert? Der vordere Zeigefinger scheint nach rechts zu springen und nicht mehr in einer Linie mit dem anderen zu stehen. Die Erklärung ist einfach: Die Perspektiven der Augen sind leicht verschoben.

Wenn wir etwas mit beiden Augen betrachten, werden die Bilder im Sehzentrum des Gehirns zusammengesetzt und korrigiert. Das Ergebnis wird mit Bildern in unserem Gedächtnis verglichen, und so erkennen wir schließlich, was unsere Augen sehen.

Erstaunliche Rechenleistung

Lange Zeit träumten viele Wissenschaftler davon, das Gehirn in Form einer Maschine nachzubauen, um mehr über seine Arbeitsweise zu erfahren. Besonders interessierte die Forscher, wie die Wahrnehmung des Menschen und die räumliche Darstellung der Welt funktionieren.

In den letzten Jahrzehnten verbesserte sich die Leistung der Computer so unglaublich, dass die Realisierung dieses phantastischen Traums nicht mehr völlig ausgeschlossen scheint. So ist es heute möglich, dass ein Architekt am Computer einen Rundgang durch eine noch nicht gebaute Kirche unternimmt, dass ein Arzt durch die Atemwege eines Patienten reist

MIT WEIBLICHEN UND MIT MÄNNLICHEN AUGEN

Nehmen Frauen ihre Umgebung wirklich anders wahr als Männer?

◆ Erfahrungen und Vorurteile
Frauen, hört man oft, sind sensibler und nehmen mehr Details in ihrer Umgebung wahr. Angeblich ertragen sie mehr Schmerzen als Männer, aber weniger Lärm. Ihr räumliches Vorstellungsvermögen soll schlechter sein. Ist das alles nur Einbildung?

◆ Angepasste Sinne
Eigentlich ist noch sehr wenig über Geschlechtsunterschiede in der Wahrnehmung bekannt, aber vermutlich gibt es mehr, als wir ahnen. Viele junge Eltern kennen folgende Situation: Mitten in der Nacht fängt das Neugeborene an, erbärmlich laut zu schreien, und während die Mutter sofort aufwacht, schnarcht der Vater selig weiter. Offenbar ist diese Reaktion in Unterschieden der Gehirnstruktur begründet. Neuropsychologen stellten fest, dass die Schreie des Kindes beim Vater nur einen bestimmten Bereich der Großhirnrinde aktivieren, bei der Mutter dagegen zwei Zentren. Bei den Frauen liegt in diesem zweiten Hirnbereich anscheinend eine Art biologische Alarmglocke.

◆ Eigenarten im Gehirn von Frauen und Männern
Männliche und weibliche Gehirne weisen Unterschiede in vielerlei Hinsicht auf. Bei Frauen ist das Denkorgan rund 15 Prozent leichter, aber man sollte deshalb keine vorschnellen Mutmaßungen anstellen – schließlich bestimmt nicht das Gewicht des Gehirns die Intelligenz, sonst wären uns Elefanten weit überlegen.

Bei Frauen ist außerdem der Bereich größer, der die rechte und linke Gehirnhälfte verbindet. Viele Hirnteile unterscheiden sich zwischen den Geschlechtern in ihrer Struktur, etwa die Zentren für Sexualverhalten, Hunger und Durst.

◆ Weitere Überraschungen
Das menschliche Gehirn braucht mehrere Jahre, um ganz auszureifen. Erst die Erfahrungen, die ein Kind in dieser Reifephase gewinnt, schaffen die unzähligen Verbindungen zwischen den Nervenzellen, die jedes Gehirn zu einem einzigartigen Gebilde machen. Dabei entstehen Unterschiede zwischen den Geschlechtern, aber auch die individuellen Eigenheiten jedes Menschen.

Da Jungen und Mädchen häufig sehr verschieden erzogen werden, verstärken sich vermutlich die Geschlechtsunterschiede in der Wahrnehmung im Lauf ihres Lebens. Bis die Forschung dies wirklich nachweisen kann, wird aber noch einige Zeit vergehen.

und dort nach Krebsgeschwüren sucht, dass ein Chemiker Substanzen am dreidimensionalen Computer-Reißbrett entwirft oder ein Kraftwerksbauer seine Gebäude auf verschiedene Untergründe stellt, um die Sicherheit zu testen. Jüngst enträtselten Zoologen die unterirdische Welt des Regenwurms – ohne seine Tunnelgänge zerstören zu müssen. Bei der virtuellen Reise auf den Wegen der Würmer errechneten die Forscher, dass die vier Würmer, die durchschnittlich auf 1 m^2 leben, in einem halben Jahr knapp 1 km Gänge graben.

Automobilfirmen entwickeln ihre neuen Modelle längst durch Simulationen am Computer – sogar Crashtests werden auf Hochleistungsrechnern durchgeführt. Nach dem virtuellen Zusammenstoß inspizieren die Konstrukteure das Fahrzeug von allen Seiten und blicken in den verbeulten Innenraum. Dadurch wird die Zahl der Prototypen, die bis zur Serienreife eines Wagens gebaut werden müssen, erheblich verringert.

Eingriff am virtuellen Patienten

Chirurgen üben vor schweren Operationen heute oft am virtuellen Patienten, also am Computer. Mit einer speziellen Brille, die ein dreidimensionales Bild erzeugt, können sie die Organe behandeln wie in der Wirklichkeit.

Was die heutigen Computer leisten, ist ganz erstaunlich, und der Höhepunkt dieser Entwicklung ist noch längst nicht erreicht. Wissenschaftler und Techniker können in eine künstliche, virtuelle Realität eintauchen, die der echten Welt immer ähnlicher wird. Der Computer versorgt unser Auge und unser Ohr mit Sinneseindrücken. Fast perfekt gaukelt uns diese moderne Technik den Eindruck der Räumlichkeit vor. Das ist nur möglich, weil unser Gehirn die Welt nach ganz bestimmten Regeln konstruiert, die entschlüsselt

UNGEAHNTE SINNESLEISTUNGEN

Infrarot, elektrische Felder und Ultraschall – viele Tiere benutzen andere Sinnesreize als wir, um sich in ihrer Umwelt zurechtzufinden.

◆ Fledermäuse brauchen keine Augen

Ihnen reichen die Ohren zur Orientierung. In stockdunkler Nacht weichen sie elegant Hindernissen aus, erkennen ihre Beutetiere und fangen sie geschickt in vollem Flug. Sie stoßen extrem hohe Laute aus, die von festen Gegenständen reflektiert werden; aus der Zeitdifferenz zwischen dem Aussenden der Töne und der Ankunft des Echos schließen die Tiere auf die Entfernung der Objekte. Aus diesen Signalen erzeugt ihr Gehirn ein akustisches Bild der Umgebung.

◆ Merkwürdige Sinne

Im Tierreich gibt es noch viele andere Sinne, die wir nicht kennen. So registriert die Klapperschlange mit ihren Grubenorganen am Kopf die Wärme, die von Säugetieren abgestrahlt wird. Einige Fische und Amphibien sowie das Schnabeltier nehmen ihre Beute und ihre Feinde durch die elektrischen Felder wahr, die von anderen Tieren bei der Bewegung erzeugt werden. Brieftauben sind bekannt für ihre hervorragende Orientierungsfähigkeit. Sie richten sich nach dem Magnetfeld der Erde.

Auch wenn sich viele Tiere wie wir mit den Augen orientieren, sehen sie nicht immer das Gleiche. So nehmen Insekten andere Bereiche des Sonnenlichts wahr.

Aus einer Fläche wird ein Raum, wenn der Künstler die Perspektive beherrscht. Alle Linien laufen weit hinter dem Bild im Fluchtpunkt zusammen, und die geometrischen Figuren mit ihren unterschiedlichen Farben machen den Eindruck räumlicher Tiefe perfekt.

und dem Rechner eingegeben wurden.

Zu einem räumlichen Bild gehören für uns Fluchtpunkt und Perspektive. Jeder weiß, dass Eisenbahnschienen mit zunehmender Entfernung enger zusammenlaufen, obwohl sie in Wirklichkeit immer den gleichen Abstand haben. Wir kennen dieses Phänomen aus Erfahrung und deuten daher den Sachverhalt sofort richtig, ohne darüber nachzudenken.

Da wir die Perspektive nicht bewusst wahrnehmen, können wir die Gesetze, auf denen sie beruht, nicht so einfach wiedergeben. Aus diesem Grund taten sich Künstler bis ins 15. Jh. hinein sehr schwer mit der dreidimensionalen Darstellung von Räumen auf zweidimensionalen Flächen. Dies zeigen beispielsweise die paläolithischen Höhlenmalereien von Altamira in Spanien. Unsere Urahnen vermochten lediglich, Tiere im Profil zu zeichnen und sie flächig einzufärben. Auch die Ägypter und Babylonier zeichneten nicht perspektivisch, sondern stellten alles in einer Ebene dar. Die Dinge, die sie malten, sind nebeneinander und übereinander angeordnet statt hintereinander – der Blick in die Tiefe des Raums fehlt.

Die Entdeckung des Raums in der Malerei

Erst die Griechen entdeckten im 6. Jh. vor unserer Zeitrechnung die Perspektive. Wie ein Lauffeuer verbreitete sich die neue Darstellungsform nach Indien, Ostasien und in verschiedene Teile Europas. Die griechischen Vasenkünstler waren allerdings noch keineswegs perfekt; auf der im Louvre ausgestellten Vase *Krater des Niobidmalers* (450 v. Chr.) beispielsweise gaben sie zwar die Körper der Krieger räumlich richtig wieder, der Fluchtpunkt fehlt jedoch. Dass die Linien, die in die Ferne gehen, zentral in einem Punkt zusammenlaufen müssen, diese Erkenntnis hatten die Künstler der Antike und des frühen Mittelalters noch nicht gewonnen.

Der Erste, der diese Regel in seinen Werken anwandte, war Filippo Brunelleschi (1377–1446). Er konzipierte und erbaute die Kuppel des Florentiner Doms. Ihm wurde klar, wie die Einzelelemente eines Bildes in diesen Linien sinnvoll einzuordnen waren. Indem der Künstler die Begriffe der modernen Perspektive wie Fluchtpunkt, Horizont und Distanz einführte, brachte er die wirklichkeitsgetreue Darstellung einen riesigen Schritt voran. Nun bestanden die Motive eines Bildes nicht mehr aus Teilansichten, sondern wurden ausschließlich an der Perspektive des Betrachters ausgerichtet.

Ein perfekt inszeniertes Abendmahl

Leonardo da Vinci setzte Jesus Christus in seinem berühmten Gemälde *Das Abendmahl* gekonnt in Szene, indem er ihn direkt in den Fluchtpunkt rückte, in dem alle Linien zusammenlaufen. Der Künstler war sehr gut vertraut mit der perspektivischen Darstellung und nutzte sie, um die Aussage seiner Bilder zu verstärken.

Wird die Erde hier von einem gigantischen Himmelskörper bedroht? Keineswegs – vielmehr wird unsere Wahrnehmung getäuscht. Der Fotograf hat ein besonders großes Teleobjektiv benutzt, um diesen Effekt zu erzielen.

Wie Jesus inmitten seiner Jünger das Brot bricht, wirkt feierlich und bedeutungsvoll. Der Betrachter blickt frontal auf Tisch und Rückwand, was die majestätische Standhaftigkeit der Hauptfigur unterstützt. Alle Linien und Kanten im Raum gehen wie ein Strahlenbündel vom Mittelpunkt aus; umgekehrt weist die gesamte Szene zum Mittelpunkt hin.

Räumlichkeit durch Farbe

Spätere Künstler erreichten einen perspektivischen Eindruck mit anderen Mitteln, etwa mit Farbe. Um Tiefe zu erzeugen, ließen sie die Bilder häufig von vorn nach hinten oder von unten nach oben dunkler werden.

Nicht nur auf Bildern, sondern auch in der Wirklichkeit können wir Gegenstände aufgrund ihrer Farbe besser in den Raum einordnen. Die Künstler des 20. Jh. spielten mit der Wahrnehmung, indem sie die Farben und Formen von Gegenständen stark übersteigerten, verfremdeten oder ins Gegenteil verkehrten. Manchmal sind die Verzerrungen in der modernen Malerei so extrem, dass man aus dem Durcheinander von Farben und Formen nur schwer den eigentlichen Inhalt erkennt.

Die Künstler der vergangenen Jahrhunderte haben gelernt, wie sie die Gesetze, nach denen unser räumliches Sehen arbeitet, für ihre Botschaften nutzen können. Ein Beispiel dafür sind die in der Architektur des Barocks verwendeten Illusionsmalereien, die dem Auge plastische Stuckdecken und Figuren vortäuschen. Auch in der Natur gibt es zahlreiche Sinnestäuschungen, von denen manche noch nicht schlüssig erklärt werden können.

Der veränderliche Mond

Wenn der Erdtrabant knapp über dem Horizont steht, scheint er manchmal bedrohlich nah und riesengroß zu sein. Das ist umso erstaunlicher, als sich der Abstand der Erde vom Mond kaum verändert. Steigt der Mond dann höher, „schrumpft“ er wieder auf die uns bekannte Größe. Wie kann man sich dieses Phänomen erklären, das ganz offensichtlich eine Sinnestäuschung ist?

Dafür gibt es mehrere Gründe. Wir orientieren uns am Horizont und ziehen ihn als Bezugspunkt für unsere Entfernungsschätzung heran. Je weiter der Horizont entfernt ist, desto größer erscheint uns der Mond. Wenn wir beispielsweise durch ein Guckloch schauen, das den Horizont verdeckt, sehen wir den Himmelskörper in der Größe, die er für uns hoch am Himmel hat.

Viele Fachleute erklären diese seltsame Wahrnehmung folgendermaßen: In unserem Auge werden der tief stehende und der hoch stehende Mond gleich groß abgebildet. Wenn die Signale der Sinneszellen ins Sehzentrum des Gehirns gelangen, wird die Größe des Objekts bestimmt; dabei ist entscheidend, wie wir die Entfernung des Mondes einschätzen. Am Horizont sehen wir Bäume, Häuser und andere bekannte Dinge, die uns Hinweise auf die Entfernung des Horizonts geben. Er scheint recht nah zu sein – jedenfalls kann unser Gehirn die Distanz abschätzen, was beim Sternenhimmel ganz unmöglich ist.

Beschränkter Horizont

Beim Aufgang des Mondes haben wir den Eindruck, dass er direkt am Horizont steht, also in der gleichen Entfernung wie dieser. Daraus folgert unsere Wahrnehmung, dass der Erdtrabant relativ nah ist, und wir empfinden ihn als wesentlich größer.

Wahrscheinlich sind noch andere Effekte an dieser Täuschung beteiligt, etwa die rote Farbe des Abendmondes oder der Dunst am Horizont. Wir sollten es genießen, dass unser Gehirn derart spektakuläre Wahrnehmungen ermöglicht – auch wenn es sich nur um eine Täuschung handelt.

DIE INNEREN BILDER NACH AUSSEN TRAGEN

Bildende Künstler stellen dar, was sie vor ihrem inneren Auge sehen.

◆ Grundregeln der Ästhetik

Ein Maler oder ein Fotograf gibt nicht einfach die Wirklichkeit wieder – er wählt den Ausschnitt, der ihm wesentlich erscheint. Nur wenn er ein Motiv als schön und ausdrucksvoll empfindet, entscheidet er sich, es abzubilden. Doch was ist schön? Die Grundlage für unser ästhetisches Gefühl bildet die Funktionsweise unseres Gehirns. Bestimmte Bildkompositionen, etwa den goldenen Schnitt, empfinden wir als harmonisch. Viele Farben und Formen interpretieren alle Menschen instinktiv in gleicher Weise; sie werden oft symbolisch verwendet und ganz gezielt eingesetzt.

◆ Geschmacksfrage

Natürlich wird das ästhetische Empfinden auch stark von der individuellen Umgebung und der Kultur geprägt. Finden Sie das Bild unten hässlich, langweilig oder ansprechend? Bilden Sie sich selbst ein Urteil …

VERWIRRUNGEN IN UNSEREM GEHIRN

Wie wir die Dinge wahrnehmen, hängt von unserer Erfahrung ab. Was im Gedächtnis nicht gespeichert ist, ordnet das Gehirn oft in eine falsche Schublade ein; es führt uns an der Nase herum.

Ist Ihnen so etwas auch schon einmal passiert? Sie warten an einer Bushaltestelle und sehen sich um. Neben Ihnen steht ein Mann, der Ihnen bekannt vorkommt. Sie stutzen kurz – irgendwoher kennen Sie doch dieses Gesicht! Dann fällt es Ihnen ein: Der Mann sieht aus wie Bill Clinton, es muss sich um einen Doppelgänger handeln.

Ganz sicher würden Sie niemals auf den Gedanken kommen, dass der echte Präsident neben Ihnen steht, ganz ohne Begleitung und Leibwächter. Weder das Weiße Haus ist in der Nähe noch ein Rednerpult. Nein, das kann beim besten Willen nicht Clinton sein.

Immer wieder kommen wir in Situationen, in denen uns das Gehirn Streiche spielt, weil sich die grauen Zellen auf Erfahrungen und Erwartungen verlassen. Wenn wir davon ausgehen, dass wir beispielsweise nie Bill Clinton an

Steigt man auf dieser endlosen Treppe wirklich ständig nach oben? Der Maler M. C. Escher war mit der Psychologie der Wahrnehmung bestens vertraut und führte in seinen Bildern scheinbar Selbstverständliches ad absurdum.

Was sehen Sie in diesem Bild? Einen Teufel, ein gehörntes Tier, einen Rückenwirbel oder Tänzer? Was Sie zu erkennen glauben, hängt von Ihren Erfahrungen und Ihrer Stimmung ab. Solche Bilder werden im so genannten Rorschach-Test verwendet.

einer Bushaltestelle begegnen können, müssen wir eine andere, scheinbar stimmigere Erklärung für die Realität finden. Bei solchen Interpretationen tappen wir oft in Fallen und lassen uns von der Wahrnehmung täuschen.

Jeder kennt das Phänomen der Fata Morgana, die durstigen Wüstenwanderern zum Verhängnis werden kann. Luftspiegelungen gaukeln dabei Wasserflächen vor und rücken weit entfernte Teile einer Landschaft näher.

Neben solchen erklärbaren Erscheinungen gibt es auch Wahrnehmungstäuschungen, die durch Fehlfunktionen des Gehirns entstehen. Seltsame Dinge sieht man bei bestimmten Krankheiten, Halluzinationen oder unter Drogeneinfluss. Typisch dafür sind die weißen Mäuse, die Trinker in der ersten Phase des Entzugs sehen.

Im weiteren Sinn gehören auch Wahnideen zu diesen Störungen, etwa Verfolgungs-, Eifersuchts- oder Größenwahn. Sie entspringen wirklichkeitsfremden Überzeugungen oder verzerrten Vorstellungen einer Person von sich selbst.

Farbkleckse bringen Gefühle ans Licht

Der Schweizer Psychiater Hermann Rorschach setzte bei der Untersuchung seiner Patienten Tintenkleckse ein und entwickelte 1921 einen Test, der später nach ihm benannt wurde. Damit versuchen noch heute Psychologen, versteckte Emotionen und Erfahrungen ans Licht zu bringen. Das Prinzip ist einfach: Der Betrachter beschreibt, was in den zufällig entstandenen Klecksen zu sehen ist, nachdem ihn der Testleiter darauf hingewiesen hat, dass es kein „richtig“ oder „falsch“ gibt.

Die persönliche Interpretation des Kranken sagt viel über seine Psyche aus, etwa über sexuelle Interessen oder aggressive Phantasien. Wenn beispielsweise in der Vorstellung des Betrachters ein Klecks wie ein grausiges Monster aussieht, kann das auf verborgene Angstzustände hinweisen.

Mehrdeutige Bilder

Mit anderen Bildmotiven arbeitet der Thematische Apperzeptionstest (TAT). Hier werden den Patienten mehrdeutige Szenen auf Bildern präsentiert, nach denen eine Geschichte konstruiert und erzählt werden soll. So kann eine Person, die auf einem Bild neutral dargestellt ist, zu einer lustigen oder traurigen Geschichte anregen. Der Therapeut liest daraus den emotionalen Zustand des Gesprächspartners ab und erhält Hinweise auf dessen tiefer liegende Probleme.

Kritiker dieser so genannten projektiven Tests wenden allerdings ein, dass die Patienten in ihren Interpretationen durch den Psychologen stark beeinflusst werden. Tatsächlich spielen dessen Geschick und Erfahrung eine entscheidende Rolle bei der Gesprächsführung. Seriöse Therapeuten verlassen sich jedenfalls nie ausschließlich auf einen solchen Test.

Schatz, was hast du gerade gesagt?

Haben Sie auch schon einmal schnell die Hände vor die Augen gehalten oder Ihr Gesicht im Sofakissen vergraben, wenn eine gruselige Szene auf dem Bildschirm erschien? Oder kennen Sie das: Gerade haben Sie am Frühstückstisch erzählt, daß Ihre Mutter überraschend einen Besuch angekündigt hat, und nun legt Ihr Partner die Zeitung weg und sagt: „Schatz, deine Mutter hat sich auch schon lange nicht mehr gemeldet.“ Entrüstet antworten Sie: „Du hörst nur, was du willst!“

Gleichgültig, ob es sich um Gruselfilme handelt, um die ungeliebte Schwiegermutter, um anstößige Begriffe oder traumatische Ereignisse – es scheint in der Wahrnehmung einen Filter zu geben, der unseren Blick auf die Wirklichkeit einschränkt. Wir

Dahinter, davor oder ganz daneben? René Magritte verwob in seinem Bild *Blankovollmacht* den Vorder- und Hintergrund. Eine solche „unmögliche" Darstellung verwirrt unsere Wahrnehmung völlig.

verschließen uns vor Grausamkeiten, wehren Unangenehmes ab und versuchen, schreckliche Erlebnisse in die tiefsten Tiefen unserer Seele zu verbannen.

Der zerhackte James Bond

Weitere Sinnestäuschungen bietet jeder Film. Wenn James Bond mit gekonnten Hieben einen Bösewicht niederstreckt, überlistet die Technik unsere Wahrnehmung. Ob im Kino oder daheim auf der Mattscheibe – bewegte Bilder entstehen aus einer Folge einzelner Standbilder, rund 25 pro Sekunde. Wenn die Faust von 007 nach vorn schnellt, laufen vielleicht drei, vier oder fünf Einzelbilder ab. Unser Auge ist so träge, dass es die kurzen Pausen zwischen diesen Fotos nicht registriert.

Mit einem ganz ähnlichen Effekt trickst die Leuchtreklame von Las Vegas, St. Pauli oder Piccadilly Circus unsere grauen Zellen aus. Die Neonröhren leuchten in bestimmten Reihenfolgen auf und vermitteln uns damit die Illusion, dass die Lichter sich bewegen.

Manchmal scheinen sich auch Dinge zu bewegen, die eigentlich fest stehen. Probieren Sie es selbst einmal an Ihrem Fernseher aus. Kleben Sie einen dunklen Punkt mitten auf den Bildschirm, und beobachten Sie, was geschieht, wenn die Kamera einen längeren Schwenk durchführt. Der Punkt scheint sich in die entgegengesetzte Richtung zu bewegen.

Solche Sinnestäuschungen können Sie im Alltag häufig entdecken, z. B. wenn Sie im Auto vor einer roten Ampel warten. Plötzlich erschrecken Sie, weil Ihr Fahrzeug rückwärts zu rollen scheint. Sie treten auf das Bremspedal, doch nichts passiert. Dann erkennen Sie, dass sich in Wirklichkeit das Fahrzeug neben Ihnen voranbewegt hat.

Das Geheimnis der Kakteen

Bei vielen Völkern der Erde sind Drogen, die die Psyche beeinflussen, ein Teil der Kultur. Auch der Vater der Psychoanalyse, Sigmund Freud, nahm zu Beginn dieses Jahrhunderts gegen seine eigenen schweren Depressionen kleine Mengen Kokain. Es befreite ihn für kurze Zeit vom zermürbenden Trübsinn. Seine Begeisterung hielt jedoch nicht lange an; schon bald merkte er, dass ihn das Rauschmittel süchtig machte.

Besondere kultische Bedeutung haben Substanzen, die die Wahrnehmung verändern. Sie wurden überall auf der Erde meist aus Pflanzen gewonnen und vor allem für rituelle und mystische Zwecke eingesetzt. Man sah darin einen Schlüssel zum Eintritt in andere, höhere Welten.

So hat man bei Ausgrabungen Hinweise darauf gefunden, dass Menschen im Südwesten der USA und in Mexiko bereits vor Tausenden von Jahren Meskalin eingenommen haben. Dieser Stoff ist in dem unscheinbaren Peyote-Kaktus enthalten. Seine Köpfe wurden (und werden) getrocknet und geschluckt. Das Meskalin ruft ekstatische, halluzinatorische Visionen hervor. Noch heute spielt der Kaktus in den religiösen Ritualen vieler Indianer eine wichtige Rolle.

Wie Drogen das Gehirn beeinflussen

Heute wissen die Neurobiologen recht gut, wie psychoaktive Stoffe unser Empfinden verändern. Die Drogen greifen in die Verständigung zwischen den Nervenzellen des Gehirns ein. Bevor die Substanzen aus der Blutbahn an ihren Wirkungsort gelangen, müssen sie eine Schranke überwinden, mit der sich unser Gehirn schützt: Die Wände der Blutkapillaren lassen nur bestimmte Stoffe durch. Haben sie diese Barriere durchdrungen, setzen sie sich an den Stellen der Nervenzellen fest, wo Signale übertragen werden. Manche Substanzen verhindern die Weitergabe der Botenstoffe, andere erhöhen deren Ausschüttung; in jedem Fall bringen sie den gesamten Informationsfluss durcheinander.

Drogen verändern nicht nur unsere Wahrnehmung, sondern auch Gedächtnis, Stimmung und Verhalten. Substanzen, die den Austausch von Botschaften hemmen, wirken beruhigend und lindern Schmerzen; Stoffe, die die Kommunikation der Nervenzellen verstärken, wirken stimulierend und steigern die Empfindlichkeit auf ein oft fast unerträgliches Maß.

Kokain, aber auch das in Kaffee und Tee enthaltene Koffein oder die in Ecstasy-Pillen verwendeten Amphetamine gehören zu den anregenden Drogen. Sie steigern die Signalübertragung zwischen den

Wenn wir dieses Bild fixieren, scheinen sich die geschwungenen Formen zu bewegen. Bei Halluzinationen unter Drogeneinfluss kann man Ähnliches auch ohne Vorlage wahrnehmen.

EINE EINFACHE ILLUSION

Mysteriöse dunkle Flecken

Blicken Sie aus etwa 40 cm Abstand auf die Mitte dieses Musters. Wo sich die weißen Linien kreuzen, sehen Sie schon bald dunkle Zonen. Natürlich sind die Flecken nur eine Illusion – das erkennen Sie sofort, wenn Sie eine der Kreuzungen aus nächster Nähe prüfen. Der dunkle Fleck verschwindet an dieser Stelle. Lassen Sie den Blick nun über die Abbildung gleiten. Manchmal erscheinen die seltsamen Schatten, dann verschwinden sie wieder, und bald verwandeln sie sich in tanzende Punkte.

Dieses so genannte Hermann-Gitter ist ein klassisches Beispiel für eine Sinnestäuschung.

Nervenzellen und putschen auf diese Weise den Organismus auf. Die Wirkung hängt natürlich auch von der Dosierung ab. Anregende Stoffe können in kleinen Dosen die Aufmerksamkeit steigern und die Konzentrationsfähigkeit erhöhen. Sie haben diese Wirkung vermutlich selbst schon nach dem Genuss einer Tasse Kaffee gespürt.

Schattenseite der Euphorie

Wenn die Dosis einer anregenden Droge zu hoch ist, können sich Reizbarkeit und paranoide Ängste einstellen. Viele Menschen möchten die belebende Euphorie wiederholen und nehmen die Mittel immer öfter; da sich ihr Körper daran gewöhnt, brauchen sie sie in ständig steigenden Mengen.

Ähnliche Erfahrungen machte der Chemiker Albert Hofmann mit einem Halluzinogen, das er selbst entwickelt hatte: mit Lysergsäurediäthylamid, das unter der Abkürzung LSD bekannt wurde. Bereits 1938 isolierte er die Lysergsäure bei der Suche nach einem Kreislaufmedikament aus dem Mutterkornpilz; danach entwickelte er diese Grundsubstanz im Reagenzglas zum LSD weiter.

In Selbstversuchen fand der Wissenschaftler 1953 heraus, dass diese Verbindung ein hochwirksames Psychostimulans ist – es führt schon in geringsten Dosen zu starken Verzerrungen der Wahrnehmung. Die Zeit scheint sich zu verkürzen oder auszudehnen, Farben explodieren, und schrille Töne überschlagen sich.

Zunächst meinte Albert Hofmann, die Substanz könne in Medizin und Psychotherapie eingesetzt werden. Seine „Wunderdroge“ sollte beispielsweise den Patienten ermöglichen, längst vergessene und verdrängte Erlebnisse ins Bewusstsein zu holen.

Es kam aber ganz anders: Das Rauschmittel wurde in den 60er-Jahren zu einer weit verbreiteten Modedroge mit unerwünschten Folgen für die Psyche der Benutzer. Auch Albert Hofmann erlebte die Nebenwirkungen am eigenen Leib. „Alle Anstrengungen meines Willens, den Zerfall der äußeren Welt und die Auflösung meines Ichs aufzuhalten, schienen vergeblich“, erklärte er. „Die Substanz, mit der ich hatte experimentieren wollen, hatte mich besiegt.“

BEWUSSTSEINSERWEITERUNG ODER GEFÄHRLICHE ILLUSION?

Nikotin und Alkohol sind in unserer Gesellschaft allgemein akzeptierte Drogen – obwohl sie süchtig machen.

◆ Ein Schlückchen in Ehren

Fast jeder kennt die Wirkung eines Gläschens Sekt, nach dem man sich angenehm beschwingt fühlt. Kleine Alkoholmengen wirken bei Erwachsenen oft entspannend, heben die Stimmung und können die Reaktionsgeschwindigkeit sogar leicht verbessern.

Wenn die Party allerdings in Schwung kommt und aus dem Glas Sekt drei oder vier werden, kann uns der Alkohol in eine andere Person verwandeln. Stille Zeitgenossen werden gesprächig, ernste werden albern, friedfertige

werden gewalttätig, und fröhliche sind auf einmal zu Tode betrübt. Die Reaktionszeit nimmt drastisch ab, und das Bewusstsein verändert sich, denn das Denken, das Erinnerungsvermögen und die Kontrolle der Körperbewegungen sind stark beeinträchtigt.

◆ Mit Nikotin in Trance

Obwohl den Rauchern in der Öffentlichkeit heute ein rauer Wind entgegenweht, blüht das Geschäft mit dem Tabak noch immer. Tausende von Arbeitsplätzen und beträchtliche Steuereinnahmen sind damit verbunden, aber Nikotin ist auch schuld am Tod von Millionen Menschen. Seine Wirkung kannten bereits indianische Schamanen. Sie versetzten sich durch Einnahme hoher Dosen in Trance, wussten allerdings, dass Tabak süchtig machen kann. Deshalb berauschten sie sich nur bei bestimmten Anlässen.

Vorsicht Kamera! Automatisch folgen die Blicke der beiden Herren der attraktiven Blondine. Das Auge ist unser wichtigstes Sinnesorgan, und daher sprechen wir stark auf ganz bestimmte optische Reize an.

BRINGEN SIE FARBE IN IHR LEBEN

Rot ist die Liebe und Schwarz die Trauer. Mit Farben drücken wir oft bestimmte Stimmungen aus, die die anderen ohne Worte verstehen. Die Kraft der Farben kann beruhigen oder aggressiv machen.

In den Alpen geht die Sonne auf. Am Horizont erscheint der erste Lichtschimmer, in dem sich unklar und verschwommen die zart blaugrau getönten Berggipfel abzeichnen. Langsam taucht das heller werdende Licht Täler und Bergwiesen in Pastellfarben, bis hinter der Kuppe endlich die Sonne aufsteigt. Ein geheimnisvoller Maler lässt nun Farben in die grauen Schatten fließen und zeichnet klar umrissene Konturen. Diese Verwandlung hat Richard Strauss musikalisch in seiner grandiosen *Alpensinfonie* eingefangen.

Das Erwachen der Farben können wir nur auf diese Weise erleben, weil unser Auge auf eine ganz bestimmte Weise gebaut ist. In der Netzhaut finden sich zwei Typen von Sinneszellen, die Licht wahrnehmen: Stäbchen und Zapfen.

Was gefällt Ihnen besser: ein grauer Berg vor grauem Hintergrund oder blauer Himmel, saftig grüne Wiesen, Hügel in warmem Braun und im Vordergrund ein leuchtender Regenbogen?

SEHEN SIE HIER NUR VIELE RUNDE FLECKEN ODER ZAHLEN?

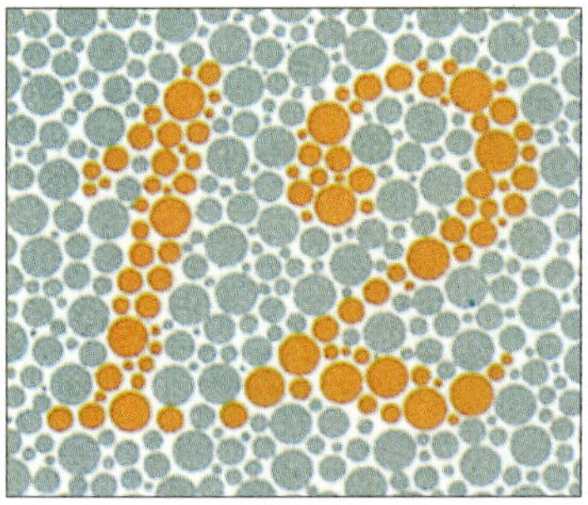

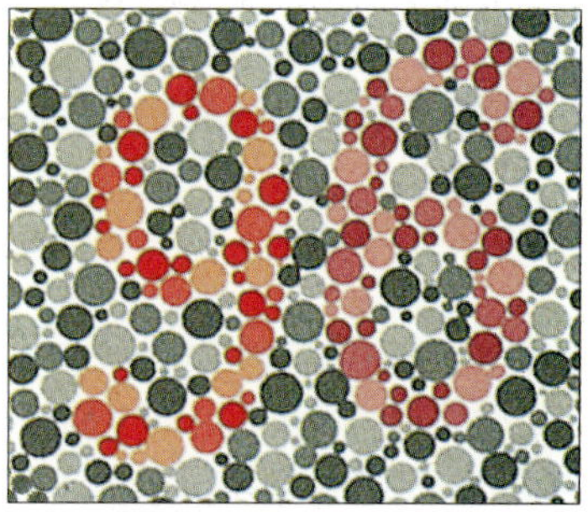

Etwa vier Prozent der Männer sind farbenfehlsichtig, aber nur wenige Frauen. Warum?

Farbenfehlsichtigkeit ist erblich. Sie kommt allerdings nicht bei jedem zum Ausdruck, der die Erbanlage trägt. Meist liegt die Anlage auf dem X-Chromosom, von dem Frauen zwei und Männer eines haben. Frauen werden nur fehlsichtig, wenn beide Erbanlagen betroffen sind, und das kommt sehr selten vor.

◆ ***Ein farbloses Leben***

Der Chemiker John Dalton schilderte 1798, wie er Farben wahrnahm – in ganz anderer Weise als „normale" Menschen. Tiefrote Töne etwa erschienen ihm vorwiegend dunkelblau.

Heute kennt man etliche Varianten der Farbenfehlsichtigkeit. Recht selten ist die so genannte Monochromasie; Menschen, die darunter leiden, sehen die Welt nur in Weiß, Grau und Schwarz, sie sind also wirklich farbenblind.

◆ ***Einfache Tests für das Farbensehen***

Weit häufiger ist die Dichromasie, bei der die Zapfenzellen nur zwei statt drei Farben wahrnehmen. Dies führt zu Rotgrünblindheit. Etwa ein Prozent aller Männer und 0,02 Prozent der Frauen sind davon betroffen.

Mit den oben abgebildeten Ishihara-Tests kann man die Form der Fehlsichtigkeit herausfinden. Normalsichtige sehen folgende Zahlen: 12, 16 und 96.

Die Stäbchen – etwa 115 Millionen in einem Auge – sind besonders lichtempfindlich; mit ihnen sehen wir die ersten zarten Grautöne der aufziehenden Dämmerung. Farben und scharfe Konturen können wir aber nur mit den rund sechs Millionen Zapfen wahrnehmen, die im Zentrum der Netzhaut sehr dicht stehen.

Bedeutsame Farben

Für viele Tiere und letztlich auch für den Menschen ist es nicht nur ein Genuss, die Welt in ihrer ungeheuren Farbenpracht zu erfassen, sondern eine Lebensnotwendigkeit. So finden wir unsere Nahrung häufig anhand ihrer Farbe: Rote Beeren leuchten zwischen grünen Blättern hervor, und die Färbung von Früchten zeigt uns, ob sie schon essbar sind.

Farben warnen uns vor giftigen Pflanzen oder verdorbenen Speisen. Sie verraten uns die Tages- und die Jahreszeit und zeigen dem Fußballspieler, ob er es mit einem Gegner oder einem Mitglied der eigenen Mannschaft zu tun hat. Die Gesichtsfarbe kann häufigen Aufenthalt im Freien, Krankheit oder Scham verraten. Farben wirken auch auf die Psyche: Rot regt an, Blau beruhigt, Pastelltöne besänftigen die Sinne.

Viele Farben haben zudem in unserer Kultur eine bestimmte Bedeutung, die unser Zusammenleben erleichtert. Wir gehen bei Grün über die Straße, werfen den Brief in den gelben Postkasten, wählen Schwarz, Grün oder Rot und wissen, dass Purpur und Gold besonders edle Farben sind.

Komplizierte Wege

Unser Auge ist lediglich die Eintrittspforte zu der immer noch wenig bekannten und vielschichtigen Welt der Farben. Die Sinneszellen der Augen leiten die Reize, die sie empfangen haben, weiter in Richtung Gehirn. Im hinteren Teil der Großhirnrinde befindet sich ein wichtiger Zwischenstopp auf der „Autobahn" für die Signale aus den Sehzellen. Dort werden die ankommenden Informationen begutachtet und dann bestimmten Farben und Formen zugeordnet. Jetzt erst sehen wir die Pflaume blau, den Schwan weiß und das Feuerwehrauto rot.

Andere Wahrnehmungen

Es ist kaum vorstellbar, aber eine Tatsache: Das vorüberfahrende Feuerwehrauto kann bei manchen Menschen einen bestimmten Geschmack hervorrufen. Nur ganz wenige Menschen empfinden Farben zugleich als Geschmackserlebnisse, Töne als Farben oder Gerüche als Muster auf der Haut. Eine solche Vermischung der Sinneswahrnehmungen wird in der

Wenn Sie an eine solche Ampel kämen, würden Sie wahrscheinlich losgehen, ohne weiter nachzudenken, obwohl auf dem grünen Licht ein stehendes Männchen zu sehen ist.

BLAU IST NICHT GLEICH BLAU

Eine fast unendliche Vielfalt

Wie viele Farben können Sie auf dem Muster oben unterscheiden? Versuchen Sie, für jede Farbe eine eindeutige Bezeichnung zu notieren. Was, Sie haben Schwierigkeiten? Kein Wunder! Diese Übung soll deutlich machen, dass wir eine ungeheure Zahl von Farben unterscheiden, aber nur die wenigsten davon korrekt benennen können.

Insgesamt nehmen wir zwei Millionen verschiedene Farben wahr. Dies lässt sich folgendermaßen berechnen: Im sichtbaren Spektrum des Sonnenlichts sehen wir insgesamt 200 Abstufungen. Jede dieser Farben kann in rund 500 Helligkeitsstufen wahrgenommen werden. Jetzt sind es bereits 100 000 Töne, doch damit nicht genug. Jede Helligkeitsstufe kann in 20 Sättigungsgraden gesehen werden. In der Summe ergeben sich also zwei Millionen Farben, von denen allerdings nur 7500 einen Namen haben. Verzweifeln Sie also nicht, wenn Sie nicht alle Farben bezeichnen konnten!

EINE ZITROMATE ODER EINE TOMATRONE?

Keine Sorge – diese Frucht ist keine Neuschöpfung aus den Genlabors der Zukunft!

◆ Die Farbe macht's

Ob Sie auf dem Bild eine Tomate oder eine Zitrone sehen, hängt entscheidend von der Farbe ab. Schon Mitte der 60er-Jahre stellten Psychologen fest, dass viele Formen mit ganz bestimmten Farben in Verbindung gebracht werden. Diese festen Kombinationen prägen sich dauerhaft ins Gedächtnis ein.

◆ Form und Farbe

Stellen Sie sich ein Herz oder eine Erdbeere vor. Mit Sicherheit werden Sie beide im Geist rot einfärben. Wenn Sie stattdessen an eine Glocke oder einen Computer denken, wird Ihnen ein Rot wahrscheinlich zuletzt einfallen. Viele Gegenstände haben keine typische Farbe, etwa Pullover oder Bücher. Diese Gegenstände erkennen wir vor allem an der Form und an dem Umfeld, in dem wir sie wahrnehmen.

Fachsprache „Synästhesie" genannt.

Den Wissenschaftlern ist noch nicht ganz klar, warum manche Menschen die Welt auf diese seltsame Weise wahrnehmen. Versuchen Sie doch einmal, sich die Empfindungen eines Synästhetikers vorzustellen. Wenn die Türglocke klingelt, sehen Sie eine Reihe Dreiecke. Dann hupt ein Auto, und vor Ihren Augen fallen einige Muster von rechts oben herab, bevor sie verschwinden. Sobald Sie die Stimme Ihres Nachbarn hören, taucht ein Blumenstrauß vor Ihrem geistigen Auge auf. Wenn Sie Süßes essen, haben Sie das Gefühl, große weiche Kugeln in den Händen zu halten.

Tagebuch eines Säuglings

Vielleicht empfinden wir in den ersten vier Lebensmonaten alle so. Babys haben sicher eine ganz andere Auffassung von der Wirklichkeit, und sie verknüpfen Sinnesreize zu phantastischen Wahrnehmungsmustern. So löst Hunger bei einem Säugling einen gewaltigen Sturm ganz unterschiedlicher Gefühle aus, die mit einer Kaskade sinnlicher Eindrücke das Kind völlig in ihren Bann ziehen. Erst wenn wir älter werden, verlieren unsere Sinne die Verknüpfung miteinander, und wir filtern nun die passenden Empfindungen heraus.

Bunte Stimmungen

Haben Sie schon einmal einen Ferrari gesehen, der nicht rot lackiert war? Es ist kein Zufall, dass die italienischen Sportwagen diese Farbe tragen. Versuche mit Kindern haben gezeigt, dass rote

Es gibt viele Möglichkeiten, sich einzurichten. Ob anheimelnd gemütlich oder modisch kühl – die Farben bestimmen unser Wohlbefinden und vermitteln darüber hinaus ein ganz bestimmtes Lebensgefühl.

Bauklötze Aggressivität und Nervosität bei den Kleinen fördern. Erwachsene, die Rot bevorzugen, sind eher geneigt, Risiken einzugehen, und lieben den Reiz des Abenteuers, beispielsweise des Glücksspiels. Das ist auch ein Grund, warum Spielkasinos innen oft in Rottönen gehalten sind.

Sogar die Empfindung von Zeit und Raum wird durch Farben beeinflusst. So erscheinen uns rote Gegenstände groß und schwer; in roten Räumen haben wir das Gefühl, dass die Zeit schneller vergeht. Das liegt daran, dass Rot den Herzschlag beschleunigt (dadurch verrinnt die Zeit scheinbar rascher) und die Muskelspannung erhöht (das lässt uns die Gegenstände als schwerer empfinden).

Grün hingegen schafft eine Atmosphäre der emotionalen Ausgeglichenheit. Die Augen entspannen sich, und die Konzentration nimmt zu. Auch Blau kann unsere Sinne täuschen. In blauem Licht werden Gewichte und Maße leicht unterschätzt. Weil Blau auf Herz und Muskulatur entspannend wirkt, „verlangsamt" sich das Geschehen um uns herum.

Die Kraft der Farben

„Farben beeinflussen in erster Linie unsere Seele", äußerte der russische Maler Wassily Kandinsky ganz richtig. Schöne Farben und Lebenslust, sagt man, sind eins. Ein Sonnenuntergang oder der Blick in die rötlichen Flammen eines Kaminfeuers versetzt uns in eine Stimmung der Zufriedenheit und Geborgenheit.

Auch in der Heilkunde wird diese Erkenntnis angewandt. Die Farbtherapie versucht, seelische und körperliche Krankheiten zu lindern oder sogar zu heilen. Bei Säuglingen hat sich diese Behandlung bereits weltweit etabliert: Frühgeborene entwickeln oft schwere Formen der Gelbsucht, die nach Bestrahlung mit blauem Licht zurückgehen.

Im Alltag können Sie die Wirkung von Farben auf Ihre Seele nutzen, um Arbeitsfreude und Wohlbefinden zu steigern. Wer einen hohen Blutdruck hat, sollte wenig Rot in seiner Umgebung verwenden. Kopfschmerzen lassen sich vermeiden, wenn auf Gelb verzichtet wird. Aus solchen Grün-

den wird beispielsweise in Krankenhäusern auf kräftige Farben verzichtet; neutrale Pastelltöne sorgen dort für Wohlbefinden.

In Operationssälen dominiert heute Grün. Diese naturnahe Farbe hat das klinische Weiß abgelöst, weil sie beruhigend auf die Patienten wirkt. Gleichzeitig verhindert das Grün bei den Chirurgen und Assistenten Kopfschmerzen, Augenflimmern und Konzentrationsschwäche – Schwierigkeiten, die in hell erleuchteten weißen Räumen häufig vorkommen.

Auch in Fabriken und Werkstätten hat das Grün Einzug gehalten. Große, gefährliche Maschinen sind dunkelgrün gefärbt; das gilt als beruhigend und senkt die Unfallgefahr. Selbst in Zügen werden die Erkenntnisse der Farbpsychologie angewandt. Gedämpfte Blau- und Grüntöne sollen helfen, die Reisenden sanft und sicher von einer Stadt in die andere zu tragen.

Gestaltung mit Hintersinn

Viele Großunternehmen, beispielsweise Banken, wollen nüchtern, diskret und konservativ wirken. Mit Blau lässt sich dies am besten vermitteln. Daher präsentieren sich Geldinstitute häufig in Blautönen, und die Angestellten tragen vorwiegend dunkelblaue Kleidung.

Designer setzen sehr stark auf die Wirkung der Farben, wenn es um die Entwicklung neuer Produkte geht. Für exklusive Möbel, teure Stereoanlagen oder hochpreisige Autos werden meist nüchterne, gedämpfte Töne gewählt, während knallige Farben heute eher billigen Produkten vorbehalten sind.

Ganz anders ist es beim Sport: Bunte Kleidung steht für Fitness und körperliche Leistung. Sportmedizinische Tests zeigen, dass Läufer tatsächlich schneller sind, wenn sie farbenfrohe Trikots tragen. Boxhandschuhe sind fast immer rot – ein deutliches Signal der Aggressivität und Kampfkraft.

Blaue Tomaten

Gelbe, rote oder braune Farbtöne machen Appetit, wenn wir sie bei frischen Früchten, gebratenem Fleisch oder reifen Bananen sehen. Mit Grün verbinden wir knackiges Gemüse und leckeren Salat.

In den Labors der Lebensmittelindustrie wird schwer daran gearbeitet, unscheinbare Nahrungsmittel kosmetisch aufzupeppen. Die höheren Verkaufszahlen sprechen für sich: Der Zusatz von Farbstoffen macht die Produkte attraktiver. Heute wird die zartrosa Färbung von Lachsfleisch oder das dunkle Gelb der Eidotter meist durch Futterbeigaben erreicht. Zahlreiche Lebensmittel, etwa Margarine, werden mit dem Farbstoff Carotin von ihrem blassen Weiß befreit.

Für den Verkauf ist natürlich auch die Verpackung wichtig. Hier vermitteln Türkis und Blau den Eindruck von Frische und Kühle, Gelb und Rot regen den Appetit an. Das Auge isst eben mit; kein Wunder, dass der Erfolg vieler Lebensmittel nicht zuletzt auf die Wirkung der Verpackung zurückzuführen ist.

Welche Überraschung! Als vor einigen Jahren in London ein Restaurant eröffnete, in dem gefärbte Speisen serviert wurden, war der Zulauf zunächst enorm. Auf Dauer blieb der Erfolg aber aus; die seltsamen Farben stießen doch eher ab.

MIT WACHEN SINNEN DAS LEBEN BESSER MEISTERN

Die Welt wird ständig komplizierter, und immer mehr Sinneseindrücke strömen auf uns ein. Lassen Sie sich dadurch nicht verwirren, sondern picken Sie aus dem Chaos das Wesentliche heraus!

Haben Sie auch manchmal das Gefühl, als säßen Sie vor einem Kurzwellenradio? Pausenlos brandet eine Flut von Informationen über Sie herein: Werbung für neue Produkte, Nachrichten vom Terror im Nahen Osten und von kaum mehr nachvollziehbaren Vermittlungsversuchen. Gebrauchsanleitungen sind in unverständlichem Kauderwelsch geschrieben, und Telefontarife oder Steuergesetze bilden einen Dschungel, in dem sich selbst Fachleute kaum noch zurechtfinden.

Das ist aber noch nicht alles: Bücher, Zeitungen, unzählige Fernsehkanäle und neuerdings das Internet überschwemmen die Welt mit ungeheuren Datenmengen.

Durch die neuen Medien holen wir uns Informationen aus der ganzen Welt ins Haus. Viele Menschen empfinden dies als Belastung. Sie fürchten, im Sumpf der schönen neuen Info-Welt den Überblick zu verlieren.

Wenn wir das Gefühl haben, den Überblick zu verlieren, verengt sich die Wahrnehmung, und wir verheddern uns in Kleinigkeiten. Schließlich wissen wir weder ein noch aus. Dabei wollen wir doch aufgeklärte, mündige Bürger sein, die sich eine eigene Meinung bilden und Entscheidungen treffen. Wir müssen also die ordnende Kraft finden, die aus der Fülle das Richtige für uns auswählt.

Setzen Sie sich Ziele

Zunächst sollten Sie sich genau überlegen, welche Ziele Ihnen bei einem bestimmten Vorhaben wichtig sind. Vielleicht wollen Sie selbstsicherer werden und keine Angst mehr verspüren. Fassen Sie Ihre Absicht möglichst konkret ins Auge. Vergegenwärtigen Sie sich, mit welcher Körperhaltung und Sprache Sie in welcher Situation auftreten wollen. Machen Sie sich jede Einzelheit im Geist klar.

Stellen Sie sich auch die kritische Frage, ob Ihr angestrebtes Unterfangen Aussicht auf Erfolg hat. Legen Sie sich Alternativen zurecht – für den Fall, dass Sie Ihr Ziel nicht erreichen –, und beziehen Sie die Bedürfnisse Ihrer Mitmenschen unbedingt mit ein.

Motivation beflügelt

Der zweite Schritt: Machen Sie sich den Grund klar, aus dem Sie bestimmte Dinge anstreben. Warum kaufen Sie Lebensmittel ein? Weil Sie hungrig sind. Warum schneiden Sie die Sträucher im Garten? Vielleicht, weil Sie Gartenarbeit entspannend finden. Bei manchen Tätigkeiten sind verschiedene Motive denkbar.

Auch die berufliche Laufbahn wird von der Motivation bestimmt. Nur wer weiß, was er will, kann einen schwierigen Lehrgang, eine mehrjährige Lehrzeit oder ein langwieriges Studium abschließen. Manch einer hat den Wunsch, mehr Geld zu verdienen, ein anderer lernt eher aus Interesse an der Sache. Beide Motive sind kraftvolle Motoren, die Energien freisetzen. Mit ihrer Hilfe können wir hart arbeiten, uns konzentrieren und Hürden spielend überwinden.

Wenn Sie nun genau wissen, was Sie anstreben und warum, können Sie der Informationsflut gezielt zu Leibe rücken. Dabei heißt die Grundregel: Beschränken Sie sich auf Informationen, die zum Erreichen Ihrer Ziele notwendig sind und die Sie motivieren. Alles andere können Sie getrost außer Acht lassen.

Wahrnehmungen werten

Fortlaufend tasten unsere Sinne die Umgebung nach brauchbaren Informationen ab. Dann setzt das Gehirn alle Bilder zusammen und interpretiert sie. Richtig spannend ist es, wenn die Bilder mehrdeutig sind und nicht so einfach eingeordnet werden können.

Die so genannte Rubin-Vase ist ein Beispiel dafür. Sie zeigt, dass ein einziges Bild auf unterschiedliche Weise gesehen werden kann. Auf den ersten Blick erkennt man nur eine helle Vase auf dunklem

Kommt Ihnen dieses Objekt seltsam vor? Kein Wunder, es handelt sich um eine so genannte Rubin-Vase. Auf diesem Bild entdecken Sie bei genauem Hinsehen, dass die seitlichen Konturen des Gefäßes die Profile der englischen Königin und ihres Gemahls bilden.

Ob mit Musik im Hintergrund oder in absoluter Ruhe – jedes Kind hat beim Lernen seinen eigenen Weg. Alles, was es als Störung empfindet, sollte ausgeschaltet werden.

Grund, aber irgendwann nimmt man die zwei dunklen Formen wahr, die eine weiße Fläche umschließen. In diesem Fall sind es zwei Gesichter im Profil. Oft wechselt das Gehirn sprunghaft zwischen den beiden Versionen hin und her, als könnte es sich nicht entscheiden.

Dieses Umkehr- oder Vexierbild zeigt aber auch die einzelnen Stufen der Wahrnehmung. Wir deuten die Grenze zwischen hell und dunkel als Rand oder Kontur, die zu einer Figur gehört und ihren Umriss markiert. Die Figur ordnen wir schließlich einer uns vertrauten Kategorie zu.

Suche nach Figuren

Ständig versucht unsere Wahrnehmung, Formen in Mustern zu erkennen. Manchmal führt das zu kuriosen Ergebnissen, ohne dass wir es verhindern können. Deut-

KONZENTRATIONSSCHWIERIGKEITEN MÜSSEN NICHT SEIN

Störungen lauern überall – der Hund, das Telefon, die Nachbarn. Hier einige Tipps, wie Sie damit fertig werden.

Wer kennt das nicht: Sie sind kurz davor, ein schwieriges Problem zu lösen, da klingelt das Telefon. Sie ärgern sich, heben aber doch ab, und schon haben Sie die mühsam erdachte Lösung vergessen. Vor solchen Störungen kann man sich jedoch schützen.

Im Büro hilft es meist schon, wenn Sie mit Ihren Kollegen vereinbaren, dass Sie zu bestimmten Zeiten nicht gestört werden wollen. Hängen Sie notfalls ein Schild vor die Tür. Stört Sie der Lärm der Nachbarn oder der Straße, verlegen Sie Ihren Arbeitsplatz. Doch Hand aufs Herz: Nicht selten sind wir selbst unsere schlimmsten Störenfriede. Unlust und Konzentrationsschwäche können darauf hinweisen, dass Sie falsch arbeiten. Achten Sie darauf, dass Sie immer wieder kurze Pausen machen, und gönnen Sie sich als Abschluss eine Belohnung. Vielleicht fehlt Ihnen auch einfach der Schlaf, oder Sie belasten sich einseitig; dann helfen Sport und Entspannung.

VERSCHIEDEN, ABER DOCH GLEICH

Der Weg und das Ziel

Welche Gemeinsamkeiten erkennen Sie bei den linken Kästen, welche bei den rechten? Worin unterscheiden sich diese Gruppen? Wenn Ihnen der Kopf schwirrt, geben Sie nicht auf. Nennen Sie zuerst Ihr Ziel. Was wollen Sie finden? Konzentrieren Sie sich auf die Farben, und prüfen Sie, ob in jedem Kasten alle Farben vorkommen. Dann wenden Sie sich den Formen zu. Größe, Anzahl, Position und Ausrichtung der Symbole können variieren. Nun stellen Sie fest, welche Eigenschaften die sechs linken Kästen grundsätzlich von den sechs rechten unterscheiden. Viel Spaß! *(Lösung S. 50)*

lich wird dies etwa, wenn wir in das weiße Rauschen schauen, das nach Sendeschluss auf den Fernsehbildschirmen erscheint. So meinen wir, in den flimmernden Punkten tanzende Bienenschwärme zu sehen.

Manchmal werden unsere Sinne einer Dauerbelastung ausgesetzt, etwa durch Hintergrundgeräusche, wie wir sie beispielsweise von gut besuchten Festen kennen. Dutzende von Menschen sprechen durcheinander, und Musik dröhnt aus den Lautsprechern. Wie reagieren Sie, wenn Sie plötzlich inmitten der Stimmen, Gelächter und Satzfetzen Ihren Namen hören? Automatisch spitzen Sie die Ohren, um genau zu verstehen, was über Sie gesprochen wird.

Wieso wir in der Lage sind, im größten Chaos das Wesentliche zu erkennen, ist den Wissenschaftlern noch nicht ganz klar. Unserem Bewusstsein scheinen verschiedene Filter vorgeschaltet zu sein, die Unwichtiges ausblenden, aber bestimmte Schlüsselwörter in die bewusste Stufe der Wahrnehmung vordringen lassen.

Eltern wissen, wie sinnvoll solche Filter sein können. Das leise Weinen eines Säuglings schreckt Mutter oder Vater aus dem tiefsten Schlaf, während laute Geräusche in der Umgebung, an die die beiden gewöhnt sind, ihren inneren Wecker nicht zum Läuten bringen.

Alles eine Sache der Übung

Experten zeichnen sich dadurch aus, dass sie solche Wahrnehmungsfilter besonders gut ausgebildet haben. Ihre Tätigkeit läuft oft ganz automatisch ab, sodass sie gar nicht erklären können, auf welche Weise sie Wichtiges von Unwichtigem trennen.

Wir alle führen unzählige Handlungen routinemäßig aus, ohne dass wir einen Gedanken daran verschwenden. Versuchen Sie, einem Kind zu erklären, wie man Schnürsenkel bindet oder Fahrrad fährt – Sie werden feststellen, dass es gar nicht so einfach ist, auch wenn Sie diese Dinge perfekt beherrschen. Im Grund geht es hoch spezialisierten Ärzten nicht anders: Sie stellen aus Erfahrung genaue Diagnosen, können aber oft nicht richtig erklären, wie sie darauf kommen.

Ein Automechaniker etwa muss den Bau eines Motors genau kennen und braucht ein feines Gehör, um festzustellen, ob dieser einwandfrei läuft. Auch der Küchenchef, der am Geschmack erkennt, warum ein Gericht missraten ist, oder der Geigenbauer, der sofort den Missklang lokalisieren kann, verfügt über eine speziell ausgebildete Wahrnehmung. Jahrelanges Training hat sie zu Experten auf ihrem Spezialgebiet gemacht.

Neue Information optimal aufnehmen

Sie können mit Übung und gesundem Menschenverstand auch zum Experten werden. Nehmen wir

VERDÄCHTIGE GERÄUSCHE

Manche leisen Töne wecken uns viel eher auf als Lärm, den wir als harmloses Hintergrundgeräusch kennen.

◆ **Um den Schlaf gebracht**
Es ist immer wieder verblüffend: Väter und vor allem Mütter schrecken aus dem Tiefschlaf, wenn ihr Baby nur leise vor sich hin weint. Sie schlummern aber geruhsam weiter, wenn auf der Straße ein Presslufthammer eingeschaltet wird.

◆ **Keine ruhige Minute**
Offensichtlich sind unsere Sinnesorgane auch während des Schlafs nicht völlig abgeschaltet. Vor allem das Ohr scheint immer in Bereitschaft zu sein. Mit dem Gehör tasten wir ständig die Umwelt ab und überprüfen alle Geräusche auf ihre Bedeutung. Das Unwichtige wird nicht weitergeleitet.

◆ **Ein nützlicher Filter**
Für Eltern eines Säuglings gibt es nichts Wichtigeres als das Wohlergehen des Babys, und wenn es Hunger oder andere Bedürfnisse hat, müssen die Eltern gleich zur Stelle sein. Die Wahrnehmung schlägt daher Alarm, wenn das Kleine wimmert. Für unsere Vorfahren war es auch sehr wichtig, die Geräusche von nachtaktiven Raubtieren im Schlaf zu erkennen.

einmal an, Sie wollen sich einen Vortrag an der Volkshochschule anhören. Nutzen Sie dabei das, was Sie gerade erfahren haben, um die gebotenen Informationen besser aufzunehmen!

Führen Sie sich Ihre Ziele und Motive vor Augen, bevor der Vortrag beginnt. Notieren Sie während des Vortrags die Punkte und Angaben, die Ihnen zum Erreichen der Ziele wichtig scheinen, und fragen Sie bei Unklarheiten oder Begriffen, die Sie nicht kennen, möglichst sofort nach. Betrachten Sie die Gedankengänge des Redners kritisch, und lesen Sie in anderen Veröffentlichungen nach, um so Ihr Wissen zu erweitern.

Sprechen Sie auch mit anderen über Ihre Eindrücke, und zögern Sie nicht, das Erlernte in der Praxis zu überprüfen. Dabei sammeln Sie Erfahrungen. Natürlich werden sich Ihre Motive und Ziele im Verlauf der Reise durch die Welt des Wissens verändern.

Nutzen Sie Ihre Stärken!

All unsere Sinnesorgane arbeiten zusammen, wenn wir unsere Umgebung wahrnehmen. Jeder von uns bevorzugt aber gewisse Sinne und erlebt die Welt damit auf seine ganz persönliche Art. Meist ist uns dies überhaupt nicht bewusst. Die Wissenschaft spricht von visuellen (Augen-), auditiven (Ohren-) und haptischen (Tast-)Typen.

Mit einem einfachen Test können Sie selbst herausfinden, zu welcher Gruppe Sie gehören. Bitten Sie einen Partner, Ihnen zehn Sekunden lang zehn Begriffe geschrieben vorzulegen. Danach wird das Blatt weggenommen, und Sie sollten so viele Wörter wie möglich aus dem Gedächtnis wiedergeben. Die Anzahl der richtigen Begriffe notieren Sie. Wiederholen Sie den Test nun mit zehn anderen Wörtern, die Ihnen vorgelesen werden, und zuletzt mit zehn Begriffen, die Sie als Strichzeichnungen vor sich sehen. Vergleichen Sie die Punktzahl, die Sie jeweils notiert haben; wo sie am höchsten ist, liegt Ihre Stärke.

Wenn Sie sich in Zukunft mit Neuem vertraut machen wollen,

BUCHSTABENSUPPE

K	Z	G	H	M	T	A	A	B	H	Ö	M	K	P	L	Z	N	G	B
A	M	Ä	K	M	E	F	J	I	A	U	M	D	X	Z	U	N	G	E
A	B	P	B	A	U	N	F	B	U	Z	N	R	C	H	N	X	P	Ö
N	K	K	N	O	I	T	A	R	T	N	E	Z	N	O	K	L	Ü	B
A	N	A	B	L	O	C	P	J	K	L	M	I	B	H	M	N	V	I
L	E	N	N	I	S	H	M	O	H	L	I	E	M	R	E	N	N	E
Y	H	Ä	Ö	M	C	M	O	T	I	V	E	L	F	E	Y	W	F	Q
S	P	L	E	H	C	T	Z	L	M	U	L	E	R	N	E	N	M	U
E	K	E	G	E	H	I	R	N	L	Ö	S	P	R	A	N	I	B	A
A	G	E	U	H	D	T	F	A	C	S	S	G	U	A	E	W	C	V
V	T	U	A	M	J	K	L	S	G	T	Ä	U	S	C	H	U	N	G
K	L	P	K	F	B	N	C	E	Ö	M	U	I	X	C	V	T	M	U

Ein etwas anderes Kreuzworträtsel

Mit dieser scheinbar ungeordneten Folge von Buchstaben können Sie Ihre Konzentration trainieren und lernen, Wichtiges aus Unwichtigem schnell herauszufiltern.

Finden Sie die 14 Wörter, die in diesem Chaos versteckt sind. Versuchen Sie, so schnell wie möglich zu sein, aber lassen Sie sich Zeit, wenn noch einige Begriffe fehlen. Die Wörter stehen waagrecht oder senkrecht, manchmal auch entgegen der gewohnten Leserichtung.

Ein Hinweis: Alle Begriffe spielen in diesem Buch eine wichtige Rolle. *(Lösung S. 50)*

Lösung von S. 47

Rote Formen sind links größer als gelbe, rechts nicht; links gerade Anzahl von Symbolen, rechts ungerade; links immer zwei gleich große Schnecken, alle gleich ausgerichtet – rechts in keinem Fall; links steht der Stern immer an höchster Stelle, rechts dagegen nie.

können Sie in der Wahrnehmung ganz gezielt Ihre Stärken einsetzen. Noch besser ist es, wenn Sie zusätzlich die schwächeren Seiten Ihrer Sinne stärken. Dann werden Sie sehr viel schneller und zuverlässiger als bisher Informationen aufnehmen und behalten können.

Nehmen wir an, Sie wollen eine neue Sprache lernen. Wenn Sie am besten mit den Augen wahrnehmen (wie die meisten Menschen), können Sie ein Videoband zu Hilfe nehmen. Dabei schulen Sie gleichzeitig noch Ihr Gehör.

Die Sinneskanäle ausbauen

Mit ein paar Übungen können Sie Ihre bevorzugte Wahrnehmungsart stärken. Stellen Sie sich beispielsweise eine bestimmte Münze vor, also einen Gegenstand, mit dem Sie tagtäglich umgehen. Versuchen Sie, die beiden Seiten und die Prägungen am Rand zu beschreiben. Wie lautet die Inschrift? Vergleichen Sie sie nun mit dem Original.

Zum Sehtraining können Sie auch ein beliebiges Foto benutzen. Tasten Sie das Bild zuerst sorgfältig mit den Augen ab. Was fällt Ihnen auf? Welchen Blickwinkel hat der Fotograf eingenommen? Lassen sich Vordergrund und Hintergrund unterscheiden? Stellen Sie sich die Fragen laut und beantworten Sie sie. Zeichnen Sie dann im Geist oder auf dem Papier das Bild nach, ohne es nochmals anzusehen. Diese Vorgehensweise ist besonders Erfolg versprechend, weil dabei verschiedene Sinneskanäle benutzt werden – durch das Sehen, Sprechen und Handeln.

Lösung von S. 49

Senkrecht: Analyse, Kanäle, Auge, Haut, Nase, Ziele, Ohren; waagrecht: Zunge, Konzentration, Sinne, Motiv, Lernen, Gehirn, Täuschung

„Learning by doing"

Viele komplizierte Handlungsabläufe kann man sich am besten aneignen, indem man die dazu nötigen Tätigkeiten selbst durchführt.

RINNT IHNEN DAS GELD DURCH DIE FINGER?

Versuchen Sie einmal, über all Ihre Einnahmen und Ausgaben genauestens Buch zu führen.

◆ Probieren geht über Studieren

Wenn auf Ihrem Konto die roten Zahlen immer höher klettern, ist es höchste Zeit, dass Sie Ihre Finanzen in den Griff bekommen. Am besten probieren Sie aus, welche Methode für Sie die geeignetste ist. Warum sind Sie in dieser unangenehmen Lage? Haben Sie zu viele teure Dinge gekauft oder zu viel telefoniert? Verschaffen Sie sich zuerst einen Überblick, indem Sie eine zweispaltige Tabelle anlegen – auf der Haben-Seite notieren Sie alle Einnahmen des betreffenden Monats, und auf der Soll-Seite führen Sie alle Ausgaben auf.

◆ Wählen Sie aus

Nun gilt es, das Wesentliche vom Belanglosen zu trennen. Sparen können Sie vor allem bei den unwichtigen Ausgaben. Gehen Sie dazu sämtliche Posten auf der Soll-Seite durch, auch die vielen kleinen; prüfen Sie gründlich und ehrlich, worauf Sie verzichten wollen, können oder gar müssen.

◆ Gewöhnen Sie sich um

Legen Sie ein spezielles Konto an, auf das Sie jeden Monat einen bestimmten Betrag überweisen. Mit diesem Geld begleichen Sie längerfristige Ausgaben wie Reparaturen, Geräte, die ersetzt werden müssen, oder die jährliche Ölrechnung. Halten Sie sich bei jeder Kontobewegung Ihr Ziel vor Augen.

Unsere Wünsche stehen zu unseren finanziellen Mitteln oft in einem krassen Missverhältnis. Daher sollten wir unsere Ausgaben ganz nüchtern planen und Unwichtiges streichen.

Deshalb raten Psychologen, dass man sich Neues nicht nur in Gedanken einprägt, sondern auch durch Handeln, also Schreiben, Sprechen, Singen oder Zeichnen.

Im Alltag eignen wir uns neue Fertigkeiten und Kenntnisse meist in dieser Weise an. Im Englischen spricht man von *learning by doing*, und dieser Begriff ist heute auch bei uns verbreitet. Schon Kinder können sich Schnürsenkel binden oder Fahrrad fahren. Sie beobachten ältere Vorbilder, die es beherrschen, und versuchen es, bis sie es können.

Wenn der Erfolg ausbleibt, sollten Sie jeden Ihrer Schritte auf Fehler überprüfen und kritische Phasen verändern. Der Umgang mit Geld ist dafür ein gutes Beispiel. Selbst die gründlichste Kalkulation schützt nicht vor Überraschungen. Setzen Sie daher die Einnahmen, die Sie erwarten, lieber etwas niedriger an und die Ausgaben etwas höher. Damit werden Sie durch finanzielle Unwägbarkeiten nicht aus der Bahn geworfen. Außerdem ist es eine schöne Überraschung, wenn am Monatsende oder nach einer großen Anschaffung Geld übrig bleibt. Damit können Sie sich oder anderen eine Freude bereiten.

Beim Umgang mit Geld fühlt man sich leicht überfordert. Auch hier gilt: Machen Sie sich Ihre Ziele klar, und planen Sie im Hinblick darauf. So werden Sie schnell und zuverlässig das Wichtige herausfiltern und sich mit dem Rest nicht mehr belasten.

WIE SIE DEN ÜBERBLICK BEHALTEN

Oft lassen wir uns von Nebensächlichkeiten ablenken und verlieren dadurch unser Ziel aus den Augen. Andererseits leistet das Gehirn Erstaunliches, wenn es Informationslücken schließen muss.

Stellen Sie sich vor, Sie erhalten ein Angebot für einen neuen Job. Er würde Sie ein ganzes Stück auf der Karriereleiter nach oben bringen, aber auch viel Stress bedeuten. Das Gehalt ist gut, die Tätigkeit anspruchsvoll, die Kollegen sind nett, und der Chef erscheint unkompliziert. Die Sache hat nur einen Haken: Sie müssen sich innerhalb weniger Tage entscheiden, denn andere Bewerber warten schon. Da Sie sich nicht sicher sind, suchen Sie ein Haar in der Suppe. So fragen Sie, ob es Probleme gibt, wenn Sie kurzfristig freinehmen wollen. Bei dieser Gelegenheit erfahren Sie gleich, ob das Betriebsklima wirklich so locker und sympathisch ist, wie Sie es auf den ersten Blick empfunden haben, und ob der Chef tatsächlich so freundlich bleibt, wie er bisher war.

Ja oder nein?

Während Ihre letzte Chance für die Zusage näher rückt, steigen immer neue Zweifel in Ihnen auf. Manchmal wachen Sie deshalb sogar mitten in der Nacht schweißgebadet auf. Schließlich geht es nicht mehr anders: Sie müssen sich entscheiden, obwohl Sie das Gefühl haben, dass Ihnen wichtige Informationen fehlen.

Wir alle sind immer wieder gezwungen, uns zu entscheiden – manchmal in Sekundenbruchteilen, beispielsweise als Autofahrer. Wenn eine Gruppe übermütiger Schüler auf dem Gehsteig spielt, kann unvermittelt eines der Kinder auf die Fahrbahn laufen. Beim

Wenn ein Fußball auf die Straße rollt, bedeutet das für den Autofahrer höchste Alarmstufe. Er weiß, dass jederzeit ein unvorsichtiges Kind dem Ball nachlaufen kann.

DAS EINGEBILDETE DREIECK

Was sehen Sie in der Grafik rechts? Runde Flächen mit Ausschnitten – oder mehr?

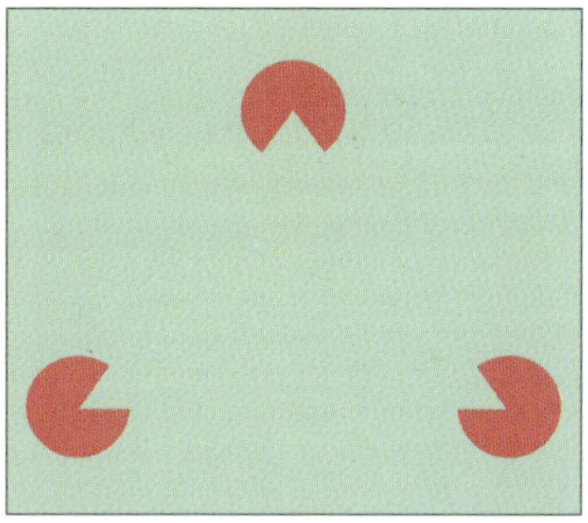

◆ Gedachte Linien
Eigentlich zeigt das Bild nur drei runde rote Flächen, aus denen jeweils ein Segment wie ein Tortenstück herausgeschnitten ist. Für die meisten Menschen ist das aber nicht alles: Sie erkennen auch ein Dreieck, dessen Ecken in den roten Flächen liegen. Dieses Phänomen zeigt uns, wie die Wahrnehmung arbeitet. Was wir auf der Grafik sehen, passt nicht in unsere Kategorien klarer Formen. Daher weigert sich unser Gehirn, das Bild so zu akzeptieren, wie es auf den allerersten Blick erscheint.

◆ Kurzerhand ergänzt
Da uns so unregelmäßige Formen widerstreben, nehmen wir an, die roten Flächen wären an sich vollständig und teilweise überdeckt. Die drei „Tortenstücke" sehen aus wie Ecken eines Dreiecks; das Gehirn fügt die nicht vorhandenen Seitenlinien einfach hinzu. So entsteht das imaginäre Dreieck.

Auswählen eines Geschenks etwa sind viele Fragen zu beantworten: Wie viel Geld will ich ausgeben? Welche Farbe mag der Beschenkte besonders gern? Wählt man eher Süßigkeiten oder ein gutes Buch? Ein anderes Beispiel: Wenn Sie ein Haus kaufen wollen, können Sie das Objekt noch so genau unter die Lupe nehmen – immer werden Ihnen bestimmte Aspekte verborgen bleiben. Ärzten geht es nicht anders. Sie versuchen zwar eine genaue Diagnose zu stellen, wählen aber manchmal in letzter Sekunde eine andere Behandlung.

Schon der Schwanz des Tigers löst Flucht aus

Selbst wenn wir nicht alle wichtigen Einzelheiten kennen, treffen wir häufig Entscheidungen, die sich im Nachhinein als gut erweisen. Der Grund dafür ist unsere Fähigkeit, in der Vorstellung Lücken im Gesamtbild zu füllen. Meist merken wir das nicht einmal. Im Geist ersetzen wir fehlende Informationen und schaffen so ein vollständiges Bild. Dieser Trick der Wahrnehmung hat sich im Lauf der Stammesgeschichte sehr bewährt. So reichte es unseren Urahnen, von einem Löwen ein paar Büschel der Mähne oder von einem Tiger die kreisende Schwanzspitze zu sehen, um die Gefahr zu erkennen. Sie dachten sich den Rest dazu und nahmen schnell die Beine in die Hand.

Selbst einfache hingekritzelte Figuren und Linien auf Papier betrachten wir nicht unvoreingenommen. Wir neigen dazu, Figuren zu Formen zu gruppieren und zu ergänzen, damit sich, wie die Psychologen sagen, eine gute Gestalt ergibt. Linien, Kreise, Würfel, Achtecke oder wellenförmige Kurven, die keine Brüche, Sprünge oder Knicke aufweisen, sind für uns einfach und harmonisch.

Diese Eigenmächtigkeiten des Gehirns tragen entscheidend dazu bei, dass wir uns in der Welt zurechtfinden. Wir bearbeiten das, was wir in unserer Umgebung wahrnehmen, bis wir es verstehen. Was unseren Denkstrukturen entspricht, erkennen wir leichter und genauer. Außerdem erinnern wir uns besser an solche „guten Gestalten" und können sie einfacher beschreiben.

Verdecktes zum Vorschein bringen

Nur selten sehen wir Gegenstände in allen Einzelheiten. Meist ist ein Teil davon verdeckt – der Fahrradfahrer befindet sich hinter einem Auto, die Butterdose lugt hinter der Kaffeekanne hervor. Trotzdem gehen wir davon aus, dass diese Objekte, deren Gestalt wir kennen, vollständig sind. Was fehlt, ergänzen wir einfach im Kopf.

Dabei können wir natürlich auch Fehler machen. Dies geschieht umso häufiger, je kleiner der Ausschnitt ist, den wir zu Gesicht bekommen. So halten wir eine im Gras verborgene Schlange, von der wir nur einen Teil sehen, leicht für einen Ast. Eigenschaften eines einzelnen Objekts übertragen wir oft auf alle Gegenstände, die zur gleichen Kategorie gehören.

Wenn etwa ein Kleidungsstück einer bestimmten Marke nicht sauber vernäht ist, schimpfen wir über die ganze Kollektion.

Im Vertrauen auf die Wahrnehmung führen wir uns manchmal selbst an der Nase herum. So bilden wir aus drei Ecken, die einander zugewandt sind, ohne zu zögern ein Dreieck. Wenn zwei Aststücke in einer Linie hinter einem Baumstamm zu sehen sind, gehen wir automatisch davon aus, dass es sich um nur einen Ast handelt.

In der ersten Hälfte des 19. Jh. legten Psychologen Versuchspersonen geometrische Figuren vor. Dabei fanden sie weitere Gesetze, denen unsere Wahrnehmung unterliegt. Sie nannten sie „Gestaltgesetze". Das Gesetz der Ähnlichkeit besagt, dass ähnlich aussehende Objekte in die gleiche Kategorie eingeordnet werden. Nach dem Gesetz des gemeinsamen Schicksals nehmen wir an, dass Objekte zusammengehören, wenn sie sich in die gleiche Richtung bewegen.

Raffinierte Betrüger

Die Regeln, nach denen unser Gehirn arbeitet, sind für uns selbstverständlich. Sie haben sich im Lauf unserer Evolution entwickelt, weil sie für unsere Vorfahren günstig waren. Das sind sie allerdings nicht immer, denn Nepper und Schlepper können die Mechanismen unserer Wahrnehmung geschickt ausnutzen und uns so in die Irre führen.

Im Ausland wird oft hinter der Deutschen Bank die offizielle Staatsbank der Bundesrepublik vermutet, weil sie „Deutsch" im Namen trägt. Das ist eher ein amüsanter als ein fataler Denkfehler, aber in anderen Fällen können solche Missverständnisse sehr unangenehme Folgen nach sich ziehen. Gegen manche Manipulationen sind wir wirklich wehrlos, wenn wir nicht aufpassen.

Was würden Sie z. B. davon halten, wenn Ihnen eine „Deutsche Münzprägeanstalt" seltene Münzen anbieten würde? Vermutlich wären Sie eher bereit, einen höheren Preis zu zahlen, weil das Wort „Deutsche" eine seriöse staatliche Einrichtung vorspiegelt. In Wirklichkeit handelt es sich dabei viel-

WIE WIR UNS SELBST HEREINLEGEN KÖNNEN

Ein Baumstamm verdeckt den dahinter liegenden Ast.

Für unser Gehirn ist klar: Hinter dem Stamm geht der Ast weiter.

Erste Möglichkeit: Unsere Annahme war richtig. Der Ast geht tatsächlich hinten weiter.

Rechts und links von diesem Baumstamm sehen wir zwei Aststücke. Unsere Wahrnehmung ergänzt eine Linie zwischen den beiden und geht damit insgeheim davon aus, dass sie zu einem einzigen Ast gehören (links). Das muss aber nicht der Wirklichkeit entsprechen; es kann sich auch um zwei verschiedene Äste handeln (rechts).

Zweite Möglichkeit: Wir haben uns geirrt. In Wahrheit sind es zwei Äste.

25 000 WÖRTER PRO MINUTE

Können Sie ein Buch in wenigen Minuten lesen? Unvorstellbar, aber möglich!

◆ Eine Sache der Technik
Normalerweise liest der Mensch etwa 240 Wörter pro Minute. Einige Trainer bieten Schnelllese- oder „Photo-Reading"-Kurse an, mit denen angeblich jeder seine Leseleistung steigern kann – bis auf 25 000 Wörter pro Minute.

In diesen Kursen erfahren die Teilnehmer, wie sie beim Lesen das gesamte Gehirn nutzen (gewöhnlich ist es nur die linke Gehirnhälfte). Wer die Technik richtig beherrscht, „fotografiert" die gesamte Druckseite im Geist und nimmt die Informationen besser auf.

◆ Das „Sprechen" abstellen
Das Erlernen des Schnelllesens kostet viel Zeit und gelingt nicht jedem. Sie können auch ohne einen solchen Kurs zehn- bis 40-mal schneller werden. Besonders viel erreichen Sie, wenn Sie beim Lesen nicht mehr jedes Wort innerlich mitsprechen. Das beschäftigt Ihr Gehirn zusätzlich und bremst es. Folgendermaßen umgehen Sie dies: Fahren Sie mit dem Zeigefinger an den Zeilen entlang und folgen Sie dem Finger mit den Augen.

leicht um eine private Firma, die Ihre Gutgläubigkeit ausnutzt und weit überhöhte Preise verlangt.

Unausgesprochene Botschaft

Auch mit dem Bedürfnis der Bürger nach einer gesunden, intakten Umwelt treiben manche Geschäftemacher Schindluder. So neigen wir dazu, Produkte als wertvoller einzuschätzen, wenn die Begriffe „Natur" oder „Bio-" aufgedruckt sind, obwohl dies jede Firma nach Belieben tun kann.

Da naturbelassene Produkte in der Regel teurer sind, akzeptieren viele Konsumenten klaglos höhere Preise. Die Botschaft der Hersteller ist angekommen, ohne dass sie jemals ausgesprochen wurde – und hat damit ihren Zweck erfüllt.

Ein unseriöser Anlageberater versucht, durch sein Auftreten das Vertrauen des Kunden zu gewinnen. Sein Briefkopf gaukelt ein starkes Unternehmen vor, und der Vertreter erscheint in einem teuren Wagen zum Hausbesuch. Er trägt einen feinen Anzug, eine Aktentasche aus Leder und eine elegante Brille. Seine Miene wirkt entschlossen, der Händedruck fest, und im Gespräch macht er einen kompetenten, sympathischen Eindruck. Hinter diesem Auftritt sehen wir wie selbstverständlich das, was wir sehen sollen: Unser Gegenüber wirkt erfolgreich und damit vertrauenswürdig. Oft erweist sich dies als fataler Irrtum.

Bleiben Sie kritisch!

Überall in unserer Gesellschaft und in unserem ganzen Leben erreichen uns Botschaften, die unser Unbewusstes ansprechen und

Fortsetzung Seite 58

GEDANKEN IN ORGANISCHEN STRUKTUREN

Wenn eine wichtige Feier ansteht, muss man an so vieles denken, dass man leicht den Überblick verliert. Mit einer „Mind Map" lässt sich Ordnung in das Chaos bringen.

◆ Kreativ zum Ziel

Der Engländer Tony Buzan hat sich auf das Training der geistigen Fähigkeiten spezialisiert und dazu in den 70er-Jahren eine besonders einfache, aber wirksame Methode entwickelt, mit der man Gedanken strukturieren kann. Er nannte diese Technik „Mind Mapping", was frei übersetzt „Kartierung der Gedanken" bedeutet. Tony Buzans Methode findet heute in vielen Bereichen Verwendung, weil sie für unzählige Gelegenheiten und Ziele ideal geeignet ist.

So können Sie mit einer „Mind Map" Ihre Wahrnehmung schulen, Ihr Gedächtnis mit Stichworten und logischen Verknüpfungen besser strukturieren, Ideen sammeln und Konzepte entwickeln, Planungen durchführen oder sich einfach nur Notizen machen.

◆ Natürliche Verzweigungen

Beim „Mind Mapping" müssen Sie für schwierige Sachverhalte nur einfache Stichworte festhalten, die Sie später an die betreffenden Themen erinnern. Durch Verzweigungen, die den Ästen eines Baumes ähneln, werden diese Stichworte in logische Verbindungen zueinander gebracht. Das Ergebnis ist eine klare Struktur, die alle Schritte zum Erreichen des Ziels aufzeigt.

◆ Zum Geburtstag viel Glück

Wenn Sie zur Planung einer Jubiläumsfeier eine „Mind Map" zusammenstellen wollen, schreiben Sie zunächst das Ziel in die Mitte eines großen Papiers. Zeichnen Sie dann von diesem Zentrum ausgehende Äste, auf denen Sie gleichzeitig die wichtigsten Stichworte notieren. Unterpunkte zu diesen Begriffen werden als Seitenäste angefügt. Auch an diesen können weitere Zweige mit Unterthemen wachsen. Verwenden Sie immer nur einzelne Worte. Oft ist es hilfreich, den Ästen unterschiedliche Farben zu geben, Symbole statt der Begriffe zu benutzen oder Querverweise einzufügen. Vielleicht haben Sie ja noch weitere fruchtbare Ideen!

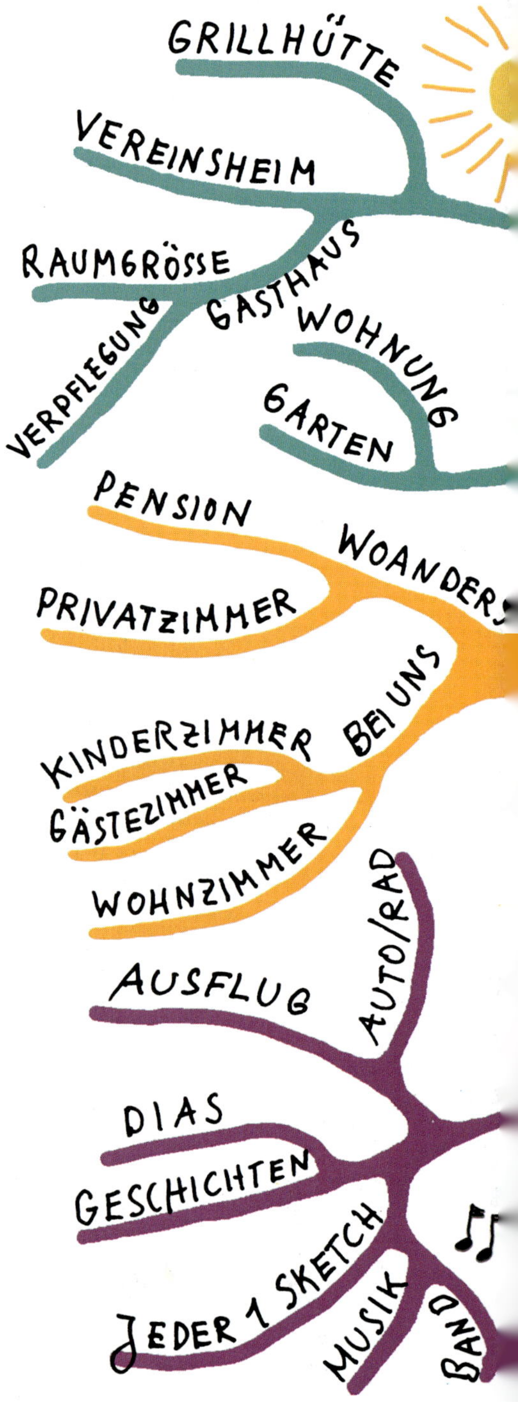

Wie die Äste eines Baumes verzweigt sich die „Mind Map". Jeder Mensch gestaltet die Struktur nach seinen eigenen Bedürfnissen.

MEIN 50 GEBURTSTAG
ALLE DA
ELE VERREIST
WETTER OK.
NACH DEN FERIEN
IN DEN FERIEN
WETTER RISIKO
WIELANGE
1 TAG ?
ABEND
TERMIN
AUSSERHALB
HEIM
ORT
BERNACHTUNG
EINLADUNG
TELEFONISCH
BRIEF
NUR TEXT
MIT BILD
DRUCKEN LASSEN
POSTKARTE
PERSÖNLICH
WER KOMMT ?
FREUNDE
VERWANDTE
NACHBARN
KOLLEGEN
SKAT-GRUPPE
SPORTVEREIN
ELTERN
KINDER
PROGRAMM
REDE !
ESSEN
KAFFEETRINKEN
ABENDESSEN
TRINKEN
SÄFTE
WEIN
BIER
WER MACHT WAS ?
PARTY-SERVICE
SELBER MACHEN
KINDER HELFEN
KLAUS
UTE

Viele Menschen stehen in unserer Zeit hilflos vor dem Überangebot an Informationen und suchen nach zuverlässigen Wegweisern. Wer den Umgang mit den Medien beherrscht, hat einen enormen Vorsprung.

einem bestimmten Zweck dienen. Vor allem wenn es um unser Geld oder unsere Gesundheit geht, sollten wir dem ersten Eindruck nicht blind folgen.

Lassen Sie sich nicht täuschen, blenden und neppen! Machen Sie sich klar, wie sehr der Schein trügen kann – ein schicker Anzug macht noch keinen Manager und ein weißer Kittel noch keinen Arzt. Behalten Sie ständig im Hinterkopf, dass Ihr Geist dazu neigt, fehlende Informationen voreilig zu ergänzen, ohne vorher eine gründliche Kontrolle durch die Vernunft vorzunehmen. Im Zweifelsfall sollten Sie die Lücken, die nach Ihrer Meinung noch bestehen, durch eigene Nachforschungen zu schließen versuchen.

Wie Sie die entscheidenden Auskünfte bekommen

Wie gehen Sie selbst bei einem konkreten Anliegen vor? Vermutlich sammeln Sie zunächst Informationen, und zu den meisten Themen können Sie auf dem einen oder anderen Weg Material erhalten. Es gilt jedoch, die wichtigen Quellen herauszufiltern, und das ist oft nicht einfach.

Muss ich Bücher, Zeitungen oder Zeitschriften lesen, wenn ich mich über Anlagemöglichkeiten informieren will? Wann laufen in Radio oder Fernsehen Sendungen zu diesem Thema? Mit welchen Fragen wende ich mich an Selbsthilfegruppen, Stiftungen, öffentliche Ämter oder Verbände? Wann helfen Universitäten, Verbraucherverbände, Akademien, Museen und kirchliche Einrichtungen? Wie komme ich durch Gespräche mit Experten oder eine Suche im Internet schnell zum richtigen Rat?

Überlegen Sie sich zuerst, in welches Sachgebiet Ihre Fragen gehören. Suchen Sie sich dann für diesen Themenbereich die richtige Institution. Manchmal ist das gar nicht so einfach. Ist etwa für Fragen zur Kirchensteuer das Finanzamt zuständig oder die Kirche?

Es gibt immer eine Antwort

Wenn Sie nicht weiterkommen – fragen Sie einfach, und lassen Sie sich nicht entmutigen! Besorgen Sie sich die Nummern aus dem Telefonbuch oder von der Auskunft, und fragen Sie sich nach der zuständigen Stelle für Ihr Anliegen durch. Wissen Sie nicht, wie Sie Ihren Müll trennen sollen? Das Amt für Abfallwirtschaft kann Ihnen helfen. Brauchen Sie menschlichen Zuspruch? Dann sind Sie bei speziellen Beratungsstellen der Gemeinden oder der Kirchen gut aufgehoben. Wenn Sie wissen wollen, welche Lacke schädliche Gase abgeben, welcher Kinderwagen der praktischste und welcher Kühlschrank der sparsamste ist, helfen die Verbraucherverbände weiter. Daneben gibt es zahlreiche Spezialzeitschriften, die Sie oft auch in den Lesesälen der Büchereien oder im Internet finden.

Auch wenn Sie sich gut überlegt haben, wie Sie vorgehen wollen, werden Sie sich bei Ihren Nachforschungen manchmal an die Karl-Valentin-Satire vom Buchbinder Wanninger erinnert fühlen. Sie handelt von einem Herrn, der bei einer Behörde anruft und fortwährend weiterverbunden wird, ohne je ans Ziel zu gelangen.

Wer sucht, der findet

Bei solchen Odysseen durch Behörden und Firmen haben Sie sich vielleicht schon die Frage gestellt: Warum hat noch niemand eine Maschine erfunden, die Informationen beschafft? Ein Gerät, das man nach Bedarf mit Stichwörtern füttert und das alles an die Haustür liefert, was man bestellt hat?

Im Internet gibt es solche Maschinen tatsächlich. Es sind Programme, die für Sie das unüberschaubare Angebot des Datennetzes durchforsten und die Sie direkt zu den Stellen führen, wo Sie Informationen zu den gesuchten Themen finden.

Alle Möglichkeiten nutzen

Nehmen wir an, Sie werden schon seit längerer Zeit von Rückenschmerzen geplagt und Ihr Arzt weiß nicht genau, was Ihnen fehlt. Es schadet sicher nichts, wenn Sie sich selbst so gründlich wie möglich informieren. In Ihrer Bücherei stehen sicher einige Bücher, in denen Sie genauer nachlesen können.

Wenn Sie daheim einen Internet-Anschluss haben, müssen Sie nicht einmal aus dem Haus gehen. Sie können sich an Ihren PC setzen, Artikel über Rückenprobleme lesen und nachsehen, welche Bücher dazu lieferbar sind. Häufig können Sie diese gleich über das Netz bestellen.

Bei Ihrer Suche in den weltweiten Datenbanken stoßen Sie nicht nur auf Hilfreiches und Nützliches, sondern auch auf viel Spreu, die Sie vom Weizen trennen müssen. Nehmen Sie sich dafür Zeit. Sie werden Hinweise auf Kliniken und ein buntes Sammelsurium spezieller Heilverfahren und Therapien finden. Ihr Arzt kann Ihnen anschließend sagen, was er von den verschiedenen Behandlungsmöglichkeiten hält.

Glauben Sie nicht alles!

Ganz gleich, woher Sie Informationen beziehen – bleiben Sie immer kritisch. Ob Sie den Angaben vertrauen können, wird Ihnen oft erst klar, wenn Sie sich grundsätzlich einige einfache Fragen stellen: Stecken wirtschaftliche Interessen dahinter, oder handelt es sich um einen neutralen Forschungsbericht? Ist die Quelle wirklich seriös? Wird womöglich nur eine Weltanschauung statt Fakten verbreitet? Gerade im Internet sollten Sie vorsichtig sein; mit diesem Medium kann auch der größte Unsinn verbreitet werden. Eine kritische Grundhaltung bewahrt Sie vor unliebsamen Überraschungen.

Was sehen Sie hier? „Das ist doch ganz einfach, einen Zug!", werden Sie jetzt sagen. Dass wir auf diesem extrem verzerrten, unscharfen Bild überhaupt etwas erkennen, verdanken wir den erstaunlichen Fähigkeiten unseres Gehirns.

KÖRPER UND PSYCHE SPÜREN

Das Bewusstsein ist nur ein Teil unserer Psyche – Hormone, innere Uhren, Träume, Erinnerungen und das Unbewusste steuern unser Gehirn und unser Verhalten, ohne dass wir es bemerken.

Stellen Sie sich folgende Situation vor: Sie sind im Ausland und erkundigen sich nach dem Weg. Da Sie die Landessprache nicht beherrschen, versuchen Sie es auf Deutsch. „Wo bitte geht es zum Eiffelturm?", fragen Sie. Doch der Angesprochene gibt vor, kein Deutsch zu sprechen. Plötzlich schildert er Ihnen flüssig und mit perfekter Grammatik den Weg – auf Deutsch. Sie trauen Ihren Ohren nicht und fragen verwundert nach. Ihr Gesprächspartner streitet allerdings erneut ab, Deutsch zu sprechen – wieder auf Deutsch. Ein Spaßvogel? Ein Irrer? Ein Lügner? Weit gefehlt. Ihr Gegenüber steht unter Hypnose.

Natürlich kommt eine solche Begegnung auf der Straße äußerst selten vor. Das gerade beschriebene Verhalten ist dagegen für einen Patienten in Hypnotherapie normal. Eine Sprachverwirrung dieser Art findet man typischer-

Unter Hypnose reagieren Menschen ganz anders als sonst. Um sie in diesen Trancezustand zu versetzen, spricht der Hypnotiseur auf sie ein und versetzt vor ihren Augen z. B. eine Taschenuhr in pendelnde Bewegung.

weise bei Personen, die in der frühen Kindheit mit einer Zweitsprache aufgewachsen sind und durch Hypnose in den Glauben versetzt werden, sich wieder in dieser Zeit zu befinden. Offenbar arbeitet unser Bewusstsein nicht immer logisch; manchmal gaukelt uns die innere Wahrnehmung seltsame Dinge vor.

„Bewusste" Täuschungen

Nur selten informiert uns das Gehirn umfassend über das, was in unserer Psyche vorgeht. Daher können wir oft nicht genau sagen, was wir wirklich wünschen, anstreben, wissen oder fürchten. Unser Gehirn blendet Unangenehmes aus, stellt Gutes überhöht und Hässliches geschönt dar. Es liefert uns Rechtfertigungen für Handlungen, die unsinnig, unmöglich, gefährlich oder sogar verboten sind.

Solche Täuschungen sind kein „Versehen", sondern durchaus sinnvoll, weil sie die Psyche entlasten. In der Regel merken wir nichts davon, doch eine Hypnose kann die Korrekturen des Gehirns aufdecken. Dabei wird das Bewusstsein geteilt. Vergleichen lässt sich dieser Zustand mit einer Zugfahrt. Man sieht verträumt aus dem Fenster, bemerkt aber trotzdem sofort den Schaffner, der nach der Fahrkarte verlangt.

Es gibt mehrere Wege zu den verschlossenen inneren Schichten unseres Seins. Neben der Hypnose ist die Meditation ein häufig angewandtes Mittel, mit dem man in die unbekannten Welten der Psyche vordringen kann. Auch beim Meditieren kommt es zu einer Aufspaltung des Bewusstseins, und man hat das Gefühl, auf einer höheren Ebene zu schweben. Daher erkennen viele Religionen wie der Hinduismus und der Buddhismus in der Meditation einen Weg zur inneren Sammlung, der schließlich zu Erleuchtung und Erlösung führt. Selbst im Christentum hat sie ihren Platz. So gibt Ignatius von Loyola, der Begründer des Jesuitenordens, ausführliche Anleitungen zur Meditation.

Tagtraum und Wirklichkeit

Einen Hauch dieser Versenkung haben wir sicher schon einmal im Alltag erlebt, etwa wenn wir ganz konzentriert an einer Aufgabe arbeiten und darüber alles Übrige vergessen oder wenn wir uns der Musik hingeben. Oft gehen wir auch in Tagträumen auf Reisen – zu anderen Kulturen, geliebten Plätzen, zurück in die Kindheit oder zu einem anderen Leben.

Diese Form der Besinnung ist eine mehr oder weniger bewusste und konzentrierte geistige Innenschau, doch die Hypnose führt viel weiter. Durch sie erreichen wir einen veränderten Zustand, in dem wir unsere Umgebung anders wahrnehmen. Viele Menschen sehen dies als Gefahr; Hypnose geht für sie mit Wehrlosigkeit und Manipulierbarkeit einher. Niemand kann allerdings gegen seinen Willen in diesen Zustand versetzt werden – auch wenn es Menschen

Sigmund Freud, der Begründer der Psychoanalyse, befasste sich intensiv mit dem Unbewussten. Für ihn war Traumdeutung der Weg zum Verständnis dieses Teils unserer Psyche.

gibt, die sehr leicht hypnotisierbar sind, und andere, die nur die einfachsten Übungen durchführen können. Dazu gehört die Vorstellung, dass ein Arm immer schwerer wird. Ob man für Hypnose empfänglich ist, hängt nicht von Leichtgläubigkeit ab, sondern beispielsweise davon, wie stark man sich konzentrieren kann.

In den Tiefen der Seele

Unser Bewusstsein täuscht uns so perfekt, dass diese Tatsache lange Zeit völlig unbekannt blieb. Erst der hervorragende Beobachter Sigmund Freud (1856–1939) entlarvte den Mechanismus, mit dem wir uns (unbewusst) selbst betrügen. Der Wiener Nervenarzt vermutete, dass sich manche psychische Erkrankungen entwickeln, wenn die Konflikte zwischen Unterbewusstsein und Bewusstsein zu groß werden. Sigmund Freud beschäftigte sich schon im vergangenen Jahrhundert in Paris damit, ob und wie sich die Hypnose dazu eignet, Krankheiten der Seele zu heilen. Zusammen mit Spezialisten entwickelte er ein Verfahren zur „Abreaktion" verdrängter traumatischer Erlebnisse.

Wie die Hypnose im Einzelnen auf die menschliche Psyche einwirkt, ist wissenschaftlich umstritten. In jedem Fall sollte man allzu spektakulären Bühnenhypnotiseuren und Presseberichten über deren wunderbare Erfolge mit Skepsis begegnen. Ob man sich unter Hypnose an ein früheres Leben erinnern oder Kontakt mit weit entfernten Menschen aufnehmen kann, steht in den Sternen. Einig sind sich die Wissenschaftler aber darin, dass die Trance auf viele geistige und körperliche Vorgänge einen starken Einfluss ausübt.

Achten Sie auf Ihre innere Uhr!

Wie alle Funktionen unseres Körpers ist auch die Denkleistung einem inneren Rhythmus unterworfen und hat zu bestimmten Tageszeiten ein Hoch, zu anderen ein Tief. In diesem Rhythmus schwanken die Körpertemperatur, der Blutdruck und die Konzentration bestimmter Hormone im Blut. Unser Körper lebt nach einem festen Zeitplan, der von Mensch zu Mensch geringfügig abweicht. Die Erde dreht sich in 24 Stunden um ihre eigene Achse und gibt uns dadurch den Tagesrhythmus vor. Im Vergleich dazu läuft die Uhr unseres Körpers langsamer: Für die meisten Menschen hat der innere Tag rund 25 Stunden.

Unser innerer Zeitmesser sitzt im Gehirn – im Hypothalamus, einem Nervenknoten, der das Hormonsystem und das Nervensystem steuert. Es ist immer noch ein großes Geheimnis, wie der Taktgeber genau funktioniert und auf welche Weise die innere Uhr

Das Gehirn lässt sich trainieren wie ein Muskel. Wer seine grauen Zellen zu wenig beschäftigt, darf sich nicht wundern, dass sie ihm den Dienst versagen, wenn es darauf ankommt.

SCHACH DER GEISTIGEN TRÄGHEIT

Aktiv sein und geistig fit bleiben

Wer glaubt, dass ältere Menschen nur noch dank ihrer Erfahrung im Schach gewinnen können, der irrt gewaltig. Bis ins hohe Alter kann unser Gehirn seine geistige Leistungsfähigkeit weitgehend behalten.

Gerade Schach ist viel mehr als nur ein interessanter Zeitvertreib. Ein Schachspieler betreibt Denksport und schult sein Gehirn. Viele wissenschaftliche Untersuchungen beweisen, dass die grauen Zellen im Alter nicht immer abgebaut werden, wie viele Menschen glauben. Je stärker das Gehirn gefordert wird, desto besser funktioniert es auch. Wer allerdings wie ein eingesalzener Hering im Fass träge vor sich hintreibt, den wird sein Denkorgan im Alltag zunehmend im Stich lassen.

Das Gehirn lässt sich gezielt trainieren, etwa durch anspruchsvolle Spiele, das Lesen von Büchern, durch Rechen- und Merkaufgaben oder spezielle Übungsprogramme zum Gehirntraining, die Psychologen entwickelt haben.

Es gibt aber noch andere Faktoren, die dazu beitragen, dass die geistige Leistungsfähigkeit bis ins hohe Alter erhalten bleibt. Eine überdurchschnittlich gute Ausbildung, ein aktives und abwechslungsreiches Leben sowie ein vitaler Partner und ein intaktes soziales Umfeld gehören dazu. Routine oder Unzufriedenheit mit dem eigenen Leben führen dagegen zu einem Nachlassen der geistigen Fähigkeiten. Fazit: Wer im Alter geistig aktiv ist, bleibt auch fit.

gestellt wird. Man weiß nur, dass sie durch Lärm, soziale Kontakte, das Schlafhormon Melatonin und möglicherweise auch durch körperliche Aktivität beeinflusst werden kann.

Der wichtigste Taktgeber ist allerdings die Sonne. Sobald Licht ins Auge fällt – dazu genügt sogar ein Blitz –, wird die Produktion bestimmter Stoffe in Gang gesetzt, die unsere innere Uhr jeden Tag aufs Neue einstellen. Besonders deutlich wird dies bei Blinden, deren Sehnerv geschädigt ist: Sie können ihren Rhythmus nicht so einfach mit dem der Außenwelt in Einklang bringen.

Lebenswichtige Berührungen

Dass Körperkontakt für uns Menschen nicht nur angenehm, sondern sogar notwendig zum Überleben ist, stellte schon der deutsche Kaiser Friedrich II. im 13. Jh. fest, der sich intensiv mit naturwissenschaftlichen Themen beschäftigte. Um sein Wissen zu erweitern, ließ er zahlreiche Experimente durchführen – darunter auch eines, das wir heute als äußerst grausam und menschenverachtend bezeichnen:

In einem Heim wurden einige Kinder auf ganz besondere Weise betreut. Die Pflegemütter und Ammen hatten nur Kontakt mit ihnen, solange sie sie badeten oder ihnen die Brust gaben. Sie durften weder mit den Kleinen sprechen noch diesen Zuneigung zeigen. Das Ergebnis dieser neuen Methode war erschreckend: Der Überlieferung nach überlebte keines der Kinder.

Der Mensch kann auf Berührungen genauso wenig verzichten wie auf Nahrung und Flüssigkeit. Umarmungen geben das Gefühl von Sicherheit und Geborgenheit, und

ALLES ZU SEINER ZEIT

Alle Körperfunktionen, und damit auch die geistige Leistungsfähigkeit, durchlaufen einen eigenen Rhythmus.

◆ 6–8 Uhr: Zeit für die Liebe. Jetzt werden bei Männern die meisten Geschlechtshormone ausgeschüttet.

◆ 9–12 Uhr: Das Gehirn läuft auf Hochtouren. Herzmedikamente wirken besonders gut.

◆ 13 Uhr: Ein erstes großes Tief. Die Körpertemperatur sinkt. Zu diesem Zeitpunkt ist ein Mittagsschläfchen genauso natürlich wie der Nachtschlaf.

◆ 15 Uhr: Besonders niedriges Schmerzempfinden. Die beste Zeit für den Zahnarzt.

◆ 16–18 Uhr: In dieser Phase brechen Sportler oft einen Rekord. Der Körper läuft zur Hochform auf, weil die Muskeln richtig warm sind.

◆ 19–20 Uhr: Die Leber baut Alkohol sehr gut ab. Entspannung bahnt sich an.

◆ 1–3 Uhr: Vorsicht! Die Leistungsfähigkeit sinkt jetzt rapide, der Körper will schlafen. In dieser nächtlichen Zeit ereignen sich die meisten tödlichen Unfälle im Straßenverkehr.

ERSPÜREN SIE DIE RÄTSELHAFTEN ZEICHEN

Eine Hautübung

Unsere Haut ist nicht überall gleich empfindlich – am Rücken weniger als auf den Armen oder im Gesicht. Diesen Unterschied können Sie mit Ihrem Partner oder Ihren Kindern in einer Übung herausfinden, die angenehm, lehrreich und lustig ist. Lassen Sie sich mit dem Finger einzelne Buchstaben oder Wörter auf verschiedene Körperteile zeichnen, und prüfen Sie dabei, wie groß die Zeichen sein müssen, damit Sie sie erkennen. Sie werden feststellen, dass die Buchstaben auf dem Rücken sehr groß sein müssen, auf den Lippen dagegen noch in Miniaturschrift zu lesen sind. Probieren Sie ruhig alle Körperpartien aus.

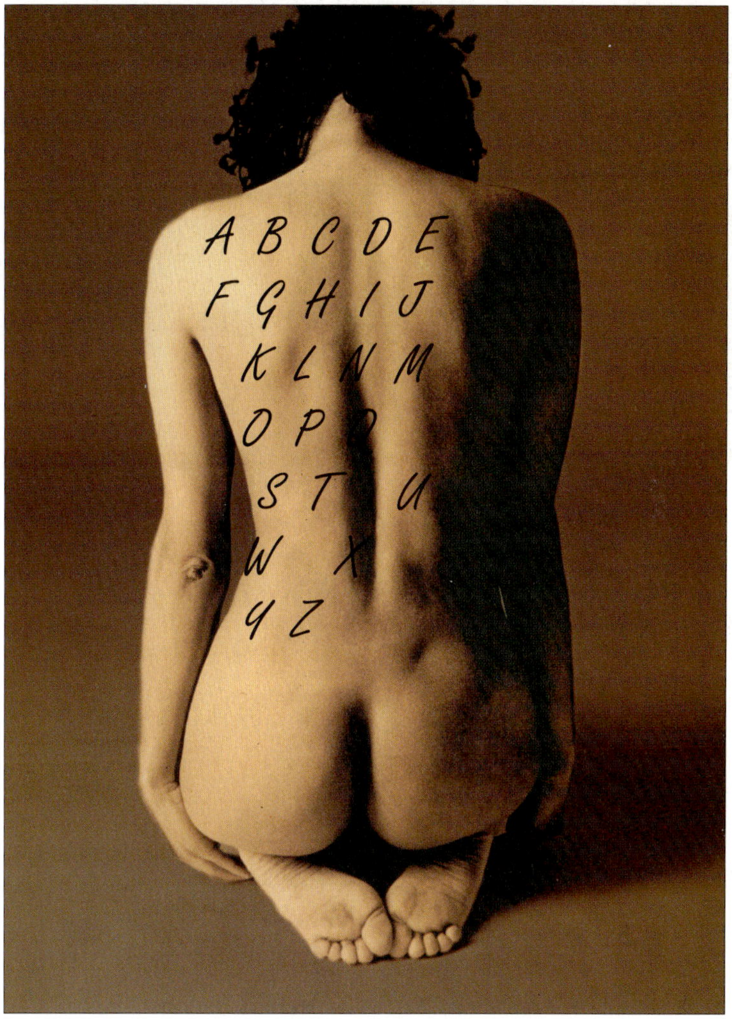

Küsse besiegeln eine Freundschaft oder drücken tiefe Intimität aus. Berührungen gelten als „sozialer Klebstoff". Dazu zählt der offizielle Händedruck ebenso wie der joviale Klaps auf die Schulter. Bei vielen Naturvölkern berührt man sich ungezwungener als bei uns, und häufig gelten auch ganz andere Regeln. Die Maori in Neuseeland reiben beispielsweise zur Begrüßung die Nasen aneinander, und die Eipo in Neuguinea kraulen sich unter dem Kinn. Umarmungen und Körperkontakt sind „Vitamine für Leib und Seele".

Streicheln ist gesund

Die menschliche Haut reagiert sehr empfindlich auf Berührungsreize. So können wir mit den rund 700 Berührungs- und Druckrezeptoren in einer einzigen Fingerkuppe noch Hautunebenheiten von einem Hundertstel Millimeter ertasten. Manche Messgeräte erreichen diese Genauigkeit nicht.

Heute können die Wissenschaftler recht gut belegen, in welcher Weise sich Hautkontakte, Massagen oder Streicheln auf Körper und Seele auswirken. Wenn die Sinneszellen in der Haut auf angenehme Art gereizt werden, kommt es zur Ausschüttung von Hormonen. Bei jungen Säugetieren wird Wachstumshormon gebildet, wenn die Mutter sie leckt, putzt und

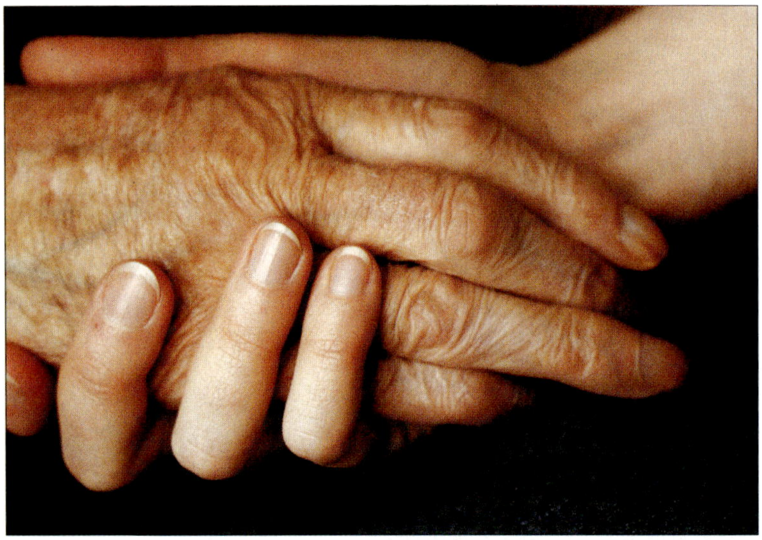

Ein Handschlag vermittelt Freundschaft, Vertrauen, Nähe, Wärme und Geborgenheit. Babys werden zwar weit häufiger berührt als Erwachsene, doch Berührungen brauchen wir alle, denn Hautkontakt fördert unser Wohlbefinden und unsere Gesundheit.

stupst. Menschenaffen tragen ihren Nachwuchs jahrelang auf dem Rücken oder am Bauch, wiegen und lausen ihn. Früh geborene Menschenbabys atmen tiefer durch, wenn sie stundenlang nackt auf dem Bauch von Vater oder Mutter liegen. Manchmal verlangsamt sich dabei auch der Herzschlag der Säuglinge.

Viele wissenschaftliche Studien belegen die beruhigende und gesundheitsfördernde Wirkung von Massagen. Untersuchungen bei Neugeborenen zeigten: Mit Massagen nehmen sie schneller an Gewicht zu, schlafen ruhiger, schütten weniger Stresshormone aus und sind allgemein aktiver.

Besser denken durch sanften Druck

Nicht nur für Babys und kleine Kinder ist der Hautkontakt wichtig, auch Erwachsene brauchen ihn. Er tut nicht nur gut, sondern stärkt außerdem die Gesundheit und das Denkvermögen. In einer Studie wurde festgestellt, dass Frauen nach einer Gebärmutteroperation weniger Schmerzmittel brauchten sowie aktiver und zuversichtlicher waren, wenn sie täglich 45 Minuten massiert wurden. Offenbar hat eine Stimulation der Haut eine anregende Wirkung auf das Gehirn. Bei Alzheimer-Patienten konnte man mit einer elektrischen Reizung der Haut und mit Massage über einen Zeitraum von sechs Wochen die Gedächtnisleistung und die Stimmung verbessern. Auch für gesunde Erwachsene erwies sich in einem Versuch eine 15-minütige Massage als sehr fördernd. Die Testpersonen lösten mathematische Aufgaben schneller, machten weniger Fehler und gaben an, gelassener zu sein.

Bei Laborratten untersuchte man, was die Berührung der Haut bewirkt. Bei der Massage wird Oxytozin ausgeschüttet, ein Gehirnhormon, das der Körper auch beim Stillen freisetzt. Manche Forscher vermuten, dass Oxytozin ein Schlüsselhormon ist. Es löst eine Reaktionskette aus, die im Körper genau das Entgegengesetzte bewirkt wie Stress. So führte das Hormon bei den Ratten zu einer geringeren Schmerzempfindlichkeit, die Tiere waren ruhiger und weniger ängstlich. Auch ihr Blutdruck und die Stresshormone im Blut sanken, dagegen wurden mehr Hormone des Verdauungstrakts ausgeschüttet.

Massagen, ja selbst kleinste Berührungen bauen Anspannung ab und sorgen für Wohlgefühl. Wissenschaftler haben eine ganze Liste von Krankheiten zusammengestellt, die nach ihrer Überzeugung mit einer richtigen Massage zumindest gelindert werden können. Dazu gehören Hautkrankheiten wie Psoriasis und Ekzeme, ebenso Asthma, Rheuma und zystische Fibrose.

Körperbeherrschung: unser sechster Sinn

Wie kann ein Zirkusakrobat in Schwindel erregender Höhe einen dreifachen Salto springen? Was befähigt einen Extremkletterer, ohne Seil und Haken steilste Felsüberhänge zu bezwingen, oder einen Balletttänzer, sich in den anmutigsten Figuren zu bewegen? Solche Menschen zeichnet vor allem eines aus: Vertrauen in die eigene Leistungsfähigkeit.

In langem, anstrengendem Training haben sie ein Gefühl dafür entwickelt, wie viel Kraft die Hand hat, wie eine einfache Streckung des Beins den Schwung bremsen kann oder welche Lage der Körper gerade einnimmt.

Ein Extremkletterer bezwingt auf halsbrecherische Weise einen Überhang. Entscheidende Voraussetzungen dafür sind Selbstvertrauen und perfekte Körperbeherrschung.

Solche Athleten müssen über ein ausgeprägtes Körperbewusstsein verfügen, denn selbst die einfachsten Bewegungen erfordern ein perfektes Zusammenspiel von Muskeln, Nerven und Gehirn. Das Gedächtnis muss für jede Situation die passende Bewegung liefern.

Wenn keine Energie mehr fließt

Die Kinesiologie, ein Diagnoseverfahren, beruht auf der Vorstellung, dass im Zusammenspiel von Muskeln, Körper und Geist der Schlüssel zu zahlreichen Krankheiten liegt. Jedem Muskel ist nach dieser Lehre ein Körperteil zugeordnet. Befindet sich der Körper im Gleichgewicht, fließt Energie zwischen dieser Region und dem Muskel; bei einer Störung ist der Energiefluss unterbrochen.

Wenn man unter Beschwerden leidet, etwa unter Kopfschmerzen, prüft der Kinesiologe, wo die Energieströme unterbrochen sind, indem er beispielsweise auf den ausgestreckten Arm des Patienten drückt. Geben die Muskeln diesem Druck leicht nach, sind bestimmte Energiebahnen blockiert. Durch eine gezielte Massage werden sie häufig wieder angeregt.

Mit dieser Methode wollen die Kinesiologen viele körperliche Beschwerden, aber auch Lernschwierigkeiten, Stress sowie Ängste in Schule, Beruf, Partnerschaft oder Familie beheben. Ein Aktivieren der Selbstheilungskräfte kann auch das allgemeine Wohlbefinden und die Leistungsfähigkeit in Beruf und Sport verbessern. Allerdings ersetzen kinesiologische Sitzungen bei ernsthaften Beschwerden nicht den Gang zum Arzt.

Was brauchen wir zum Glücklichsein?

Schon die alten Griechen haben sich ausgiebig damit beschäftigt, was Glück ist und wie man es am besten erreichen kann. Sie betrachteten diese Frage jedoch vor allem aus philosophischer Sicht.

Heute weiß man, dass unsere Stimmungen in erster Linie eine Frage des Hormonhaushalts in unserem Kopf sind. So schüttet im Zustand höchsten Glücks das Gehirn so genannte Endorphine aus, das sind körpereigene Opiate, die die Übertragung von Signalen zwischen den Nerven beeinflussen. Dadurch dämpfen sie beispielsweise die Schmerzempfindlichkeit.

Herzchirurgen geraten während einer schwierigen Operation oft in einen Zustand tiefster Zufriedenheit. Sie sind von dem, was sie tun, völlig vereinnahmt, und ihre Arbeit wird zu einer Form von Meditation. „Flow“ nennen die Psychologen diesen Zustand, in dem schwierige Aufgaben zu

Langstreckenläufer erleben oft ein Hochgefühl, das durch die Abgabe von Glückshormonen im Gehirn hervorgerufen wird.

Glück und Zufriedenheit führen und nicht als Stress wahrgenommen werden.

Sucht nach künstlichem Glück

Opium, Kokain, Alkohol, Nikotin und viele andere Drogen – zahlreiche Stoffe wirken auf ähnliche Weise wie die körpereigenen Glücksbringer. Daher führen sie genau wie die Endorphine zu Hochstimmung und Befriedigung. Da sich bei ständiger Einnahme dieser Substanzen die Nervenzellen verändern und ohne Drogen nicht mehr normal funktionieren, wird der Körper davon abhängig.

Endorphine machen nicht nur glücklich, sondern dämpfen auch Schmerzen und zögern Erschöpfung hinaus. Sie werden etwa nach schweren Unfällen ausgeschüttet und bewirken, dass Verletzte ihre Schmerzen gedämpft wahrnehmen. Bei Langstreckenläufern weicht die enorme Anstrengung einem großen Glücksgefühl.

SIND SIE GENÜGEND MOTIVIERT?

Glühende Kohlen? Kein Problem! In Motivationsseminaren lernt man dieses Hindernis zu überwinden.

◆ Da musst du durch

„Glaube an dich! Du hast die Kraft! Du musst nur wollen! Steh auf und sage: Ich bin ein Gewinner!" Mit solchen Anfeuerungen werden vor allem Manager in speziellen Kursen angespornt. Sie sollen dort das Rüstzeug erhalten, mit dem sie im täglichen Konkurrenzkampf bestehen können. Beim Gang über Glasscherben oder glühende Kohlen erfahren sie hautnah, dass jeder, der die Zähne zusammenbeißt, sein Ziel erreichen kann.

◆ Die harte Realität

Viele Teilnehmer kehren nach solchen Seminaren voll Tatendrang an ihren Arbeitsplatz zurück – wenn auch mit Blasen an den Füßen. Doch die Wirkung des Gelernten hält oft nicht lange an; im wirklichen Leben warten andere Probleme. Deshalb befasst man sich in Motivationsseminaren immer mehr mit den Umständen im Unternehmen, die die Mitarbeiter demotivieren. Sind die Missstände behoben, kommt die Freude an der Arbeit wieder.

◆ Das gibt zu denken

In Umfragen stellte sich heraus, dass bis zu 90 Prozent der Mitarbeiter größerer Firmen stark motiviert sind, wenn sie in den Betrieb eintreten. Nach einigen Jahren hat jedoch die Hälfte den Elan verloren. Besonders entmutigend wirken unklare Aufgabenstellungen, mangelnde oder unangebrachte Kritik und fehlende Unterstützung bei Schwierigkeiten. Häufig ist der Vorgesetzte nicht ansprechbar, wenn er gebraucht wird. In den Seminaren wird aufgezeigt, wie man diese Hemmnisse aus dem Weg räumt.

WIR ALLE HABEN EINE MUSIKALISCHE ADER

Musik liegt in der Luft! Das Spiel der Töne belebt die Sinne und den Geist. Der Mensch kann sein Leben damit bereichern – jeder ist ein geborener Musiker.

Singen Sie beim Autofahren? Pfeifen Sie in der Badewanne? Summen Sie bei der Arbeit leise die Melodie Ihres Lieblingslieds? Dann meldet sich in Ihnen der Musiker zu Wort. Dies behauptete kein Geringerer als Sergiu Celibidache, der berühmte Chefdirigent der Münchner Philharmoniker.

Musik im Blut schon bei der Geburt – mehr oder weniger

Musik verzaubert uns alle, oft ohne dass wir es bewusst wahrnehmen. Manche Melodien machen uns Angst, plärrendes Geschepper kann an unseren Nerven sägen, und bei heißen Rhythmen bewegen wir wie von selbst die Hüften. Melodien entführen uns aus dem Alltag – für Augenblicke nur, doch wir folgen ihnen nur zu gern. Sie begleiten den Duft von Orangen und Mandeln beim Weihnachtsfest, wenn wir an unsere Kindheit zurückdenken, oder die

Der Notenschlüssel öffnet die Tür zu einer eigenen Welt, die keinem ganz fremd ist. Musik verzaubert uns, entführt uns an ferne Orte, weckt Gefühle und lässt Erinnerungen an längst Vergangenes wieder aufleben.

romantische Liebe des letzten Sommers. Musik bewegt unsere Herzen, beeinflusst Leib und Seele und eint ganze Generationen oder Nationen in einem tiefen Gefühl der Stärke.

Französische Chansons, italienische Opernarien oder portugiesischer Fado – diese Musikrichtungen rufen in uns Erinnerungen wach und wecken Sehnsüchte. Bei jedem von uns ist die Musik mit der eigenen Lebensgeschichte eng verknüpft. Wir haben ganz bestimmte Lieblingslieder, die uns unmittelbar zu bedeutenden Ereignissen unseres Lebens führen.

Bewegte Völker

Melodien können aber noch stärkere Gefühle hervorzaubern. In den Heldenballaden der Iren drückt sich seit Jahrhunderten der Freiheitsdrang des ganzen Volkes aus. Die Jugend der 70er- und 80er-Jahre fand ihre Hymnen in der Pop- und Rockmusik. Viele gesellschaftliche Gruppen entwickeln auch heute ihre eigene Musik, um ihr Selbstbewusstsein zu stärken und sich von den „tonangebenden" Schichten abzusetzen. Die Afroamerikaner haben im Lauf des 20. Jh. besonders viele Stilrichtungen geschaffen, angefangen vom Jazz bis zu Rap und Hip-Hop, in denen sie ihr Lebensgefühl ausdrücken. Dies tun auch die jungen Leute, die sich bei den Klängen von Techno alljährlich zu Tausenden in Berlin zur Love-Parade versammeln.

Ob Musikalität vererbt oder erst durch Erfahrungen in Familie oder Schule ausgebildet wird, ist unbekannt. Man versucht noch herauszufinden, ob es spezielle Musikgene gibt. Viele berühmte Komponisten beschäftigten sich jedenfalls bereits sehr früh intensiv mit Musik, da diese zu ihrem familiären Umfeld gehörte. Solche Genies hatten sicher beides: Talent und eine optimale Förderung von Kindesbeinen an.

Musik im Großhirn

Was geschieht, wenn man schon als Kind aktiv in die Saiten greift? Bei Menschen, die vor dem zwölften Lebensjahr Geige oder Gitarre lernen, verändert sich das Gehirn deutlich. Die Empfindungen und Bewegungen der Hände prägen sich in diesem Alter tief ein. Deshalb kann jeder, der als Kind z. B. den Bogen geführt hat, nach jahrelanger Pause noch spielen.

Die Auffassungsgabe von Kindern wird durch die Beschäftigung mit Musik geschult. So konnten in einem Experiment dreijährige Kinder, die Klavierunterricht erhielten und jeden Tag im Chor sangen, bereits nach acht Monaten viel besser Puzzlespiele lösen als Ungeübte. Sie lernten schneller geometrische Figuren zu zeichnen und mathematische Aufgaben zu lösen. Klassische Musik stärkt die Verschaltungen der Nervenzellen, die wir beim logischen Denken so dringend benötigen.

Steine tanzen nicht

„Wir tanzen, weil wir leben", erklärte ein Ashanti, als er gefragt wurde, weshalb der Tanz für sein Volk im Süden Ghanas eine so große Rolle spielt. „Oder haben Sie jemals einen Stein tanzen sehen?" Der Tanz, also die Bewegung zur Musik, ist eine elementare Lebensäußerung des Menschen. Alle Gesellschaften rund

FLÖTE ODER TUBA?

Wollen Sie ein Kind zur Musik hinführen? Hier einige Ratschläge dazu.

◆ Nicht überfordern

Aus dem Nachwuchs muss ja nicht gleich ein genialer Komponist werden, aber das Kind sollte später die Musik lieben und als Bereicherung des Lebens nutzen. Wenn Kinder früh ein Instrument lernen, fördert das ihre ganze Entwicklung.

◆ Das richtige Instrument

Musizieren muss auf jeden Fall Spaß machen, daher sollte das Kind mit entscheiden, welches Instrument gewählt wird. So kann man etwa im Alter von sechs Jahren mit der Blockflöte beginnen und später wechseln. Ein Musiklehrer weiß, welches Instrument für das Alter des Kindes geeignet ist.

Im Tanz drücken Menschen Lebensfreude, Kraft und Gefühle aus. Bei zahlreichen Völkern, wie bei den Samburu in Kenia, ist er ein fester Bestandteil von Riten und Festen.

DYNAMISCH WIE EIN WIRBELWIND

Wer sich auf dem Tanzparkett unsicher fühlt, kann im stillen Kämmerlein üben.

◆ **Ein besseres Gefühl für Körper und Raum**
Nutzen Sie eine ruhige Stunde daheim, und schaffen Sie sich Platz. Legen Sie Ihre Lieblingsmusik auf; nun bewegen Sie sich dazu, wie es Ihnen gerade in den Sinn kommt. Dabei müssen Sie sich überhaupt nicht lächerlich vorkommen – niemand sieht es. Nutzen Sie den gesamten Raum, der Ihnen zur Verfügung steht. Probieren Sie einfach aus, wie beweglich Sie sein können, und schwingen Sie Arme und Beine passend zu Rhythmus und Melodie.

◆ **Ganz nach Geschmack**
Richten Sie sich nicht nach vorgegebenen Mustern, sondern spüren Sie, wie sich Ihre einzelnen Körperteile bewegen. Lassen Sie sich einfach zur Musik treiben. Hören Sie nur auf Ihr Gefühl!

Diese Tanzübung lässt sich beliebig ausbauen. Sie können zur Musik hüpfen, springen oder tippeln, Sie können Spielgeräte nutzen, etwa einen Ball, mit dem Sie Figuren beschreiben. Reizvoll ist es auch, mit der Hand oder dem Körper Tiere zu imitieren und dabei Geschichten zu erzählen. Streuen Sie doch einige trockene Blätter auf den Boden, und verfolgen Sie, wie diese von Ihren Bewegungen mitgerissen werden. Jetzt sehen Sie, welcher Schwung in Ihnen steckt!

um die Erde kennen den Tanz. In ihm kann sich vieles ausdrücken, etwa das ritualisierte Werben um eine Frau, die Feier einer Hochzeit oder das pure Vergnügen an der Bewegung.

Das Tanzen fordert und fördert den Menschen als Ganzes. Wer den Rhythmus in festgelegte Figuren umsetzen will, muss die Schrittfolge beherrschen und im Gedächtnis behalten, muss seine Muskeln perfekt koordinieren und sich im Raum zurechtfinden.

Tanzen schult die Sinne

Kinder lernen über freie, spielerische Bewegungen schon früh, ihren Körper und ihre Sinne einzusetzen. Pädagogen glauben, dass die Schulung der Motorik die Entwicklung der Sprache anregt. Wenn die Kleinen tanzen und singen, mit Gesten Tiere als Schattenrisse an die Wand werfen und Kinderreime dazu erfinden, dann üben sie auch ihre Ausdrucksfähigkeit. Spielerisch lernen sie in Rollenspielen, verschiedene Menschentypen nachzuahmen. Außerdem merken sie, wie schwer es manchmal sein kann, die eigenen Gefühle in eine durch den Rhythmus vorgegebene Ordnung einzugliedern.

Man müsste Klavier spielen können …

Sicher haben Sie sich schon einmal überlegt, wie schön es wäre, ein Instrument zu beherrschen. Wissenschaftler haben herausgefunden, dass wir alle Sinne auf unser Spiel konzentrieren, während wir musizieren. Wenn wir beispielsweise Geige oder Flöte spielen, ist das eine Art von Meditation. Die Finger und Hände werden sensibler und geschickter, die Körperhaltung verbessert sich, Geist und Sinne werden angeregt. Ähnlich wie eine neue Sprache eröffnet die Musik auch eine neue Form des Ausdrucks, ist also ein Ventil für Gefühle aller Art.

Das Spiel eines Instruments ist nicht unbedingt der beste Einstieg in die Welt der Musik. Nach Ansicht vieler Musikpädagogen sollte jeder, der ein Instrument erlernen will, gewisse Kenntnisse von der Musik besitzen. Bevor der Lernende zum ersten Mal die Tasten berührt oder den Bogen über die Saiten führt, sollte ihm klar sein, was Musik für ihn bedeutet.

Verschiedene Wege führen zum Ziel

Würden Sie gern Ihre Finger wie Wladimir Horowitz über die Tasten fliegen lassen, sanft die Saiten streichen wie Vanessa Mae oder die Trompete blasen wie Louis Armstrong? Wer ein Instrument lernen will, kann auf unterschiedliche Weise vorgehen.

Alle Methoden erfordern Beharrlichkeit und Disziplin. Davon sollten Sie sich nicht abschrecken lassen; ein Instrument zu beherrschen macht vor allem Spaß. Ob Sie allein musizieren oder in einer Gruppe – betrachten Sie es als Vergnügen, und verzagen Sie nicht, wenn Sie schlechter spielen als die viel bewunderten Stars. In der Musik ist erlaubt, was gefällt.

Aus Noten und Rhythmus entsteht Poesie

Wer ein Instrument erlernen will, wird in Europa meist auf die klassische Methode zurückgreifen. Dabei lernt der Schüler, eine Partitur so vorzutragen, wie sie der Komponist selbst gespielt hätte.

Am Beginn steht das Einüben der Tonleiter. Der Schüler spielt die Noten vom Blatt und macht Bekanntschaft mit den Symbolen. Gleichzeitig lernt er sein Instrument kennen. Bald kann er einfache Stücke spielen, wenn er auf Rhythmus und Betonung achtet. Diese Komponenten machen die Poesie eines Musikstücks aus.

Musik macht Mut

Eine ganz andere Weise, wie Kinder ein Instrument erlernen können, ist die Suzuki-Methode, die auch in Deutschland unterrichtet wird. Für Shinichi Suzuki, einen japanischen Geiger und Pädagogen, ist die Musik wie eine eigene Sprache. Er ist deshalb überzeugt, dass man sie genauso leicht lernen kann wie die Muttersprache.

Dabei kommt den Eltern eine besonders wichtige Rolle zu. Sie sollen von Anfang an für das Kind ein Umfeld schaffen, in dem Musik einen natürlichen Platz hat. Dazu lassen die Eltern oft klassische Musik laufen und besuchen so früh wie möglich mit dem Kind Konzerte. Auch bei den Übungsstunden zu Hause oder in der Musikschule sind die Eltern zugegen. Sie sollen das Kind leiten und ihm ein Vorbild sein. So gewinnt es Selbstvertrauen, Disziplin, Konzentration und den Mut, sich an schwere Aufgaben zu wagen.

Der ungarische Komponist und Pädagoge Zoltan Kodaly stellte

MUSIK FÜR UNGEBORENE

Unser Gehör entwickelt sich bereits vor der Geburt. Wir nehmen z. B. die Rhythmen des mütterlichen Körpers, aber auch Klänge wahr.

◆ Vertraute Stimmen

Wenn ein Baby zur Welt kommt, erkennt es die Stimme der Mutter. Sie war während der vergangenen Monate sein ständiger Begleiter und hat ihm Geborgenheit gegeben. Nach der Geburt orientiert sich das Baby daher an der Stimme, deren Tonfall und Stimmlage es schon im Bauch der Mutter kennen gelernt hat.

Heute ist recht genau bekannt, wie sich das menschliche Gehör entwickelt. Dieser Prozess beginnt schon in der vierten Woche nach der Befruchtung, wenn Nervensystem, Rückenmark und Gehirn entstehen. In der 20. Woche kann das Kind bereits auf Geräusche von außen reagieren. Fünf Wochen später sind das äußere und innere Ohr sowie diejenigen Bereiche des Gehirns, die an der Verarbeitung akustischer Signale mitwirken, weiter ausgereift. Nun erkennt der Fötus die Höhe verschiedener Stimmlagen. In dieser Zeit lernt er, Vater und Mutter zu unterscheiden.

◆ Klänge aus einer ganz anderen Welt

In der 35. Woche kann das Ungeborene schon Melodien wahrnehmen und sich einprägen. Das kann man daran erkennen, dass es nach der Geburt deutlich reagiert, wenn ihm solche Tonfolgen vorgespielt werden, die es ab dieser Phase der Schwangerschaft oft gehört hat.

Lässt sich diese sinnliche Empfindlichkeit des Fötus für eine bessere Förderung des Kindes ausnutzen? Manche Eltern versuchen dies, indem sie Rhythmen sanft auf den Bauch trommeln oder klassische Musik vorspielen. Dass das allerdings die musikalische Entwicklung des Kindes fördert, bezweifeln die meisten Wissenschaftler. Nach der Geburt ist dazu immer noch Zeit genug.

◆ Früh übt sich ...

Zuerst beschäftigt sich das Hörzentrum des Gehirns mit der Verarbeitung von Sprache. In den ersten Monaten lernen die Babys einzelne Laute zu unterscheiden. Etwa ab dem dritten Lebensjahr ist die musikalische Lernfähigkeit am besten. Die Kinder können jetzt damit beginnen, ein Instrument zu lernen. Allerdings sollten sie damit nicht länger als bis zum zehnten Lebensjahr warten, denn danach nimmt die musikalische Lernfähigkeit wieder ab.

den Gesang in den Mittelpunkt musikalischen Lernens. In der nach ihm benannten Methode ist die Stimme das wichtigste Instrument. Die Schüler prägen sich keine festen Tonleitern ein, sondern eine frei variierbare Tonfolge. An ungarischen Schulen wird in erster Linie nach der Kodaly-Methode unterrichtet.

Die Techniken zum Erlernen eines Musikinstruments sind so verschieden wie die Menschen, die mit ihnen arbeiten. Welche Methode für Ihr Kind oder für Sie die richtige ist, müssen Sie selbst entscheiden. Das Alter des Schülers spielt dabei eine wichtige Rolle.

Im tristen Alltag bewegen wir uns oft tagaus, tagein auf den gleichen Wegen. Die Musik bietet uns eine faszinierende Möglichkeit, für einige Zeit aus dem grauen Einerlei auszubrechen. Nutzen Sie diese Chance!

TALENT UND FLEISS

Wunderkinder der Musik gibt es immer wieder – wie Julia Fischer.

Damit ein Kind zum hervorragenden Musiker wird, benötigt es Talent, Fleiß und die Förderung der Eltern. All dies hat auch die 16-jährige Julia Fischer, die in der Nähe von München lebt. Sie stammt aus einer musikalischen Familie: Ihre Mutter ist Pianistin. Mit vier Jahren bekam Julia ihre erste Geige und Musikunterricht nach der Suzuki-Methode. Mit sechs und acht Jahren gewann sie erste Preise. Inzwischen hat sie mit Berühmtheiten wie Yehudi Menuhin und Lorin Maazel gespielt.

Meist wird eine Mischung mehrerer Methoden mit unterschiedlichen Schwerpunkten gewählt.

Mit Disziplin die Erfolgsleiter erklimmen

Wer ein musizierendes Kind genau beobachtet, wird feststellen, dass es häufig ganz in sein Spiel versinkt. Oft gibt es jedoch Zeiten, in denen ein Kind, genau wie ein Erwachsener, nur mit großer Überwindung konzentriert üben kann. Es ist wirklich schwer einzusehen, dass man immer wieder die gleichen Tonfolgen wiederholen muss. Wer opfert schon gern einen Teil der Freizeit für sturen Drill und lässt sich darauf vertrösten, dass sich irgendwann nach langer Zeit der Erfolg einstellen wird?

Selbst wenn man sich dann zum Üben durchgerungen hat, bleibt man oft nicht lange bei der Sache.

WIE SIE DEM LAMPENFIEBER DEN KAMPF ANSAGEN

Vor einem musikalischen Vortrag aufgeregt zu sein ist normal. Übertriebene Nervosität kann aber lähmen.

◆ Aufregung spornt an

Wenn man ein wenig Angst vor dem Auftritt hat, kann das beflügeln – man übt mehr und konzentrierter, um den musikalischen Vortrag einwandfrei über die Bühne zu bekommen.

◆ Gute Planung

Besiegen Sie die Angst, indem Sie alles ganz nüchtern betrachten. Welches Pensum wollen Sie bis wann bewältigen? Wie teilen Sie Ihre Zeit am besten ein? Während der Proben sollten Sie besonders auf die Schwachstellen in Ihrem Vortrag achten. Versuchen Sie Schwankungen im Tempo, Spielfehler oder mangelnde Dynamik gezielt abzustellen. Das beschert Ihnen nach jeder Übungsstunde Erfolgserlebnisse.

◆ Selbstvertrauen gewinnen

Haben Sie Ihre Zeit zur Vorbereitung optimal genutzt? Dann sollten Sie sich klar machen, dass Sie gut präpariert sind und alles getan haben, um die Darbietung mit Bravour hinter sich zu bringen. Vielleicht hilft es, wenn Sie die bevorstehende Situation proben. Bitten Sie Familienmitglieder oder gute Freunde zur Generalprobe.

◆ Mentales Training statt Medikamente

Sollte das Lampenfieber überhand nehmen oder zu Panik werden, bekämpfen Sie das Gefühl gezielt, etwa mit autogenem Training. Verzichten Sie auf Beruhigungsmittel. Ausreichend Schlaf kann Wunder wirken.

Konzentration und Aufmerksamkeit können aus verschiedenen Gründen nachlassen. Kinder werden häufig durch ihre Umgebung abgelenkt. Wenn im Hintergrund der Fernseher läuft oder wenn sich jemand im gleichen Zimmer unterhält, fällt das Üben schwer. Noch kritischer wird es, wenn z. B. der Vater verlangt, dass leise gespielt wird, weil er Zeitung lesen will. Sorgen Sie deshalb dafür, dass Ihr Kind in einer geeigneten Umgebung musizieren kann.

Zu hohe Anforderungen der Eltern dämpfen die Freude an der Musik ebenfalls. Wenn ständiger Drill das Spielerische zu sehr in den Hintergrund drängt, verlieren die Kinder schnell das Interesse. In manchen Fällen kann man die Hindernisse recht einfach aus dem Weg räumen; im Gespräch mit dem Kind sollte man herausfinden, wie das Übungsprogramm den jeweiligen Bedingungen und der Persönlichkeit des Schülers angepasst werden kann.

Auch wenn das Üben Geduld und Disziplin erfordert – die Musik kann ein enormes Glücksgefühl hervorrufen. Wer einmal erlebt hat, welche Bereicherung die Musik für das ganze Leben sein kann, wird ihr treu bleiben.

Beim Warten auf die Aufnahmeprüfung schlägt das Herz schneller, und die Hände werden feucht. Jeder muss für sich eine Methode finden, wie er die Aufregung überwindet und mit gesundem Selbstvertrauen vor die kritische Jury tritt.

Die heilende Kraft der Töne

Oft gelingt der Musik, was Pillen und lange Gespräche nicht zustande bringen: Sie kann Körper und Seele heilen. In vielen Bereichen spielt heute die Musiktherapie eine wichtige Rolle – bei der Behandlung geistig oder körperlich Behinderter, autistischer oder depressiver Menschen ebenso wie auf der Intensiv- oder der Frühgeborenenstation, bei der Betreuung Drogensüchtiger oder alter Menschen.

Zahlreiche Behandlungserfolge beweisen, dass Töne eine ganz besondere Wirkung auf uns ausüben. Sie beeinflussen Atmung, Herzschlag und Blutdruck. Deshalb nehmen manche Ärzte Musik in ihre Behandlungen auf.

Eine Brücke zur Welt

Sogar Koma-Patienten reagieren auf vertraute Klänge. Sie sind offenbar fähig, Vorgänge in ihrer Umgebung wahrzunehmen. Man kann diese Patienten nicht durch Sprache erreichen, aber mit Musik. Tonfolgen scheinen für Menschen in diesem Zustand etwas auszudrücken, was mit der Sprache nicht zu vermitteln ist.

Der Umgang mit einem Koma-Patienten erfordert viel Einfühlungsvermögen und Aufmerksamkeit. Diese Menschen sind passiv, nicht ansprechbar und „hängen" seelisch vereinsamt an einer Maschine. Wenn der Therapeut auf die Botschaften des Patienten richtig reagiert, kann er in Kontakt mit ihm treten. Hört der Bewusstlose eine Melodie aus seiner Kindheit, bewegt er oft die Augen; später öffnet er sie manchmal oder dreht sogar den Kopf.

Solche erstaunlichen Erfolge sind keine Einzelfälle. Die heilkräftigen Klänge erreichen tiefere Schichten unseres Bewusstseins und sprechen emotionale Ebenen unserer Wahrnehmung an, die dem Verstand verschlossen bleiben.

DIE MUSIKALISCHE HAUSAPOTHEKE

Musik hilft gegen Stress im Büro, beim Abreagieren von Aggression, heitert Menschen bei trübem Regenwetter auf und gibt neuen Schwung. Sie müssen nur die richtigen Melodien auswählen!

Mozart wirkt entspannend, die Rolling Stones machen munter, und Chopin verführt zum Träumen? Musik wirkt auf jeden Menschen anders, deshalb kann es kein Patentrezept für die musikalische Hausapotheke geben – auch wenn CD-Sammlungen angeboten werden, die genau das versprechen. Fachleute betrachten dies sehr skeptisch. So erzeugen blubbernde Sphärenklänge bei manchen Menschen angenehme Gefühle und einen tranceähnlichen Zustand, während sie andere nur nervös machen.

Empfindungen lassen sich nicht kaufen, und das ist gut so. Jeder hat eigene Favoriten für gewisse Stimmungen und daher eine persönliche Musiksammlung. Testen Sie doch einmal, wie verschiedene Musikrichtungen bei Ihnen wirken. Hätten Sie gedacht, dass Menschen bei so unterschiedlichen Klängen wie Klaviermusik, Heavy Metal, Techno, Country oder Bebop das Gleiche empfinden können – tiefe Entspannung?

Nicht nur unser Geschmack entscheidet, wie wir ein Musikstück aufnehmen, sondern auch die jeweilige Stimmung. Was uns heute aufputscht, kann morgen ernüchternd wirken.

Wer überhaupt nicht abschalten kann, dem wird auch die beste Platte nicht helfen. Hier heißt es, die eigentlichen Ursachen zu finden und abzustellen.

Teil 2

Denken

Was spielt sich in unserem Gehirn ab, wenn wir Denksportaufgaben lösen? Stimmt es, dass intelligente Menschen im Leben mehr erreichen? Und was bedeutet „kreativ sein“ wirklich? Die Antwort auf diese Fragen finden Sie auf den folgenden Seiten. Dort erfahren Sie außerdem, wie Sie sich in schwierigen Situationen konzentrieren können, wie Sie mit Köpfchen manche scheinbar harte Nuss knacken und wie Sie Ihre grauen Zellen in jedem Alter fit halten.

INTELLIGENZ – WAS IST DAS EIGENTLICH?

Der IQ gilt vielen als das Maß für Klugheit. Doch wichtiger als der Intelligenzquotient sind Ausdauer, Selbstdisziplin und der angemessene Umgang mit Gefühlen. Diese Fähigkeiten werden uns nicht nur in die Wiege gelegt, wir können sie auch erwerben.

Hal entschuldigte sich höflich, bevor er zum tödlichen Finale ansetzte. „Tut mir leid", brummte es aus dem Lautsprecher, „Dame auf f3, schachmatt." Für den Gegner kam die Niederlage nicht allzu überraschend. – Schließlich spielte Astronaut Frank Poole gegen das komplizierteste und vollkommenste Elektronengehirn der Welt, den Bordcomputer Hal 9000.

In diesem Phantasie-Superrechner aus dem Sciencefiction-Film *2001 – Odyssee im Weltraum* von Stanley Kubrick blitzte eine Eigenschaft auf, die als edelstes Privileg dem Menschen vorbehalten schien: Intelligenz.

Sie gilt als die höchste Errungenschaft der Evolution. Diese Begabung zeigt sich nicht nur in Höchstleistungen wie genialen Kompositionen oder himmelstürmenden Kathedralen. Als ebenso verblüffend erweisen sich gerade jene Fähigkeiten, die das Gehirn völlig selbstverständlich und ohne erkennbare Anstrengung bewältigt, wie etwa über die Pointe eines guten Witzes zu lachen. „Ich würde gerne sehen, ob ein Computerprogramm imstande wäre, Witze

Zündender Funke, Geistesblitz, Eingebung, innere Stimme, Aha-Erlebnis – die Intuition hat viele Namen. Uns allen geht hin und wieder ein Licht auf, und das widerspricht nicht dem vernünftigen Denken, sondern bereichert uns.

WAS GESCHIEHT IN EINEM ASSESSMENTCENTER?

Viele Firmen benutzen diese mehrteiligen Einstellungstests, um die besten Kandidaten auszuwählen. Hier einige typische Aufgaben:

◆ **Jeder für sich**
Am Dienstagabend, 19.15 Uhr, setzt Sie ein Taxi vor der Tür der Firma ab, deren Geschäftsführer/in Sie sind. Sie bitten den Taxifahrer zu warten, denn in spätestens 25 Minuten müssen Sie zum Flughafen. Ihre Sekretärin überreicht Ihnen einen Berg Post. Um diese durchzusehen, bleiben zehn Minuten Zeit. Unter Zeitdruck müssen Sie sich entscheiden, was sofort zu beantworten ist.

◆ **Einer gegen alle**
Sie sollen einen Vortrag halten. Beurteilt werden Ihre Rhetorik, Überzeugungskraft, Selbstsicherheit und Stressanfälligkeit.

◆ **Jeder gegen jeden**
Bewertet wird Ihre Fähigkeit, andere von eigenen Ideen zu überzeugen und Kompromisse schließen zu können, also vor allem Ihre Teamfähigkeit.

◆ **Einer gegen einen**
Im Gespräch mit einem anderen Bewerber wird Ihr Einfühlungsvermögen in sehr unterschiedlichen und schnell wechselnden Situationen bewertet.

zu verstehen“, flachste der amerikanische Bewusstseinsforscher Douglas R. Hofstadter. „Das wäre ein wirklicher Intelligenztest.“

Schlaue Eltern – gescheite Kinder?

Jeder Mensch möchte für klug gehalten werden – und wünscht sich das auch für seine Kinder. Intelligenz ist keineswegs vorbestimmt, wenngleich Genforscher davon ausgehen, dass das Verhältnis von unabänderlichen Erbanlagen zu beeinflussbaren Umweltfaktoren etwa 30 zu 70 beträgt. Doch häufig erweist sich der alte Gelehrtenstreit als Scheingefecht, denn es ist gerade so, als wollte man festlegen, was für das gute Gedeihen einer Pflanze wichtiger ist: der Boden oder das Klima.

IQ – ein Garant für Erfolg?

Niemand kann genau sagen, welche Einflüsse auf welche Weise den Geist eines Menschen heranbilden. Und niemand ist in der Lage, genau zu bestimmen, was Intelligenz ausmacht. Dennoch wird versucht, dieses einzigartige menschliche Talent mithilfe von Tests zu ermitteln. Dabei müssen Zahlenreihen fortgesetzt, Bilder ergänzt, grafische Strukturen verglichen und logische Folgerungen

Das Gehirn ist mehr als ein organischer Computer, und menschliche Intelligenz ist mehr als der IQ. Alle Versuche, künstliche Intelligenz durch den Bau von Rechnern mit menschenähnlichen Hirnen zu erzeugen, sind bislang gescheitert. Selbst wenn dies gelänge, würde eine Maschine wohl nie auf die Idee kommen, beispielsweise auf einen Gartentisch zu steigen, um die Hecke zu schneiden.

gezogen werden. Aus dem Prüfungsergebnis wird mithilfe einer Rechenformel und einer Vergleichstabelle ein Quotient errechnet: der IQ.

Doch kann man messen, was man nicht erklären kann? Und gilt der IQ für alle Menschen? Ist es etwa für einen Eskimo wirklich wichtig, grafische Symbolreihen zu vervollständigen? Können wir aus dieser Aufgabe seine Intelligenz ablesen?

Nicht erfasst wird z. B. bei den Tests das Lernvermögen. Der IQ ergibt daher keinen Hinweis auf die Entwicklungsmöglichkeiten eines Menschen. Ein hoher IQ ist kein Garant für Erfolg in Schule und Berufsleben, obwohl er gerade das voraussagen sollte.

Das Verhalten zählt

Viele große Firmen testen deshalb ihre Bewerber im so genannten Assessmentcenter, einem Bewertungs- und Beurteilungsverfahren, das aus einer Kombination verschiedener Verhaltens- und Arbeitsproben besteht. In den meist zweitägigen Tests müssen die Aspiranten in die

Ob eine Ehe Bestand hat, kann niemand sagen. Die richtige Mischung aus kluger Partnerwahl und Gefühl verspricht dabei den größten Erfolg.

Intelligenz allein bringt Menschen im Leben nicht weiter. Schon früh in der Entwicklung geht es auch darum, sozial erfolgreich zu sein und sich in Gruppen und Partnerschaften eingliedern zu können. Wer das nicht lernt, bekommt zu spüren, dass man ihn ausgrenzt.

Rolle eines Vorgesetzten oder Mitarbeiters schlüpfen und im Rollenspiel um Dienstreisen oder Dienstwagen feilschen, Streitigkeiten zwischen Teams schlichten, gemeinsam ein Projekt durchführen oder auch nur ein Papierflugzeug basteln. Ihr Verhalten wird von mehreren Beobachtern nach Kriterien wie Einfühlungsvermögen, Führungsstil, Selbstkontrolle und Durchsetzungsvermögen bewertet.

Warum sind manche Menschen „sozial erfolgreich" und andere isoliert?

Weder Selbstdisziplin noch Ausdauer und Ehrgeiz sind mit dem IQ zu ermitteln. Diese Eigenschaften sind aber für den Erfolg im Leben wichtiger als Intelligenz und Erbgut.

Erwies sich nicht oftmals der Mitschüler aus der Schulzeit mit den besten Noten im Berufsalltag als Niete? Dagegen wurde der begriffsstutzige Schulkamerad, der sich nur mit Mühe von Klasse zu Klasse hangelte, ein erfolgreicher Firmenmanager und Großverdiener. Kennen wir nicht alle eine ganze Reihe von Menschen, die in ihren sozialen Beziehungen, in ihrer Ehe und bei der Kindererziehung durchaus erfolgreich sind, obwohl sie nicht zu den Intelligenten zählen? Warum ist das so?

Die Antwort beschreibt der Intelligenzforscher Robert J. Sternberg in der Parabel von den zwei Jungen, die im Wald umherstreifen. Beide Knaben sind sehr verschieden. Die Lehrer, die Eltern und die Freunde des ersten Jungen halten ihn für gescheit, also denkt auch er dasselbe von sich. Gute Zensuren, Zeugnisse und Empfehlungsschreiben werden ihm eine erfolgreiche Karriere eröffnen. Der zweite Junge gilt als nicht besonders intelligent. Seine Noten sind mittelmäßig. Allenfalls wird ihm gesunder Menschenverstand und etwas Bauernschläue zugebilligt.

Als beide durch den Wald spazieren, stehen sie plötzlich vor einem riesigen, sehr erregten und äußerst hungrigen Grizzlybären. Der erste Junge rechnet aus, dass der Bär sie in 20,3 Sekunden eingeholt haben wird, und gerät in Panik. Sein Freund hingegen entledigt sich seelenruhig seiner Wanderschuhe und zieht Joggingschuhe an. „Bist du wahnsinnig?", schreit der erste Junge. „Wir können unmöglich schneller laufen als der Grizzly!" – „Stimmt, aber ich muss ja nur schneller sein als du!" antwortet der zweite Junge.

Erfolgsintelligenz ist mehr

Der erste Junge hat das Problem zwar rasch durchschaut, aber sehr weit ist er mit seinem Verstand nicht gekommen. Dagegen erkannte der zweite Junge nicht nur das Problem, er hat auch eine kreative Lösung gefunden und geschickt auf die neue unbekannte Situation reagiert.

Der Junge erlebte die Wirkung von Erfolgsintelligenz, einer Mischung aus Verstand und Gefühl, die jeder braucht, um seine Ziele wirklich zu erreichen.

Warum Genies auch auf ihr Gefühl hören

Die Fähigkeit, kreative Ideen in logische Schlüsse umzusetzen, ist von sinnlichen Erfahrungen abhängig. Dieses Zusammenspiel zwischen individuellen Gefühlen und dem, was wir gemeinhin als Intelligenz bezeichnen, kann man am eindrucksvollsten bei Genies studieren.

Der surrealistische Maler Salvador Dalí bezog seine Ideen aus Wolkenwänden, die am Himmel schwebten. Selbst im Denken des Physikers Albert Einstein spielten Wörter und Zeichen nur eine untergeordnete Rolle. Für ihn waren die Bilder der Imagination ausschlaggebend, wie etwa die Vorstellung, auf einem Lichtstrahl reiten zu können.

Liebe kann man nicht aus Büchern lernen

Es gibt kein Denken ohne Gefühle. Beide verhalten sich wie die zwei Seiten einer Medaille. Der Schweizer Psychologe Jean Piaget spricht von einer „Logik der Gefühle“. Sie sind gleichsam Motoren und Mittler von Denkleistungen, Wahrnehmungen und Tätigkeiten. Sie gewichten, was wir denken, und bestimmen, was im Gedächtnis gespeichert wird und was nicht. Was wir mit starken Gefühlen oder sinnlicher Wahrnehmung verbinden können, gelangt leichter in unsere Gedächtnisschubladen, und wir erinnern uns daher auch eher an bewegende Momente im Leben.

Unser Speicher für Gefühle ist bereits sehr früh in unserem Leben aktiv. Zwischen dem sechsten und dem zwanzigsten Lebensmonat bauen Babys entweder eine starke Gefühlsbindung zu ihren Eltern und anderen Bezugspersonen auf,

Die Menschen aller Kulturen zeichnen sich durch die Fähigkeit zu sprechen aus. Was und wie wir etwas sagen, gibt einen deutlichen Hinweis auf die Gefühle, die sich dahinter verbergen. Denken ist ohne Sprache nicht möglich, aber ohne Gefühl ebenso wenig.

oder sie laufen Gefahr, ein Leben lang Außenseiter zu sein. Niemand lernt aus dem Wörterbuch, was Liebe bedeutet. Zuerst ist es nichts als die Gewissheit, jederzeit an der Brust nuckeln zu können, später sind es Küsse und Liebkosungen. Eines Tages lernt das Kind, dass Liebe auch etwas mit Bewunderung, Stolz, Verzeihen, Freundschaft und sexuellem Verlangen zu tun hat.

Wir haben nicht einen, sondern zwei Köpfe

Neben unserer vernunftgesteuerten Intelligenz verfügen wir über eine zweite Art von Intellekt, die sich einer Messung durch IQ-Tests entzieht. Was Goethe schon als Herzensbildung bezeichnete, wird heute mit emotionaler Intelligenz (EQ) umschrieben. Sie umfasst eine Vielzahl menschlicher Fähigkeiten, darunter Einfühlungsvermögen, Selbstbewusstsein, Kontrolle der eigenen Gefühle, Charakter, Takt und Feingefühl. Doch der IQ ist nicht der Gegenpart des EQ. Manche Menschen sind mit beidem reichlich gesegnet, manche haben von beidem zu wenig.

Soziale Intelligenz

Ein Hauptmerkmal des EQ ist der Zugang zum eigenen Gefühlsleben, der „Blick nach innen". Dreh- und Angelpunkt ist die Fähigkeit, das eigene Verhalten zu verstehen und zu steuern. Das gelingt, wenn wir Gefühle der Anspannung oder der Angst zulassen, ohne dass sie die Qualität einer Entscheidung beeinträchtigen. Zu hoher Reife bringen es bei dieser Intelligenz Psychotherapeuten, die meist ein tiefes Wissen über ihre Gefühle besitzen, aber auch Philosophen und Schriftsteller, die sich selbstkritisch und genau über ihre Gefühle äußern können.

Eine ganz andere Facette des EQ findet sich in hoch entwickelter Form bei politischen und religiösen Führungspersönlichkeiten, bei Lehrern – und auch bei geschickten Eltern. Sie können sich in andere hineinversetzen und gut mit ihnen zusammenarbeiten. Das gelingt ihnen, weil sie die Unterschiede der Stimmungen, Temperamente, Beweggründe und Absichten anderer Menschen zur eigenen Gefühlswelt wahrnehmen. Gemeinsam bilden dieser „Blick nach außen" und „nach innen" die soziale Intelligenz.

Die sieben Talente des Howard Gardner

Dem amerikanischen Psychologieprofessor Howard Gardner zufolge verfügt jeder Mensch sogar über eine Vielzahl von „Intelligenzen", mindestens jedoch über sieben. Neben den beiden genannten Facetten der sozialen Intelligenz zählen dazu weitere Talente:

Sprache ist eine universelle Fertigkeit, die alle Menschen unterschiedlicher Kulturen trotz aller Vielfalt gemeinsam haben. Dichter, Drehbuchautoren und Redner verfügen meist über einen hohen Grad an sprachlicher Intelligenz.

Die *logisch-mathematische Intelligenz* ist ebenfalls bei allen Menschen anzutreffen.

Sich im Raum orientieren zu können ist ein unschätzbarer Vorteil in allen Gesellschaften. Ohne diese Fähigkeit könnten wir keinen Ozean überqueren, keine Landkarte lesen oder würden unser Auto im Parkhaus niemals wieder finden. In einigen Berufen ist dieses Talent Voraussetzung, etwa für Bildhauer, Architekten oder Kartografen.

Die *körperlich-kinästhetische Intelligenz* ermöglicht es uns, dass wir uns ein Leben lang an Bewegungen erinnern. Wer als Kind ein Instrument spielen oder schwimmen gelernt hat, wird diese Fähigkeit nie wieder verlernen.

In jedem von uns steckt ein Musiker, und wir können Töne, Harmonien und Rhythmen in Musik umsetzen. Das Werkzeug dazu liefert die *musikalische Intelligenz.*

Garantieren IQ und EQ persönliches Glück?

Nehmen wir einmal an, Sie wären hochintelligent und stünden auf der Leiter Ihrer emotionalen Fertigkeiten ganz oben. Wären Sie dann automatisch glücklich?

Studien zeigen, dass es keinen Zusammenhang zwischen persönlicher Lebenszufriedenheit und den verschiedenen Intelligenzen gibt. Wahr aber ist: Erst das Zusammenspiel aller Talente ergibt ein verantwortliches Verhalten. Dabei kommt der Gesellschaft die Aufgabe zu, diese Intelligenzen umfassend zu fördern. Wenn dabei bestimmte Bereiche ausgeklammert werden, kann es zu Schieflagen in der Entwicklung der Persönlichkeit kommen mit fatalen Folgen auch für die Gemeinschaft.

Verstand und Gefühlswelt sind also die zwei Seiten einer Medaille. Es gibt keine Wahrnehmung, keine Erinnerung, kein Denken ohne Gefühle. Und ohne einen Draht zur menschlichen Gefühlswelt wird auch das größte Elektronengehirn nicht in der Lage sein, intelligent zu denken.

PROBLEME AUF ELEGANTE ART LÖSEN

Geht es Ihnen auch manchmal so, dass Sie nicht wissen, was zuerst tun? Dann ist es an der Zeit, wirksame Lösungsstrategien zu entwickeln. Packen Sie das Problem an der Wurzel.

Helga lebt mit ihrer Familie in einem Vorort im Grünen. Jeden Werktag muss sie ihre Kinder wecken, Frühstück machen, ihren Mann mit dem Auto zur S-Bahn fahren, Sohn Philipp in die Schule und Tochter Mareike in den Kindergarten bringen und um 9 Uhr im Büro sein, wo sie halbtags arbeitet. Vorher sollte sie noch Kleider aus der Reinigung holen.

Wie ist das überhaupt zu schaffen, wo doch allein die Vorbereitung für das Frühstück so viel Zeit kostet? Und jeder noch eine Extrawurst will: Tee und Kaffee, Kakao und Orangensaft.

Alles nur eine Frage der Organisation: Mit der richtigen Strategie bekommt Helga das Problem ganz einfach in den Griff. Dafür lohnt es sich, vorab Gehirnschmalz zu investieren. Denn wer sich erst

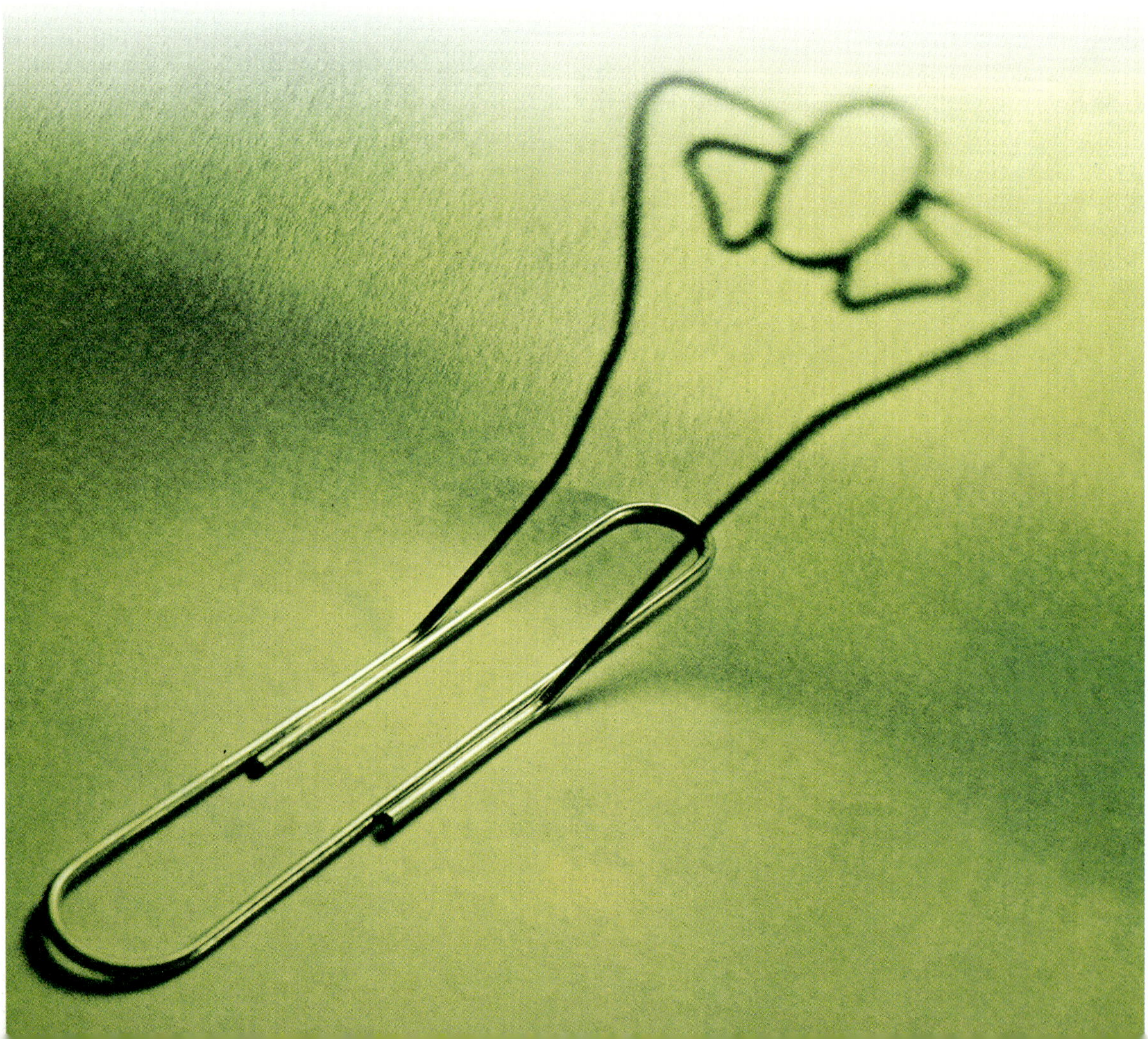

So viel Arbeit, und Sie verschränken die Arme hinter dem Kopf? Das können Sie, wenn Sie mit Köpfchen und dem richtigen Dreh nicht nur Zeit und Nerven sparen, sondern auch auf dem besten Weg schneller fertig sind.

morgens überlegt, was alles für wen zu tun ist, wird ohne Halt im Zeitstrudel untergehen.

Mit Köpfchen gegen das Chaos

Was tut Helga? Ihr erster Schritt heißt: richtig vorbereiten. So deckt sie z. B. schon jeden Abend den Tisch für den nächsten Morgen, und stellt in der Küche Teekanne und Kaffeepulver bereit. Auch legen die Kinder ihre Kleider bereits am Vorabend zurecht.

Dann werden Aufgaben nach Wichtigkeit eingeteilt: Wasser für Tee und Kaffee gleichzeitig kochen, Mann und Sohn zuerst mit dem Auto wegfahren, denn sie müssen unbedingt pünktlich sein. Erst dann kommen die weniger dringenden Aufgaben dran: Im Kindergarten herrscht Gleitzeit. Eher Nebensächliches wird delegiert: Die Kleidung aus der Reinigung holt ihr Mann ab.

Das Schöne daran ist, dass Helga den ganzen Plan im Kopf hat. Sie weiß, was Vorrang hat, was zurückgestellt werden und was im Notfall ausfallen kann. Dabei hat ihre geistige Landkarte feste Bezugspunkte und lockere Größen – aber auch „leere Seiten" für Unvorhergesehenes. Auf diese Weise hat Helga nicht nur das scheinbar Unlösbare in den Griff bekommen, sondern ganz nebenbei für sich und ihre Familie eine ausgefeilte Problemlösungsstrategie entwickelt.

Ähnliches Vorgehen wird auch Ihnen helfen, in Zukunft mit anderen anspruchsvollen Aufgaben fertig zu werden.

Von Hausfrauen und Managern

Ohne besonderes „Management" lassen sich viele scheinbar alltägliche Dinge, wie z. B. eine Geburtstagsfeier oder eine Urlaubsreise, kaum bewältigen. Experten sagen sogar, dass sich die Organisation einer Familie oder eines runden Geburtstags mit vielen Gästen nicht von der typischen Arbeit eines Konzernleiters unterscheidet. Auch wenn die Hausfrauenarbeit nicht gleichermaßen anerkannt ist, erfordert der reibungslose Ablauf eines Haushalts oder ein längerer Urlaub mit der Familie strategisches Denken.

Ob mit oder ohne Kinder – ohne die richtige Planung und Vorbereitung können die schönsten Tage des Jahres schnell zum Horrortrip ausarten. Die Autofahrt wird mit Staus, Kindergequengel und glühender Hitze zum Alptraum, der Strand gleicht einem militärischen Exerzierplatz, und das schnuckelige Hotel entpuppt sich als hässliche Bettenburg. Aber wie können Sie das vermeiden?

Überlegen Sie sich, welche Fragen bei einer Urlaubsplanung wirklich wichtig sind: Zeitpunkt,

Das Turmspiel

Vier flache Steine, deren Größe von unten nach oben abnimmt, sollen von dem Platz (A), auf dem sie liegen, auf einen anderen Platz (B) aufgestapelt werden. Dort müssen sie wieder so angeordnet sein wie zuvor. Bedingungen: Es darf immer nur ein Stein auf einmal bewegt werden, doch ein größerer Stein darf nie auf einem kleineren liegen, sonst fällt er herunter. Auf einem Ruheplatz (C) können die Steine zwischengelagert werden.

Wie viele Züge sind für das Umsetzen nötig? Wenn Ihre Antwort lautet: „Weniger als 15 Züge", haben Sie sich überschätzt. Und bei mehr als 15 Zügen? Dann müssen Sie sich nochmals anstrengen. Falls Sie keine Steine zur Hand haben, tun es auch Münzen: Ein Fünfmarkstück als größtes, dann ein Zweimarkstück, ein Markstück und ein Fünfzigpfennigstück lassen sich bequem auf einem Blatt Papier bewegen, auf dem die Felder A, B und C aufgezeichnet sind.

DIE GESCHICHTE VON DER GUTEN FEE UND DEN UNENDLICH VIELEN WÜNSCHEN

Stellen Sie sich vor, Sie hätten zwei Wünsche frei. Aber was auf die Schnelle sollen Sie sich wünschen? Machen Sie es wie die Prinzessin.

Als die kleine Prinzessin weinend am Wasser saß, kam die gute Fee zu ihr und sagte: „Weil ich dich nicht weinen sehen kann, will ich dir zwei Wünsche erfüllen." „Nur zwei?", fragte die Prinzessin, die noch viel mehr Wünsche hatte als bloß zwei. „Zwei und keinen mehr", antwortete die Fee, „denn genug ist genug."

Die Prinzessin seufzte. „Gut. Als Erstes wünsche ich mir einen Prinzen, ohne dafür einen Frosch küssen zu müssen." „So sei es", erwiderte die Fee. „Und als Zweites wünsche ich mir die Erfüllung zweier Wünsche", fügte die kleine schlaue Prinzessin bestimmt hinzu. „Oha!", meinte die gute Fee, „aber versprochen ist versprochen."

„Also, der Prinz soll sehr schön sein", fuhr die kleine Prinzessin fort, „und dann wünsche ich, dass du mir zwei Wünsche erfüllst." Die gute Fee schluckte zwar, kam der Aufforderung jedoch wie versprochen nach.

Und die Prinzessin begann erneut. „Zuerst will ich, dass der Prinz sehr reich ist, und dann sollst du mir zwei Wünsche erfüllen." Die gute Fee greinte: „Ja nimmt das denn überhaupt kein Ende mehr?" „Niemals", trumpfte die unersättliche Prinzessin auf. „Als Nächstes möchte ich mit dem Prinzen viele gesunde Kinder haben. Meinen zweiten Wunsch kennst du ja sicher: Erfülle mir zwei Wünsche."

Derjenige hat gut lachen, der sich das Richtige gewünscht hat und wie die Prinzessin schon an den nächsten Schritt denkt. Besonders dann, wenn der zweite Wunsch viele weitere Wünsche offen lässt.

Wahl des Urlaubsortes, Erwartungen an die schönen Tage, Kinderbetreuung und vieles mehr. Heften Sie Ihre Antworten am besten an eine Pinnwand, und gehen Sie dann verschiedene Szenarien mit möglichen Lösungen durch. Sie werden sehen, eine richtige Vorbereitung zahlt sich aus. Sie werden entspannt und gut erholt nach Hause kommen.

Selbst bei kleineren Anlässen, etwa einem Wochenendausflug, empfiehlt es sich, sein Vorgehen genauer festzuhalten. Notieren Sie sich im Geist, was vor und während des Ausflugs zu tun ist. Auf diese Weise behalten Sie den Überblick. Auch Unvorhergesehenes wird in dem Planspiel nicht vergessen: Was können Sie tun, wenn plötzlich das Wetter umschlägt und es in Strömen regnet?

Ob Geburtstagsfeier, Ausflug oder Großeinkauf: Mit dem richtigen Vorgehen lassen sich selbst komplizierte Aufgaben meistern wie etwa die vertrackte Situation, die in einer sehr alten indischen Legende beschrieben wird.

Die Mönche im Himalaja

Seit Anbeginn der Zeit sitzen die Mönche in einem Hindutempel vor einem pyramidenförmigen Stapel aus 64 verschieden großen Goldscheiben, deren größte unten und die kleinste oben liegt. Die frommen Männer müssen die Scheibenpyramide an einem anderen Platz wieder genau so aufbauen wie die Ausgangsform. Dabei darf immer nur eine Scheibe bewegt werden. Ein dritter Platz kann zwischendurch als Ablage dienen. Erschwerend kommt allerdings hinzu, dass beim Umsetzen der Scheiben zwischen den drei

Plätzen keine der größeren Scheiben auf einer kleineren zu liegen kommen darf.

Wenn die Priester ihre Aufgabe gelöst haben, so weissagt die Legende, zerfällt der Tempel zu Staub, und die Erde löst sich in Nichts auf. Aber wann wird das sein? Diese Frage hat den französischen Mathematiker Edouard Lucas nicht mehr losgelassen, und er berechnete, wie lange es dauern würde, die goldene Pyramide zu versetzen. Wenn die Mönche pro Zug nur eine Sekunde brauchen, so seine Erkenntnis, verschieben sie etwa 580 Milliarden Jahre lang Scheiben, bis die Erde untergeht.

Der Turm von Hanoi

Vor rund 100 Jahren wurde aus den Goldscheiben ein heute noch erhältliches und sehr beliebtes Kreativitätsspiel entwickelt, der *Turm von Hanoi*. Wer es spielt, kann sehr gut erkennen, wie man mit zunächst unüberwindlich scheinenden Hürden umgehen muss: Das Problem kann nur schrittweise gelöst werden. Wenn man die Anzahl der Scheiben nämlich auf zwei verringert, ist alles ganz einfach. Es muss nur – und das ist der entscheidende Trick – die erste Scheibe an die richtige Stelle gelegt werden, damit es klappt.

Salamitaktik im Alltag

Bei Spielen ist es wie im Leben: Zunächst sollten wir wirklich Wichtiges von Belanglosem trennen. Denn allzu häufig steckt in jeder weiteren Aufgabe ein neues Problem. Bei unseren Lösungsversuchen verzetteln wir uns oft immer mehr und verlieren schließlich ganz den Überblick.

Damit Sie sich ein genaues Bild machen können, sollten Sie, wie beim Turm von Hanoi, die anstehende Aufgabe Schritt für Schritt auf die entscheidenden Fragen zurückführen. Mit dieser „Salamitaktik" tasten Sie sich scheibchenweise an Erklärungen heran. Gerade Kinder mit ihrem beharrlichen „Warum?" können den Eltern ein Loch in den Bauch fragen. Ein Beispiel: „Papa, warum ziehen die Singvögel im Herbst weg?" „Weil sie im Winter zu wenig zu fressen finden." Nächste Frage: „Warum finden sie im Winter zu wenig zu fressen?" „Weil es keine Insekten mehr gibt." – „Warum …" Dieses Spiel können Kinder so lang weitertreiben, bis sie zum Kern der Dinge vorgestoßen sind.

Wer kennt sie nicht, die berühmten russischen Matroschka-Puppen? Oft kommt es uns so vor, als seien Probleme ebenso ineinander verschachtelt wie diese Holzfiguren. Dann helfen Lösungsstrategien, mit denen man sich von außen nach innen vorarbeiten kann.

DAS SCHACHEXPERIMENT: MENSCH GEGEN MASCHINE

Die elektronischen Rechenkünstler haben zwar ein größeres Gedächtnis als die Menschen und sind auch schneller, doch nicht kreativer.

Das schlaueste Elektronengehirn der Welt schläft nie. Tag und Nacht brummt es in einem klimatisierten Labor, eine Autostunde von Manhattan entfernt. Die Forscher füttern das Monster unablässig mit Hunderttausenden von gespielten Schachpartien. Und tatsächlich unterlag im Mai 1997 der weltbeste Schachspieler Gari Kasparow dem Schachcomputer *Deep Blue* mit 2,5 : 3,5 Punkten.

Dieser Sieg indes ist kein Beweis für die Denkfähigkeit der Maschine, sondern ein Beleg für das brillante Know-how ihrer Konstrukteure. Denn während ein Schachprofi mit seiner Erfahrung auf den ersten Blick eine vorteilhafte Position erkennt, ist für den Computer praktisch jede Stellung nach dem Zug des Gegners neu. Gegenüber dem Großmeister, der sich nur mit den wichtigsten viel versprechenden Zügen befasst, ist der Computer im Vorteil, denn er rechnet Abermillionen von Möglichkeiten durch. Dabei muss auch er sich notgedrungen bescheiden, denn bei einer Schachpartie gibt es weit mehr mögliche Verläufe als Atome im Universum.

Bislang sind alle elektronischen Gehirne darauf angewiesen, Expertenwissen eingetrichtert zu bekommen. Auf neue, kreative Problemlösungen kann man bei ihnen noch lange warten.

Aber nicht nur im Kinderzimmer, sondern auch in größeren und mittleren Firmen wird so vorgegangen, wenn es etwa darum geht, hinter die wahren Ursachen von Umsatzeinbrüchen zu kommen.

Wie kreativ Sie an die Lösung verzwickter Aufgaben herangehen können, zeigt Ihnen die kleine Geschichte von der Fee und den unendlich vielen Wünschen. Zunächst versucht wohl jeder in solch einer glücklichen Lage, seine zwei sehnlichsten Anliegen zu erfüllen. Wer aber einen Schritt weiterdenkt und hier die Fragestellung auf das Wesentliche zurückführt, wird sich sowohl seinen Lieblingswunsch erfüllen als auch zwei weitere Wünsche offen lassen. Jeder Wunsch wird so in Erfüllung gehen, vorausgesetzt, Sie haben mit dem richtigen Schritt angefangen.

Machen Sie sich einen Plan

Ob Sie nun ein Spiel gewinnen wollen oder am Sonntag Gäste zu bewirten haben: Je überlegter Sie vorgehen, umso eher ist Ihr Vorgehen von Erfolg gekrönt.

Soll es zu Ihrem Geburtstag ein fünfgängiges Menü geben? Kein Problem. Zunächst nehmen Sie sich das Wichtigste vor: die Speisenfolge. Welche Vorspeisen wollen Sie auftischen, wie passt das Hauptgericht dazu und wie der Nachtisch? Lassen Sie das Essen vor Ihrem geistigen Auge Revue passieren. Sehen Sie die Gäste vor ihren Gedecken sitzen und zum Besteck greifen. Und nun machen Sie zwei Pläne: Was wird wann und von wem eingekauft, und in welcher Reihenfolge bereiten Sie die Gerichte vor?

Mit solchen Schemata lassen sich beispielsweise auch Einnahmen und Ausgaben übersichtlich gegenüberstellen. Kann ich mir ein neues Auto überhaupt leisten? Was wird dadurch alles teurer? Versicherung, Steuer und Benzinverbrauch? Wo spare ich wieder? Wie sieht die monatliche Belastung mit einem größeren Wagen unter dem Strich schließlich aus?

Die Zeichen an der Wand

Ganz automatisch legt sich unser Gehirn Strategien zurecht, wie wir mit einer Situation am besten umgehen und welche Alternativen es gibt. Meist orientieren wir uns dabei an Vorgehensweisen, die in vergleichbaren Momenten schon erfolgreich waren. Sehr oft sind wir uns dieser Denkabläufe gar nicht bewusst. Wer sich allerdings sein Handeln aktiv ins Gedächtnis ruft, wird sehr viel besser wissen, was zu tun ist.

Auf diese Weise lässt sich eine Vielzahl von Herausforderungen bewältigen. Was macht beispielsweise der Bergsteiger am Fuß einer Kletterwand? Seine Situation ist für viele Problemstellungen typisch. Er ist ganz unten – und will hoch hinauf. Mit jedem Griff, den er erreicht hat, kommt er seinem Ziel ein bisschen näher. Hin und wieder überprüft er, wie weit er schon gelangt ist, damit er seine Kräfte schonen bzw. stärker einsetzen kann. Vielleicht muss er auch, wenn es nicht mehr weitergeht, eine andere Route einschlagen. Wird es schwierig, erinnert er sich an frühere ähnliche Situationen, die er erfolgreich gemeistert hat. Und natürlich ist er gut abgesichert – für alle Fälle.

Das Richtige zur rechten Zeit

Nicht alle Aufgaben, die an einem Tag vor uns liegen, können wir auch erledigen. Gerade anspruchsvolle Tätigkeiten, die Aufmerksamkeit und Konzentration verlangen, bewältigen wir oft nicht wie erwünscht rasch und zufrieden stellend. Immer wieder kommen uns Dinge dazwischen, und manchmal erscheint es gar, als wollte uns jemand ein Bein stellen.

Wie reibungslos könnte z. B. die Zubereitung des Geburtstagsessens ablaufen, wären da nicht die ständigen Unterbrechungen durch die Gratulanten am Telefon! Oder wie schnell kämen Sie auf der gedachten Alternativroute voran, müssten Sie nicht mehrmals wegen der Kinder anhalten! Zu einem guten Plan gehört es folglich auch, Unwägbarkeiten vorzusehen.

Dazu gilt es, solche Situationen zu berücksichtigen und ihnen mit den richtigen Mitteln zu begegnen. So können Sie während der Speisenzubereitung Ihren Partner bitten, die Telefonate entgegenzunehmen, oder das Kochen auf einen Zeitpunkt verlegen, an dem die

Nur jetzt nicht abrutschen! Wer hoch hinaus will, hat nicht nur ein Ziel vor Augen, sondern braucht auch besondere Kenntnisse, Übung und einen ganz genauen Plan.

Störungen nicht so massiv sind. Entscheidend ist auch, mögliche Pufferzeiten einzurechnen, damit es im Zweifelsfall bei den Terminen nicht klemmt.

Was Erfolg verspricht

Sie wollten die Kinder wie gewohnt am Montagmorgen an der Schule absetzen, dann zum Einkaufen gehen und außerdem den

Ruhig und wie immer verstreichen Ihre Tage, und kein Hindernis stellt sich Ihnen in den Weg.

Aber plötzlich taucht hinter einer Biegung eine Schwierigkeit auf, die zunächst unlösbar scheint.

Mit der richtigen Strategie und etwas Köpfchen haben Sie es geschafft. Der Weg ist wieder frei.

Hund zum Tierarzt bringen. Seit gestern quält Sie Zahnweh, weshalb Sie am Nachmittag einen Termin beim Zahnarzt ausmachten, und ausgerechnet für heute Abend haben Sie zwei Theaterkarten organisiert. Schließlich kommt es, wie es an solchen Tagen kommen

Dieses Problem ist leicht zu entwirren – im Gegensatz zum berühmten Knoten, den Gordius, König der Phrygier, knüpfte. Aber nicht immer lassen sich schwierige Aufgaben so lösen, wie Alexander der Große dies tat: Er schlug den Knoten einfach durch.

muss: Schon morgens springt das Auto nicht an.

Entscheidend für Ihr erfolgreiches Vorgehen in solch einer verschachtelten Situation ist, sich zunächst ganz ruhig zu fragen, was jetzt wirklich wichtig ist. Bevor Sie sich der Störung an Ihrem Auto in Ruhe widmen können, müssen zunächst die Kinder in die Schule. Erst wenn Sie dieses drängende Problem gelöst haben, können Sie sich der Organisation der Autoreparatur widmen.

Und auch hier ist es sinnvoll, zunächst eine logische Reihenfolge zu bilden: Ist beispielsweise das Benzin ausgegangen? Ist die Batterie leer? Soll ich mit dem nächsten Startversuch eine Viertelstunde warten, weil der Motor „abgesoffen“ ist? Rufe ich besser in der Werkstatt oder beim Automobilclub an? Sobald Sie diese Fragen geklärt haben, können Sie darangehen, Ihre weiteren Verpflichtungen des Tages zu organisieren, und zwar in Abhängigkeit vom Ausgang der Reparatur.

Sie sehen: Zunächst ist es wichtig, die anstehenden Aufgaben nach ihrer Wichtigkeit zu ordnen und in eine Reihenfolge zu bringen. Auf diese Weise lassen sich auch scheinbar unüberwindbare Hindernisse leichter nehmen, und Sie behalten darüber hinaus noch einen klaren Kopf.

Entscheidend ist der erste Schritt

Wer allerdings bei diesem Autoproblem den ersten Schritt nicht richtig überdenkt, bekommt später Schwierigkeiten. Das ist in vielen vergleichbaren Situationen so, und oft heißt die Devise dann: zurück an den Start und noch einmal ganz von vorn anfangen. Wenn Sie sich nämlich in Ihrer Verzweiflung erst um das Auto kümmern, haben Sie nicht nur die zappeligen Kinder immer um sich, die nun auch noch zu spät zur Schule kommen, sondern Sie werden deshalb selbst immer unruhiger und verlieren am Ende noch die Nerven und kommen zu gar nichts mehr.

Die ideale Bewältigungsstrategie für alle Probleme gibt es aber nicht. Jeder Mensch hat seine eigenen Wege, wie er komplexe, ineinander verzahnte Probleme lösen kann. Je nach Situation werden andere Ansätze und Lösungswege Erfolg versprechen, doch wer über verschiedene Strategien verfügt, tut sich leichter bei der Entscheidung für die beste Lösung.

Von A nach B – und möglichst schnell ans Ziel

Stellen Sie sich vor, Sie fahren mit dem Auto von einem Punkt der Stadt zu einem anderen und hören im Radio, dass sich auf der Strecke ein langer Stau gebildet hat. Leider werden vom Sprecher keine Alternativrouten angegeben. Was nun? Machen Sie sich einen Plan. Zunächst werden Sie sich überlegen, durch welche Stadtteile Sie fahren müssen, um Ihr Ziel zu erreichen. Gewisse Straßen wollen Sie dabei allerdings meiden, weil dort der Verkehr um diese Uhrzeit ebenfalls nur stockend vorankommt. Lohnt es sich, die Ausfallstraße zu nehmen? Ein Blick auf die Benzinuhr gibt Entwarnung: halb voll, also kein Handlungsbedarf. Sie überschlagen, wie lange Sie auf der Alternativroute brauchen, und stellen fest, dass Sie pünktlich ankommen können.

Eigentlich ganz einfach, werden Sie sagen, das mache ich doch jeden Tag. Wunderbar. So und nicht anders entwerfen auch erfolgreiche Manager etwa eine neue Marketingstrategie für die Firma.

Auto fahren in der Großstadt: Aus dem Radio hören Sie eine Staumeldung ausgerechnet auf Ihrer Strecke. Da hilft nur eins: mit Köpfchen auf Umwegen Ihr Ziel ansteuern.

UM-DIE-ECKE-DENKEN FÜHRT GERADEWEGS ZUM ZIEL

Kennen Sie das Gefühl, innerlich wie blockiert zu sein? Mit herkömmlichen Denkweisen stoßen Sie gegen eine Wand. Lassen Sie Ihren Ideen Flügel wachsen, und schon geht's besser.

Ein kleiner Traum der Menschheit ging in Erfüllung: Das Fahrrad war erfunden. Aber leider konnte man sich damit nur sehr mühsam fortbewegen, denn das Gefährt musste direkt an einer Achse angetrieben werden. Zunächst sollte das Zweirad schneller fahren. Dazu wurde das vordere Tretrad überdimensional vergrößert. Tatsächlich lief der Drahtesel jetzt rasanter, aber die Riesenräder wurden dadurch so unsicher, dass diese Methode nicht die gewünschte Verbesserung brachte.

Direkt in die Sackgasse

Was die Techniker hier im letzten Jahrhundert erlebten, kennen wir aus vielen Alltagsgelegenheiten: Unsere alten Denkmuster wollen einfach nicht mehr so recht genügen. Machen wir mit der gewohnten Methode weiter, geraten wir immer tiefer in eine ausweglose Situation und können die Aufgabe nicht lösen. Wir sind also aufgefordert, neue und kreative Wege zu finden. Aber wie? Oft liegt dabei die Lösung direkt vor unserer Nase, nur sehen wir sie nicht.

Ob beim Auto eine Sicherung durchgebrannt ist, der Computer

Was tun, wenn uns keiner der erprobten Wege der Lösung eines Problems näher bringt? Erst wenn wir die gewohnte Denkebene verlassen und neue, unübliche Ideen zulassen, kommen wir weiter.

streikt oder ein schwieriger Kunde drängt: Immer gilt es, Wege zu finden, wie wir das Problem mit den zur Verfügung stehenden Mitteln einfach und schnell beheben können. Oft sieht man allerdings „den Wald vor lauter Bäumen" nicht. So erging es auch den Fahrradkonstrukteuren. Die Riesenräder wurden nämlich auf Arbeitsbänken mit Kettenantrieb fabriziert, und irgendwann kam ein Techniker auf die nahe liegende Idee, das Hinterrad mit einer Kette anzutreiben.

Wie lösen Sie eine vertrackte Aufgabe? Überlegen Sie z. B., ob Sie bestimmte Gegenstände zu etwas anderem nutzen können, als Sie dies gewöhnlich tun. So lässt sich etwa die defekte Sicherung durch ein Stück Alufolie oder eine Büroklammer aus Kupfer ersetzen; den Computer kann man neu starten, wenn man kurz den Stecker herauszieht, und der schwierige Kunde lässt sich durch eine kostenlose Dreingabe besänftigen.

DIE KERZE, DIE REISSZWECKEN UND DAS STREICHHOLZ

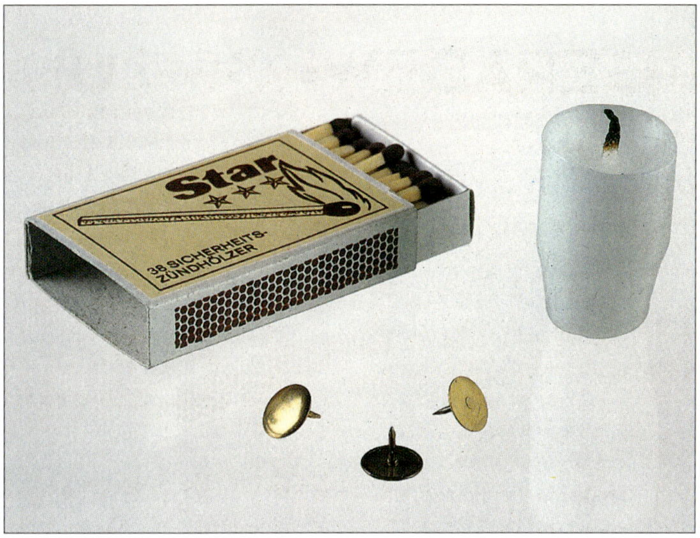

Kommen Sie spielerisch auf die rettende Idee?

Das Licht fällt aus, und Sie wollen eine Kerze als Leuchter an der Wand befestigen. Zur Verfügung steht Ihnen eine kleine Kerze, eine Streichholzschachtel und einige Reißzwecken. Sie haben für Ihr Vorgehen völlig freie Hand. Wie lösen Sie Ihr Problem? Ein Tipp: Überlegen Sie einmal genau, ob Sie bestimmte Gegenstände zu etwas anderem nutzen können, als Sie dies für gewöhnlich tun.

Woher kommen Geistesblitze?

Wenn der Scheibenwischer nach dieser Reparatur wieder funktioniert, der elektronische Rechenkünstler wieder läuft und der schwierige Kunde zufrieden von dannen zieht, glaubt man, der rettende Einfall sei wie „aus heiterem Himmel" gekommen. Solche Aha-Erlebnisse stellen sich meist dann ein, wenn man sie am wenigsten erwartet. Lediglich vier Prozent aller guten Ideen, die ein Unternehmen weiterbringen, entstehen am eigenen Arbeitsplatz in der Firma. Der Geistesblitz kommt beim Duschen, Frühstücken, Wandern, im abendlichen Verkehrsstau, in der S-Bahn oder im Konzert.

Dort löste z. B. der Romandetektiv Sherlock Holmes seine kniffligsten Fälle. Von dem Physiker Isaac Newton ist überliefert, dass er eines Tages einen Apfel vom Baum fallen sah – und danach das nach ihm benannte Gravitationsgesetz formulierte. Dem Nobelpreisträger Albert Einstein kamen die besten Einfälle beim Rasieren, und bei dem französischen Mathematiker Jules Henri Poincaré blitzte der zündende Funke für die Lösung eines mathematischen Problems auf, als er einen Bus bestieg. „Ich befand mich auf der Weiterfahrt nach Coutances", berichtete der Gelehrte. „Im Augenblick des Einsteigens kam mir urplötzlich die Idee, ohne dass irgendein Gedanke zuvor den Weg dafür geebnet hätte."

Wohl jeder hat schon einmal einen Geistesblitz erlebt. Mit ihm kommt schlagartig Ordnung in die Gedanken. Der Astronom Johannes Kepler beschrieb das Gefühl als „wunderbare Klarheit", die ihn ergriff, als er die Gesetze der Planetenbewegung entdeckte. Auch wenn uns nach einem Geistesblitz noch längst nicht alle Details klar sind, befällt uns trotzdem das Gefühl, ein Problem gelöst zu haben.

Die Gedanken sind frei – aber auch flüchtig

Übrigens tun Sie gut daran, Ihre Einfälle schriftlich festzuhalten, denn 90 Prozent aller wertvollen Ideen, die nicht sofort notiert werden, gehen unwiederbringlich verloren. Auch lässt sich nicht jeder gute Gedanke sofort verwerten. Manchmal sind die Einfälle oder Anregungen nur Bruchstücke eines Ganzen, die erst noch geschliffen und mit zusätzlichen Teilen ergänzt werden müssen. Daher ist es sinnvoll, immer ein kleines persönliches Notizbuch oder wenigstens Stift und Papier mit sich zu führen, welche Sie im entscheidenden Moment zücken können. Ergänzen und ausführen lässt sich die persönliche Ideensammlung dann überall: im Stau auf der Autobahn, am Flughafen, im Wartezimmer beim Arzt, in der Mittagspause oder beim Sport. Auf diese Weise schaffen Sie sich Ihre ganz individuelle Kreativdatenbank!

Der lange Weg des Geistesblitzes

Erleuchtungen gibt es auf praktisch allen Gebieten des menschlichen Lebens. Aber im Gegensatz zu einem mathematischen Beweis können diese oft persönlichen Eingebungen nicht immer von anderen Menschen nachvollzogen werden. So gibt es viele Mediziner und religiöse Heiler, die von plötzlicher Intuition berichten und sich anschicken, ihre Heilsbotschaften in aller Welt zu verbreiten. Einer wissenschaftlichen Überprüfung jedoch halten diese Lehren häufig nicht stand.

Die meisten Geistesblitze haben eine lange Vorgeschichte, und vor der eigentlichen Eingebung wurden fleißig viele verschiedene Überlegungen angestellt. Durchschnittlich 65 Einzelideen braucht man, um auf eine wirkliche Neuerung zu kommen. Die zündende Idee ist dabei gewissermaßen im Stillen herangereift. Inkubation nennen Forscher diese „innere Brutzeit", in welcher der Geist seine Kontrollfunktion teilweise aufgibt und damit neuen Denkformen Raum lässt.

Intuitionen können sich auf zwei Arten niederschlagen. Zum einen kommt es vor, dass sich eine Lösung aus heiterem Himmel heraus zu erkennen gibt: Ein Arzt vermag plötzlich die eigentliche Krankheitsursache zu erkennen; Eltern spüren, was ihr Kind so sehr beunruhigt.

Eine Erleuchtung kann sich aber auch erst nach und nach einstellen, sie wird langsam immer deutlicher – und eine Idee nimmt Form und Gestalt an. „Ein Stück scheint sich einfach zu materialisieren, wie eine Erscheinung, es wird klarer und klarer und klarer", beschrieb der amerikanische Poet Tennessee Williams den kreativen Prozess, in dem er sein Ideen findet.

Gegen die Routine

Ganz von selbst kommen die wunderbaren Antworten jedoch nicht. Zu den wichtigsten Voraussetzungen für schöpferische Leistungen gehört, dass man sein automatisches und gleichförmig ablaufendes Verhalten stoppt. Die Das-haben-wir-schon-immer-so-gemacht-Routine ist der Tod jeglicher Geistesblitze. Ob es um die Zubereitung von Nudeln, das Lösen einer komplizierten Gleichung oder um Autofahren geht: Alle diese Handlungen sind nicht allein Ergebnis von Standardbewegungen unserer Hände oder Füße, sondern auch unseres Denkorgans!

Dabei versteckt sich genau in dieser ständig gleichförmig ablaufenden Praxis auch immer die Lösung eines Problems. Denn gerade in Routinen kann sich paradoxerweise unsere Kreativität voll entfalten. Das Ei des Kolumbus liegt

So geht's

Werfen Sie die Streichhölzer aus der Schachtel, und befestigen Sie die innere Schachtel wie abgebildet an der Wand. Zünden Sie dann mit einem Streichholz die Kerze an, und tropfen Sie etwas Wachs in diese Schachtel, damit Sie die Kerze befestigen können. Fertig!

Psychologen fanden heraus, dass Testpersonen mühsamer und später die Aufgabe lösen, wenn ihnen die einzelnen Teile getrennt vorgelegt werden.

JETZT NUR NICHT DIE GEDANKEN EINFRIEREN LASSEN!

Was fällt Ihnen dabei ein?

Konzentrieren Sie sich fünf Minuten lang auf Ihre Gedanken beim Anblick dieses arktischen Bildes. „Erleben" Sie das Motiv mit allen Sinnen. Schauen Sie sich die Eismassen in Ruhe an. Was hören Sie in dieser unwirtlichen Umgebung? Wie ein Eisberg „kalbt"? Wie ein Eisbär brummt? Stellen Sie sich vor, wie kalt es ist. An den Füßen spüren Sie es zuerst; die Hände sind auch schon klamm. Sie frieren. Nun schließen Sie die Augen und riechen das Meer, in dem das Eis treibt. Und dann bläst Ihnen ein Windstoß eiskalte Gischt ins Gesicht. Wenn Sie mit der Zunge über Ihre Lippen fahren, können Sie deutlich das Meersalz schmecken.

Nun gilt es, möglichst viele Gedankenverbindungen zum Thema Eisberg aufzuschreiben. Nehmen Sie sich einen Zettel, und los geht's! Kritisieren Sie sich nicht, und lassen Sie alles zu, was Ihnen gerade in den Sinn kommt und was im weitesten Sinne mit den eisigen Wassermassen zu tun hat. Sie werden staunen, wohin Sie Ihre Phantasie entführen kann.

Sie können diese Übung übrigens auch mit jedem beliebigen anderen Bild, z. B. aus einer Illustrierten, wiederholen. Wenn Sie das häufig tun, werden Sie bemerken, dass Ihre Vorstellungsgabe angeregt wird und Ihnen neue Ideen schneller einfallen.

direkt vor uns, wir müssen einfach nur danach greifen. So geschah es etwa bei der Bestrahlungstechnik von Krebspatienten.

Als die Strahlentherapie bei Tumoren entwickelt wurde, standen die Mediziner vor einem Problem: Die Wucherungen wurden zwar unschädlich gemacht, aber auch das umliegende gesunde Gewebe erlitt Schaden. Durch einen einzigartigen Trick gelang es, die Strahlenschäden auf ein Minimum zu verringern. Die Idee bestand darin, das Bestrahlungsgerät kreisförmig um den Kranken herumzuführen. Es wird so eingestellt, dass in der Mitte des Kreises die bösartige Geschwulst liegt. Dadurch ist sie der stärksten Strahlung ausgesetzt, und das umliegende Gewebe wird nicht so stark in Mitleidenschaft gezogen.

Wie durchbricht man Denkblockaden?

Sie kommen von einer Reise zurück, stehen im dunklen Wohnzimmer und wollen die kaputte Birne der Deckenlampe auswechseln. Aber entweder sind Ihre Arme zu kurz, oder die Decke ist zu hoch. Was tun? Sie könnten in den Keller gehen, um die Trittleiter hochzuholen, oder Sie wuchten das Sofa herüber, um darauf zu klettern. Da fällt Ihr suchender Blick auf den noch unausgepackten Reisekoffer, und Sie haben die rettende Idee. Sie legen den Koffer auf den Boden und stellen sich darauf. Minuten später brennt die Lampe wieder.

Erinnern Sie sich noch an die Schachtel, die Kerze und die Reißzwecken? Das Kunststück mit dem Koffer ähnelt Ihrer Vorgehensweise bei der Übung. In beiden Fällen haben Sie sich bewusst von der Eigenschaft des Gegenstands als Koffer oder als Schachtel befreit und den Dingen eine neue Bestimmung zugewiesen.

Vielleicht fragen Sie jetzt, was Sie mit einem Koffer noch alles anstellen könnten. Wenn Sie dabei Ihren Gedanken freien Lauf lassen, dann kommen Sie sicher auf ungeahnte Dinge. In dieser so genannten Assoziationstechnik, also im Aneinanderreihen von Ideen, die alle mit dem ursprünglichen Gegenstand zu tun haben, liegt ein wichtiger Schlüssel zum Geheimnis des Aha-Effektes.

Ordnung in das Chaos

Nicht bei jeder Herausforderung brauchen Sie Ihre Einfälle unbedingt aufzuschreiben. Bei einem vertrackteren Problem werden jedoch häufig sehr viele Begriffe gefunden. Um zu einer Lösung zu kommen, müssen sie geordnet werden. Dazu schreiben Sie je

Gemeinsam geht es besser. Wo kreativ neue Vorschläge entwickelt werden, sind Teams gefragt. Oberstes Gebot bei der Ideenfindung: möglichst viele Anregungen äußern und scheinbar unsinnige nicht kritisieren.

eine Idee auf eine Karte. Nun gilt es, Oberbegriffe zu finden.

Nehmen wir an, Sie planen ein neues Badezimmer. Was wünschen Sie sich? Waschbecken, neue Fliesen, einen warmen Fußboden, mehr Licht, Spiegelschrank, Badewanne, Dusche, mehr Platz, Toilette, Sitzgelegenheit, Handtuchhalter, Schrank für Utensilien? Ordnen Sie Ihre Wunschkarten nach übergeordneten Sachverhalten wie etwa Handwerker, Eigenleistung, Materialien, zeitliche Abfolge. Mit dieser einfachen Methode lassen sich vielschichtige und ineinander verwobene Abläufe überblicken und besser planen.

Kreativer Sturm im Gehirn

Die älteste Methode, um kreativ zu sein, ist das Brainstorming. Es wurde schon 1948 von Alex Osborne entwickelt, der vier Grundregeln festlegte: 1. Es darf alles gesagt werden, nichts wird bewertet. 2. Je mehr Ideen geäußert werden, desto besser. Es gilt das alte chinesische Sprichwort: „Der beste Weg, viele Fische zu fangen, ist, viele Angeln auszulegen.“
3. Keine Idee ist zu exotisch, zu bizarr oder zu nebensächlich.
4. Kombinationen, Abwandlungen und Verbesserungen der vorgetragenen Ideen sind erwünscht.

Entscheidend bei dieser Technik ist es nicht, genau das Richtige zu finden, sondern neue, bislang unbekannte Vorstellungen freizusetzen. Jeder abgegebene Vorschlag regt andere Gruppenmitglieder dazu an, ihrerseits etwas Neues zu erfinden. Die wichtigste und schwierigste Regel beim gemeinsamen Ideensammeln lautet: keine Kritik! Sie würde die Kreativität aller Beteiligten an der geistigen Sammlung sofort im Keim ersticken. Auch brauchen die vorgetragenen Ideen nicht erläutert oder gar verteidigt zu werden. Sie sollen nur spontan und in möglichst rascher Folge zu Protokoll gebracht und später in Ruhe vom ganzen Team auf interessante Ideen hin ausgewertet werden.

Fallen Teams die besseren Ideen ein?

Sind Sie in bestimmten Situationen festgefahren? Müssen Sie sich für neuartige Sichtweisen öffnen? Dann ist Brainstorming genau die richtige kreative Methode für Sie.

Auf der Suche nach einem Reißverschlussersatz für Astronautenanzüge nutzten Designer der NASA eine besonders freie Assoziationsmethode. Ein Teilnehmer pickte ein zufälliges Wort aus dem Wörterbuch: Regenwald. Beim anschließenden Brainstorming hatte er dann die Vorstellung, er liefe durch den Regenwald, wobei sich Dornen an seine Kleider hefteten. Die Folge: Für die Astronauten entstand eine Art Klettverschluss, bei dem Tausende dornenähnlicher Fasern ineinander greifen. Heute ist das Prinzip selbstverständlicher Bestandteil moderner Textilien.

Aber nicht nur Gruppen profitieren von einem Brainstorming, jeder kann mit sich selbst einen inneren Dialog führen. Stellen Sie

WANN SIND GENIES BESONDERS KREATIV?

Menschen mit außergewöhnlichen Begabungen sind besonders schöpferisch in Zeiten großer Freude oder tiefer Depression. Stimmt das?

Die Karriere des berühmten romantischen Komponisten Robert Schumann (1810–1856) begann mit einem tragischen Ereignis. Eine Fingerlähmung beendete seine Pianistenlaufbahn, noch bevor sie begonnen hatte. Mit umso größerer Energie widmete sich Schumann der Komposition und der Musikschriftstellerei. Seine Frau, die Pianistin Clara Wieck, zählte zu den ersten Interpreten seiner Musik. Zeit seines Lebens war Schumann manisch-depressiv. Phasen höchsten Glücksgefühls wechselten sich mit Abschnitten tiefer Niedergeschlagenheit ab.

◆ Eiserne Disziplin

Schumann schrieb seine Kompositionen in beiden seelischen Zuständen. Viele Künstler und Schriftsteller berichteten, dass Glück oder Traurigkeit ihr Schaffen sowohl behindern als auch fördern könne. Andere wiederum, etwa Thomas Mann, setzten auf die Disziplin als Motor ihres kreativen Schaffens.

Stein auf Stein

Ein Ding ist ein Ding, das auch zu etwas anderem nütze sein kann. Ein Ziegelstein etwa. Seine Merkmale – Quader (rechte Winkel, parallele Seiten), rund ein Kilo schwer – lassen sich nicht nur zum Bauen nutzen. Man kann mit Ziegelsteinen Linien und Winkel zeichnen, mehrere zum Tischbein aufstapeln. Sie eignen sich auch als Türstopper, Briefbeschwerer, Bremsklotz, Buchstütze oder Anker.

sich dazu einfach vor, Sie würden über eine Art inneren Ratgeber verfügen. Sich an ihn zu wenden kann helfen, Lösungen durchzuspielen. Dazu sollten Sie zuerst das Problem auf den Punkt bringen. Im Gespräch mit dem inneren Berater können Sie nun ganz frei überlegen, wie Sie vorgehen. Das mag Ihnen zu Beginn noch etwas merkwürdig vorkommen, aber wenn Sie es versuchen, werden Sie sich bald daran gewöhnen.

Mit Paradoxien logisches Denken durchkreuzen

Selbst wenn es gilt, einfallsreich zu sein, denken wir immer noch viel zu sehr in eine Richtung. Eine beliebte Taktik, gewissermaßen um die Ecke zu denken, ist es, einen Umkehrschluss zu bilden, also etwas bislang Schlechtes in gutem Licht zu sehen. Eine amerikanische Brauerei beispielsweise hatte das Problem, dass sie Restbestände von altem Bier gegen Gebühr vernichten lassen musste. Einer der Manager erinnerte sich an die Geschichte von Tom Sawyer, der seine Freunde foppte. Der Romanheld brachte sie nämlich dazu, einen Zaun anzustreichen, und knöpfte ihnen für dieses angebliche Privileg auch noch Geld

Ein Spiel mit drei Gefäßen. Es gibt drei Gläser, die mit 420 ml, 60 ml bzw. 90 ml Flüssigkeit gefüllt sind. Die Aufgabe besteht darin, durch Umschütten ein Glas mit exakt 210 ml zu füllen. Es dürfen aber nur die drei Behältnisse benutzt werden. Wie machen Sie das?

SETZEN SIE AUF VERNUNFT UND PHANTASIE?

Wer vor einer Aufgabe steht, kommt mit phantasievollen Einfällen der Lösung oft am nächsten. Aber nur wer Logik und Einfallsreichtum verbindet, hat Erfolg.

Da sitzen Sie also nun mit Ihren vielen tollen Einfällen, wie Sie Ihre Wohnung renovieren wollen! Aber wie können Sie alle Ideen und Wünsche unter einen Hut bringen? Einen praktikablen Plan erhalten Sie erst, wenn Sie Ihrer Intuition Zügel anlegen und Ihre finanziellen Mittel, Ihre handwerklichen Fähigkeiten und die Gegebenheiten Ihrer Wohnung ganz nüchtern betrachten.

Das mag Ihrer Kreativität einen Dämpfer verpassen, doch nur so können Sie einen realistischen Überblick gewinnen, die Einschränkungen und Möglichkeiten erkennen und sich einen Plan machen.

◆ Zahnrad-Prinzip

Umgekehrt ist es genauso: Rein praktische oder finanzielle Überlegungen allein führen selten zu einer zufriedenstellenden Lösung. Nur in der Verknüpfung von Vernunft und Phantasie greift ein Rädchen Ihres Denkapparats reibungslos ins nächste, und die Wohnung trägt am Ende Ihre Handschrift.

ab. Was machte die Brauerei daraus? Sie verkauft ihr Altbier mittlerweile als Futtermittel für Fleischvieh nach Japan.

In alle Richtungen denken

Neue Lösungen lassen sich am besten finden, wenn Ihr Denken sich ungehindert auch mit ungewöhnlichen Ideen befassen darf. Sich nicht nur zu konzentrieren, sondern gleichzeitig zu öffnen, seine Sinne und den Verstand zu benutzen, bringt dabei die besten Ergebnisse. Psychologen nennen die Suche nach Assoziationen divergentes Denken. Es steht im Gegensatz zum konvergenten Denken, bei dem es darum geht, die Denkprozesse auf den Punkt zu bringen. Auf diese Methode konzentrieren sich die Intelligenztests. Dabei gibt es meistens nur eine richtige Antwort.

Oft kann es hilfreich sein, sich Vorbilder zu suchen. Entweder haben Sie selbst eine Situation schon einmal erfolgreich gemeistert, oder Sie sehen, wie andere dies gemacht haben – eine Methode, die übrigens Kinder gut beherrschen. Auf der Suche nach Vorbildern ist auch die Technik rührig. So haben Forscher der Natur schon zahlreiche Geheimnisse abgeschaut.

Spaß am Knobeln

Auch wenn es zunächst widersinnig klingt: Wenn Sie an einer bestimmten Frage nicht mehr weiterkommen, überschlafen Sie alles, und unterbrechen Sie den gewohnten Gedankengang. Damit geben Sie der kreativen Idee Zeit, um in Ihrem Kopf heranzureifen. Oft wacht man dann nach einer unruhigen Nacht auf und hat die Lösung, nach der man tags zuvor mühsam gesucht hat.

Sprechen Sie mit anderen über Ihr Problem, und entwickeln Sie vor allem Spaß am Knobeln und Kniffeln. Denn eines hat die Forschung bewiesen: Wer sich immer wieder neuen geistigen und praktischen Herausforderungen stellt, wird bald merken, wie sein Intellekt reger wird und sich von selbst wieder Anregungen sucht. Dabei werden Sie neue geistige Blockaden zwar nicht verhindern, aber schneller überwinden.

VIELERLEI WEGE DES LERNENS

Es dauert seine Zeit, bis wir die Meisterschaft erlangen – beim Laufen oder Radfahren wie beim Klavierspielen. Lernfähig bleiben wir jedenfalls bis ins hohe Alter.

„Ich möchte gern Rad fahren lernen. Wie macht man das?“, fragt die kleine Inge ihre Mutter. „Als Kind habe ich es einfach versucht“, antwortet die Mutter, „und mein Vater hat mich geschoben. Dann bin ich umgefallen und habe mir das Knie aufgeschlagen. Trotzdem wollte ich es immer wieder probieren und bin noch oft hingefallen.“ Inge runzelt die Stirn. „Fällt man denn die ganze Zeit hin und tut sich weh?“, fragt die Kleine besorgt. „Nein“, beruhigt die Mutter sie, „wenn du übst, lernst du es, und irgendwann geht es ganz von allein. Dann brauchst du auch Papa nicht mehr dazu.“

Inges Mutter schildert etwas, das jeder kennt: Man braucht Zeit und Geduld, wenn man eine kom-

Vom ersten tapsigen Gehversuch bis zur perfekten Pirouette vergehen viele Jahre. Kleinkinder schreiten selbst dann schon munter voran, wenn ihre Beine sie noch längst nicht tragen.

Noch eine Drehung, klack – der Kasten ist offen. Orang-Utans sind die Tüftler unter den Menschenaffen. Mit viel Geduld und großem Geschick lösen sie komplizierte Aufgaben. Sie lernen schnell und haben ein gutes Gedächtnis.

plizierte Tätigkeit erlernen will. Sobald man aber den richtigen Ablauf der Bewegungen gelernt hat, kann man sich nicht mehr vorstellen, wie schwierig es war, die einzelnen Phasen miteinander in Einklang zu bringen.

Der lange Weg zum ersten Schritt

Neugeborene Menschen machen instinktiv Gehbewegungen, wenn man sie aufrecht über eine Unterlage hält. Bis sie selbstständig einen Fuß vor den anderen setzen können, vergeht allerdings noch etwa ein Jahr. In dieser Zeit lernt das Baby ganz allmählich, seine Bewegungen zu steuern. Dabei bilden sich erst die notwendigen Nervenverbindungen im Gehirn und zur Muskulatur aus.

Mit rund fünf Monaten kann sich das Kind vom Rücken auf den Bauch drehen, und mit sechs Monaten versucht es, den Oberkörper auf die Arme zu stützen. Außerdem beginnt es, Arm- und Beinbewegungen zu koordinieren.

Normalerweise beginnen die Kleinen mit acht bis neun Monaten zu krabbeln, und viele können an ihrem ersten Geburtstag schon einige Schritte machen. In diesem Alter bewegen sich die Kinder noch vorwiegend krabbelnd (wenn die Babys ständig herumgetragen werden, wie bei vielen Naturvölkern, fällt die Krabbelphase allerdings weg). Unermüdlich trainieren sie die einzelnen Bewegungsabläufe. Wenn sie die ersten Schritte machen, müssen sie gleichzeitig ihre Bewegungen koordinieren und das Gleichgewicht halten. Keine leichte Aufgabe!

Perfekt ist erst, wer es freihändig kann

Eine scheinbar so einfache Bewegung wie das Aufstehen besteht aus vielen einzelnen Schritten. Mehr als zwei Dutzend Muskeln müssen betätigt werden, gesteuert von Tausenden von Signalen, die das Gehirn an das Rückenmark und dieses wiederum an die Muskeln übermittelt. Jederzeit muss die Lage des Körpers erfasst und sofort korrigiert werden.

Dazu arbeiten das Gleichgewichtsorgan, das Kleinhirn und das Auge mit der Hirnrinde, die für die Motorik zuständig ist, eng zusammen. Von dort werden die Befehle an die Muskeln geschickt, mit denen die teilweise sehr verschachtelten Bewegungsabläufe in Einklang gebracht werden sollen. Was ganz einfach und selbstverständlich aussieht, ist in Wahrheit eine Meisterleistung des Körpers.

Wenn wir die zittrigen Fahrversuche eines ungeübten Radfahrers oder die ungeschickten Schneepflüge eines Skianfängers sehen, können wir uns nicht vorstellen, dass diese Personen jemals gute Rad- oder Skifahrer werden. Dennoch bekommen sie schon bald in den vielen neuen Bewegungen Routine, sodass sie die Balance halten und die Richtung sicher bestimmen können. Sobald sie geradeaus fahren können, lernen sie Links- und Rechtskurven auszuführen; dabei muss der Körper in einem bestimmten Winkel geneigt werden. Auch das Bremsen ist eine zusätzliche Schwierigkeit.

Nur wer auf dem Fahrrad alle Tricks perfekt beherrscht und die

DIE ENTSCHLEIERUNG DES BIENENTANZES

Viele Tiere zeigen ungewöhnliche Leistungen, die unsere Vorstellungskraft übersteigen.

◆ Eine einzigartige Sprache

Im Jahr 1913 veröffentlichte der österreichische Biologe Karl von Frisch eine Arbeit, in der er erläuterte, wie sich Honigbienen verständigen – durch Tanzen. Dabei teilen sie ihren Artgenossen mit, wo sie welche Nahrung finden. Wenn eine erfolgreiche Sammlerin in den Stock kommt, führt sie einen so genannten Schwänzeltanz auf, mit dem sie die anderen Arbeiterinnen präzise über die Nektarquelle informiert.

Nachdem die Sprache der Bienen entschlüsselt war – z. B. durch Aufnahmen mit fluoreszierenden Farben (unten) und künstliche Bienen (unten rechts) –, versuchten Forscher zu ergründen, ob es sich um ein rein instinktives Verhalten handelt oder ob man es als intelligent bezeichnen kann. Sind die Tiere etwa in der Lage, falsche Nachrichten zu erkennen?

◆ Ganz schön schlau

Um dies herauszufinden, trainierten Forscher einige markierte Bienen darauf, zu einem Boot in der Mitte eines Sees zu fliegen, wo ihnen Nektar angeboten wurde.

Unter normalen Umständen befindet sich mitten in einem See niemals Nektar. Wenn Bienen denken können, muss ihnen folglich die Information, dass es dort Nahrung gab, falsch erscheinen. Daher untersuchten die Wissenschaftler genau, wie die Tiere in diesem Fall den Tanz interpretierten. Würden sie die unglaubwürdige Nachricht ignorieren oder gar die Lügnerinnen bestrafen?

◆ Gesundes Misstrauen

Das Experiment führte zu einem erstaunlichen Ergebnis: Keine Arbeiterin versuchte Nektar zu sammeln, wenn die Quelle in der Mitte des Sees lag. Wurde das Boot mit der Nahrung jedoch näher ans Ufer gezogen, „glaubten" immer mehr Sammlerinnen der tanzenden Biene und machten sich selbst dorthin auf den Weg.

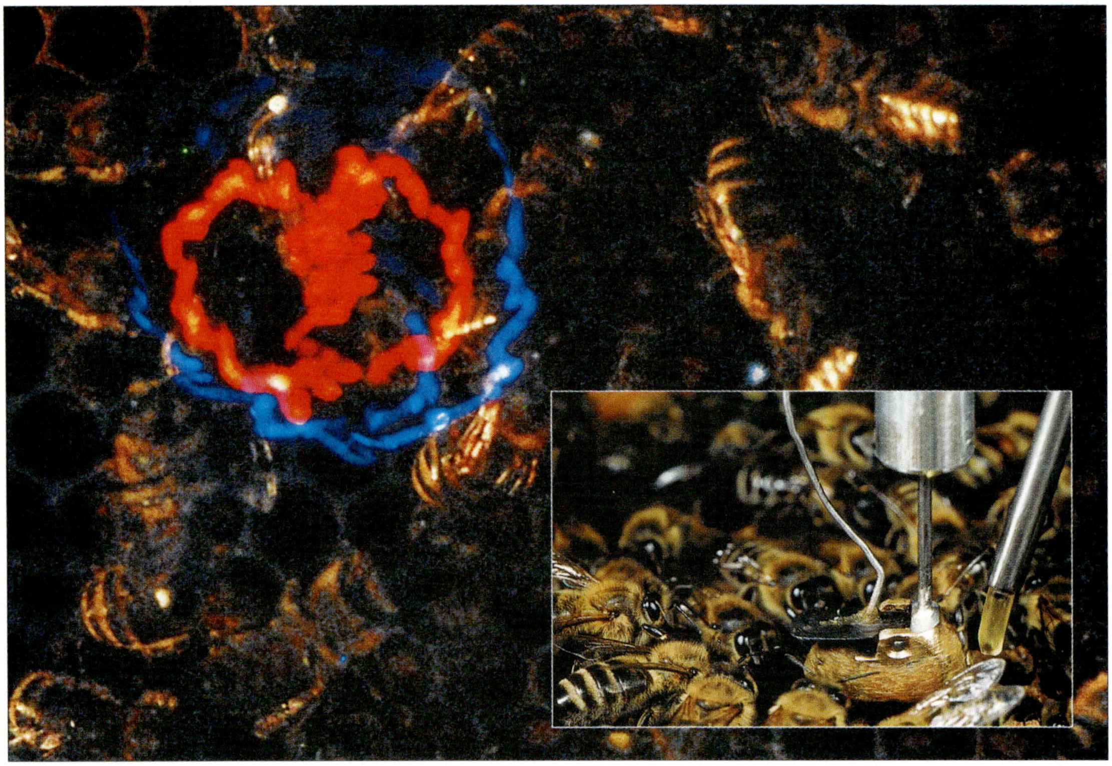

Balance souverän hält, kann auch freihändig fahren. Besonders Mutige steigen vielleicht aufs Einrad, um dem staunenden Publikum zu beweisen, was Körperbeherrschung alles vermag.

Einsichtige Affen

Können Tiere Probleme intelligent lösen? Diese Frage beschäftigte bereits Anfang unseres Jahrhunderts den Psychologen Wolfgang Köhler. Er stellte von 1912 bis 1920 Schimpansen vor schwierige Aufgaben. So befestigte er Bananen hoch über dem jungen Weibchen Tschego und gab dem Tier verschiedene Stöcke. Die einzelnen Werkzeuge waren so kurz, dass Tschego damit nicht an das Obst gelangte, sie konnten aber zusammengesteckt werden. Das tat die Schimpansin schließlich und holte sich die begehrten Früchte.

Schimpansen und die anderen Menschenaffen sind zu vielen Handlungen fähig, die Einsicht erfordern. Dies deutet darauf hin, dass die Tiere nicht nur das Problem verstehen, sondern zudem ihre Erfahrungen von anderen Aufgaben einbringen können.

Werkzeuggebrauch wurde auch bei Schimpansen im Freiland häufig beobachtet. Sie knacken etwa mit Steinen Nüsse oder bereiten Stöcke vor, mit denen sie Termiten angeln. Interessant ist, dass überall im Tierreich ein deutlicher Zusammenhang zwischen dem Gebrauch von Werkzeugen und der relativen Gehirngröße besteht.

Haben Tiere ein Bewusstsein?

Die Ergebnisse aus den Experimenten mit Werkzeugen wirken zwar sehr eindrucksvoll, aber die

EIN FINDIGER FAULPELZ

Wer sich durch Nachdenken einen Überblick verschafft, statt blind loszulegen, hat schon halb gewonnen!

◆ Mit kühlem Kopf

Schon auf der Schulbank bewies der Mathematiker, Physiker und Astronom Carl Friedrich Gauß (1777–1855) sein Genie. Eines Tages bat der Lehrer die Kinder, die Zahlen von 1 bis 100 zu addieren. Er staunte nicht schlecht, als der kleine Carl nach kürzester Zeit die richtige Summe nannte.

Auf die Frage, wie er so schnell zu seinem Ergebnis gekommen sei, sagte der Siebenjährige, er sei zu faul gewesen, 1 + 2 + 3 usw. zu rechnen. Stattdessen habe er festgestellt, dass jeweils die erste und die letzte Zahl der Reihe 101 ergäben: 1 + 100 = 101, 2 + 99 = 101, 3 + 98 = 101, ... bis zum letzten dieser Paare, 50 + 51 = 101. Carl Friedrich Gauß musste nur die Summe der Paare, 101, mit der Hälfte der Zahlen, also 50, multiplizieren, sodass er die Gesamtsumme ganz einfach mit der Rechnung 101 x 50 = 5050 erhielt. Er hatte die Aufgabe zunächst in Ruhe analysiert und war dabei auf die schnellste Lösung gekommen.

◆ Bequemlichkeit siegt

Der schlaue Schüler stellte in seinem Geist Anfang und Ende der Zahlenreihe einander gegenüber. Er beobachtete, dass die Zahlen von 1 an gerechnet immer um den Betrag 1 größer werden und von 100 zurückgerechnet um den gleichen Betrag kleiner. Damit heben sich die Unterschiede auf.

Statt wie seine Mitschüler stur vom Anfang bis zum Ende zu rechnen, war der junge Gauß auf das Prinzip gekommen, das sich hinter der Aufgabe verbirgt. Er packte das Problem von vorn und hinten gleichzeitig an. Nicht nur in der Mathematik gilt: Wer das Grundprinzip erkannt hat, löst Aufgaben und Rätsel in der Regel rascher und eleganter. Faulheit kann auch hilfreich sein!

Fachleute sind sich keineswegs einig, was diese Versuche über die Intelligenz der Tiere aussagen. Erstaunlich und verwirrend bleibt beispielsweise, warum selbst Schimpansen Werkzeuge nur in wenigen Situationen benutzen.

Viele Tiere sind Spezialisten, die in ihrem Lebensbereich ein beachtliches Geschick an den Tag legen. Dazu gehören die Honigbienen, die ihren Artgenossen über kunstvolle Tänze mitteilen, wo es Nahrung gibt; die Biber, die gemeinsam große Dämme bauen; oder die Spechtfinken, die mithilfe von Kiefernnadeln Insekten aus Baumlöchern herausholen. Manche Vögel werfen mit dem Schnabel Steine, um Eier zu zertrümmern und sie anschließend auszutrinken; Ameisen benutzen trockene Holzstückchen, um wie mit einem Schwamm Flüssigkeit aufzusaugen und so besser transportieren zu können.

Alle diese Tiere entfalten ihre erstaunlichen Fähigkeiten aber nur in einem ganz speziellen Bereich und können ihre Fertigkeiten nicht zur Lösung anderer Probleme einsetzen. Dazu müssten sich die Tiere ihrer Handlungen bewusst sein.

Vieles deutet darauf hin, dass die Fähigkeiten der Tiere strikt auf bestimmte Gedächtnisschubladen verteilt sind, auf die sie selbst kaum bewusst zugreifen können. Manche Tiere lösen zwar komplizierte Aufgaben, aber sie wissen vermutlich nicht, was sie tun.

Probieren oder studieren?

Radfahren, Klavierspielen und das Gehen im Gänsemarsch lassen sich auf zwei Arten erlernen. Die eine ist die so genannte Kopfüber-Methode nach dem Motto: einfach ausprobieren. Wenn es nicht gleich klappt, probiert man es einfach nochmals. Ob man Erfolg haben wird, kann niemand vorhersagen. Man weiß auch nicht genau, warum diese Methode funktioniert – nur dass sie eben funktioniert.

Den anderen Weg könnte man die Durch-den-Kopf-Methode nennen. Wer nach ihr handelt, denkt zunächst nach. Er trifft seine Entscheidungen, nachdem er sich die Folgen klargemacht hat. Er weiß, was geschehen wird, und kann sich danach richten.

Beide Wege haben Vorteile, aber man muss sich in jeder Situation überlegen, welcher sinnvoller ist. Beim Abschuss einer Mondrakete kann man nicht hoffen, dass die Astronauten allein durch Ausprobieren den richtigen Kurs bestimmen können – sie würden kläglich scheitern. Vielmehr muss bei einem Vorhaben dieser Art vorher alles exakt berechnet und jede Einzelheit genau geplant werden. Kinder lernen dagegen durch Versuch und Irrtum laufen, Rad fahren und schwimmen, ohne die physikalischen Gesetze zu kennen, die dahinter stehen.

Viele Menschen bleiben bis ins hohe Alter geistig sehr rege. Arthur Rubinstein gab noch mit 89 Jahren Klavierkonzerte, die das Publikum begeisterten. Wir alle können dem körperlichen und geistigen Verfall im Alter entgegenwirken.

Unausgesprochene Gesetze

Ein Kind hält sich beim Radeln an Regeln, die es selbst nicht erklären kann. Eines dieser Gesetze lautet: „Wenn das Fahrrad zur einen oder anderen Seite zu kippen droht, musst du den Lenker in die entgegengesetzte Richtung drehen.“ Das Kind muss keine Ahnung von Physik haben und nicht wissen, warum es funktioniert. Niemand hat ihm erzählt, was geschieht, wenn das Rad kippt; es lernt ausschließlich aus seiner Erfahrung.

Geübte Radfahrer führen die Bewegungen, die zum Vorwärtskommen nötig sind, so selbstverständlich durch, dass sie sich nicht mehr auf das Lenken konzentrieren müssen. Stattdessen können sie die Landschaft bewundern, sich mit einem Begleiter unterhalten, Musik hören oder sogar essen und trinken.

Wie viele Dinge kann der Mensch gleichzeitig tun?

Wir können Zeitung lesen und dabei essen, Auto fahren und sprechen oder bügeln und die Nachrichten hören. Es gibt vieles, was wir problemlos gleichzeitig erledigen. Andererseits ist es gar nicht einfach, uns auf den Kopf zu klopfen und zur gleichen Zeit den Bauch zu reiben. Wenn wir uns nicht konzentrieren, reiben wir uns vielleicht den Kopf oder klopfen uns auf den Bauch.

Nicht bei jedem Menschen ist allerdings die Fähigkeit, mehrere Dinge auf einmal zu tun, gleich ausgeprägt. Zu den Virtuosen auf diesem Gebiet gehören Musikanten, die als Einmannkapelle auftreten. Sie führen mit allen Gliedmaßen zugleich unterschiedliche, perfekt aufeinander abgestimmte Bewegungen aus. So etwas gelingt nur mit viel Übung.

Erinnern Sie sich, wie Sie zum ersten Mal am Steuer eines Autos saßen? Es erforderte höchste Konzentration, richtig zu lenken, Gas zu geben, zu bremsen und die Kupplung zu betätigen. Nach der Fahrprüfung waren Sie stolz darauf, das Auto fast schon routiniert gesteuert zu haben.

Solche Handlungen, die wir lange geübt und verinnerlicht haben, beherrschen wir bis ins hohe Alter. Wenn die Fertigkeit nachlässt, können wir sie mit erprobten Techniken wieder auffrischen.

Wollen Sie eine Tätigkeit wieder aufnehmen, die Sie schon lange nicht mehr ausgeführt haben? Dann sollten Sie langsam und mit einfachen Handlungen beginnen. Üben Sie diese sorgfältig, erhöhen Sie das Tempo und gehen Sie zu schwierigeren Aufgaben über, sobald Sie sich sicher fühlen.

Verwirrende Konflikte

Warum fällt es uns in manchen Fällen so leicht und in anderen unerwartet schwer, zwei Dinge gleichzeitig zu tun? Eine Antwort liefert ein Test, den Sie ganz leicht nachmachen können. Versuchen Sie, sich das Geräusch eines startenden Flugzeugs oder eines Musikinstruments vorzustellen. Nun fügen Sie vor Ihrem inneren Auge das Bild einer Katze hinzu.

Wie gut hat es geklappt? In der Regel fällt es uns recht leicht, das Geräusch und die Katze im Geist wahrzunehmen, wenn wir die Augen geschlossen halten. Ganz anders verläuft die Übung bei geöffneten Augen. Wir haben ernsthafte Schwierigkeiten, uns die Katze vorzustellen. Das liegt

JE EINFACHER, DESTO BESSER

Die Eigenschaften eines Dings oder Phänomens entscheiden, wie unser Gehirn es erfasst.

◆ Umfassendes Denken

In den 20er-Jahren entstand die so genannte Gestalttheorie, die Wahrnehmung und Denken zu ergründen versuchte. Nach dieser Theorie orientiert sich der Mensch prinzipiell an Ganzheiten oder Gestalten, was der inneren Ordnung seiner Psyche entspricht.

Die Gestaltpsychologen gehen davon aus, dass wir unvollkommene oder „schlechte" Gestalten nicht richtig erkennen. Solche Formen sind kompliziert und unregelmäßig, lassen sich also schwer erfassen; wir nehmen bei ihnen keine Ordnung und kein grundlegendes Prinzip wahr.

◆ Einfach und regelmäßig

„Gute" oder vollkommene Gestalten zeichnen sich dagegen durch Einfachheit und Regelmäßigkeit aus. Wir sind in der Lage, sie in die Kategorien unseres Gedächtnisses einzuordnen.

◆ Umwandlungen

Wenn wir eine „schlechte" Gestalt sehen, streikt unser Gehirn, und wir wissen nicht, wie wir das Objekt verstehen sollen. Das Gehirn löst diese Schwierigkeit, indem es die schlechte Gestalt zerlegt, die einzelnen Teile neu zusammensetzt und fehlende Elemente ergänzt, sodass sie sich in eine „gute" Gestalt verwandelt. Nun kann die Wahrnehmung das Phänomen erfassen, es passt in unser Denkschema, und die Harmonie im Kopf ist wieder hergestellt.

Kopfrechnen und reden

Lesen und stricke

Am Computer arbeiten und telefonieren

JETZT NUR NICHT VERHEDDERN!

Mehrere Dinge gleichzeitig zu tun ist keine Hexerei! Wenn Sie regelmäßig üben, können Sie sich in dieser Disziplin steigern.

Versuchen Sie einmal, eine Geschichte aus einem Buch zu lesen und gleichzeitig einen Text niederzuschreiben, den Sie hören. Sie werden bemerken, dass die Lesegeschwindigkeit stark abnimmt und die Handschrift schlechter wird als sonst. Nach etwa 30 Stunden Training wird es Ihnen aber gelingen, Lesen und Diktat routiniert miteinander zu vereinen. Das kann man jedenfalls aus entsprechenden Tests schließen.

Wer beim Stricken oder Häkeln auch lesen will, sollte noch mehr Übungszeit investieren. Das Gleiche gilt, wenn man in der Lage sein will, am Computer zu schreiben und gleichzeitig zu telefonieren. Manche Menschen leisten Erstaunliches; hervorragende Pianisten können ein unbekanntes Stück vom Blatt spielen und dabei einer Geschichte bewusst zuhören.

daran, dass wir das Sehen nur schwer mit anderen Tätigkeiten kombinieren können. Es scheint, als könnten wir zwei Tätigkeiten umso leichter zugleich durchführen, je unterschiedlicher sie sind.

In mehreren Studien stellten Psychologen fest, dass wir ganz verschiedenartige Tätigkeiten oft überraschend gut kombinieren können, wenn wir es geübt haben. Ähneln sich die Tätigkeiten aber und haben wir sie nicht trainiert, ist es in der Regel unmöglich, beide gleichzeitig auszuführen.

Wenn das Denken in tausend Scherben springt

„Was will der fremde Mann in meinem Bett?“ Empört beklagt sich die alte Dame über den vermeintlichen Eindringling, ohne zu erkennen, dass neben ihr der eigene Ehemann liegt, mit dem sie schon seit mehr als 50 Jahren das Bett teilt. Sie leidet unter der Alzheimerkrankheit, die nach dem deutschen Arzt Alois Alzheimer benannt wurde. Dieses Leiden ist eine der schrecklichsten Formen von Gedächtnisverlust.

Die Betroffenen – dazu gehören auch so bekannte Persönlichkeiten wie Ronald Reagan – erkennen im fortgeschrittenen Stadium sogar ihre engsten Angehörigen nicht mehr. Sie haben massive Orientierungsstörungen und leiden häufig unter schweren Depressionen. Wie man in neuerer Zeit festgestellt hat, wird die Veranlagung für diese Erkrankung vererbt.

In rasantem Wettlauf versuchen Pharmakonzerne wirksame Medikamente dagegen zu entwickeln. Nur wenn die Krankheit im Frühstadium erkannt wird, kann sie behandelt werden. Bis heute gibt es allerdings keine Heilung, und auch Gedächtnistraining kann bei Alzheimerpatienten nur wenig zur Erhaltung des Denkvermögens und der Erinnerung beitragen.

Nur die wenigsten Menschen leiden allerdings an der Alzheimerkrankheit, wenn sie im Alter vergesslich werden. Um dies zu verhindern und möglichst lang geistig fit zu bleiben, sollte man früh mit dem Training beginnen.

Gehirn-Jogging

Zuerst eine schlechte Nachricht: Gehirnzellen werden nach dem heutigen Stand der Forschung nicht nachgebildet, wenn sie absterben. Sämtliche Nervenzellen eines Menschen – etwa 100 Milliarden – sind bereits bei der Geburt ausgebildet. Im Lauf des Lebens sterben aber immer mehr ab.

Es gibt allerdings auch eine gute Nachricht: Selbst wenn die körperliche und die geistige Energie nachlassen, bleiben viele Menschen auch im hohen Alter noch erstaunlich leistungsfähig. Besonders bei schöpferischen Geistern gibt es viele, die sehr lange geistig fit bleiben. So verfasste die französische Schriftstellerin Simone de Beauvoir mit 75 Jahren noch

Bücher und der irische Dichter George Bernard Shaw sogar im Alter von 93 Jahren. Der Pianist Arthur Rubinstein gab mit 89 Jahren Konzerte, und der Philosoph Hans-Georg Gadamer hielt mit 98 Jahren Vorträge, in denen er die Zuhörer mit seinem wachen Geist verblüffte.

Diese und viele andere Beispiele zeigen: Wer sich geistig fit hält, kann dem Abbau der Nervenzellen im Alter durchaus entgegenwirken. Außerdem scheinen geistig rege Menschen eher ein hohes Alter zu erreichen.

Rüstige Klosterschwestern

Dass geistige Fitness das Leben verlängern kann, zeigen auch Untersuchungen an Nonnen. Sie führen ein gesundes, geregeltes Leben ohne Alkohol, Zigaretten und Drogen und werden allein deshalb häufig recht alt.

In der Studie wurden der Ideenreichtum und die sprachliche Gewandtheit als Maß für die Intelligenz herangezogen. Dabei stellte sich heraus, dass die begabten Nonnen durchschnittlich ein Alter von 88,5 Jahren erreichten, die anderen nur von 81 Jahren. Bei den weniger intelligenten Schwestern wurden bei Gehirnuntersuchungen nach dem Tod zudem zehnmal häufiger Anzeichen für die Alzheimerkrankheit gefunden. Möglicherweise bricht sie bei geistig Aktiven nicht so leicht aus.

Ähnliche Ergebnisse lieferte eine weitere Untersuchung in Kanada. Dort zeigte sich, dass Menschen mit guter Schulbildung viermal weniger häufig unter Gehirnschwund leiden als ungebildete Bürger, die keine besonderen Interessen haben. Das Gehirn lässt sich also tatsächlich mit einem Muskel vergleichen: Teile, die oft benutzt werden, sind gut ausgebildet und bleiben aktiv. Was wir nicht benutzen, verkümmert dagegen langsam und kann nur schwer wiederbelebt werden.

Selbst bei nachlassender körperlicher und geistiger Kraft gelingt es vielen älteren Menschen, aktiv und zuversichtlich zu bleiben. Sie freuen sich an dem, was sie haben, schmieden Pläne und versuchen, diese auch zu verwirklichen. Statt wehmütig auf die Zeit zurückzublicken, die bereits vergangen ist, freuen sie sich auf die Abschnitte ihres Lebens, die noch vor ihnen liegen. Gewiss strahlen nicht alle älteren Menschen so viel Optimismus aus, und vielleicht bezeichnet sich auch nur eine Minderheit als glücklich; ein positiver, offener Blick in die Welt ist jedoch eine wichtige Voraussetzung für Glück. Es kommt nicht so sehr darauf an, die Lebenszeit zu verlängern, als die Jahre mit Leben zu füllen.

Das schreckliche Schicksal, das Alter in geistiger Umnachtung zu verbringen, trifft glücklicherweise nur wenige. Durch bewusste Lebensgestaltung lässt es sich oft abwenden.

LASSEN SIE SICH ÜBERRASCHEN

Wenn beim Briefeschreiben das Blatt leer zu bleiben droht, dem an Erfolg gewöhnten Erfinder die Ideen ausgehen und die Zeit zu zerrinnen scheint, können innere Bilder meist sehr rasch einen kreativen Ausweg weisen.

Spielen Sie doch einmal das „Robinson-Spiel“. Sie sind auf einer schon lange nicht mehr bewohnten Insel gestrandet und müssen sich zum Überleben mit dem behelfen, was Sie vorfinden. Klar, dass Ihr Erfindergeist in solchen Momenten ganz besonders angeregt ist und Sie alles in der neuen Umgebung mit wachen Augen betrachten. Selbstverständlich werden Sie die Flasche aus dem Haufen Strandgut zur Flaschenpost umfunktionieren, und ganz selbstver-

Endlich gerettet – dank der Flaschenpost! Kaum ein Beispiel veranschaulicht besser, wie ein gewöhnlicher Gegenstand auf völlig neue Weise benutzt werden kann.

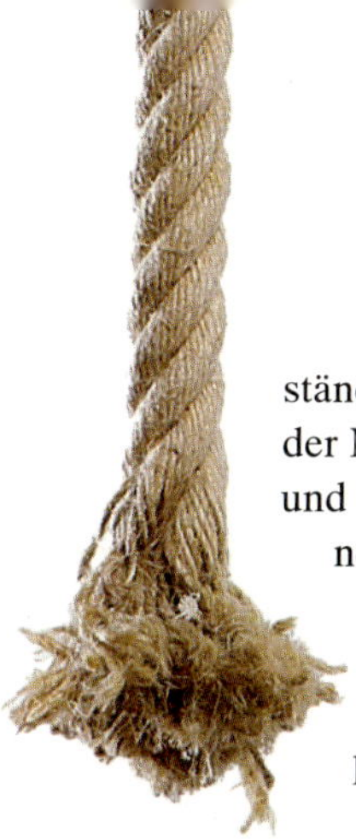

ständlich suchen Sie in der Natur nach Früchten und Materialien, die Ihnen als Gefäße oder zum Schutz vor den Unbilden der Natur nützlich sein können. Doch es bedarf nicht immer lebensbedrohlicher Situationen, um die Kreativität zu wecken.

Im Fall eines Falles ...

Jeder gerät fast täglich in die Verlegenheit, alltägliche Gegenstände zweckentfremdet einzusetzen. Ein Messer muss im Notfall dazu dienen, eine Schraube herauszudrehen; mit weißer Zahnpasta wird ein Loch in der Wand verkittet, und mit einem Kochlöffelstiel wird so lange im verstopften Abfluss herumgestochert, bis dieser wieder frei ist. Und was kann man mit einer leeren Flasche sonst noch tun, außer sie im Glascontainer zu entsorgen? Sie eignet sich als Vase, Nudelholz, Wespenfalle – oder eben als Postbote.

Immer wenn uns die geeigneten Instrumente fehlen, behelfen wir uns mit Mitteln, die eigentlich für etwas anderes gedacht sind. Das ist kreatives Problemlösen in seiner besten Form. Was aber hindert uns daran, diese Gabe öfter zu nutzen? Untersuchungen belegen, dass wir jedem Gegenstand eine ganz bestimmte Rolle zuweisen. Funktionale Gebundenheit nennen dies die Psychologen. Das Objekt ist sozusagen nur für die eine Sache vorgesehen, und wir sind unfähig, ihm weitere Funktionen zuzuordnen.

Eine Büroklammer dient in der Regel dazu, Briefe und Notizen zusammenzuhalten. Wer kommt schon auf die Idee, sie als Aufhänger für Christbaumkugeln oder als Nagelreiniger zu verwenden? Dennoch: Nahezu unglaubliche 100000 Verwendungsmöglichkeiten wurden in Österreich bei einem Büroklammer-Kreativitätswettbewerb gefunden!

„Machen Sie es sich zur Gewohnheit, nach neuartigen und interessanten Ideen Ausschau zu halten, die andere bereits mit Erfolg verwendet haben", riet der amerikanische Erfinder Thomas Alva Edison. „Ihre Idee braucht lediglich im Hinblick auf das bestimmte Problem, an dem Sie gerade arbeiten, neuartig zu sein."

Alles an der richtigen Stelle

Von jedem Gegenstand, den wir benutzen, wird in unserem Gedächtnis eine Fülle verschiedener Vorstellungen gespeichert. Bilder und Worte sind in ganz unterschiedlichen Ecken unserer Gedächtnisschubladen eingelagert, und in der Regel trifft ein bestimmtes Bild immer mit demselben Begriff zusammen: Ein Stuhl ist ein Ding, auf dem man sitzen kann. Meist kommen uns allerdings nur jene Vorstellungen in den Sinn, die recht eng mit dem jeweiligen Gegenstand zusammenhängen. Aber gerade bei einem Problem ist es oft wichtig, nicht nur die unmittelbaren Bezüge herzustellen, sondern zu fragen: Was fällt mir sonst noch ein?

Richtig einfallsreich werden wir, wenn die einzelnen Teile einer neuen Kombination in weit voneinander entfernten Erinnerungsschubladen liegen. Dann wird aus einem Stuhl eine Leiter, Brennholz oder sogar ein Kunstwerk.

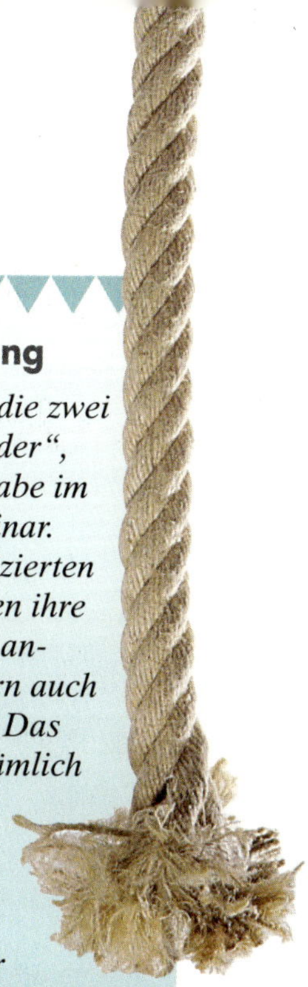

Seilübung

„Verbinden Sie die zwei Enden miteinander", lautete die Aufgabe im Kreativitätsseminar. Die hoch qualifizierten Manager mussten ihre Köpfe nicht nur anstrengen, sondern auch noch verrenken. Das Problem hing nämlich von der Decke: zwei an Haken befestigte Kordeln, die ungefähr einen Meter über dem Boden aufhörten. Leichter gesagt als getan, denn die Seile waren so weit voneinander entfernt, dass eine Person immer nur ein Kordelende erreichen konnte. Allerdings lagen Hilfsmittel auf dem Boden: eine Schere und ein Klammerhefter. Und es galt die Regel: Nur die vorgegebenen Gegenstände dürfen benutzt werden. Einige skurrile Vorschläge der verwirrten Kursteilnehmer lösten ziemliche Heiterkeit aus. Geschafft aber hat es niemand. *(Wie es geht, lesen Sie auf S. 113!)*

Im Hof steht ein altes Fahrrad. So jedenfalls sieht es für den normalen Betrachter aus. Der Maler Pablo Picasso hingegen sah dies völlig anders. Er nahm Lenker und Sattel und schweißte daraus eine Stierkopf-Skulptur. Picasso

WO SIND DIE „FLEISSIGEN WASCHWEIBER"?

Wie werde ich nur der Wäscheberge Herr?

Das musste ja so kommen. Da sitzen Sie inmitten riesiger Berge Schmutzwäsche und wissen nicht mehr ein noch aus. Also machen Sie sich Ihr Problem klar: Zu viel Wäsche und der Urlaub naht. Und nun lassen Sie sich alle möglichen Bilder dazu einfallen. Sehen Sie sich eine Maschine nach der anderen füllen, Korb um Korb in den Trockenraum tragen? Lassen Sie Ihren Gedanken freien Lauf. Suchen Sie nach Vergleichbarem. Und plötzlich durchfährt es Sie: Ja, richtig! Sie packen den ganzen Wäscheberg und machen sich einen schönen Abend im Waschsalon. Da lassen Sie fünf Maschinen gleichzeitig waschen und trocknen und lesen in Ruhe im Reiseführer.

wandte eine Methode an, die freies Assoziieren genannt wird. Dabei sind alle Gedankenverbindungen zugelassen, die zu dem Gegenstand in irgendeiner Beziehung stehen. Sinnloses, Skurriles, ja sogar Verbotenes ist gefordert. Neu sind solche kreativen Gedankensprünge jedoch nicht. So benutzt die Psychoanalyse seit beinahe 100 Jahren die freien Einfälle, um Patienten an unbewusste Konflikte heranzuführen.

Die Ideenschmiede

Dabei ist das freie Gedankenspiel nur eine Möglichkeit, kreativ zu sein. Eine langjährige Untersuchung von rund 20000 Urheber- und Patentbeschreibungen zeigt: Der *eine* Geistesblitz, der schließlich zum Patent führte, wurde von durchschnittlich 20 verschiedenen Assoziationsvarianten ausgelöst. Sie alle lassen sich auf einen gemeinsamen Nenner bringen: Analogiebildung.

Vergleiche mit bereits erfolgreichen Dingen oder Vorgehensweisen eröffnen neuartige Lösungsansätze. Dabei geht es nicht um blindes Nachmachen, sondern darum, Parallelen und zugrunde liegende Prinzipien zu erkennen.

Was haben ein Gasometer und eine Aktentasche gemeinsam?

Die Natur beispielsweise lässt sich für viele moderne Errungenschaften als Vorbild nutzen. Das Dach des Münchner Olympiastadions wurde dem Spinnennetz nachempfunden. Architekten lernen von Pilzen, Stadtplaner von Blattadern, und Techniker schauen den Vögeln immer neue Raffinessen des sparsamen und leisen Fliegens ab.

Gemeinsamkeiten zu finden ist also immer eine gute und vor allem schnelle Strategie, um Aufgaben zu lösen. Auch in vielen Intelligenztests wird diese Fähigkeit geprüft – z. B. bei der Wortfindung. Eine Aufgabe könnte lauten: Was haben eine Aktentasche und ein Gasometer gemeinsam?

Die Antwort findet schnell, wer einen Schritt weg von den Gegenständen macht. Man muss von der speziellen Beschaffenheit der Aktentasche Abschied nehmen. Ob sie groß oder klein, schwarz oder braun, leicht oder schwer ist, spielt dabei ebenso wenig eine Rolle wie das Aussehen des Gasmessgerätes. Gesucht ist die Kategorie, in die sich das Objekt einordnen lässt, oder ein allgemeiner Begriff, zu dem Gasometer und Aktentasche gehören. Hier ist Behälter der richtige übergeordnete Begriff.

Seile verknoten

Der Trick besteht darin, eine der beiden Kordeln zum Schwingen zu bringen. Das gelingt mithilfe eines Gewichts – Schere oder Hefter –, das an eines der beiden Seile gehängt wird. Nun hält man die andere Kordel fest und greift mit der freien Hand nach dem schwingenden Seil.

Eine Gabel ist eine Gabel… Doch sie taugt nicht allein dazu, Nahrung zum Mund zu führen. Als Werkzeug, Gartengerät, zum Verzieren von Torten oder beim Zubereiten von Saucen und Salben leistet sie gute Dienste.

Auch beim antiken Rätsel, das die Sphinx gestellt haben soll, wird nach solch einer gedanklichen Einheit gesucht: Am Morgen geht es auf vier Beinen, am Mittag auf zweien, am Abend auf dreien. Was damit wohl gemeint ist? Dazu sollten Sie sich zuerst einmal von der konkreten Sachlage lösen und das Problem von einem übergeordneten, ferneren Standpunkt aus betrachten. Sie sehen, es gibt einen Widerspruch: Morgen, Mittag und Abend sind zwar denkbar, das Wechseln der Gliedmaßen im Lauf eines Tages aber ist unvorstellbar. Wenn Sie jetzt den Tag als Beispiel nehmen für eine beliebige Zeitspanne, dann nähern Sie sich des Rätsels Lösung. Jawohl: Gemeint ist der Mensch, und zwar am Beginn, am Höhepunkt und am Ende seines Lebens! Das dritte Bein symbolisiert den Krückstock alter Menschen.

Ein völlig neues Licht

Jeder kann solche Vergleiche finden und ziehen. Besonders leicht gelingt es, wenn man zunächst das Problem möglichst unkonventionell formuliert, um es anschließend, wie beim Brainstorming, mit möglichst vielen witzigen und neuen Ideen auszustatten. Suchen Sie dann noch Oberbegriffe und fahnden Sie nach Bereichen, in denen es passende Vergleiche gibt. Oft liegen die Lösungsmöglichkeiten ganz nah vor der eigenen Tür, denn Sie haben bereits eine ähnliche Situation schon einmal erfolgreich bewältigt.

Der Phantasie sind beim Lösen von Problemen keine Grenzen gesetzt. Ganz unvermittelt sah der berühmte Chemiker Kekulé im Halbschlaf in einer Vision Affen, die Ringelreihen tanzten. Zudem träumte er von einer Schlange, die sich in den Schwanz biss. In diesen Analogien erkannte er die lang gesuchte ringförmige Struktur des Benzolmoleküls. Und der russische Chemiker Dimitri Mendelejew hatte die Vorstellung des Periodensystems der chemischen Elemente im Jahr 1869, während er eine Kartenpatience betrachtete.

Die Gesänge der Aborigines

Die australischen Ureinwohner sind Nomaden, die sich in den riesigen Territorien des Kontinents

DIE HERRIN DER FLIEGEN

„Ohne Fleiß kein Preis." Doch zum Erfolg gehört mehr als nur harte Arbeit.

Die Luft im Labor riecht süßlich-muffig. „Das ist der Maisbrei", erklärt die Forscherin mit dem grau melierten Lockenkopf. „Damit füttern wir unsere Versuchstiere *Drosophila melanogaster.*" Ihre Untersuchungen an der schwarzbäuchigen Tau- oder Essigfliege brachten Christiane Nüsslein-Volhard nicht nur den Namen „Herrin der Fliegen" ein, sondern auch den ersten deutschen Medizin-Nobelpreis für eine Frau. Diese Fliegen sind das Haustier aller Entwicklungsbiologen, weil sie leicht zu halten sind und sich sehr schnell vermehren.

◆ Harte Arbeit

Die Tübinger Wissenschaftlerin entdeckte in den Erbanlagen dieser Insekten spezifische Entwicklungsgene und deren Funktionsweise. Es war kein geniales Aha-Erlebnis, sondern harte Knochenarbeit, denn für die Entdeckung musste sie rund 20 000 Drosophila-Exemplare über zwei Jahre hinweg untersuchen. Im Lauf der Untersuchungen galt es, ständig Entscheidungen zum weiteren Vorgehen zu fällen, und jedes Experiment eröffnete eine Fülle möglicher Wege, die nicht gleichzeitig beschritten werden konnten.

◆ Die richtige Eingebung

Weshalb sich die Forscherin für eine bestimmte Lösung entscheidet, kann sie oft nicht erklären. Die Frau, die in ihrer Freizeit gern Lieder von Brahms singt, nennt es Intuition. Im Nachhinein haben sich die Eingebungen stets als richtig erwiesen.

hervorragend zurechtfinden, ohne diese Kenntnisse jemals auf einer Karte festgehalten zu haben. Die Informationen darüber wurden über Jahrtausende hinweg mithilfe von Gesängen weitergegeben, die auch in kunstvollen Ornamenten einen Niederschlag fanden. Noch heute durchziehen diese „gesungenen Straßen“ wie ein unsichtbares Netz den Kontinent.

Damit schufen die Aborigines ein Hilfsmittel zur exakten Orientierung und zugleich zur Weitergabe ihres Wissens. Generell sind Geschichten oder Märchen, Tänze oder Gesänge hervorragend geeignet, Sinnbilder wiederzugeben, an die wir uns zeit unseres Lebens erinnern werden.

Was macht denn die Kuh auf der Bank? So unlogisch viele Gedankenverbindungen auf den ersten Blick auch scheinen mögen – sie können uns auf die richtige Fährte führen. Immerhin haben Kuh und Bank mindestens eine Gemeinsamkeit – vier Beine.

Eine Reise durch die Traumwelten

Viele berühmte Schriftsteller und Künstler haben sich durch Träume anregen lassen. So setzte der schottische Schriftsteller Robert Louis Stevenson viele seiner Erzählungen wie *Die Schatzinsel* oder *Dr. Jekyll und Mr. Hyde* aus Traumbildern zusammen.

Normalerweise lassen sich Träume nicht beeinflussen. Doch es gibt ein „luzides“, scheinbar durchsichtiges Träumen, bei dem der Schläfer nicht die gewohnte Rolle des willenlosen Statisten im nächtlichen Heimkino spielt. Vielmehr übernimmt er als Hauptdarsteller auch die Rolle des Regisseurs – und kann dadurch seine Träume und seine gedanklichen Verbindungen steuern.

Nach Ansicht von Psychologen kann diese Form des Träumens durch gezieltes Training erlernt werden. Wer klar träumt, erinnert sich später besser an die nächtlichen Botschaften und kann sich wertvolle Notizen in seine Kreativdatenbank machen.

Eins werden mit der Frage

Was würde geschehen, wenn Sie gedanklich mit dem Gegenstand verschmölzen, um den es bei einer Aufgabe geht? Und wenn Sie dann von dessen Warte aus Überlegungen anstellen? Mit dieser persönlichen Analogie fragen sich z. B. Bankleute, wie sie sich als Kreditkarte fühlen würden, und Glasdesigner versuchen zu ergründen, wie es ihnen wohl als Fensterscheibe erginge.

Hilft Ihnen das allein noch nicht weiter? Dann versuchen Sie es einmal mit einem „Bündel“. Diesen Weg, die Intuition anzuregen, haben Psychologen entwickelt. Dabei dient ein Schlüsselwort als Kern, um den herum sich ein „Bündel“ von Anregungen gruppiert. Werden nämlich scheinbar zufällig in den Sinn kommende Wörter und Sätze um einen Zentralbegriff angesammelt, bilden sich überraschenderweise Muster und Strukturen. Und plötzlich entdeckt man, „wo der Hase im Pfeffer liegt“. Das Kernwort können Sie dazu in einen Kreis schreiben. Und nun lassen Sie die Dinge einfach treiben. Überlassen Sie sich ganz Ihrem Gedankenstrom. Schreiben Sie alles schnell nieder, wobei jeder Einfall in einen Extrakreis kommt, bis vom Mittelpunkt aus Strahlen in alle Richtungen

JUNGE BASTLER UND TÜFTLER

Ein Kind bastelt an einem Computer – und die Erwachsenen staunen. Dem Nachwuchs scheint immer eine Lösung einzufallen.

◆ **Ran an die „Schraube"**
Die meisten Kinder gehen völlig unvoreingenommen an technische oder elektronische Geräte heran. Ihnen fehlt der innere Mahner – „ich schaffe es ja sowieso nicht" –, der bei Erwachsenen den Zugang häufig blockiert.

◆ **Ausprobieren und nachmachen**
Auch über die Tragweite ihrer Basteleien machen sich Kinder keine Gedanken, und das ist auch gut so. Kommen sie nicht mehr weiter, helfen Freunde, Verwandte oder Eltern, von denen man dann auch noch so manchen Trick abschauen kann.

Wenn geistige Blockaden fehlen, gelingen oft geniale Streiche. Wichtig dabei ist der spielerische Zugang, der in jedem Alter offen steht.

weisen. Verbinden Sie jedes Wort oder jeden Satz durch eine Linie mit dem vorhergehenden Kreis. Fällt Ihnen etwas Neues ein, das sich nicht an den zuletzt gedachten Begriff anschließen lässt, dann fangen Sie wieder beim Kernwort an. Lassen Sie die weiteren Gedanken ausstrahlen, bis alle Ihre Assoziationen erschöpft sind.

Vergleiche zu ziehen ist ein Schlüssel zur Kreativität. Wir erkennen dadurch neue Beziehungen, Strukturen und Möglichkeiten, die vielleicht schöpferische Lösungen enthüllen.

Reicht zum Genie ein Geistesblitz?

„Eine Erfindung ist zehn Prozent Inspiration und neunzig Prozent Transpiration", sagte Thomas Alva Edison. Er wusste, wovon er sprach, denn dem berühmten Erfinder sind über 1000 Patente zuerkannt worden.

Selbst dem genialsten Einfall und dem größten schöpferischen Akt geht in aller Regel eine umfangreiche Wissenssammlung voraus. Weder ein Traum noch eine Assoziation allein schaffen ein Kunstwerk, eine wissenschaftliche Theorie oder eine technische Errungenschaft. Jeder Dichter, Künstler, Wissenschaftler und Ingenieur muss zuerst sein Handwerk verstehen und beherrschen, und das erfordert häufig jahrelange Mühsal, Frustration und Langeweile. Alle, die Neues schaffen, ziehen vor und nach dem schöpferischen Akt Bilanz und ordnen die neue Idee in die gesetzmäßigen Zusammenhänge ein.

Und doch reicht, wie wir alle wissen, die geistige Routine nicht aus, um wirklich Geniales hervorzubringen. Wer seine geistigen Blockaden nicht abbaut, wer seine inneren Stolpersteine nicht beiseite räumt und Routinen einmal außer Acht lässt, der kommt nie zu einem ungewöhnlichen Ergebnis.

Des Pudels Kern

Routinen sind wichtig, denn sie helfen uns, den Alltag zu bewältigen. Es wäre schließlich zu mühsam, alles immer wieder neu lernen zu müssen, etwa das Autofahren. Uns ist gar nicht mehr bewusst, wie wir schalten oder an einer roten Ampel halten. Doch so hilfreich Routinen auch sein mögen – bei bestimmten Problemen führen sie geradewegs in eine Sackgasse.

Das veranschaulicht die folgende Geschichte: Ein Polizist stoppt einen Pkw wegen einer Geschwindigkeitsübertretung. Der Polizist wirft einen Blick in den

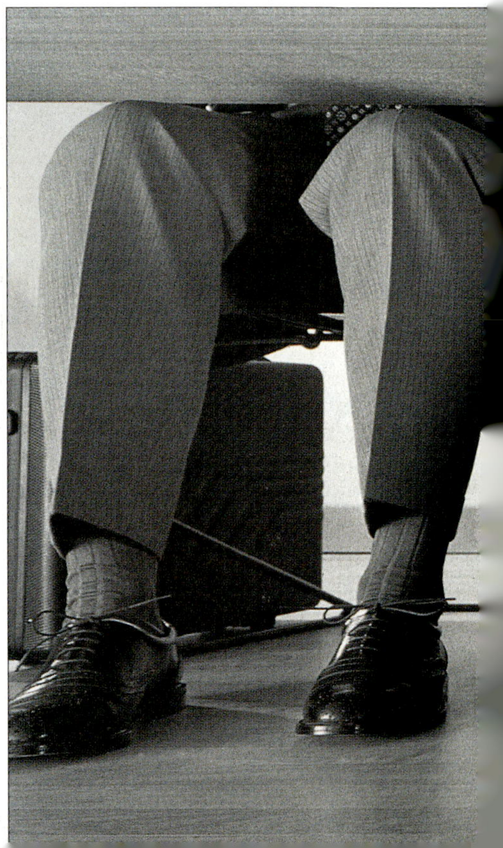

Wagen des Verkehrssünders und bemerkt sechs leere Bierflaschen auf dem Boden hinter dem Vordersitz. „Wann haben Sie die getrunken?“, fragt er den Fahrer. „Innerhalb der letzten beiden Stunden“, erwidert der Mann. Nachdem der Fahrer den Alkoholtest absolviert hat, stellt der Gesetzeshüter eine gebührenpflichtige Verwarnung wegen Übertretens der Geschwindigkeit aus und lässt den Autofahrer seines Weges ziehen. Weshalb? Was haben Sie erwartet? Was ist des Rätsels Lösung? Denken Sie eine Weile über diese Frage nach. Was fällt Ihnen alles zum Stichwort Bier ein?

Die Antwort ist einfach: Das Bier gehörte zu einer alkoholfreien Marke. Oder haben Sie etwa „routinemäßig“ gedacht, Bier müsse stets Alkohol enthalten?

Wie wäre es mit einem kleinen Selbstversuch? Sie sitzen im Café und wollen bezahlen, da klemmt der Verschluss Ihrer Tasche und lässt sich nicht öffnen. Wie gehen Sie vor? Vielleicht liegt gerade eine Kuchengabel vor Ihnen, und Sie stellen blitzschnell einen Zusammenhang her zwischen dem Oberbegriff Besteck und dem benötigten Instrument. Und schon öffnen Sie den widerborstigen Verschluss mit dem kleinen Hebel.

Aufmüpfigkeit wird belohnt

Herausragende Künstler, Wissenschaftler und auch Manager scheint man häufig daran zu erkennen, dass sie sich nicht von bestehenden Regeln in ein Korsett zwingen lassen. Sie gehen eigene Wege und verleihen ihren Ideen kraftvoll Ausdruck. Den meisten gemeinsam ist der Mut zum Experiment, zum Denken und Handeln in neuen und anderen Kategorien.

Ohne diese innere Freiheit und eine gelegentlich rebellische Haltung kämen neue und kreative Ansätze zu kurz und könnten noch so gute Ideen und Vorstellungen nicht in die Tat umgesetzt werden. Gleichzeitig zeichnet diese Menschen aus, dass sie Fehlschläge in Kauf nehmen, denn nur wer nichts unternimmt, macht auch keine Fehler.

Trauen Sie sich also ruhig den Mut zu Neuem zu. Wenn Ihnen partout nicht einfallen will, womit Sie die Heftzwecke aus dem Umschlag lösen könnten, oder wenn das Blatt für die bevorstehende Geburtstagsrede leer bleibt, schließen Sie die Augen und lassen vor Ihrem geistigen Auge all die Dinge Revue passieren, die Ihnen ganz spontan dazu einfallen.

Lieber kariert als grau in grau. Mut zu neuen und unkonventionellen Ideen setzt oft die Bereitschaft voraus, neue Wege zu gehen und dabei auch aufzufallen.

DIE WIRKLICHKEIT MIT ANDEREN AUGEN SEHEN!

Alles, was wir wahrnehmen, wird durch unser Gehirn gefiltert. Das aber bedeutet: Der Mensch sieht, was er sehen will!

Sie verlassen gerade die Wohnung und drücken die Tür ins Schloss. Im selben Augenblick macht sich bei Ihnen die unabänderliche Gewissheit breit, dass Ihr Schlüssel noch immer in der Tasche ist, die an der Garderobe hängt.

Rettung ist nicht in Sicht. Mit einem Seufzer rufen Sie von einer Telefonzelle einen Notdienst an, der nach etwa zwei Stunden kommt und Sie für viel Geld wieder einlässt. Erst am nächsten Tag fällt es Ihnen beim Einkauf wie Schuppen von den Augen: Direkt im Supermarkt nebenan gibt es einen Schlüsselservice, der Ihr Problem schnell und günstig behoben

Manchmal sehen wir vor lauter Bäumen den Wald nicht mehr. Zu viele Details verbauen uns den Blick und bewirken, dass wir häufig unser Ziel aus den Augen verlieren.

hätte. Wie konnten Sie das nur übersehen? Tatsache ist: Ihre Aufmerksamkeit war eingeschränkt. Erst eine neue Sicht der Dinge – z. B. ein Hinweis von einer anderen Person – hätte Sie der Lösung näher gebracht.

Das Geheimnis des blinden Flecks

In unserem Gesichtsfeld gibt es einen blinden Fleck. Jeder kann das mit einem einfachen Test ausprobieren. Schließen Sie bitte das linke Auge. Richten Sie das rechte auf den ersten Buchstaben am linken Rand einer Zeile dieser Seite. Lassen Sie den Zeigefinger die Zeilen entlang bis zur rechten Spalte wandern. Während Sie den Buchstaben fixieren, konzentrieren Sie sich gleichzeitig auf Ihren Finger. Ihre Fingerspitze „verschwindet“ und taucht wieder auf!

Seit Jahrhunderten ist dieses Phänomen bekannt und der blinde Fleck untersucht: Wo der Sehnerv das Auge verlässt, gibt es keine Sehzellen, und wir haben an dieser Stelle eine Lücke im Gesichtsfeld.

Interessant ist nun aber nicht, dass es diese Stelle gibt, sondern vielmehr die Tatsache, dass wir sie nicht bemerken. Unter normalen Umständen sehen wir mit beiden Augen. Da sie ständig in Bewegung sind und ein Objekt aus verschiedenen Winkeln betrachten, gleichen sie die Lücke aus. Doch selbst wenn wir nur mit einem Auge sehen, nehmen wir den blinden Fleck nicht wahr. Den Grund dafür finden wir in unserem Gehirn: Bereits beim ersten Stopp auf unserer geistigen Datenautobahn wird der entsprechende Bereich des Gesichtsfelds einfach mit etwas ausgefüllt, das der Umgebung ähnlich ist, beim Lesen der bewussten Zeile also mit Zeichen.

Solche leeren Stellen finden sich auch zuhauf bei unseren Denkvorgängen. „Daran habe ich einfach nicht gedacht“, entschuldigen wir uns, wenn uns die einfache und schnelle Lösung nicht in den Sinn kommt.

Wie sprengt man den Denkrahmen?

Bei der zugeschlagenen Haustür geht es uns ebenso wie bei der Übung mit den neun Punkten, die sich noch kniffliger gestalten lässt, wenn man annimmt, dass nur eine gerade Linie gezogen werden darf: Das Hauptproblem besteht darin, dass wir die Lösung innerhalb gewohnter Denkbahnen suchen. Dabei macht uns jedoch niemand Auflagen. Es steht uns frei, uns von unbegründet einengenden Voraussetzungen zu lösen, z. B. der Vorstellung, man dürfe das Papier, auf das man die Punkte gezeichnet hat, nicht knicken. Falten Sie das Blatt so, dass sich jeweils drei Punkte berühren. Dann genügt ein Strich, um alle Punkte miteinander zu verbinden. Noch so eine Denkblockade: Das Papier muss flach sein. Rollen Sie das Blatt zu einem Rohr. Nun können Sie die Punkte mit einer Spirale verbinden. Auf der gekrümmten Fläche ist die gezogene Linie gerade.

Alle diese Ansätze haben eines gemein: Sie sprengen unseren bisherigen Vorstellungsrahmen. Um

NEUN PUNKTE VERBINDEN

Verlassen Sie gewohnte Bahnen

Wie lassen sich diese quadratisch angeordneten Elemente mit nur vier geraden Linien miteinander verbinden, ohne dass Sie den Stift absetzen? Jeder Punkt darf nur einmal von dem Strich berührt werden. Bevor Sie sich an diese Aufgabe machen, überlegen Sie: Wo liegt die größte Schwierigkeit? Was geht Ihnen durch den Kopf? Schränken Sie Ihr Denken ein? Lässt sich der vorgegebene Rahmen sprengen? Die Lösung finden Sie auf Seite 120.

die gewohnten Bahnen im Denken zu verlassen, kann es hilfreich sein, die eigene Wahrnehmung aufzubrechen. Auf diese Weise lassen sich dann die blinden Flecken der Denkblockaden auflösen, denn Sie müssen zulassen, dass es verschiedene Lösungswege gibt.

Einen Weg dazu weisen so genannte Kipp-Effekte, die optisch oder auch akustisch auftreten können. Je nachdem, auf was Sie sich eine Weile konzentrieren, können Sie z. B. in einem Bild sowohl eine hübsche junge Frau als auch eine Furcht erregende alte Hexe erkennen. Kennen Sie erst einmal beide Bilder, können Sie leicht bestimmen, welches Sie sehen wollen. Schaffen Sie es nicht, Ihr Bild bewusst „umkippen“ zu lassen? Dann verweilen Sie doch ein wenig auf dem Kinn. So werden Sie beide Gesichter bestimmt leicht erkennen: Die junge Frau ist im Profil zu sehen, neben der Wange sind lange Wimpern. Plötzlich kippt das Bild, und Sie sehen, wie das Kinn des Mädchens zur großen, gebogenen Nase einer alten Frau wird.

Sage mir, was du wahrnimmst, und ich sage dir, wie alt du bist!

Bei diesem Paradebeispiel gibt es jedoch noch weitere Geheimnisse zu enthüllen. Sehen Sie in dem Bild zuerst eine junge Frau? Dann sind Sie selbst wahrscheinlich noch jung an Jahren. Nehmen Sie dagegen zuerst die ältere Frau wahr, zählen Sie selbst vermutlich nicht mehr zu den ganz Jungen.

Diese Erfahrung jedenfalls hat man in einem Wissenschaftsmuseum in San Francisco gemacht, in dem diese Abbildung aufgehängt war. Junge Besucher sehen spontan zuerst eine junge Frau, ältere die alte. Obwohl sich die Zeichnung nicht verändert, interpretieren wir sie ganz verschieden. Weder unsere Sinne noch unser Denken geben uns also ein vollständiges Bild von der Welt.

Wie wir die Bilder zu sehen haben, wird uns bereits von unserem Gehirn vorgegeben. Und das genau ist auch der Grund, warum wir so häufig nicht in der Lage sind, die einfachsten Schwierigkeiten zu erkennen und anzupacken. Das Brett vor dem Kopf ist ein Symbol für unser fehlendes Zugeständnis, dass es ganz unterschiedliche

Linientreu

Obwohl die Anordnung Sie dazu verleitet, den scheinbar vorgegebenen Rahmen nicht zu verlassen, lässt sich die Aufgabe, neun Punkte mit vier Linien zu verbinden, nur bewältigen, wenn Sie Ihr Heil außerhalb des Quadrats suchen.

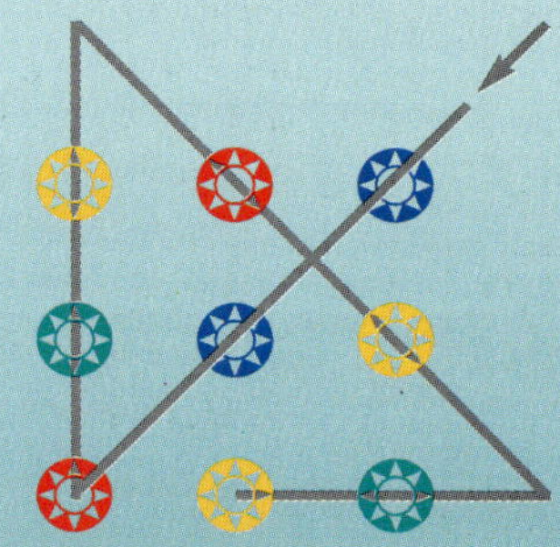

Sprechen Sie in schneller Folge mehrmals das Wort Rhabarber aus. Klingt es nicht ein wenig wie Barbara? Und dann machen Sie den Umkehrtest: Wiederholen Sie ganz schnell das Wort Barbara. Wer Ihnen zuhört, kann nicht entscheiden, ob Sie den Namen oder das Gemüse meinen.

Was sehen Sie auf den ersten Blick? Eine junge oder eine alte Frau? Beide sind in der Zeichnung zu erkennen, doch es kommt auf den Standpunkt an. Mit etwas Übung können Sie dieses Vexierbild einfach „umkippen" lassen. Solche optischen Täuschungen belegen: Unser Gehirn schafft sich seine eigenen Welten.

Sichtweisen auf ein und denselben Sachverhalt (oder wie in unserem Beispiel auf ein Bild) gibt.

Einen eindrucksvollen Beweis dafür liefern die Me´em, ein Volk in Äthiopien. Wissenschaftler zeigten Stammesmitgliedern ein Bild und fragten, was sie darauf sehen würden. Sie befühlten das Papier, rochen daran, zerknüllten es und lauschten dem Knittergeräusch. Das Muster auf dem Papier interessierte sie nicht. Bilder sind für dieses Volk etwas völlig anderes als für uns.

Wie viele Seiten hat die Wirklichkeit?

Was wir zu sehen meinen, ist durch unser Gehirn bereits entsprechend bearbeitet worden. Bei der Vorauswahl spielen kulturelle Einflüsse ebenso eine Rolle wie persönliche Vorlieben oder das soziale Umfeld, in dem wir leben.

Wie wirklich die Wirklichkeit ist, will die Psychologie schon seit Anbeginn dieser jungen Wissenschaft herausfinden. Deshalb spazierte etwa ein amerikanischer Forscher im Jahr 1897 als erster Mensch in der Geschichte mit einer so genannten Vexierbrille durch die Welt – und sah seine Umgebung sowohl auf den Kopf gestellt als auch seitenverkehrt. Eine Woche lang war er verwirrt. Dann fand er sich in seiner merkwürdigen Welt zurecht. Er konnte umhergehen, ohne irgendwo anzustoßen. Er hatte sich an seine neue Weltsicht gewöhnt.

Charakterstudien im dunklen Raum

Ob wir unser Denken öffnen und Denkfallen vermeiden können, hat auch mit der Art der Wahrnehmung zu tun. Menschen, die Vertrautheit, Regelmaß und Bestimmtheit lieben, tun sich oft schwer, eine veränderte Sichtweise auf die Wirklichkeit zuzulassen. Im Extremfall wirken solche Menschen starr und traditionsverhaftet. Alles, was von ihrem einmal gewählten Weg abweicht, ignorieren sie, und sie verschließen sich neuen Erfahrungen. Das gibt ihrer Umwelt eine scheinbare Stabilität.

Umgekehrt gibt es Personen, die tolerant und offen gegenüber neuen Erfahrungen sind. Sie lieben die Kunst und die Philosophie, und sie fühlen sich von geistigen Abenteuern angezogen. Ihr analytisches und selbstständiges Verhalten gibt ihnen die Chance, ihre Wahrnehmung im Raum zu öffnen und damit auf neue Formen der Problemlösung zu kommen. Sind diese Eigenschaften allerdings sehr ausgeprägt, neigen solche Menschen oft dazu, in Chaos und Unzuverlässigkeit zu versinken.

Wie sehr unser Verhalten durch das bestimmt wird, was wir aufnehmen, konnten Forscher in einem dunklen Raum erfahren. Wird in diese Dunkelheit ein schwaches Licht gestellt, so nehmen tolerante und offene Menschen scheinbare Bewegungen der Lichtquelle wahr. Für intolerante Zeitgenossen dagegen scheint sich nichts zu bewegen. Solche Studien konnten übrigens auch den Jahrhunderte gültigen Glaubenssatz widerlegen, wonach unser Verhalten die Sinne und die Wahrnehmung steuert.

Das Zuschnappen der Denkfallen verhindern

Jeder von uns benutzt, oft unbewusst, bestimmte Suchverfahren oder „Faustregeln" zur Bewältigung eines Problems. Dies gehört zu den Hilfsmitteln unseres Geistes, der gern versucht, den bequemsten Weg zu beschreiten. Eigentlich ganz einleuchtend, denn bei dieser Form des Nachdenkens über eine Aufgabe verfolgen wir Wege, die am ehesten zum Ziel führen. Weniger aussichtsreiche Pfade bleiben unerforscht. Aber wie alles im Leben birgt diese Bequemlichkeit Chancen und Gefahren: Einige dieser gedanklichen Faulenzereien führen nämlich schnurstracks in ausgetretene Sackgassen, während uns andere neue Horizonte eröffnen.

Faustregeln gibt es z. B. für einen Schachspieler. Die Devise „schütze stets die Dame" ist zwar ein kluger Rat, aber er wird zum Verhängnis, wenn er verhindert, die Dame in jenen Fällen zu opfern, wo dies der Gewinnzug wäre.

In Denkfallen tritt unser Geist auch leicht, wenn er zur so genannten repräsentativen Schlussfolgerung kommt: Dabei wird aus den Gedächtnisschubladen hervorgekramt, was früher in ähnlichen Situationen schon zu Ergebnissen geführt hat. Das zeigen z. B. die

DER PERSÖNLICHKEIT AUF DER SPUR

Engstirnigkeit oder Offenheit sind Charakterzüge. Können wir daran etwas ändern, oder sind sie uns bestimmt?

◆ Gene contra Umwelt

Der Streit um die Frage, ob unser Charakter durch unsere Erbanlagen festgelegt ist oder ob wir uns im Lauf unseres Lebens unter den Einflüssen der Umwelt auch ändern können, brandet hin und her. Derzeit scheinen die Genforscher gute Karten zu haben, denn die Berichte über ein Aggressionsgen oder ein „Schwulengen" häufen sich.

◆ Die Temperamente

Die Psychologie geht in der Forschung andere Wege. So entwickelten etwa Sigmund Freud oder C. G. Jung Modelle, nach denen sich die Persönlichkeit aus den Ebenen des Bewusstseins, des Unterbewusstseins und weiterer Ebenen formt. Heute scheint vor allem die Vorstellung des berühmten Forschers H. J. Eysenck die Charakterstudien voranzutreiben. Nach ihm beruhen alle menschlichen Temperamente auf der Extravertiertheit bzw. der Introvertiertheit und einem gefestigten oder labilen „Neurotizismus", also der Neigung zu Neurosen.

◆ Die großen Fünf

Etwas einfacher ist das „Fünf-Faktoren-Modell", demzufolge die Ausprägungen der Persönlichkeit mit den Skalen von fünf Charaktereigenschaften beschrieben werden können: Extravertiertheit, Neurotizismus, Offenheit, soziale Verträglichkeit und Gewissenhaftigkeit. Dabei trifft man extreme Züge nur selten an, viel häufiger sind Mischformen.

◆ Die Schule des Lebens

Sicher ist, dass es bei der Bildung unseres Temperaments eine erbliche Beteiligung gibt. Jeder, der einmal gesehen hat, wie unterschiedlich Geschwister bereits als Babys sein können, wird dies nachvollziehen können.

Aber wir haben lebenslang die Möglichkeit, uns zu entwickeln und die Karten unserer Persönlichkeitsmerkmale neu zu mischen. Unser Gehirn bleibt bis an unser Lebensende flexibel, weshalb Erfahrungen und Gefühle unser Verhalten ändern können.

SO KÖNNEN WIR UNS IRREN

Nur über den Daumen gepeilt

Kennen Sie alle diese Flaggen? In der Mitte weht Japans Fahne; darunter die der USA, und auch Länder wie der Tschad, Jamaika und Nordkorea sind hier vertreten. Ihre Aufgabe besteht nun darin, diese fünf Länder nach der Bevölkerungsgröße zu ordnen. Wie machen Sie das?

Die meisten Menschen wissen nicht allzu viel über die Einwohnerzahl von fremden, weit entfernten Ländern. Deshalb gehen sie bei ihrer Antwort davon aus, wie viel sie über das entsprechende Land wissen. Allerdings kann man sich mit dieser Methode ganz gewaltig verschätzen. Die bekannteren werden Sie vermutlich in der Reihenfolge richtig einschätzen. Doch wie ordnen Sie die anderen ein? Jamaika und der Tschad landen bei solchen Tests gewöhnlich mit auf den vorderen Plätzen, während Nordkorea weit abgeschlagen folgt. Doch sehen Sie selbst!

In den USA leben 266 Mio. Menschen, in Japan 126 Mio., in Nordkorea 24 Mio., im Tschad 6,5 Mio. und in Jamaika 2,4 Mio.

Antworten auf folgende Frage: Wie viele Menschen kommen jährlich bei Flugzeugunfällen ums Leben und wie viele bei Autounfällen? Meist wird bei der Antwort die Anzahl der Toten bei Flugzeugabstürzen stark überschätzt, denn unser Gedächtnis wartet sofort mit gruseligen Bildern der letzten Unglücke auf. Zudem wird nicht berücksichtigt, dass wesentlich mehr Menschen täglich Auto fahren als fliegen und prozentual mehr mit dem Auto verunglücken als mit dem Flugzeug. Übrigens: Je größer die Flugzeugkatastrophen waren und je kürzer sie zurückliegen, desto größer ist die Fehleinschätzung.

Wir sind alle Laien

Zwar passieren Fachleuten solche Fehleinschätzungen selten, denn sie setzen ihre Kenntnisse gezielt ein, aber da auch Experten außerhalb ihres Wissensgebiets Amateure sind, nützt ihnen ihr Sachverstand dort nicht viel. Laien hingegen neigen bedenklicherweise dazu, fehlende Informationen durch Beliebiges zu ergänzen.

WECHSELN SIE ÖFTER MAL IHRE SICHT DER DINGE

Einen neuen Standpunkt einzunehmen ist gar nicht so einfach. Dann helfen Rollenspiele.

◆ **Vorstellungsübung**
Stellen Sie sich vor, Sie wären Ihr Chef. Setzen Sie sich in den Stuhl gegenüber von Ihrem Schreibtisch. Sprechen Sie mit sich so, wie Ihr Chef mit Ihnen reden würde.

◆ **Eine neue Wirklichkeit**
Überlegen Sie sich neue Verwendungsmöglichkeiten für Gegenstände, die Sie gerade sehen. Mit einer Zange lassen sich z. B. Spaghetti aus dem Topf fischen, mit einer Schere kann man Petersilie klein schneiden.

◆ **Witzig und gut**
Versuchen Sie, etwas Interessantes an Aktivitäten oder Leuten zu entdecken, die Sie eigentlich für langweilig halten. Ändern Sie Ihre Haltung diesen Menschen gegenüber.

Ihre Gedankenwege sind keine Sackgassen. Wenn Sie doch einmal in eine Denkfalle treten, räumen Sie das Stoppschild beiseite, indem Sie ungewöhnliche, kreative Lösungen suchen, und die Spur führt nicht mehr ins geistige Aus.

Auf den ersten Blick wirken die prächtigen Blumenmuster rein dekorativ. Erst wer innerlich sozusagen einen Schritt zurücktritt, bemerkt, dass hier ein Elefant überaus phantasievoll geschmückt wurde.

Diese Tendenz entdeckten die Psychologen, als sie Versuchspersonen baten, die Gesamtzahl der afrikanischen UNO-Mitgliedsstaaten zu schätzen. Der Versuchsleiter drehte dabei vor den Augen der einzelnen Testgruppen ein Glücksrad mit Zahlen von 0 bis 100. Die Probanden vermuteten umso mehr Mitgliedsstaaten, je höher die Zahl war, bei der das Rad stoppte. Hätten Sie gewusst, dass 52 afrikanische Staaten in der UNO sind? Wer nichts über einen Sachverhalt weiß, hält sich gern an völlig beliebigen Informationen fest, selbst wenn diese mit der Frage an sich absolut nichts zu tun haben.

Der neue Blickwinkel

Dennoch gibt es recht nützliche Faustregeln, die sich auf verschiedenste Aufgaben anwenden lassen. So können Sie ein ungelöstes Problem in kleinere „Portionen" zerlegen, die dann einfacher zu handhaben sind. Oder Sie können sich an eine ähnliche Themenstellung erinnern, bei der Sie mit einem bestimmten Vorgehen erfolgreich weitergekommen sind.

Diese Aufspaltung eines komplexen Sachverhaltes oder auch einer Handlung in viele kleine sinnvolle Einheiten ist ziemlich erfolgversprechend. Nehmen wir an, Sie wollen sich näher mit einem Computerprogramm beschäftigen. Dazu vergegenwärtigen Sie sich zunächst ganz grundlegende Abläufe und üben diese am besten häufig. In einem zweiten Stadium verketten Sie dann die beherrschten Schritte miteinander und führen sie nacheinander aus. Was Ihnen zu schwer vorkommt, lassen Sie einfach weg, und was Sie gut können, vertiefen Sie. Auch wenn Sie auf diesem Weg nicht gleich die Meisterschaft in Computertechnik erlangen, kann Ihnen doch im Umgang mit den Grundlagen des Programms bald keiner mehr etwas vormachen.

Wenn Sie nun aber nicht mehr weiterkommen, lohnt es sich, andere zu fragen. Sie finden etwa Ihren Karton mit den Schals und Handschuhen vom letzten Winter nicht mehr? Vielleicht weiß Ihr Partner, wo Sie ihn hingeräumt haben, und findet ihn auf Anhieb. Oder Sie kommen bei Ihrer Arbeit mit einem Problem nicht weiter und fragen einen Kollegen. Obwohl der gar nichts sagt, kommen Sie von selbst weiter. Kaum haben Sie dem Kollegen Ihre Schwierigkeiten beschrieben, fällt Ihnen die rettende Idee von allein ein.

Vielleicht knobeln Sie schon seit Tagen an einer vertrackten Aufgabe. Da gehen Sie abends mit Bekannten weg und unterhalten sich über etwas ganz anderes. Plötzlich wird Ihr Thema in einem anderen Zusammenhang angesprochen, und durch eine bildhafte Verbindung lösen Sie Ihr Problem.

Wenn Sie nicht mehr weiterwissen

Manchmal allerdings stecken wir so richtig fest, und nichts scheint mehr zu helfen. Dann kann es nützlich sein, einmal den Standpunkt zu wechseln. Das können Sie z. B. in einem Rollenspiel versuchen. Versetzen Sie sich in die Situation eines anderen. Wie würden Sie die Sache dann sehen?

Doch bei allem geht es nicht darum, sämtliche Regeln aufzuheben. Das würde dem Chaos Tür und Tor öffnen. Es gilt, bestehende Regeln zu ändern und mit ihnen zu spielen, um neue Denkräume zu eröffnen. Wagen Sie den Versuch, auch wenn er einmal nicht glückt, denn es lohnt sich, übliche Denkmuster abzuwandeln. In Wirklichkeit gibt es endlos viele Wege aus einer Sackgasse – Sie müssen nur die gewohnten Bahnen verlassen.

DIE KUNST DES PLÄNESCHMIEDENS

Oft suchen wir nach den optimalen Schritten, die uns einem Ziel näher bringen. Das gelingt nicht, indem wir alle Möglichkeiten durchprobieren, sondern nur mit sorgfältiger Planung.

Noch eine Viertelstunde, dann schließt die Bank! Die Überweisungen müssen dringend abgegeben werden. Vorher den Anzug für die Party am Abend von der Reinigung abholen. Und in 20 Minuten steht die betagte Mutter vor ihrer Wohnung und wartet darauf, zum Arzt gefahren zu werden. Ob Sie auf dem Weg dorthin wenigstens das Nötigste noch einkaufen können? Aber dann können Sie das Einschreiben nicht mehr von der Post abholen.

Jeder kennt ähnliche Situationen, bei denen nicht die Ausführung der einzelnen Schritte Schwierigkeiten bereitet, sondern deren richtige Reihenfolge. Oft fühlen wir uns wie Charlie Chaplin im Film *Moderne Zeiten*. Die Zahnräder unserer Termine greifen ineinander, und wir wissen kaum, was als Erstes zu erledigen ist.

Unnötiges Suchen vermeiden

Nicht anders ergeht es Ihnen, wenn Sie in einer fremden Stadt vor einem Fahrkartenautomaten

Wie oft kämpfen wir wie Charlie Chaplin in *Moderne Zeiten* gegen den unerbittlichen Strom unserer verzahnten Welt!

Da steh ich nun, ich armer Tor, und bin so klug als wie zuvor... Aber keine Sorge, diese Automaten bringen auch viele junge Leute zur Verzweiflung. Da hilft es nur, langsam und mit Bedacht die Bedienungshinweise zu studieren.

stehen. Die Zeit drängt, denn die Bahn kommt gleich, und Sie wissen einfach nicht, wie Sie es schaffen, dem Ding den Fahrschein zu entlocken. Das Eintippen von irgendwelchen Nummern, in der Hoffnung, die richtige zu finden, hilft nicht weiter. Doch zum Glück ist solch eine unsystematische, zufallsorientierte Suchstrategie nicht die einzige Möglichkeit.

Was geschieht bei der Lösung eines Problems?

Es gibt immer wieder Probleme in Ihrem Alltag oder Berufsleben, bei denen es um die Bewältigung von umfangreichen Aufgaben mit vielen, aber für sich genommen relativ einfachen Schritten geht. Mit etwas logischer Vorarbeit erleichtern Sie sich die Arbeit.

Wie gehen Sie dabei vor? Zunächst stellen Sie sich die Frage, was geschieht, wenn Sie einen ganz bestimmten Schritt machen. Dann malen Sie sich verschiedene weitere Möglichkeiten aus. Da die Zeit drängt, wählen Sie die Alternative aus, die am meisten Erfolg verspricht. So arbeiten Sie in Gedanken Punkt für Punkt auf, wählen aus und gehen weiter. Am Ende haben Sie ein Gedankengebäude errichtet, in dem Sie sich sicher bewegen können.

Wie Menschen dieses Gebäude aufbauen und durchforsten, wollten Forscher bei einem Experiment herausfinden. Einem Studenten wurde eine Aufgabe gestellt, und er sollte laut beschreiben, was in seinem Kopf vorging, während er sie löste. Die knifflige Herausforderung lautete: Wenn D = 5 ist, welche Zahlen stellen dann die anderen Buchstaben im Rätsel dar?

$$\begin{array}{r} \text{DONALD} \\ +\text{GERALD} \\ \hline =\text{ROBERT} \end{array}$$

Die Kommentare des Studenten füllten im gedruckten Protokoll 15 Seiten! Um seine Aufgabe zu bewältigen, setzte sich der junge Mann Ziele, stellte Behauptungen auf und überprüfte sie anhand der Aufgabe. Hypothesen, die sich als irrig erwiesen hatten, verfolgte er nicht weiter. Diesen Weg beschritt er viele Male mit vielen neuen Ansätzen, bis er die Lösung gefunden hatte. Versuchen Sie doch selbst einmal, die Lösung in Angriff zu nehmen. Sie finden natürlich schnell heraus, dass T = 0 sein muss, doch wie geht es dann weiter? (Lösung – Donald: 526485, Gerald: 197485, Robert: 723970.)

Wie organisieren wir Beruf, Haushalt, Hobbys?

Wir müssen zwar selten solch knifflige Gleichungen mit vielen unbekannten Details lösen, doch dafür gilt es, z. B. im Beruf Kundenbestellungen zu erledigen und zugleich Besprechungen zu organisieren und abzuhalten. Nach

Die Ziege und der Wolf

Eine arme Frau will eine Ziege, einen Kohlkopf und einen Wolf mit einem kleinen Nachen über einen Fluss setzen. Das geht jedoch nicht auf einmal, denn es passen nicht alle in das Boot. Also muss die Frau je zwei von den dreien am Ufer zurücklassen. Allerdings dürfen weder die Ziege mit dem Kohlkopf noch der Wolf mit der Ziege allein bleiben, weil der Wolf die Ziege und diese den Kohlkopf fressen würde. Wie gehen Sie das verzwickte Problem an? *Die Lösung finden Sie auf S. 130.*

dem Büro sind noch einige Besorgungen zu machen und Verabredungen mit Freunden einzuhalten. Unsere Termine drängen häufig so sehr, dass alles zusammenbricht, wenn eine Besprechung etwas länger als vorgesehen dauert. Ständig sind wir gezwungen, die Abfolge neu festzulegen.

Wie aber gehen wir dabei vor? Wir haben eine Vorstellung von unserem Ziel, das wir nur erreichen, wenn wir das Ziel zunächst in mehrere Unterziele aufspalten und herausfinden, welche Zwischenstationen erreicht werden können und welche nicht.

Dieser Vorgang lässt sich mit den Verfahren in einer Firma vergleichen, die klare Entscheidungsebenen hat. Die Arbeiter machen ihrem Vorarbeiter einen Vorschlag; der Vorarbeiter prüft ihn, trifft eine Entscheidung und teilt sie seinem Abteilungsleiter mit. Der Abteilungsleiter befasst sich seinerseits mit der Angelegenheit und leitet sie, mit Kommentaren versehen, nach oben weiter. Wenn die Informationen schließlich beim Firmenchef landen, sind möglicherweise alle wesentlichen Gesichtspunkte zusammengetragen, und er kann die Auswahl treffen.

Der kürzeste Weg

In unserem Kopf geht es jedoch anders zu als in einer hierarchisch aufgebauten Firma oder in einer Rechenmaschine, die in der Regel Entscheidungen zwischen Ja und Nein trifft. Bis wir zu einer Ent-

Unser Gehirn ist wie ein Netz gebaut. Muss es etwa die Entscheidung treffen, wie eine bestimmte Route mit dem Auto zu bewältigen ist, wirken viele Teilabschnitte zusammen und „einigen" sich auf einen bestimmten Weg.

scheidung kommen, laufen Informationen zwischen Gehirnteilen hin und her. Unterschiedliche Regionen und einzelne Nervenzellen arbeiten zusammen. Die „Arbeiter" (Neuronen) reden mit den „Vorarbeitern" (höherrangigen Zentren im Gehirn). Jeder lässt seine Meinung einfließen. Dadurch verändern sich Einstellungen, bis schließlich eine Gruppenentscheidung fällt.

Deutlich wird dies am Problem eines Handelsvertreters, der die Reiseroute für den kommenden Monat austüfteln will. Angenommen, er möchte fünf Städte in einem Bundesland besuchen, jede Stadt aber nur einmal. Diese Aufgabe stellten Forscher, die sich mit künstlicher Intelligenz beschäftigten, einem Rechner. Das Elektronengehirn fand 120 mögliche Wege. Dann rechnete es deren Länge aus; suchte die kürzeste Route und hatte innerhalb von Sekunden die optimale Tour zusammengestellt. Doch die Wissenschaftler konnten sich nur kurz über diesen Erfolg freuen. Denn als sie den Computer mit immer mehr Städten „fütterten", erhöhte sich die Rechenzeit enorm. Der Vertreter entscheidet sich dagegen eher „aus dem Bauch heraus" und schneidet im Vergleich gar nicht schlecht ab.

Was bitte ist ein Retilaum?

Eine Gedankenoperation lässt sich nachspielen. Wenn Sie versuchen, aus den Buchstaben a c f h l ein Wort zu bilden, ergeben sich 120 mögliche Kombinationen, darunter auch die Richtige: *flach*. Für eine Gruppe mit acht Buchstaben wie r e t i l a u m gibt es 40320 Möglichkeiten – sie alle „durchzuprobieren" wäre ein langer und zäher Weg. Wer will und kann schon so lange tüfteln? Sie können den Prozess abkürzen, indem Sie zu einer „Faustregel" greifen. Zunächst wird hier eine Strategie sinnvoll sein, die sich in der Vergangenheit in vergleichbaren Situationen bewährt hat. Die Faustregel könnte also lauten: Suche nach Wortgruppen, die aus einigen der Buchstaben gebildet werden können, und prüfe, ob die anderen sich dazu gruppieren lassen. So lassen sich die Buchstabenketten *raute*, *traum* oder *maul* bilden. Da liegt Ihnen doch das *Maultier* schon auf der Zunge!

Unser Denken passt wie ein Universalschlüssel

Mit Computern lässt sich im Augenblick menschliches Denken noch nicht nachvollziehen, denn den Maschinen fehlt die Fähigkeit zu einsichtigem Handeln. Das bedeutet, sich ausmalen zu können, was unter völlig veränderten Umständen zu tun ist. Computerprogramme dagegen vergleichen den gegenwärtigen Status jedesmal aufs Neue mit der Zielvorgabe und setzen sich immer wieder mechanisch Zwischenziele.

Unser Gehirn indes ist äußerst flexibel. Es vermag auf eine unbestimmte Vielzahl an Reizen zu antworten und ist somit nicht festgelegt. Vielmehr passt es wie ein Universalschlüssel in eine unendliche Zahl von Schlössern.

Die Rede ist von Bewusstsein

Einen vergleichbaren künstlichen Schlüssel fand der amerikanische Nobelpreisträger Gerald Edelman noch nicht. Dafür entdeckte er

PLANVOLL HANDELN!

Allein der Gedanke an das Packen verdirbt vielen Menschen die Urlaubsvorfreude. Dabei besteht zur Panik gar kein Grund.

◆ **Gut geplant ist fast verreist**
Stellen Sie sich eine Liste zusammen. Was müssen Sie vorher noch erledigen? Was wollen Sie alles mitnehmen?

◆ **Nötiges und Unnötiges**
Wichtige Dinge bestimmen und Unwichtiges sofort aussortieren. Fragen Sie sich: Was kommt wohin? Die Reiseapotheke gehört zwar in den Koffer, aber die Medikamente, die Sie eventuell auf der Fahrt brauchen, müssen in Ihr Handgepäck.

◆ **Bei kniffligen Fragen hilft gute Organisation**
Wenn Sie den Überblick zu verlieren drohen, machen Sie eine Zeichnung („Mind Map", S. 56), auf der die einzelnen Dinge und Schritte Ihrer Planung dargestellt sind. Gute Zeichnungen sollten verständlich sein, d. h. möglichst vollständig und dennoch so einfach wie möglich.

◆ **Schritt für Schritt**
Zuletzt gehen Sie Ihre Vorbereitung anhand dieser Pläne noch einmal durch, Stichwort für Stichwort. So vermeiden Sie Ärger vor dem Urlaub.

Die schlaue Fährfrau

Die alte Frau setzt zuerst die Ziege über den Fluss. Als Nächsten holt sie den Wolf ans andere Ufer. Auf dem Rückweg nimmt die Frau die Ziege wieder mit, um sie vor dem Wolf zu schützen. Dann schafft sie den Kohlkopf übers Wasser – zum Wolf, der den Kohl verschmäht. Zuletzt holt sie die Ziege.

eine neuartige Möglichkeit, die Tätigkeit des Gehirns in Computerprogrammen zu simulieren. Die Rede ist von seiner „denkenden Maschine“ NOMAD. Das Besondere an diesem „neuronal organisierten, vielseitig verwendbaren Apparat“ ist, dass er ganz anders als herkömmliche Computer arbeitet. Mit seinen Programmen, deren Komponenten zu Netzen verknüpft sind, lassen sich in Bruchteilen von Sekunden sogar Hunderte von Handelsvertreter-Routen ausrechnen. In einem Aufsehen erregenden Experiment löste ein solches Neuralnetz das Problem des Handlungsreisenden sogar tausendmal schneller als ein herkömmlicher Computer.

Ein Netz kann die Wahl zwischen Millionen möglicher Antworten treffen, weil es nicht stur eine Lösung nach der anderen überprüft, sondern parallel an die Aufgabe herangeht.

Stein auf Stein

Kinder lernen sehr früh, aus einzelnen Bauklötzen ganze Häuser zu bauen. Wer das schon einmal beobachtet hat, weiß, dass die Kleinen dabei erst einmal nach dem Prinzip von Versuch und Irrtum vorgehen. Sie legen Stein auf Stein und lernen dabei, welche Klötze liegen bleiben und was beim nächsten Anlauf besser gemacht werden könnte.

Nach diesem Prinzip können Sie auch andere Vorhaben angehen: Sie zerlegen sie in kleine Schritte.

Sie wollen beispielsweise Ihren Garten neu anlegen und wissen nicht, wie Sie das am besten bewerkstelligen sollen? Nun, dann könnten Sie ja die Planung in viele kleine Vorhaben unterteilen. Vielleicht beginnen Sie mit der Überlegung, welche Bäume und Sträucher stehen bleiben sollen, welche neuen Bereiche Sie gerne schaffen würden und was Sie überhaupt nicht wollen. Dann kommen die handwerklichen Arbeiten an die Reihe und zuletzt die neuen Pflanzen und Gartenmöbel.

Übrigens standen die Konstrukteure der ersten Industrieroboter vor einem ähnlichen Problem. Sie mussten ihren stählernen Kameraden beibringen, aus vielen kleinen Teilen ein Auto zusammenzuschrauben und -zuschweißen! Dies ging nur, weil die einzelnen Handlungsschritte zuvor genau analysiert und in viele kleine Einheiten zerlegt worden waren.

Irrte der große Aristoteles?

Rund 2000 Jahre lang galt als Herzstück des logischen Denkens, was der griechische Philosoph Aristoteles entwickelt hatte: so genannte Syllogismen. Das sind vernünftige und logische Schlüsse, die auf zwei Vorbedingungen oder „Prämissen“ beruhen.

Prämissen wie „Alle Menschen sind sterblich“ und „Sokrates ist ein Mensch“ ergaben: „Folglich ist Sokrates sterblich.“ Dieses Grundmuster lässt sich beliebig abwan-

Ein Haus zu bauen ist für Kinder wie für Erwachsene eine anspruchsvolle Aufgabe. Welche Leistung sich dahinter verbirgt, erfuhren Computerfachleute, als sie versuchten, das Klötzchenspiel einem Computer beizubringen.

Gibt es Schweine mit Flügeln? Nein. Zwar können alle Vögel fliegen, und alle Vögel sind Tiere. Aber deswegen ist die Schlussfolgerung noch lange nicht richtig, dass alle Tiere, also auch die Schweine, fliegen können.

deln, etwa in: „Alle Tiere sind Lebewesen. Hunde sind Tiere. Also sind alle Hunde Lebewesen.“

Aber wie steht es denn nun mit folgenden Sätzen? „Alle Chinesen sind Menschen. Kaiser Napoleon war ein Mensch. Also war er ein Chinese.“ Hoppla, da stimmt doch etwas nicht! Beide Vorbedingungen sind richtig, aber die Schlussfolgerung ist eindeutig falsch. Irrte der alte Grieche, oder wusste er nicht alles?

Erwartungen sind das halbe Leben

Ein Tritt auf die Bremse, und das Auto steht. Ein Druck auf den Schalter, und das Licht geht an. Bei fast allen unseren Entschei-

WIE LEICHT FÄLLT ES MENSCHEN, LOGISCH ZU DENKEN?

„Jeder, der im Bus sitzt, ist ein Tourist. Mary sitzt im Bus. Folglich …“

Die Lösung fällt Ihnen bestimmt ganz spontan ein, ohne dass Sie bewusst darüber nachdenken mussten. Man könnte sagen, dass Ihr Denken die Regeln der Logik fast automatisch befolgt hat. Doch wie rational ist der Mensch überhaupt? Diese Frage untersuchte der britische Psychologe Philipp N. Johnson-Laird auf eine ganz besondere Weise. Er testete die „mentalen Modelle“, mit denen wir logische Probleme lösen. Dazu formulierte er logisch klingende, doch scheinbar zusammenhanglose Aussagen wie: „Manche Imker sind Künstler. Kein Chemiker ist ein Imker. Folglich …?“

◆ Sind Sie etwas ratlos?

Dann geht es Ihnen so wie mehr als der Hälfte der Testpersonen, denen diese Sätze vorgelegt wurden. Sie konnten keinen Zusammenhang erkennen. Der kleinere Rest fand heraus, dass die logisch richtige Lösung lautet: Einige Künstler sind keine Chemiker.

◆ Schlussfolgerungen

Nur selten sind die Regeln der reinen Logik im alltäglichen Leben von Nutzen. Wie genau, wie schnell und wie kreativ wir Menschen Situationen analysieren und Schlüsse ziehen, hängt vielmehr vor allem davon ab, wie vertraut wir mit einem Thema sind. Je mehr wir über eine Sache wissen, umso leichter fällt es uns, Zusammenhänge zu erkennen und danach zu handeln. Am besten kommen wir mit Aufgaben zurecht, die viele bekannte Elemente enthalten.

dungen und Handlungen spielen Erwartungen eine große Rolle. Wir verlassen uns darauf, dass ein bestimmtes Ereignis eintreffen wird.

Doch jetzt stellen Sie sich vor, Sie wachen nachts auf und sind durstig. Verschlafen tappen Sie in die Küche, öffnen den Kühlschrank und holen sich die hohe Kanne mit dem Orangensaft heraus, die dort immer rechts in der Tür steht. Zufällig hat aber Ihr Partner abends Hühnerbrühe hineingegeben. Sie nehmen einen großen Schluck aus dem Krug, und obwohl Sie Hühnerbrühe normalerweise gern mögen, spucken Sie die Flüssigkeit sofort wieder aus, als hätten Sie Gift geschluckt. Sie hatten in dem Krug ein ganz anderes Getränk erwartet.

Ähnlich reagieren Menschen, die in einen Aufzug einsteigen und glauben, dass er sie nach oben bringt. Sie sind verwirrt, wenn er in den Keller fährt. Erwartungen sind durchaus sinnvoll, denn sie bringen Sicherheit in unser Leben. Wir können unsere ganze Aufmerksamkeit auf Neues lenken, denn wir wissen, was als Nächstes geschieht. Wenn wir z. B. in den Aufzug steigen, überlegen wir uns bereits, was wir oben in der Wohnung als Erstes tun wollen.

Vor dem eigentlichen Film läuft unser Video ab

Ein Besuch in einem Kino beispielsweise setzt sich aus mehreren Ereignissen zusammen, die in einer ganz bestimmten Reihenfolge stattfinden: hineingehen, Karten kaufen, Platz suchen, Werbung betrachten, Film anschauen.

Das alles haben wir schon oft gemacht und wissen deshalb, was zu tun ist. Wir verfügen über ein „Drehbuch" unserer Erwartung, das vorgibt, wie das folgende Ereignis in etwa abzulaufen hat. Eine solche Regieanweisung berücksichtigt unser Wissen über all die vorangegangenen Kinobesuche und stellt uns ein allgemeines Schema eines typischen Kinobesuchs zur Verfügung. So können wir selbst in fremden Städten ein Kino aufsuchen und wissen ganz genau, was uns erwartet. Wir sind sogar in der Lage, uns Strategien zurechtzulegen für den Fall, dass der Film ausverkauft ist oder nur noch Plätze in den ersten beiden Reihen zu haben sind.

Was geschieht, wenn Sie im Glas Saft vermuten und Cognac drin ist? Sie verziehen das Gesicht, auch wenn Sie Cognac eigentlich schätzen.

Innere Drehbücher entlasten unsere grauen Zellen

Nehmen Sie beispielsweise Ihr inneres Drehbuch für einen Restaurantbesuch. Da gibt es Seiten für das Lesen von Speisekarten in Imbissbuden, in bayerischen Biergärten oder in indonesischen oder französischen Restaurants. Sie wissen sich auch in festlicher Umgebung entsprechend zu verhalten und können für jeden Anlass ohne Probleme das richtige Lokal auswählen. Auf dieses Bedürfnis nach Abwechslung setzen auch die Betreiber der Gastronomiebetriebe.

Außerdem kennen Sie die Reihenfolge aller Ereignisse eines solchen Abends und wissen, was Sie erwartet. Das entlastet Ihr Gehirn und ermöglicht Ihnen, sich auf ein anregendes Gespräch und das Essen zu konzentrieren.

Lehnen Sie sich auf dem Regiestuhl zurück! Aus unendlich vielen inneren Drehbüchern leiten Sie die meisten Handlungsweisen ab. Egal ob Einkaufen, Telefonieren oder Autofahren: Die Regieanweisungen stehen vorher fest.

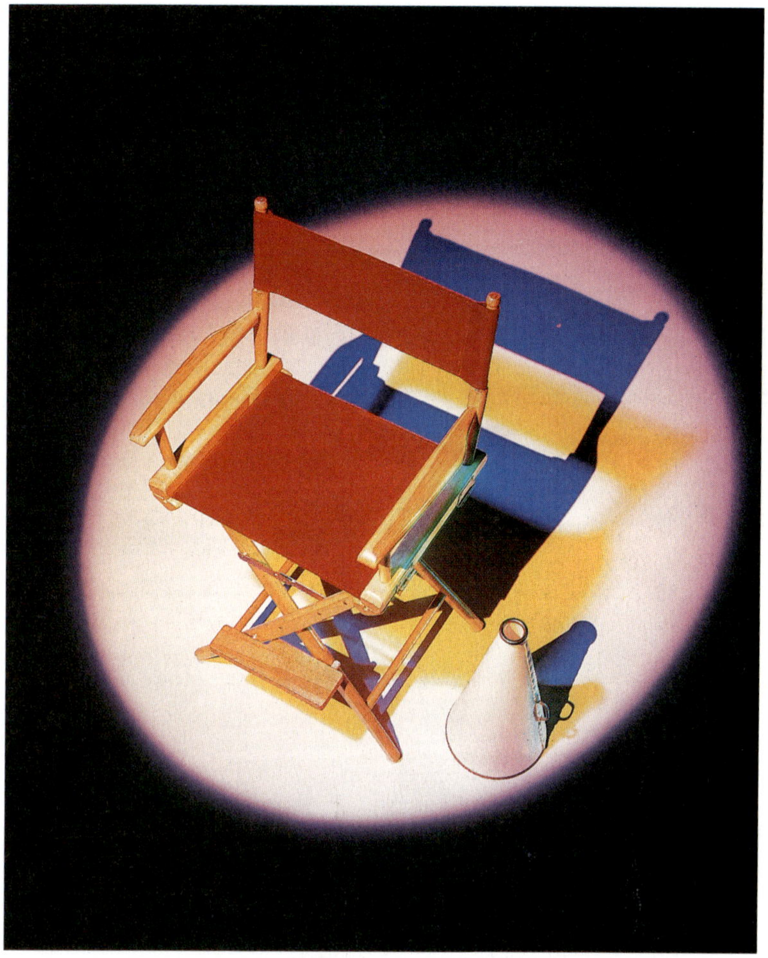

Diese abgespeicherten Handlungsabfolgen unterstützen in der Regel unser Gedächtnis und lassen unser Verhalten gleichsam automatisch ablaufen. Das führt natürlich manchmal auch zu Fehlern: Wir stehen in einem fremden Land am Bahnhof in der Schlange – in der Vermutung, dass es hier Fahrkarten gibt. Vielleicht handelt es sich aber um ein Büro einer Konzertagentur oder nur die Kantine.

Manchmal behindern unsere inneren Regieanweisungen auch unser Denken, sie manipulieren es sogar. Gerade Kinder haben häufig Schwierigkeiten, ihre tatsächlichen Erlebnisse von dem zu unterscheiden, was „ihr" Drehbuch ihnen vorschreibt. In einem bestimmten Alter bringen sie manchmal ihre Wahrnehmung, was sie darüber denken und ihre Phantasie völlig durcheinander. Das macht es schwierig, ihre Aussagen z. B. vor Gericht richtig zu bewerten.

Denken hoch zwei

Im Grund lassen die Forschungen über unsere inneren Regieanweisungen eine gemeinsame Schlussfolgerung zu: Unser persönliches Wissen ist ein zweischneidiges Schwert. Unsere Erfahrung hilft uns einerseits, uns in vielen neuen Situationen zurechtzufinden. Wir müssen nicht jedesmal von vorn anfangen, sondern bauen auf unsere Kenntnisse. Andererseits müssen wir damit rechnen, dass unsere Erfahrungen sowohl die Art, wie wir etwas wahrnehmen, als auch die Weise, wie wir dann darüber denken, verzerren. Im Extremfall schieben wir einen inneren Filter vor. Dann stopfen wir alles nur noch in die vorhandenen Gehirnschubladen, ohne das Neue oder Besondere einer Person, Sache oder Situation zu bemerken.

Wir sind wie kein anderes Lebewesen in der Lage, aus vergangenen Erfahrungen zu lernen, indem wir sie verallgemeinern und für unsere Erlebnisse in bestimmten Situationen Regeln aufstellen: Wenn ich ins Kino möchte und spät komme, kann es sein, dass es keine Karten mehr gibt. Schlussfolgerung: Ich muss rechtzeitig Karten bestellen oder eher da sein.

Aber das ist noch nicht alles. Wir sind auch fähig, diese Einsichten auf neue und bislang unbekannte Situationen anzuwenden: Wenn ich mit meinem Partner in ein schickes Restaurant gehe, ist es sinnvoll, vorher einen Tisch reservieren zu lassen.

Doch Vorsicht! Gute Pläne sind nicht alles. Wer zu sehr auf seine Planungen baut, läuft Gefahr, sich selbst zu knebeln. Wenn sich beispielsweise kurzfristig die Cousine aus Amerika zu Besuch ansagt, muss der sorgfältig geplante Restaurantbesuch eben ausfallen.

WARUM HABE ICH DARAN NICHT GEDACHT?

Wie oft schon standen Sie vor einer Herausforderung und kamen nicht weiter? Dann fiel es Ihnen wie Schuppen von den Augen, denn auf einmal sah die Aufgabe anders aus und erschien in einer neuen Gestalt.

Bangyan schaute dem Fremdling neugierig zu. Der bärtige Mann sammelte in einem entlegenen Tal Neuguineas seltene Gewächse. Zögernd wagte der kleine Papuajunge einen Schritt auf den hellhäutigen Mann zu. „Was machst du da?“, fragte er mit großen Augen. „Ich presse diese Blumen in Papier, trockne sie und vergleiche sie zu Hause mit Pflanzen aus anderen Teilen der Welt“, antwortete

Nur ein kleiner Anstoß, und die sauber aufgereihten Dominosteine kommen ins Purzeln. Wenn Sie die Reihe hinterher betrachten, hat sie ein neues Aussehen angenommen.

der deutsche Wissenschaftler Wulf Schiefenhövel. Daraufhin rannte Bangyan nach Hause und kam wenig später mit einem Gewächs in der Hand zurück. „Schau mal“, sagte er stolz, „unsere Pflanzen sind Brüder.“

Verwundert verglich der Forscher seinen eigenen Fund mit dem des Jungen. Er konnte zunächst keine Verwandtschaft entdecken. Doch der Papua beharrte darauf. Und so wälzte der Forscher dicke Bücher. Verblüfft stellte er fest, dass die ungleichen Sorten tatsächlich derselben Gattung angehörten.

Der Blick hinter die Kulissen

Was befähigte das Urwaldkind, Beziehungen zwischen Pflanzen zu erkennen, die dem Experten zunächst verborgen blieben? In den fremdartigen Blumen schien eine innere Gestalt versteckt zu sein, die manche Menschen entdecken können und andere nicht.

Eine Antwort auf diese Frage gibt uns die nebenstehende Aufgabe mit den Streichhölzern. Psychologen haben nämlich herausgefunden: Wenn uns ein Problem präsentiert wird, neigen wir dazu, es zweidimensional zu lösen. Wir beschränken uns auf die Länge und die Breite, vernachlässigen dabei aber die Höhe. Das ist zunächst eine Vereinfachung, die uns viele Aufgaben leichter lösen lässt. Aber manche Schwierigkeiten sind erst im mehrdimensionalen Raum lösbar.

Umziehen leicht gemacht

Wer schon einmal umgezogen ist, vielleicht sogar in eine kleinere Wohnung, kennt ein den Streichholzspielen vergleichbares Vorgehen – das „Spiel“ mit den Möbeln. Sie mussten sich fragen: Wie lassen sich meine vielen Sachen in der neuen Wohnung zweckmäßig unterbringen? Sie kannten den Ausgangszustand und mussten einen idealen Endzustand herstellen, am Beispiel des Umzugs sind dies die alte voll gestellte und die neue noch leere Wohnung.

Sicher haben Sie einen Grundriss der neuen Wohnung gehabt und sich maßstabsgetreue Papierschablonen von Ihren Möbelstücken angefertigt. Die wurden dann so lange hin und her geschoben, bis alles einigermaßen passte.

Dabei setzten Sie den Esstisch kaum ins Schlafzimmer, auch wenn er sonst nirgendwo mehr Platz fand. Es sei denn, Sie kamen auf die Idee, in Ihrem Schlafzimmer einen kleinen Arbeitsplatz einzurichten. So wiesen Sie dem alten Möbel kurzerhand eine neue Bestimmung als Schreibtisch zu, und schon war wieder eines Ihrer Probleme gelöst. Dass Sie zugleich die einzelnen Teile zu einem neuen Ganzen umgruppiert haben, ist Ihnen in diesem Moment freudiger Erregung über die perfekte Lösung ziemlich egal. Wenn sich vor Ihren Augen plötzlich alles wunderbar zusammenfügt, dann wissen Sie, dass Sie an alles gedacht haben.

Wenn sich 20 Gäste die Hände schütteln

Zum Problemlösen muss man Elemente (um-)gruppieren, (um-)ordnen, (neu) strukturieren – und in Untereinheiten aufteilen, wie z. B. bei folgendem Problem.

Sie planen eine Geburtstagsfeier, zu der 20 Gäste geladen sind. Da sich die meisten fremd sind, soll sich jeder mit jedem bekannt machen. Darüber geraten Sie ins Grübeln, und schließlich fragen Sie sich, wie viele Hände insgesamt geschüttelt werden.

Bei 20 Personen wird der Erste im Begrüßungsreigen 19 weiteren Personen die Hand geben, der Zweite 18 – denn dem Ersten hat er bereits die Hand geschüttelt –, der Dritte wendet sich noch an 17, der Vierte an 16 Gäste usw. Der Vorletzte braucht von sich aus nur noch eine Hand zu schütteln, und der Letzte niemandem mehr, weil

ÜBER DIE GEDANKENEBENE HINAUSWACHSEN

Streichholzdreiecke

Aus diesen sechs Streichhölzern sollen vier Dreiecke entstehen, wobei die Seitenlänge der Dreiecke einer Streichholzlänge entspricht. Sie dürfen die Hölzchen also weder kürzen noch knicken. Geschafft? *Auf Seite 137 sehen Sie, wie's geht.*

RECHNEN WIE DIE ALTEN RÖMER

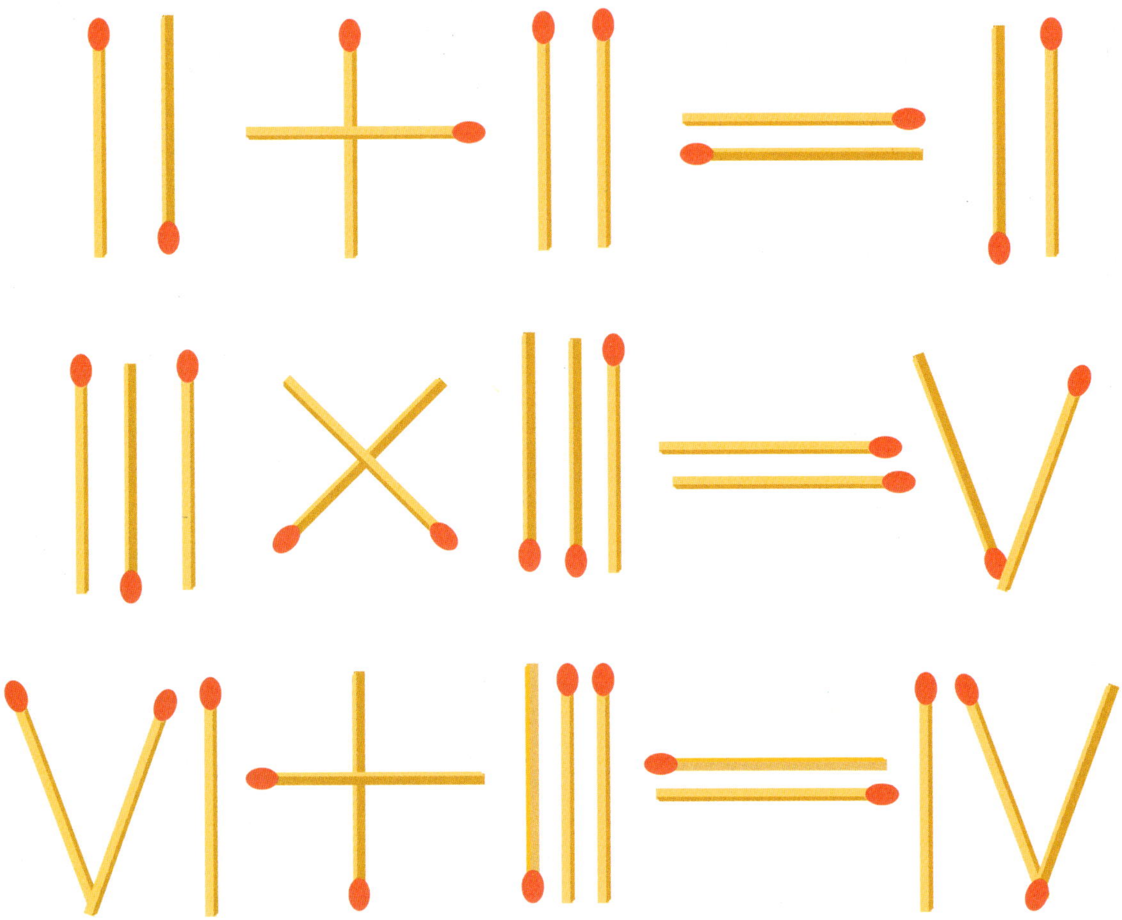

Zündende Knobeleien

Wer kennt sie nicht – Knobeleien mit Streichhölzern. Die kleinen universellen Hölzchen eignen sich zum Training von originellen Problemlösungsstrategien, die unkonventionelles Denken erfordern. Neben Umlegeaufgaben, bei denen aus einer geometrischen Figur eine neue entstehen soll, finden Streichhölzer auch Verwendung in Rechenaufgaben, allerdings mit einer Einschränkung: Die Additionen, Subtraktionen und Multiplikationen lassen sich nur mit römischen Ziffern darstellen. Betrachten Sie unsere Rechenbeispiele. Da stimmt doch etwas nicht! Durch Umlegen von jeweils nur einem Streichholz können Sie jede Gleichung richtig stellen. Unser Tipp: Sie dürfen nicht nur die Ziffern, sondern auch die mathematischen Funktionszeichen verändern. Die Lösung finden Sie *auf Seite 141.*

er ja schon von allen anderen Anwesenden begrüßt wurde. Die Lösung ist demnach die Summe der Zahlen von 0 bis 19, es wurde 190-mal gegrüßt. Und was wäre, wenn Sie 50 Personen einlüden? Nun, dann ergibt sich entsprechend die Summe der Zahlen von 0 bis 49.

Um mit solchen Aufgaben fertig zu werden, nehmen wir uns zuerst eines Teilproblems an: Wie viele Hände muss die erste Person schütteln? Dann beschäftigen wir uns mit dem nächsten Unterpunkt usw. Wenn wir alle diese Teile gelöst haben, können wir uns fragen, welche Struktur sich herausbildet. Es handelt sich um eine um die Zahl eins abnehmende Folge von Zahlen (bis null), die zusammengezählt werden müssen, und das ist die Lösung. Sie lässt sich auf jede beliebige Zahl von Personen im Raum anwenden. Der Trick besteht eben darin, immer alles im Zusammenhang miteinander zu sehen und dazu einen Schritt zurückzutreten und das Ganze zu betrachten.

Die Teile und das Ganze

„Das Ganze ist mehr als die Summe seiner Teile", ist eines der wichtigsten Gesetze einer besonderen Forschungsrichtung: der Gestaltpsychologie. Sie richtet ihr Augenmerk vor allem auf das ganzheitliche Zusammenwirken der einzelnen Elemente oder auf das stimmige Bild einer Situation oder eines Ablaufs. Nehmen wir z. B. eine Melodie. Sie ist viel mehr als nur die nacheinander erklingenden Töne. Wir alle erleben die Harmonie von Tönen und Klangfarben der Instrumente oder die Melodie von Sprache, die Klang und Rhythmus in sich vereint. Doch auch beim gesprochenen Wort ist der Sinn eines Satzes mehr als die Summe von einzelnen Wortbedeutungen. Er hängt außer von den Wörtern auch von Betonungen und der Sprachmelodie ab. So sieht es auch die Gestaltpsychologie, derzufolge es erst dann zu einer Idee oder zur Lösung eines Problems kommt, wenn eine „gute Gestalt" erreicht worden ist.

Denken – das Ordnen des Tuns

Ein Kollege des berühmten Physikers Albert Einstein machte einst einen Vorschlag, den dieser mit den Worten ablehnte: „Oh, wie hässlich!" Einstein verlor jegliches Interesse an einer Gleichung, die ihm hässlich erschien, und konnte nicht verstehen, wie jemand noch Zeit darauf verschwendete. Er war fest davon überzeugt, dass Schönheit ein Leitprinzip bei der Suche nach Resultaten in der theoretischen Physik sei. Auch der

Dreieckslösung

Haben Sie sehr lang versucht, die Dreiecke in der Ebene zu formen? Da fehlten sicher immer irgendwo ein oder gleich mehrere Streichhölzer. Dabei ist die Lösung so einfach, wenn Sie von der Unterlage weggehen und damit ein räumliches Gebilde schaffen. Nur das Tetraeder erfüllt alle Vorgaben.

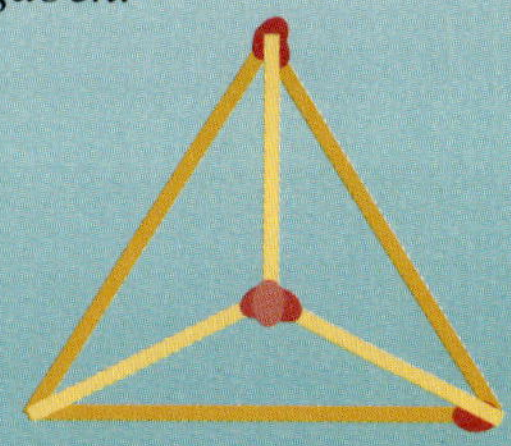

Die Königin von England gibt einen Empfang, und obwohl im Empire Ihrer Majestät das Händeschütteln nicht überall üblich ist, gilt es bei offiziellen Anlässen doch als schicklich. Wie viele Hände sich dabei berühren, lässt sich schnell und elegant berechnen.

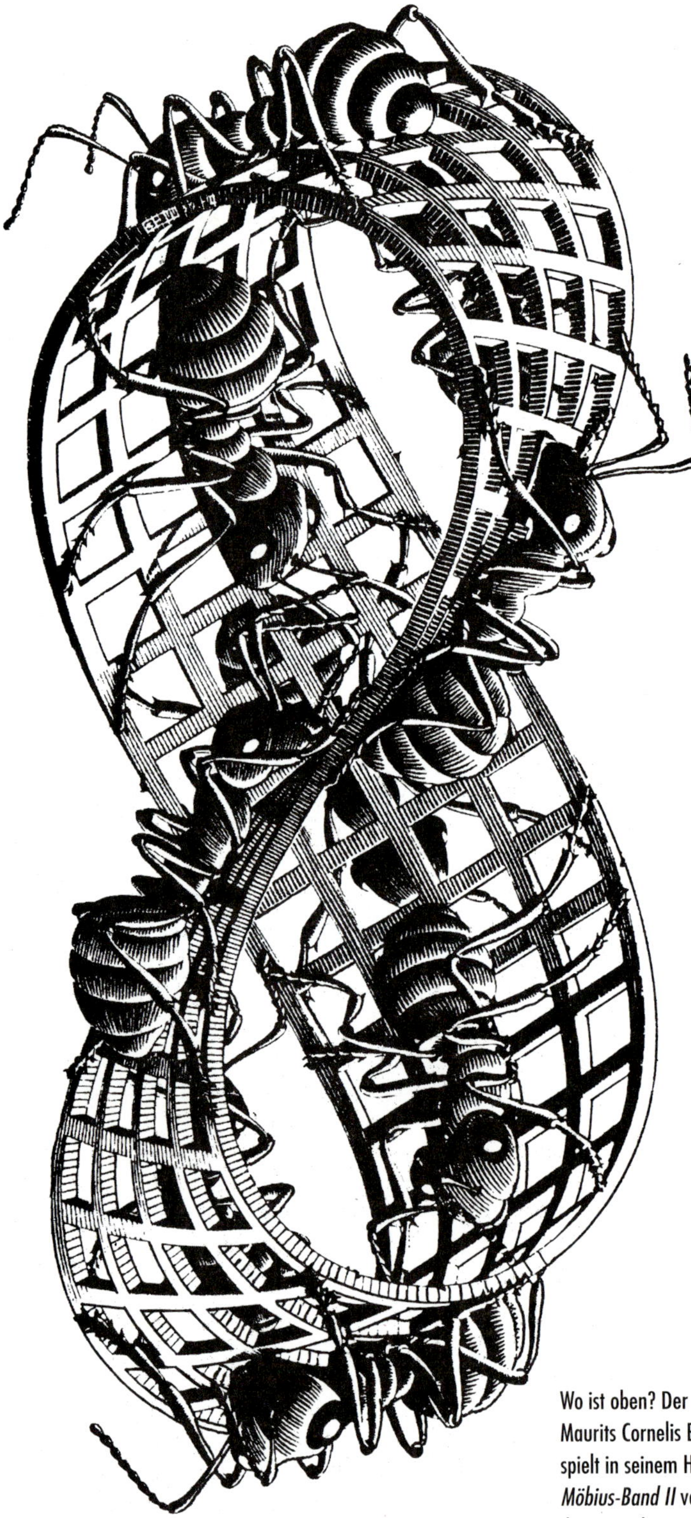

Wo ist oben? Der Künstler Maurits Cornelis Escher spielt in seinem Holzschnitt *Möbius-Band II* von 1963 mit der Perspektive.

Unglaublich, aber wahr

Das Möbiusband verdankt seinen Namen dem deutschen Mathematiker August Ferdinand Möbius (1790–1868), der es erstmals untersuchte. Die wundersamen Eigenschaften des Bandes können Sie überprüfen: Sie brauchen dazu einen langen, etwa 5 cm breiten Streifen Papier, Kleber, Bleistift und Schere. 1. Kleben Sie die beiden Enden des Papierstreifens mit einer halben Drehung zusammen. 2. Ziehen Sie mit dem Bleistift eine Linie entlang der Mitte des Streifens – und Sie landen wieder am Anfangspunkt. Außerdem ist jede Seite gekennzeichnet. 3. Schneiden Sie den Streifen entlang der Linie auseinander. Was passiert? Sie erhalten einen einzelnen, doppelt so langen Papierstreifen mit einer zweifach in sich gedrehten Schleife. 4. Noch verblüffender ist die Zauberei, wenn man nicht längs der Mittellinie, sondern bei einem Drittel der Bandbreite einen Streifen abschneidet. Sie erhalten zwei ineinander hängende Schleifen: Eine ist so lang wie Ihr ursprüngliches Band, hat aber nur ein Drittel seiner Breite. Die andere ist doppelt so lang und zweimal in sich gedreht.

genial Physiker Poincaré sprach von einem „Gefühl für mathematische Schönheit, für die Harmonie der Zahlen, der Formen, für die geometrische Eleganz."

Einstein verstand unter Denken das Erkennen von ordnenden Elementen, von Mustern, Schablonen oder Schemata, die Ähnlichkeiten aufweisen. Solche Grundelemente hatte auch der Seelenforscher C. G. Jung im Sinn, als er von angeborenen Archetypen sprach: Urbildern, die sich im Unbewussten aller Menschen finden lassen. Einer universellen Sprache gleich, werden sie von jedermann verstanden. Solche Bilder finden sich beispielsweise im Mythenschatz aller Völker, etwa der Held oder Engel.

All diese Gedanken und Ansätze belegen eine altbekannte Weisheit: Gute Gestalten werden tatsächlich leichter und genauer wahrgenommen. Außerdem erinnert man sich besser an sie und kann sie klarer beschreiben als schlechte. So kompliziert z. B. die Theorie auch sein mag, die hinter dem so genannten Möbiusband steht, sein Aussehen und seine Konstruktion prägen sich ein.

Die Untersuchungen zeigen zudem, dass der menschliche Geist alles möglichst einfach und schlüssig haben will. Leider hat diese Ausprägung unseres Denkens Vor- und Nachteile. Der Hang zur Vereinfachung und zur Kürze blendet komplizierte Sachverhalte gern aus und legt uns Lösungen nahe, die viel zu kurz greifen.

DAS SCHEINBAR UNLÖSBARE RÄTSEL

Der Diamantendieb

Kaiser Karl der Große besaß einen Spiegel, der mit 32 Edelsteinen besetzt war. Ob oben, unten, links oder rechts im Rahmen – die Summe der Steine an den Seiten ergab immer zwölf. Einem der Diener gelang es, vier Stücke zu stehlen, obwohl an jeder Rahmenseite unverändert zwölf Steine übrig blieben. Wie hat der Dieb das angestellt? Wenn Sie die Aufgabe z. B. mit Münzen nachlegen, kommen Sie der Lösung *(S. 141)* *bestimmt auf die Spur.*

Dem Denken auf der Spur

Wir erfassen Objekte, die in unser Blickfeld kommen, zuerst als Ganzes. So wissen wir mit Sicherheit, dass wir einen Baum sehen, bevor wir sagen können, ob es sich um Eiche oder Esche, um Fichte oder Kiefer handelt. In unserem Gehirn formt sich das Bild von einem Laubbaum, bevor wir die elementaren Bestandteile der Baumart wie Blätter, Blüten oder Wuchsform erkennen.

Wie das zu erklären ist, zählt zu den wichtigsten Fragen der Gehirnforschung: Beim so genannten Figur-/Hintergrund-Problem geht es darum, wie die vielen verschiedenen Aspekte eines Gegenstands zusammengefügt werden. Wie wird z. B. bei einem Bild entschieden, was ein Objekt und was der Hintergrund ist?

Was die Nervenzellen tun

Eine erste Spur zu einer Lösung wurde bereits vor rund einem Jahrzehnt entdeckt. Neurologen konnten beobachten, dass weit auseinander liegende Nervenzellen im

NAHRUNG FÜRS GEHIRN

Die gewaltigen Leistungen, die unser Gehirn täglich vollbringt, erfordern eine optimale Versorgung mit einer Vielzahl von Nährstoffen.

Ist die Versorgung mit einzelnen Stoffen mangelhaft, hat dies Folgen für die Denkvorgänge und das seelische Wohlbefinden.

◆ Energiespender Glukose
Obwohl das Gehirn nur etwa 2 Prozent des Körpergewichts ausmacht, verbraucht es schon im Ruhezustand des Körpers rund 20 Prozent der verfügbaren Energie, und dies fast ausschließlich in Form von Glukose. Damit das Gehirn gleichmäßig damit versorgt wird, sollte Ihre Nahrung möglichst viele komplexe Kohlenhydrate enthalten. Reis, Brot, Vollkornprodukte und Kartoffeln gelten als die besten Quellen und sollten rund 40 Prozent der Nahrung ausmachen.

◆ Vitamine
Eine ganze Reihe von Vitaminen unterstützt Stoffwechselvorgänge, die für die normale Arbeit der Gehirnzellen unerlässlich sind. Fehlen die kleinen Helfer, kommt es zu Konzentrationsschwäche, Vergesslichkeit, Müdigkeit und Depression.

Vitamin C beispielsweise gilt heute als *das* Denkvitamin. In Tests hat sich herausgestellt, dass der IQ von Versuchspersonen mit hohen Vitamin-C-Gehalten im Körper höher lag als bei solchen mit niedrigen Werten. Schon eine Kiwi oder ein Glas frisch gepresster Grapefruitsaft täglich stellt die ausreichende Versorgung mit Vitamin C sicher.

Die B-Vitamine, allen voran das B12, das besonders in tierischer Leber oder in Eiern in hoher Dosis vorkommt, stehen im Ruf, Balsam für die Nerven zu sein. Als Garant für Lust und Lebensfreude gilt die Folsäure, die ebenfalls aus Leber und Ei bezogen werden kann.

◆ Mineralstoffe und Spurenelemente
Wichtige Elemente in der elektrischen Übertragung der Nervenbotschaften und in der Versorgung der Nervenzellen sind Kalzium, Kalium und Natrium. Der Mangel an diesen Mineralstoffen führt zu Leistungsabfall.

Fehlt das Spurenelement Eisen, das unerlässlich für den Sauerstofftransport ins Gehirn ist, werden wir müde und schlapp, und die Konzentration lässt nach.

◆ Was können Sie tun?
Eine ausgewogene und vielseitige Kost aus frisch zubereiteten Speisen beugt Defiziten am besten vor. Wird ein Mangel an bestimmten Nährstoffen vermutet, kann dies nur ein Experte feststellen und Abhilfe schaffen.

Gehirn einer Katze in gleiche elektrische Aktivität verfielen, wenn sie auf denselben Gegenstand reagierten. Ganz offensichtlich „verarbeiteten" verschiedene Nervenzentren ein und dasselbe Objekt. Alle Zellen jedenfalls, die Signale von demselben Gegenstand empfingen, schlossen sich im 40-Hertz-Rhythmus zusammen, den sie für eine Weile aufrechterhielten.

Diese Entdeckung sorgte für ziemliche Aufregung. Sollte es jetzt auch möglich sein, das Bewusstsein oder vielmehr das Erkennen von etwas zu erklären? Machen wir uns etwas genau dann bewusst, wenn ein spontan gebildetes Nervenensemble 40-mal pro Sekunde schwingt?

Noch ist eine verbindliche Antwort nicht möglich. Offensichtlich sind jedoch die Neurologen, die von einem „Objekt" sprechen, und die Psychologen, die von der „guten Gestalt" reden, demselben Phänomen auf der Spur.

Nicht nur Bilder – auch Gedanken kippen

Die Ergebnisse aus der Neuroforschung werfen ein neues Licht auf ein Wahrnehmungsphänomen, das jeder kennt: Haben auch Sie schon einmal vor einem unaufgeräumten Schreibtisch gestanden und dringend einen Gegenstand gesucht, der direkt vor Ihrer Nase lag? Hätten Sie eine andere Position eingenommen oder jemanden gefragt, der neben Ihnen stand, hätten Sie den Gegenstand bestimmt entdeckt. Denn ob wir nach einer Büroklammer oder nach einem bekannten Gesicht in einer Menschenmenge Ausschau halten – erst wenn verschiedene Bereiche im Gehirn gleichartig arbeiten, wird uns bewusst, was wir sehen. Die Wahrnehmung und das Wissen um das Wahrgenommene sind also

Wollen Sie noch mehr?

Wer sich mit Freunden oder der Familie die Zeit vertreiben will, kann neue Aufgaben ähnlich den Lösungsgleichungen unten erfinden. Reihum denkt sich jeder eine Aufgabe aus und verfälscht sie durch Umlegen von einem oder mehreren Hölzchen – schon ist die neue Knobelaufgabe fertig.

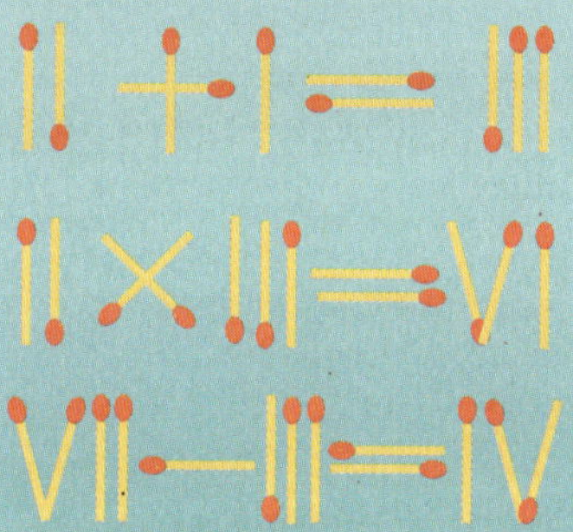

eng mit einer bestimmten Aktivität unserer Nervenzellen verbunden.

Diese Theorie passt gut zu dem, was wir bei optischen Täuschungen erleben. Wie bei dem Kippbild von der alten bzw. jungen Frau auf Seite 121 „kippt“ unsere Wahrnehmung plötzlich von einer Gestalt in eine andere um. Und zudem kennen wir diesen raschen Wechsel auch von Gedanken – schlagartig wird uns klar, wie manche Dinge zusammenhängen.

Selbst Bewegungen können auf einmal umkippen: Aus dem unsicheren Geschwanke wird eine elegante Tanzbewegung, aus den ersten tapsigen Schritten richtiges Laufen, und plötzlich kann ein Kind Rad fahren. Sogar bei unseren Gefühlen schlägt ab und zu die Stimmung von fröhlich-heiter in zutiefst betrübt um, und wir wissen nicht so recht weshalb.

Brechen Sie mit alten Gewohnheiten

Was sich bei diesen Umschwüngen geändert hat, ist die Bedeutung, die etwas für uns hat. Das Neue wird wichtig, weil unsere Aufmerksamkeit eine neue Richtung erhält, etwa wenn wir ein Objekt, das vor uns liegt, unter verschiedenen Blickwinkeln betrachten.

Dies ist ein Grundmerkmal der Kreativität, die in jedem steckt und geweckt werden kann. Die schönste Erfahrung dabei ist, dass Neues ganz allein aus uns kommt! Es war schon vorher da und wurde durch eine Umpolung unserer Aufmerksamkeit und unseres Denkens zutage gefördert. Wir sehen auf einmal etwas nicht mehr als „dieses“, sondern als „jenes“.

Wenn Sie also vor einem Problem stehen wie den Streichholzspielen oder vor schwerwiegenden Entscheidungen bei einem Umzug, werden sich Ihre Wahrnehmung und Ihr Denken neu ordnen. Fragen Sie sich dann: Ist meine Idee schön und einfach? Zeichnet sie sich durch Klarheit aus?

Dazu müssen Sie allerdings die für die Lösung entscheidenden Elemente deutlich herausarbeiten. In solch einem Fall ist es am besten, mit alten „Gestalten“ zu brechen oder eben mit alten Gewohnheiten. Für den Umzug bedeutet dies, dass nicht alle Möbelstücke oder Vorhänge in der neuen Wohnung Verwendung finden müssen.

Wir neigen dazu, unsere bisherigen Erfahrungen mit Etiketten zu versehen – wir katalogisieren sie, ordnen sie ein. „Etikettieren“ Sie weniger Bewährtes einfach neu. Angenommen, Sie müssen in fünf Minuten eine Rede halten. Ihre Handflächen sind feucht; Ihre Kehle ist trocken. Nun können Sie sich sagen: „Ich bin schrecklich nervös.“ Wahrscheinlich werden Sie dadurch nur noch aufgeregter. Sie könnten sich aber auch sagen: „Es ist ganz normal, in solch einer wichtigen Situation aufgeregt zu sein.“ Auf diese Weise gelingt es Ihnen, die unangenehmen Gefühle in einer anderen Schublade abzulegen und positiv umzumünzen.

Steine im Dutzend

Das Kunststück gelang dem Dieb, weil die Ecken des Spiegels jeweils zu zwei Seiten gehören. Wenn man also zunächst je einen Stein aus der Vierergruppe in der Seitenmitte auf eine Ecke legt und dann ein Exemplar aus der mittleren Gruppe jeder Seite entfernt, bleiben pro Seite in der Summe immer noch zwölf Edelsteine übrig.

KNAPP DANEBEN IST AUCH VORBEI

Entfernungen, Größen, Gewichte und Mengen zu schätzen ist nicht einfach – oft liegen wir dabei völlig falsch. Wir sollten unser Urteilsvermögen schärfen, denn manchmal hängt viel von der richtigen Einschätzung einer Situation ab.

Sie kommen in eine fremde Stadt und fragen jemanden nach dem Weg. „Fahren Sie bis zur Ampel, dann rechts, an der nächsten Ecke wieder rechts und dann die zweite Straße links, dann geradeaus, um die nächste Kurve, noch ein bisschen weiter. Es ist nur etwa 1 km weit!“ So beschreibt ein freundlicher älterer Herr die komplizierte Strecke zu Ihrem Ziel.

Nachdem Sie dieser Wegbeschreibung mit einiger Mühe

Schwer oder leicht, kurz oder lang, dick oder dünn? Wir verstehen zwar alle, was gemeint ist, urteilen aber unterschiedlich.

gefolgt sind, stellt sich heraus, dass die Strecke sehr viel weiter war, als der Mann behauptet hatte. Er wandte offenbar bei der Schätzung der Entfernung seinen ganz eigenen Maßstab an.

Psychologen fanden heraus, dass wir Wege, die wir gut kennen, oft als wesentlich kürzer empfinden, als sie tatsächlich sind. Fehlen uns dagegen jegliche vertrauten Orientierungspunkte, schätzen wir die Entfernung als sehr viel weiter ein.

Eigentlich wissen wir, was „schnell" heißt

Wenn Sie etwas abschätzen müssen, ziehen Sie die gesammelte Erfahrung Ihres Lebens als Maßstab heran. In Ihrem Gehirn sind dazu die wesentlichen Informationen gespeichert – viel mehr, als die meisten ahnen.

Hier nur ein Beispiel: Wissen Sie, wie schnell der Mississippi fließt? Nein? Wenn Ihnen jemand erzählen würde, dass sein Wasser 120 km in der Stunde zurücklegt, würden Sie es glauben? Stellen Sie sich einfach einen alten Raddampfer vor, der gemütlich mit der Strömung flussabwärts treibt; er würde sicher kein schnell fahrendes Auto überholen. Der Wert kann nicht stimmen. So können Sie anhand Ihrer Erfahrungen oft schwierige Sachverhalte beurteilen, auch wenn Sie keine genauen Informationen besitzen.

„Wie lange brauchen Sie zur Lösung dieser Aufgabe?" Wir alle haben eine natürliche Scheu, eine solche Frage genau zu beantworten. Wenn wir eine zu knappe Zeit angeben, setzen wir uns selbst unter Druck, und wenn die Frist zu lange ist, gelten wir als zu langsam. Die Angst, eine falsche Antwort zu geben, lähmt uns. In diesem Fall genügt allerdings oft auch schon eine grobe Angabe.

Eine Idee lässt sich nicht in enge Schranken weisen

Ein Professor für Atomphysik verblüffte einmal seine Studenten mit folgendem Verhalten: Er hatte gerade eine Berechnung an der Tafel beendet, in der Studenten einen Fehler zu entdecken glaubten. Das Ergebnis war nämlich ein etwa doppelt so hoher Wert wie in dem Lehrbuch, das er selbst geschrieben hatte. Als ihn die Studenten auf diesen Unterschied aufmerksam machten, würdigte er sie jedoch kaum eines Blickes. „Die gleiche Größenordnung!", sagte er achselzuckend. „Solange wir wissen, wie das Prinzip funktioniert, ist alles in Ordnung."

Das Verhalten des Professors vermittelt uns eine wichtige Einsicht: Es ist nicht immer notwendig, eine Zahl auf die letzte Dezimalstelle genau anzugeben – ein grober Wert reicht oft schon. Wenn man eine Idee erläutern oder etwas bewerten will, sind exakte Antworten manchmal sogar hinderlich, weil sie von der eigentlichen Aussage ablenken.

Wenn Kinder urteilen

Selbst hinter groben Schätzungen verbergen sich komplizierte Denkvorgänge, die unbewusst ablaufen. Erwachsene bilden sich ihr Urteil häufig, indem sie bei vertrauten Dingen aus dem Alltag nach ähnlichen Eigenschaften suchen. So finden sie über Vergleiche die gesuchte Antwort. Das setzt allerdings voraus, dass sie die Gedanken in ihren verschiedenen Gedächtnisschubladen miteinander austauschen können.

Kinder im Vorschulalter sind noch nicht dazu in der Lage; sie verlassen sich beim Schätzen noch weitgehend auf das, was sie sehen, ohne darüber nachzudenken. Das fand der Schweizer Psychologe Jean Piaget heraus. Er stellte vor vier- bis sechsjährigen Kindern zwei gleich große Gläser auf den Tisch und füllte jeweils die gleiche Menge Flüssigkeit ein. Dann holte er einen schmalen, aber hohen gläsernen Becher und bat die Kinder, die Flüssigkeit aus einem der beiden Gläser hineinzuschütten. Nun fragte er sie, in welchem Behälter sich mehr Flüssigkeit befände. Fast alle jüngeren Kinder waren überzeugt, in dem höheren Behälter sei mehr, auch wenn sie selbst die Flüssigkeit aus dem Glas hineingeschüttet hatten.

Der Schein trügt

Kleine Kinder verlassen sich bei ihrem Urteil noch auf den Augenschein. Sie glauben einfach, dass ein schmales, hohes Glas mehr Flüssigkeit enthält als ein breites, weil sie die Menge in den beiden Gefäßen nur nach deren Höhe beurteilen – gleichgültig, wie breit der Behälter ist.

Erst später, wenn die Kleinen etwa sieben Jahre alt sind, erkennen sie, dass sie die gleiche Menge Flüssigkeit in beiden Gläsern vor sich haben. Vielleicht haben Sie ja einmal Gelegenheit, diese Aufgabe mit Kindern auszuprobieren, die höchstens sechs Jahre alt sind.

Jean Piaget folgerte aus seinen Versuchen, dass Kinder in ihrer geistigen Entwicklung mehrere Stufen durchlaufen. Daher hat es

MESSEN MIT ZWEIERLEI MASS

Schätzen Sie einmal, was größer ist – die Münzen oder die Pappscheiben!

◆ Je wertvoller, desto größer

Unser Gehirn arbeitet nicht wie ein Computer, sondern lässt sich von vielen Faktoren beeinflussen. So schätzen wir Personen oder Gegenstände häufig zu groß ein, wenn wir wissen, dass sie sehr mächtig oder wertvoll sind.

Wie Psychologen beobachteten, kommen uns z. B. Goldmünzen größer vor als Pappscheiben mit dem gleichen Durchmesser; in Wirklichkeit sind die unten abgebildeten Münzen und Pappscheiben gleich groß. Bei den Experimenten wurden die Testpersonen offenbar von ihren Erfahrungen fehlgeleitet. Das unbewusste subjektive Urteil überlagerte die objektiven Maßstäbe der Vernunft.

Bemerkenswert ist, dass bei diesem Test die Kinder armer Eltern die Pappscheiben als besonders klein wahrnahmen. Wenn diese Scheiben womöglich noch verschmutzt waren, nahm ihre Größe in der Einschätzung der Testpersonen noch weiter ab.

◆ Gleich ist nicht gleich

Der Schweizer Psychologe Jean Piaget legte bei einem seiner Versuche vier- bis sechsjährigen Kindern zweimal acht Knöpfe vor. Sie waren jeweils in zwei waagrechten Viererreihen übereinander angeordnet. In einem Fall hatten die Knöpfe in diesen Reihen alle den gleichen Abstand, im zweiten waren die in der unteren Reihe auseinander gezogen.

Prompt gaben die Kinder an, dass in der zweiten Reihe mehr Knöpfe lägen. Davon waren sie auch überzeugt, wenn Piaget die untere Reihe vor ihren Augen auseinander zog. Aus diesen Beobachtungen schloss der Psychologe, dass Kinder in diesem Alter eine Menge nur nach ihrer Ausdehnung einschätzen; sie können mit den Begriffen „Menge" oder „Anzahl" noch nichts anfangen.

beispielsweise keinen Sinn, Schulkinder mit Aufgaben zu beschäftigen, die sie nicht lösen können, weil sie das nötige Entwicklungsstadium noch nicht erreicht haben. Allerdings durchlaufen nicht alle Kinder diese Stadien automatisch und in der gleichen Geschwindigkeit. Es gibt sogar Erwachsene, die auf einer kindlichen Entwicklungsstufe stehen geblieben sind und nie die höchste erreichen.

Jean Piagets Thesen wurden weltweit von vielen Fachleuten anerkannt, von anderen aber auch abgelehnt. Noch heute, viele Jahrzehnte nach seinen Versuchen, werden die Experimente und die Schlussfolgerungen des berühmten Psychologen kontrovers diskutiert.

Vorsicht vor Überschätzung!

Die Fähigkeit, zu beurteilen, ob etwas groß oder klein, schnell oder langsam ist, gehört zu unserem Denken. Solche Einschätzungen spielen überall im Alltag eine große Rolle, und daher sollten wir sie täglich trainieren.

Versuchen Sie einmal abzuschätzen, wie groß Ihre beste Freundin ist (oder Ihr bester Freund), und fragen Sie dann nach der tatsächlichen Größe. Haben Sie zu hoch gegriffen? Das liegt vermutlich daran, dass die betreffende Person für Sie eine wichtige Rolle spielt. Vielleicht bewundern Sie an der Freundin, wie sie den Stress im Berufsalltag und ihre Rolle als Mutter bewältigt. Wieso aber beeinflusst die Bewunderung für Ihre Freundin die Beurteilung ihrer Körpermaße?

Mächtige, einflussreiche und angesehene Menschen werden häufig größer wahrgenommen, als sie eigentlich sind. Unser Gehirn verfälscht damit die Wirklichkeit. Dieses Phänomen zeigte auch ein Versuch an einer amerikanischen Universität. Studenten, die die Körpergröße ihres Professors angeben sollten, überschätzten ebenfalls meist seine Maße.

Unsere Wirklichkeit hat Schräglage

Offensichtlich heben unsere Wahrnehmung und unsere Denkprozesse ständig Dinge hervor, die für uns bedeutsam sind. Was für unser Leben eine zentrale Rolle spielt, erscheint uns größer und schwerer als unbekannte Personen oder nutzlose Gegenstände.

Für unsere Fähigkeit, Wichtiges von Unwichtigem zu unterscheiden, ist diese Verfälschung der Tatsachen sehr hilfreich, aber wer die Welt objektiv erforschen will, wird dadurch oft in die Irre geführt.

Immer der Größe nach – kein Kinderspiel!

Die Fähigkeit, Dinge der Größe nach ordnen zu können, setzt bereits eine ganze Reihe geistiger Fertigkeiten voraus. Gibt man etwa einem Fünfjährigen Stäbchen unterschiedlicher Länge, kann er diese oft nicht der Größe nach hinlegen. Ein Achtjähriger dagegen bewältigt diese Aufgabe in der Regel spielend. Ein Kind in diesem Alter ist schon in der Lage, Schlüsse zu ziehen und diese zum Lösen einer Aufgabe einzusetzen.

Dies ist z. B. auch die Voraussetzung dafür, dass die Kinder die Karten eines Kartenspiels in eine Reihenfolge bringen, die ihren Werten entspricht. Wenn sie wissen, dass eine Dame mehr zählt als ein Bube und der König wiederum höher steht als die Dame, können sie in einem gewissen Alter den Schluss ziehen, dass der König mehr wert ist als der Bube.

Wer schon einmal mit Kindern solche Spiele gemacht hat, weiß, dass dies gewisse geistige Fähigkeiten voraussetzt. Heute unterscheiden die meisten Wissenschaftler vier Entwicklungsstufen

Aufmerksam taxieren sich Mensch und Hund. In einer solchen Situation gilt es, schnell zu erkennen, ob das Tier friedfertig ist oder ob man besser vorsichtig den Rückzug antreten sollte.

des Denkens, die Jean Piaget beschrieben hat. Erst auf der dritten Stufe, etwa im Alter von sieben bis zwölf Jahren, können Kinder ihre Aufmerksamkeit auf mehr als einen Gegenstand zugleich richten oder an einem Objekt gleichzeitig mehrere Merkmale wahrnehmen. Außerdem bilden sie die Fähigkeit aus, gleiche Mengen trotz unterschiedlicher äußerer Form zu erkennen. Erst in dieser Phase können sie korrekte Reihenfolgen bilden und logische Schlüsse ziehen.

Geordnetes Chaos

Dieser Entwicklungsprozess vollzieht sich keineswegs einfach und geradlinig, sondern bedeutet harte Arbeit für das Gehirn. Alles Neue wird in Gedankenschubladen einsortiert, sofern bereits passende vorhanden sind. Wenn wir wissen, wozu ein Stuhl dient, erkennen wir rasch, dass auch eine Parkbank eine Sitzgelegenheit ist. Oft gibt es in unserem Geist aber noch keine passenden Schubfächer und Regale; dann schaffen wir neue. Auch auf einer Schaukel können wir beispielsweise sitzen, aber sie hat offensichtlich eine ganz andere Funktion.

Nicht nur das Kind, sondern auch der Erwachsene passt sich immer wieder neu an seine Umgebung an. Wir ordnen einerseits das, was wir wahrnehmen, in unseren Erfahrungsschatz ein und erweitern andererseits unsere Kenntnisse. Dadurch sind wir jederzeit in der Lage, unsere Vorstellungen und Verhaltensmuster angesichts neuer Erfahrungen zu wandeln. Diese unglaubliche Anpassungsfähigkeit, selbst an die widrigsten Umstände, hat dem Menschen unter allen Lebewesen einen enormen Evolutionsvorteil beschert. Wir sind niemals fertig, sondern entwickeln uns immer weiter.

Das Alter bietet auch neue Perspektiven! Viele Menschen freuen sich auf den Ruhestand, weil sie dann endlich ihre Träume verwirklichen können. Gesundes Gemüse aus dem eigenen Garten ernten, reisen oder handwerklich tätig werden – dazu fehlte im Berufsleben die Zeit. Wichtig ist, dass man eine sinnvolle Aufgabe hat, dann bleibt man auch geistig fit.

WUNDERSAME ERFAHRUNGEN EINER JUNGEN ALTEN

Eine junge amerikanische Journalistin gab sich einige Zeit als alte Frau aus und erlebte dabei Erschreckendes.

◆ Eine beängstigende Welt

Pat Moore ging als alte Frau verkleidet durch mehrere amerikanische Großstädte. Sie wollte erfahren, was es bedeutet, alt zu sein. Dabei benutzte sie leicht getrübte Kontaktlinsen und Ohrstöpsel, umwickelte ihre Finger mit Pflastern, damit sie sie nicht richtig bewegen konnte, und verband sich die Beine so, dass ihr das Laufen schwer fiel.

So ausgestattet, betrat sie eine Welt, die auf junge, bewegliche Menschen ausgerichtet ist. Sogar einfache Handlungen waren für die „alte" Pat Moore beschwerlich, etwa eine Büchse zu öffnen oder in einen Bus einzusteigen. Angesichts des Lärms der Städte, des hohen Tempos und der vielen vorbeihuschenden Schatten empfand sie irgendwann nur noch Angst. Niemand half ihr; sie wurde sogar ausgelacht.

◆ Das Leben anders sehen

In unserer hektischen Zeit dominiert die Jugend. Wer als älterer Mensch nicht verzweifeln will, sollte seine eigenen Vorstellungen verwirklichen – vielleicht mit anderen, denen es ebenso geht!

Ein interessantes Leben im Gleichgewicht

Wir sollten uns bemühen, ständig die richtige Balance zwischen dem Auffüllen bekannter Schubladen und dem Öffnen neuer geistiger

„Speicher“ zu finden. Erst diese Ausgeglichenheit versetzt uns in die Lage, trotz unserer langen Lebensgeschichte offen zu bleiben – unser Wissen und unsere Einstellungen, die wir durch Erfahrungen erworben haben, optimal zu nutzen, aber gleichzeitig auch Neues über die Welt und über uns selbst zu lernen. Besonders für die geistige Flexibilität im Alter ist es gut, wenn wir immer wieder neue Gedächtnisschubladen aufziehen, statt nur in den bereits vorhandenen zu kramen.

Keine Panik vor dem Alter

„Im Alter geht es bergab“, heißt es immer wieder. Seufzend fügt man sich in das scheinbar unabwendbare Schicksal. So ganz stimmt diese einfache Behauptung allerdings nicht. Zwar lassen bei älteren Menschen manche Fähigkeiten nach – sie prägen sich z. B. Neues nicht mehr so rasch ein –, aber in vieler Hinsicht bleiben sie häufig so leistungsfähig wie in der Jugend. Ältere Menschen können oft sehr genau von Ereignissen berichten, die lange zurückliegen, und ihre Erlebnisse besser als junge Leute in historische Zusammenhänge und in ihre eigene Lebensgeschichte einordnen.

Auch wenn sich unser Gedächtnis im Lauf der Jahrzehnte verändert – das Denkvermögen können die Krallen des Alters kaum ankratzen. Weder unsere Auffassungsgabe noch unser logisches Denken werden automatisch schwächer.

Zu viel verändert sich

Wenn alte Menschen das Gefühl haben, dass sie abbauen, liegt das häufig nicht an körperlichen Ursachen, sondern eher an einem Gefühl der Hilflosigkeit angesichts der immer komplizierter werdenden Welt. Wer den Eindruck hat, mit den ständigen Veränderungen nicht mehr zurechtzukommen oder den Überblick zu verlieren, möchte gern wie der Vogel Strauß den Kopf in den Sand stecken. Damit beginnt aber die verhängnisvolle Spirale, auf der man sich immer tiefer in den Abgrund bewegt. Sobald wir unseren Geist nicht mehr beschäftigen, verlieren wir langsam viele unserer wichtigen Fähigkeiten. Dies wiederum führt dazu, dass wir nicht mehr die volle Leistung erbringen können, über unser Versagen enttäuscht sind und uns noch mehr zurückziehen.

Experten raten, dass man den Geist bis ins hohe Alter ständig anregen sollte. Dabei gilt die gleiche Regel wie beim Sport: Täglich ein wenig Übung verspricht den größten Erfolg.

Lebensfreude statt Lethargie

Entweder Sie nutzen die Möglichkeiten, die in Ihren grauen Zellen verborgen sind, oder Sie werden

Es gibt unendlich viele Möglichkeiten, den Geist und den Körper zu trainieren. Jeder muss für sich die passende Tätigkeit finden.

sie für immer verlieren. Wichtig ist auch, dass Sie versuchen, so lange wie möglich auf fremde Hilfe zu verzichten. Das Gefühl, allein zurechtzukommen, gibt Ihnen Selbstvertrauen. Schließlich konnten Sie Ihr ganzes Leben lang selbst für sich sorgen.

Wer rastet, der rostet! Pflegen Sie Ihre Hobbys, und stellen Sie sich Aufgaben, die Ihren vollen Einsatz fordern. Gerade im Übergang von der Berufstätigkeit ins Rentenalter sind anspruchsvolle Aktivitäten überaus wichtig. Damit bleiben Sie am Leben beteiligt und halten sich geistig, eventuell auch körperlich fit. Entwickeln Sie neue Interessen, und werfen Sie jede Scheu vor Neuem über Bord. Vielleicht entdecken Sie die Schönheit der Welt beim Wandern oder schwingen das Tanzbein.

Üben Sie vor allem Dinge, die Sie besonders gut und besonders gern tun. Entwickeln Sie dabei einen gesunden Ehrgeiz! Wenn Ihnen etwas schwer fällt, geben Sie nicht auf, sondern versuchen Sie, das Ziel auf einem anderen Weg zu erreichen.

Lebenslange Entwicklung – nutzen Sie Ihre Chancen!

Zahlreiche Studien aus verschiedenen wissenschaftlichen Fachbereichen belegen, dass ein Mensch nach Abschluss seiner Jugend keineswegs seine persönliche Entwicklung beendet hat. Die vielen Veränderungen, die er während seines Lebens als Erwachsener durchmacht – von der Berufswahl über die Familiengründung, die Karriere und die Erziehung der Kinder bis zum Ruhestand –, prägen seinen Charakter, seine Einstellung und sein Verhalten.

Wer ist denn das dort gegenüber? Irgendwann lernen Kinder, dass sie sich im Spiegel selbst sehen. Diese Erkenntnis ist ein wichtiger Schritt in der Entwicklung ihrer Persönlichkeit.

In dieser Phase entscheidet jeder von uns, ob er im Alter aktiv, geistig rege und fit bleibt. Wer in den Jahren vor dem Übergang in die Rentenzeit lernt, verantwortungsbewusst mit sich umzugehen, wird auch später damit keine Schwierigkeiten haben.

Nutzen Sie die vielen Möglichkeiten, die Ihnen der Alltag bietet! Sie können jederzeit in Ihrer unmittelbaren Umgebung interessante Erfahrungen sammeln; beobachten Sie beispielsweise einmal, wie sich Kinder entwickeln. Wenn Sie die Möglichkeit haben, dies regelmäßig zu verfolgen, gewinnen Sie viele Einsichten in die unterschiedlichen Stadien der menschlichen Entwicklung.

Was geht wohl im Kopf eines Säuglings vor? Haben Sie sich schon einmal überlegt, dass bei Neugeborenen nur ein kleiner Teil der 100 Milliarden Nervenzellen im Gehirn nach genetisch festgelegten Plänen vernetzt ist? Der große Rest wartet auf seine „sinnvolle“ Verschaltung, die von den Sinneseindrücken und Erfahrungen des Babys gesteuert wird.

Ein erfüllter Lebensabend

Da wir uns ein ganzes Leben lang weiterentwickeln können, bietet auch das Alter faszinierende Möglichkeiten. Es gibt uns die Chance, unser Leben neu zu ordnen und das Erlebte neu zu bewerten. Sich selbst zu erkennen, Ereignisse in größere Zusammenhänge zu stellen, aber auch neue Aufgaben bewusst anzunehmen – das sind Privilegien, die uns das Älterwerden schmackhaft machen. Allerdings können wir die Früchte des Lebens nur genießen, wenn wir aktiv werden und die Anregungen nutzen, die uns der Alltag bietet.

DIE ORDNUNG DER BEGRIFFE

Um etwas wiedererkennen zu können, müssen wir es in eine geistige Schublade ablegen. Das reicht allerdings nicht, wenn wir darüber reden wollen; dann braucht „das Ding" eine Bezeichnung.

Schon in der Schule haben wir uns gewundert, wieso Wale keine Fische sind, obwohl sie im Wasser leben. Merkwürdig kamen uns vielleicht auch viele andere Tiere vor, die der Lehrer in Gruppen stellte, zu denen sie nicht zu gehören schienen, wie Delphine oder Schwebfliegen. Sie waren mit Arten verwandt, die irgendwie nicht zu ihnen passten. Erst wenn man gemeinsame Eigenschaften betrachtete, also z. B. die Jungenaufzucht bei Walen und Säugetieren, bekam diese Zuordnung Sinn.

Im Alltag hilft es uns sehr, wenn wir wissen, wie sich etwas einordnen lässt. Stellen Sie sich eine Welt vor, in der alles immer wieder unbekannt ist; man könnte Erlebtes nicht mit bereits vertrauten Erfahrungen in Beziehung setzen. Wer sich beispielsweise in den Finger schneidet, wüsste nie, dass er vorsichtiger mit einem Messer umgehen muss. Schon bald wird Ihnen klar: Ohne Rückgriff auf

Was haben ein Elefant, ein Wal und ein Krokodil gemeinsam? Richtig: Alle sind Wirbeltiere. Der Mensch hat das Bedürfnis, die Dinge in seiner Umgebung in Kategorien zu ordnen.

frühere Erfahrungen lassen sich Verhaltensweisen nicht weiterentwickeln.

Glücklicherweise sieht unsere Welt anders aus. Wir lernen aus unseren Erlebnissen und sind beim nächsten Mal klüger. Es gibt kaum etwas, was wir überhaupt nicht einordnen können und was uns deshalb völlig aus der Bahn wirft.

Nichts Neues unter der Sonne

Wahrscheinlich haben Sie diese Situation auch schon erlebt: Sie treffen zufällig einen alten Bekannten, wissen aber nicht mehr genau, woher Sie ihn kennen. Nun ziehen Sie der Reihe nach Ihre Gedächtnisschubladen auf und stöbern darin. Kennen Sie ihn aus der Schulzeit, von einer Feier oder aus beruflichem Zusammenhang?

Wir ordnen Menschen, Ereignissen und Gegenständen bestimmte Merkmale zu, die wiederum Untermerkmale besitzen; diese werden ebenfalls weiter untergliedert. Die Fähigkeit, individuelle Erfahrungen einzuordnen – ihnen sozusagen ein gemeinsames Etikett anzuhängen –, gilt als eine der grundlegenden Fähigkeiten der meisten höheren Tiere, nicht nur des Menschen. Die Schubladen nennen die Psychologen auch Begriffe oder Konzepte. Alle Arten von Dingen werden damit belegt.

Was macht den Hund zum Hund?

Nicht nur Gegenstände, Lebewesen und Ereignisse bezeichnen wir mit Begriffen, sondern auch abstrakte Dinge wie Wahrheit, Liebe oder Hoffnung. Außerdem kennen wir Worte für Vergleiche oder andere Beziehungen zwischen Dingen, etwa die Steigerung „schöner als …".

Wenn mehrere Dinge etwas Wesentliches gemeinsam haben, fassen wir sie unter einem verbindenden Begriff in einer Gehirnschublade zusammen, wie „Mitschüler" oder „Arbeitskollegen". So teilen die Klassenkameraden folgende Merkmale: Sie sind ungefähr gleich alt, kommen aus der gleichen Gegend, sprechen den gleichen Dialekt und haben einige Zeit lang Ähnliches erlebt.

Unser Gehirn geht dabei systematisch vor. Es vergleicht die Merkmale mit einer Idealvorstellung oder dem repräsentativsten Beispiel, dem Prototyp. Dieser stellt den Durchschnitt aller Eigenschaften dar, den wir erhalten, wenn wir die Vertreter der jeweiligen Gruppe nebeneinander stellen.

So wird Ihre persönliche Vorstellung von einem Hund durch Ihre Erfahrung geprägt, also durch alle Hunde, mit denen Sie je zu tun hatten. Sollten Sie bei Ihrem nächsten Spaziergang einen oder mehrere Hunde sehen, dann öffnet sich vor Ihrem geistigen Auge die Schublade mit dem „Musterhund".

Immer flexibel bleiben

Es gibt sicher Hunderassen, die Sie noch nie gesehen haben – trotzdem erkennen Sie sofort, dass es sich um Hunde handelt. Der Prototyp wird also mit einer gewissen Bandbreite von Abweichungen in unserem Gehirn gespeichert. Eine Katze oder ein Frettchen an der Leine würden wir allerdings eindeutig als andere Tierkategorie identifizieren.

Wenn Sie jemand bitten würde, einen Hut zu beschreiben, so würden Sie vielleicht sagen, es sei eine Kopfbedeckung. Das ist aber sehr vage; auch eine Plastiktüte könnte zur Not dazu dienen. Das Konzept des Hutes muss also etwas Typisches beinhalten, ein markantes Merkmal aller Dinge, die zu dieser Klasse gehören. Ob Südwester oder Trachtenhut, ob breitrandige Designerkreation oder Zylinder – alles sind Hüte.

Manchmal fällt es uns schwer, Begriffe zu finden, unter die sich verschiedene Dinge zusammenfassen lassen. Prototypen, die wir uns nicht in jeder Einzelheit, aber eindeutig vorstellen können, wie z. B. Auto oder Schraubenzieher, ordnen wir dagegen problemlos in Kategorien ein, etwa „Fortbewegungsmittel" oder „Werkzeug".

Es ist rot, hängt am Baum und schmeckt gut

Wenn wir uns vor Augen führen, in welches komplizierte System wir die Welt bringen, scheint alles sehr verwirrend. Stühle, Tische, Schränke usw. gehören zu den Möbeln, diese wiederum zu den Einrichtungsgegenständen, zu denen auch noch Lampen und Bilder zählen, und dies alles können wir auch noch unter „Inventar" fassen. In dieser Reihenfolge werden die Begriffe immer abstrakter.

Die Beziehungen sind allerdings noch komplexer. Einzelne Dinge aus der konkreten Ebene gehören auch zu ganz anderen Begriffen, die nicht für alle Einrichtungsgegenstände gelten; eine Lampe etwa ist ein Elektrogerät, ein Bild kann eine Geldanlage sein.

Es ist Herbst, und Sie wollen einen Apfelkuchen backen. Dazu brauchen Sie Äpfel, am besten eine besonders geeignete Sorte –

Der schwedische Botaniker Carl von Linné (1707–1778) schuf als Erster ein klar gegliedertes System, in das er alle Lebewesen einordnete. In abgewandelter Form wird es noch heute in der Biologie verwendet.

welche das sein könnte, wissen Sie aber nicht. Wenn Sie diese Früchte kaufen wollen und auf dem Markt „Obst“ verlangen, kommen Sie nicht sehr viel weiter. Auch beim Betrachten der unzähligen Apfelsorten finden Sie das Gesuchte nicht. Was tun? Sie verlangen von der Marktfrau Äpfel, und dann fügen Sie hinzu: „Für einen Kuchen.“ Sie versteht sofort, was Sie meinen. Offenbar gibt es in den Reihen von Begriffen eine optimale Ebene, auf der sich Menschen ohne Missverständnisse unterhalten können.

Ist ein Kanarienvogel gelb?

Mit einem Test wollten Psychologen herausfinden, wie Menschen Informationen speichern. Sie legten den Versuchspersonen Aussagen über das Tierreich vor wie „Ein Vogel hat Flügel“ oder „Ein Kanarienvogel ist gelb“ und wollten wissen, ob diese Sätze zutreffen oder nicht. Dabei wurde die Zeit gestoppt, die die Testpersonen brauchten, um zu antworten. Obwohl die Aussage „Ein Kanarienvogel hat Flügel“ stimmt, mussten die Befragten dabei viel länger überlegen als bei den beiden vorher genannten. Die Psychologen schlossen daraus, dass der Grund im besonderen Begriffssystem unseres Gehirns zu suchen ist. Die Antwort auf die Frage, ob ein Kanarienvogel Flügel hat, ist nicht unter „Kanarienvogel“ zu finden, sondern das Gehirn muss dazu noch weitere Schubladen prüfen; es dauert also länger.

Eine verwirrende, aber sinnvolle Ordnung

Unser Wissen ist als Netzwerk von Begriffen, die durch verschiedene Beziehungen miteinander verbunden sind, in unseren grauen Zellen gespeichert. Die Suchvorgänge in diesem komplexen Netz können unterschiedlich viel Zeit in Anspruch nehmen.

So gehen vom Begriff „Kanarienvogel“ Verbindungen in mehrere Richtungen ab, etwa zur Farbe Gelb, zum Oberbegriff Vogel, zur Kategorie klein usw. Wenn wir bei der Suche auf eine Antwort die Verbindung zu „Vogel“ verfolgen, finden wir in der Schublade, dass Vögel Federn haben, Flügel besitzen und in der Regel fliegen können. Erst dann lässt sich die Frage nach den Flügeln beim Kanarienvogel mit „Ja“ beantworten.

Warum kompliziert, wenn es auch einfach geht?

Man kann sich nun fragen, ob es wirklich nötig ist, alles in ein so kompliziertes System hineinzupressen. Die meisten von uns haben sich in der Schule mit schwierigen Definitionen, komplizierten Ordnungen und schwer zu merkenden abstrakten Regeln geplagt, ohne sie richtig zu begreifen. Warum braucht die Wissenschaft ein solches System? Kann sie sich nicht einfach auf einer allgemein verständlichen Ebene bewegen, die wir besser verstehen?

Albert Einstein verwendete mit dem Begriff „Relativität“ ein Wort aus dem allgemeinen Sprachgebrauch, meinte damit aber etwas anderes als wir, wenn wir z. B. sagen, es sei relativ spät. Die Wahl eines gebräuchlichen Begriffs trägt daher nicht dazu bei, dass jeder die Relativitätstheorie versteht.

Viele Forscher bezeichnen ihre Entdeckungen nicht mit Alltagswörtern, sondern mit neu geschaffenen Begriffen wie „Quarks", oder sie verwenden Abkürzungen, beispielsweise HIV für den Erreger der Krankheit Aids.

Kategorien werden in der Wissenschaft meist anders gebildet, als es unser Gehirn tut. Während wir die Dinge durch einen Vergleich mit Prototypen erkennen, versuchen Forscher ihre Begriffe durch eine Definition zu erklären, die auf eindeutigen Merkmalen beruht. So versteht man unter Säugetieren Wirbeltiere, die ihre Jungen mit Muttermilch ernähren. Danach gehört das Eier legende Schnabeltier zu den Säugetieren, weil es seine Jungen später säugt. Der Alligator dagegen ist zwar ein Wirbeltier, aber kein Säugetier.

Ein Dalmatiner ist ein Hund und deshalb auch ein Säuger

In unserem Alltag würden wir uns ohne ein klar strukturiertes Begriffssystem nicht zurechtfinden. Vor allem die Verständigung mit unseren Mitmenschen würde unmöglich, wenn wir die verwendeten Wörter nicht gleich verstünden. Wären die Begriffe nicht eindeutig definiert, hätten wir keine Ahnung, wovon unser Gesprächspartner redet.

Leider kommen wir nicht mit Wörtern aus, die sich auf ganz

Fisch, Vogel oder Säuger? Das Schnabeltier scheint nicht eindeutig in eine dieser Kategorien zu passen; es hat einen Schnabel wie ein Vogel, ein Fell wie ein Biber und lebt vorwiegend im Wasser wie ein Fisch. Da es aber seine Jungen säugt, gehört es zu den Säugetieren.

konkrete Dinge beziehen. Schon so scheinbar einfache Begriffe wie „Geld“, „Liebe“ oder „Fisch“ sind komplizierte Gebilde, die viele Merkmale umfassen und aus unzähligen einzelnen Erfahrungen entstanden sind.

Andererseits hätten wir im Alltag auch unsere Schwierigkeiten, wenn wir immer nur abstrakte Begriffe verwenden würden. Raum, Zeit, Materie – im normalen Umgang mit Menschen sind diese Wörter zu wenig konkret. Wenn wir Kartoffeln kaufen, fragen wir nach dem Gewicht der Knollen, nicht nach der Dichte der Materie, dem Volumen oder dem spezifischen Gewicht. Ebenso selten wie die abstrakte Sprache der Wissenschaft benutzen wir allerdings im Alltag die einfache Sprache von Kleinkindern, die nur an konkrete Objekte gebunden ist.

Generationen von Wissenschaftlern haben sich mit der Frage beschäftigt, wie wir die Welt, in der wir leben, wahrnehmen und begreifen. Heute sind wir der Antwort auf diese Frage recht nah.

Eine einzigartige Sprache

Auch Tiere können sich in der Regel untereinander verständigen. Wale beispielsweise leben in kom-

ALLES HAT SEINEN PLATZ – AUCH DIE SPRACHE

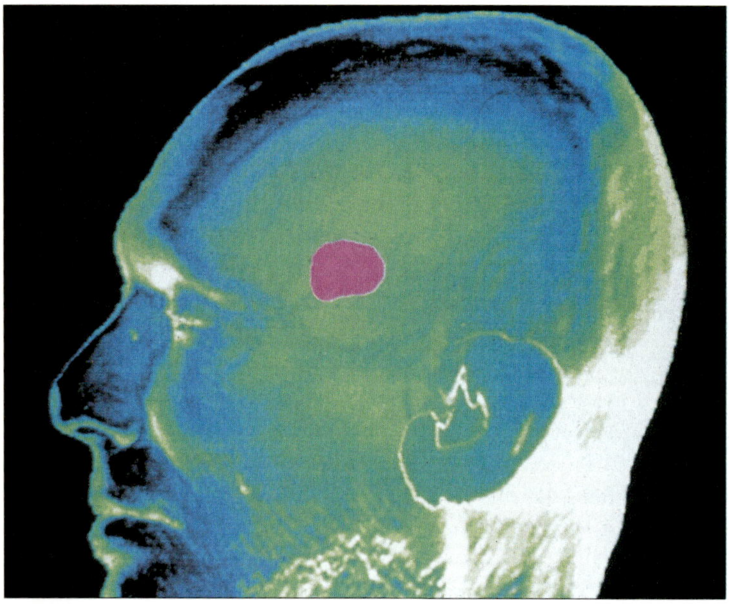

Wo im menschlichen Gehirn die Sprache angesiedelt ist, fanden Ärzte heraus, als sie Kriegsinvaliden mit Hirnverletzungen untersuchten.

◆ Sprachlose Patienten

Herr Leborgne konnte nach seiner Verletzung nur noch ein Wort sprechen: „Tan“. Nach seinem Tod untersuchte der französische Chirurg Paul Broca sein Gehirn. Dabei bestätigte sich seine Vermutung, dass sich Schäden in der linken Gehirnhälfte auf die Sprache auswirken, nicht aber solche im rechten Teil. In der linken Hälfte liegt in der Regel das motorische oder Broca-Sprachzentrum (rote Fläche im Bild oben).

Später stellte sich allerdings heraus, dass es weitere Sprachstörungen gab, die von Schädigungen anderer Gehirnbereiche verursacht sein mussten.

◆ Wer reden will, muss auch verstehen

Im Jahr 1874 untersuchte der junge deutsche Psychiater Carl Wernicke Patienten mit einer eigenartigen Sprachstörung. Diese Menschen konnten fließend sprechen, aber benutzten manchmal Wörter, die nicht in den Zusammenhang passten. Außerdem verstanden sie im Unterschied zu Herrn Leborgne meist nicht, was man zu ihnen sagte. Obwohl ihr Gehör gut zu funktionieren schien, konnten sie in den Sätzen, die sie vernahmen, keinen Sinn erkennen.

Zum Sprechen gehört folglich auch das Verstehen. Was wir lesen oder hören, wird zunächst an das semantische oder Wernicke-Zentrum geleitet, das ebenfalls gewöhnlich in der linken Gehirnhälfte liegt. Dort wird die Sprache entschlüsselt bzw. werden Sätze mit Inhalt gefüllt. Artikulieren können wir uns aber nur, wenn auch das Broca-Zentrum intakt ist.

plizierten Sozialverbänden, in denen sich alle Mitglieder persönlich kennen. Bienen teilen ihren Stockgenossinnen mit, wo sie reiche Nahrungsquellen finden, und Ameisen bilden komplexe Staaten mit einer genauen Aufgabenteilung. Kommunikation ist also keineswegs eine menschliche „Erfindung", auch wenn manche Wissenschaftler das noch vor einigen Jahrzehnten behauptet haben.

Die gesprochene Sprache ist allerdings uns Menschen eigen. Der Beginn ihrer Entwicklung liegt vermutlich vor etwa 250000 Jahren. Offenbar verschaffte diese Verständigung unseren Ahnen einen enormen Vorteil gegenüber ihren „sprachlosen" Verwandten.

Sprechen mit links

Für die Entwicklung der menschlichen Sprache waren eine ganze Reihe körperlicher Voraussetzungen notwendig, die z. B. unseren nächsten Verwandten unter den heute lebenden Tieren, den Menschenaffen, fehlen. So veränderte sich während der Evolution zum Menschen der Mund-Rachen-Raum; der Kehlkopf rutschte tiefer, der Gaumen wölbte sich nach oben, und die Zunge wurde beweglicher. Dadurch entstand der Raum, der für die Artikulation unserer Laute notwendig ist.

In der Regel liegt unser Sprachzentrum in der linken Hirnhälfte, aber nicht ausschließlich. Nach einem Schlaganfall, der den betreffenden Bereich im Denkorgan lahm legt, können die Patienten meist nicht mehr sprechen – allerdings erlangen sie häufig langsam und mühsam ihre Sprachfähigkeit wieder. Je jünger die Patienten dabei sind, umso schneller und besser erholen sie sich von Ausfällen ganzer Gehirngebiete.

In solchen Fällen ist das Hauptsprachzentrum zwar für immer zerstört, aber bestimmte Regionen der rechten Hirnhälfte übernehmen dessen Aufgaben. So beweist das menschliche Gehirn seine erstaunliche Flexibilität.

Keine leichte Übung für unser Gehirn

Die beiden Gehirnbereiche, in denen unsere Sprache entsteht, erfüllen ganz bestimmte Aufgaben. So ist das im Schläfenlappen gelegene Wernicke-Zentrum für die Spracherkennung und die Bildung von Begriffen zuständig, während das im Stirnlappen gelegene

Jede Tierart hat ihre „Sprache". Ameisen verständigen sich vor allem durch Düfte, die sie mit den Fühlern wahrnehmen. Die verschiedenen Substanzen, die die Tiere abgeben, vermitteln ganz bestimmte Botschaften.

Broca-Zentrum die Motorik bei der Aussprache steuert. Das ist eine komplizierte Aufgabe, denn beim Sprechen müssen die Bewegungen von rund 100 Muskeln allein im Mund- und Rachenraum aufeinander abgestimmt werden; dazu kommt die Regulierung der Atmung, der Lautstärke usw.

Das Entstehen unserer Sprache war vermutlich einer der entscheidenden Schritte in der Entwicklung der Menschheit, wenn nicht sogar der wichtigste. Mithilfe der Sprache konnten unsere Vorfahren fest gefügte Gemeinschaften bilden, in denen klare Absprachen getroffen und komplizierte Abläufe an die Nachkommen weitergegeben wurden. Auf diese Weise konnten sich die menschlichen Traditionen und Kulturen bilden.

In dieser Phase der Evolution nahm auch das Gehirnvolumen beträchtlich zu. Wahrscheinlich war dies teilweise zur Verarbeitung der hochkomplexen Sprache und ihrer Inhalte notwendig geworden.

Wie sich unsere menschliche Sprache genau entwickelt hat, ist noch nicht geklärt. So sind sich die Wissenschaftler nicht einig, ob alle Sprachen, die heute auf der Erde gesprochen werden, auf eine einzige Ursprache zurückgehen oder ob sie aus mehreren Ausgangssprachen entstanden sind.

Wortgewandte Schimpansen

Auch bei den Staaten bildenden Insekten hat sich die Kommunikation im Lauf der Stammesgeschichte verfeinert. Bienen tanzen einen komplizierten Tanz, um anderen Arbeiterinnen eine exakte Ortsbeschreibung zu vermitteln, und Ameisen markieren ihre Wege mit genauen Duftspuren.

Im Hinblick auf den Menschen sind jedoch die „sprachlichen" Fähigkeiten von Menschenaffen besonders interessant. Psychologen versuchen, sich mit den Tieren durch eine Zeichensprache zu verständigen, und hoffen, dabei mehr über die Ursprünge unserer Kommunikation herauszufinden. So lernte das Schimpansenweibchen Washoe immerhin 130 verschiedene Wörter in Taubstummensprache zu unterscheiden und in einem sinnvollen Zusammenhang anzuwenden.

Inzwischen hat man entdeckt, dass sich bereits im Gehirn der Menschenaffen Strukturen finden, die unseren Sprachzentren entsprechen. Auch der Frühmensch *Homo erectus* besaß wohl schon das Broca-Zentrum. Allerdings dürfte es bei ihm noch mit der Aussprache gehapert haben, denn sein Rachenraum ähnelte eher dem der Menschenaffen. Möglicherweise verständigten sich unsere Urahnen mit einer Art Zeichensprache, bevor sie Lautekombinationen artikulieren konnten.

Können wir ohne Sprache denken?

Mit der Entstehung der heutigen Sprache ging auch die Weiterentwicklung unseres Begriffssystems einher. Wer die Dinge beim Namen nennen kann, ist in der Lage, sie in eine feste Ordnung zu bringen. Der Zusammenhang zwischen der menschlichen Fähigkeit, zu sprechen, und der Fähigkeit, Begriffe zu bilden, ist allerdings sehr vielschichtig.

Sinnvoll sortieren

Was sehen Sie auf diesen beiden Seiten unten? Nur Autos? Die folgende Übung soll Ihnen deutlich machen, wie wir Dinge in eine natürliche Ordnung bringen können. Versuchen Sie einmal, einen Stammbaum aller Fahrzeuge anzulegen, ähnlich wie es der Naturforscher Carl von Linné mit den Tieren gemacht hat. Nach seinem System gehören etwa die Kanarienvögel zu den Finkenvögeln, diese zählen zu den Singvögeln und die wiederum zu den Vögeln.

Autos können Sie nach verschiedenen Gesichtspunkten kategorisieren. Überlegen Sie zunächst, in welchen Situationen welcher Fahrzeugtyp benutzt wird. Lassen sich Gemeinsamkeiten zwischen den Modellen finden? Versuchen Sie, sinnvolle Ordnungen und Klassen zu bilden – ähnlich wie bei den Vögeln. Achten Sie auch auf Überschneidungen!

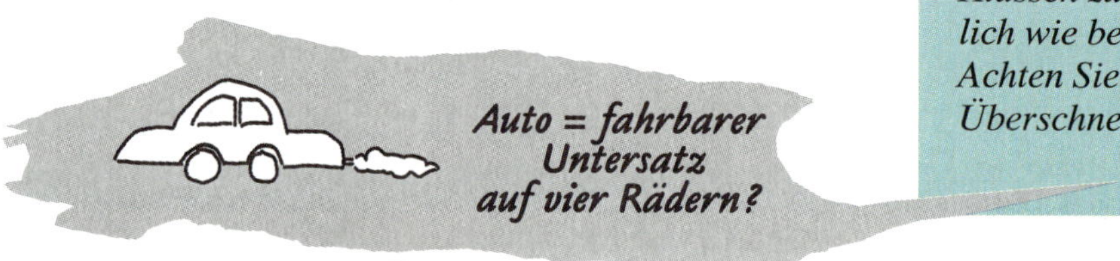

Menschen, die durch eine Schädigung bestimmter Gehirnbereiche ihre Sprache verlieren, büßen nicht notwendigerweise auch ihre Denkfähigkeit ein; sie sind weiterhin in der Lage, Begriffe in Systeme einzuordnen.

Diese wichtige Tatsache konnten Psychologen schon 1965 nachweisen. Sie legten gehörlosen, aber sonst gesunden Kindern Reihen von Bildkarten vor. Jede dieser Reihen bestand aus sieben Zeichnungen, beispielsweise: Personenwaage, Bleistift, Stoppuhr, Kühlschrank, Weinflasche, Maßstab und Wolkenkratzer. Nun mussten die Kinder einen Begriff finden, zu dem genau drei der abgebildeten Dinge passten.

Eine richtige Lösung in dem eben genannten Beispiel ist folgende: Waage, Stoppuhr und Maßstab sind Messgeräte. Wer dies erkennt, muss eine Art von Begriffsstruktur im Kopf besitzen, selbst wenn die einzelnen Begriffe nicht mit Worten benannt werden.

Bei dem Experiment mit den Bildkarten schnitten die gehörlosen Kinder im Alter von acht Jahren wesentlich schlechter ab als die gesunden. Mit 14 Jahren dagegen waren sie ihren hörenden und sprechenden Kameraden völlig ebenbürtig. Ihr Denken hatte sich offensichtlich unabhängig von der Sprache ausgebildet, wenn auch langsamer.

Selbst wenn unser Begriffssystem auch ohne Worte funktioniert – erst durch die Sprache wurde der Mensch zum Menschen. Sie eröffnete ihm Welten, die keinem anderen Lebewesen offen stehen. Als unsere Ahnen zu sprechen begannen, wurden sie zu etwas ganz Besonderem.

Das geteilte Gehirn

Wichtige Aufschlüsse über den Zusammenhang zwischen Denken und Sprache brachten Untersuchungen an Menschen, bei denen aus medizinischen Gründen die Verbindung zwischen den beiden Großhirnhälften zertrennt wurde.

Interessanterweise zieht eine solche Operation oft keine dramatischen Folgen für die Persönlichkeit und das Verhalten der Patienten nach sich. Da aber der Informationsaustausch zwischen den Hemisphären unterbunden ist, weiß die linke Gehirnhälfte nicht, was die rechte tut. Wenn man den operierten Patienten zwei gleiche Gegenstände in die rechte und in die linke Hand legt und ihnen die Augen verbindet, können sie nicht mehr angeben, ob sie zwei gleiche oder zwei verschiedene Gegenstände erhalten haben.

Die linke Hirnhälfte identifiziert ein Objekt anhand typischer Merkmale und versucht, es in eine passende Kategorie einzuordnen. Dagegen erkennt die rechte Hälfte die Dinge anhand ihres Musters oder ihrer Form. So vereint unser Denkorgan zwei völlig unterschiedliche Arten der Auffassung, und im Normalfall arbeiten sie perfekt zusammen.

Auto-Ordnung

Kraftfahrzeuge lassen sich z. B. nach der Antriebsart, dem Motor oder nach Preisklassen einteilen. So unterscheidet man zahlreiche Typen wie Klein-, Mittelklasse- und Oberklassewagen, Sport- und Geländewagen, Limousinen, Kabrios, Kombis, Vans und Busse.

WIE SIE SICH IM CHAOS ZURECHTFINDEN

Im Vergleich zum Autofahren ist das Steuern eines Flugzeugs überaus schwierig. In unserer technisierten Welt müssen wir aber zunehmend auch komplexe Zusammenhänge beherrschen.

Dass ein Chamäleon seine Farbe an die der Umgebung anpasst, ist hinlänglich bekannt. Welche Farbe nimmt es aber an, wenn man es in einen verspiegelten Kasten setzt? Bei dieser Frage handelt es sich um ein Gedankenexperiment, das in der Praxis noch nicht überprüft wurde. Deshalb überrascht es nicht, dass auch die Antworten der Forscher höchst unterschiedlich ausfielen. Einige meinen, das Tier werde sich auf einen Mittelwert seines Farbspektrums einpendeln. Etliche jedoch glauben, das Chamäleon werde bei seinem eigenen Anblick erschrecken und deshalb die Farbe wechseln. Sobald es sich an seine neue Umgebung gewöhnt habe, werde es wieder seine ursprüngliche Farbe annehmen. Andere Forscher wiederum kommen zu dem Schluss, dass das Chamäleon niemals eine einheitliche Farbe annehmen, sondern sich wie ein lebendiges Kaleidoskop verhalten werde. Wegen der Zeitver-

Die Schaltungen auf einem Computerchip wirken ebenso kompliziert und verwirrend wie die Verkehrsströme einer Großstadt. Und doch folgen beide bestimmten Gesetzmäßigkeiten.

WIE KOMMT ES ZU MENSCHLICHEM VERSAGEN?

Für so manche Katastrophe ist nicht die Technik, sondern der Mensch verantwortlich: Wenn er überfordert ist, trifft er in kritischen Momenten die falsche Entscheidung.

◆ Nur die Leuchte

Der Kapitän des Flugzeugs hatte alle Befehle zum Ausfahren des Fahrwerks vorschriftsmäßig ausgeführt. Die Maschine der amerikanischen Fluggesellschaft United Airlines mit 189 Passagieren an Bord befand sich gerade im Landeanflug auf Portland in den USA. Doch nach dem Ausfahren des Fahrwerks leuchtete die Kontrollanzeige nicht auf.

Die Crew beschloss, eine Warteschleife zu fliegen und in dieser Zeit die Störung zu überprüfen. Dabei wurde der Treibstoff knapp. Der Kapitän war mit der Fehlersuche so beschäftigt, dass er die Warnungen des Bordingenieurs nicht wahrnahm. Als er schließlich reagierte, war es zu spät. Vor dem Aufsetzen fielen alle vier Triebwerke aus, und das Flugzeug ging in einem Wald nieder. Zehn Menschen starben. Die Untersuchung ergab, dass lediglich die Kontrollanzeige defekt gewesen war.

◆ Wo liegen die Ursachen?

Dieser relativ glimpflich verlaufene Absturz im Jahr 1978 zeigte die Unfähigkeit des Flugkapitäns, auf mehrere gleichzeitig eintreffende Informationen zu achten. Zudem bestätigte er eine Untersuchung der amerikanischen Luft- und Raumfahrtbehörde (NASA): Bei 70 Prozent der Unfälle spielt menschliches Versagen mit. Fehler wurden gemacht bei der Zusammenarbeit, Kommunikation, Führung und Entscheidung. Deshalb setzen Psychologen verstärkt auf die Verbesserung der Teamarbeit.

◆ Fatale Folgen

Ähnliches trug sich 1986 im Kontrollraum des Kernkraftwerks von Tschernobyl zu. Eine Expertenkommission kam zu dem Schluss: Der Hauptgrund für das Unglück bestand darin, dass das Personal im Kontrollraum nicht ausreichend auf unvorhersehbare Ereignisse und auf die Folgewirkungen ihrer Maßnahmen vorbereitet war.

zögerung seiner Reaktion auf die Umgebung würden die Farben auf seiner Körperoberfläche nämlich in ein endloses Flimmern geraten.

Diese Antworten führen zum Kern eines der wichtigsten Phänomene unserer Zeit: der Komplexität vieler Vorgänge. Für einige Forscher bedeutet dies eine grundlegende Revolution, denn wo das Chaos beginnt, stoßen die klassische Wissenschaft und die Gesetze, denen sie folgt, an ihre Grenzen.

Penneberg und sein Bürgermeister

Stellen Sie sich vor, Sie würden zum Bürgermeister von Penneberg gewählt werden. Diese Stadt ist in ihrer Größe und Struktur mit Köln vergleichbar, nur finden Sie sie auf keiner Landkarte. Die Erklärung dafür ist ebenso einfach wie überraschend: Es gibt sie lediglich virtuell, d. h. als Computerspiel.

Dennoch können Sie aktiv werden und wie ein „richtiger" Bürgermeister handeln: Ihre Maßnahmen beeinflussen Arbeitslosigkeit, Verschuldung, Infrastruktur und Wirtschaftswachstum, und Sie können z. B. die zur Verfügung stehenden Mittel in den Ausbau des Straßennetzes, in Schulen oder Krankenhäuser investieren.

Wie in einer wirklichen Stadt, so gibt es auch in Penneberg Bürger, die den Bürgermeister nach einer Legislaturperiode abwählen können. Während seiner Amtszeit allerdings besitzt er diktatorische Vollmachten. Wenn Sie also als Bürgermeister vor dem Computer sitzen, dann entscheiden Sie allein, wie mit dem knappen Haushalt umgegangen werden soll.

Nach jeder Entscheidung erhalten Sie eine Meldung über die eingetretenen Veränderungen. Die einseitige Förderung von Gewerbe und Industrie belebt zwar die Konjunktur, aber zugleich steigt die Kriminalität in diesem Stadtteil an. Investieren Sie dagegen nur in Krankenhäuser und Schulen, dann liegt die Wirtschaft am Boden und die Arbeitslosigkeit nimmt zu.

Die Fehler des Bürgermeisters

Psychologen haben mehrere Studenten als Testpersonen mit dieser virtuellen Computerstadt konfrontiert. Ziel der Untersuchung war herauszufinden, wie diese ein komplexes Problem – in diesem Fall das Regieren – bewältigen

WEGE AUS DER PAPIERFLUT

Ein aufgeräumter Schreibtisch hilft Zeit sparen und schont auch die Nerven. Wie Sie dieses Wunschziel erreichen, verraten Ihnen folgende Tipps.

◆ **1. Regel**
Jedes Stück Papier nur ein- oder höchstens zweimal zur Hand nehmen. Wenn Sie sich daran halten, werden Sie Ihre Energie nicht mehr für die Sichtung unbeachteter Papiere verschwenden.

◆ **2. Regel**
Sämtliche Post wird zu drei Stapeln sortiert. Der erste umfasst die dringendsten Angelegenheiten. Da sie noch am selben Tag erledigt werden müssen, bleibt dieser Stapel als Einziger auf dem Schreibtisch. Der zweite Stapel enthält nicht so eilige Unterlagen; sie kommen in eine Terminmappe und werden im Lauf der Woche erledigt. Der dritte Stapel enthält Papiere, die Sie nicht einfach wegwerfen wollen, da Sie sie vielleicht noch brauchen könnten. Diese Schriftstücke legen Sie am besten in einer Schublade oder in einem Archiv mit System ab.

◆ **3. Regel**
Räumen Sie ab und zu den Schreibtisch gründlich auf. Sie nutzen ihn optimal, wenn Sie darauf nur den ersten Stapel mit den dringendsten Angelegenheiten ablegen.

würden. Jeder der ausgewählten „Bürgermeister“ durfte das Schicksal der Stadt 20 Jahre lang bestimmen, wobei die Amtszeiten im Computer natürlich weitaus schneller abliefen als in Wirklichkeit. Wie meisterten die Versuchspersonen ihre Aufgabe?

Den meisten unterliefen schon zu Beginn schwere Fehler: Sie achteten nur auf gegenwärtige Ereignisse, anstatt auch über künftige Entwicklungen nachzudenken. Fast noch schlimmer wog, dass die wenigsten in der Lage waren, die Neben- oder Folgewirkungen ihrer Handlungen in ihre Entscheidungen mit einzubeziehen.

Global denken können

Die meisten Menschen, so das Ergebnis der Psychologen, denken zu geradlinig, um komplexe Aufgaben bewältigen zu können. Sie folgen stur der Schritt-für-Schritt-Methode und sind nur bestrebt, ein Problem nach dem anderen zu lösen. Dabei konzentrieren sie sich vor allem auf Teilbereiche, was sie aber der Lösung des Gesamtproblems nicht näher bringt. Die Testpersonen dachten offenbar, kleine Ursachen führten zu kleinen Wirkungen und große Ursachen hätten auch große Wirkungen. Eine einfache Regel besagt aber: Je komplexer die einzelnen Bestandteile eines Systems werden und je mehr dabei zu berücksichtigen ist, desto mehr ist ein Ganzes nicht lediglich die Summe seiner Teile.

Um ein komplexes Problem lösen zu können, fehlte fast allen Testpersonen die Fähigkeit, global, d. h. in großen Zusammenhängen, zu denken und ein Problem als Netzwerk ineinander greifender Teile zu verstehen. Ein komplexes System setzt stets voraus, dass man in einem bestimmten Augenblick mehrere Entscheidungen gleichzeitig treffen muss, deren Folgen teilweise gegenläufig sind. Besonders schwierig wird es dann, wenn die Auswirkungen einer Entscheidung nicht direkt, sondern zeitverzögert auftreten.

Eine Stadt, die keine ist

In einem anderen Computerspiel wird die Entstehung einer Stadt simuliert. Anfangs erscheint nur eine Landschaft. Der Spieler kann nun Straßen bauen, Leitungen verlegen, Parks, Wohnviertel, Gewerbegebiete errichten und einen Hafen oder großen Flugplatz planen.

Anfangs verfügt der Spieler über reichlich Mittel, denn er muss die Stadt ja erst aufbauen. Mit jeder Bauphase strömen aber auch mehr Menschen in die Stadt, und die Probleme nehmen zu.

Der Spieler kann jederzeit überprüfen, wie es um die Finanzen der Stadt steht. Wie im wirklichen Leben schlagen auch hier alle Maßnahmen kostenmäßig zu Buch, bringen aber eventuell in Form von Steuern wieder Geld in die Stadtkasse. Auch kann der Spieler erkennen, ob die Bevölkerung mit ihm zufrieden ist und wie sich z. B. Kriminalität oder Umweltverschmutzung entwickeln.

Die meisten Anfänger stürzen „ihre“ Stadt zunächst ins Verderben. Wer aber öfter spielt, lernt ein gewisses Gleichgewicht zu halten.

Ist der Kosmos ein lebendiges Gebilde?

Auf der Erde gibt es wohl nichts, was nicht von etwas anderem abhängt. Die Kette dieser Abhängigkeit erscheint so komplex, dass die gesamte Biosphäre der Erde im Grunde als ein einziger Organismus aufgefasst werden kann ähnlich einem Körper, der aus Myriaden von Zellen zusammengesetzt ist. Davon jedenfalls ist der Chemiker James Lovelock überzeugt, der diesen Organismus Erde auf den Namen Gaia getauft hat.

Ein Lufthauch, der einen Sturm auslöst

Bereits kleinste Veränderungen können auf der Erde dramatische Folgen haben. Das klassische Beispiel dafür ist der so genannte Schmetterlingseffekt: Ein Schmetterling im Regenwald des Amazonas bewegt seine Flügel und setzt damit Ereignisse in Gang, die in New York einen Sturm auslösen. Ein andermal bewegt der Schmetterling abermals seine Flügel, aber diesmal hat sein Flügelschlag keinerlei meteorologische Folgen.

Kleine Ursachen können also sehr wohl große Wirkung zeigen. Und eher geringfügige Unterschiede in den Ausgangsbedingungen führen zu höchst unerwarteten Ergebnissen. Entscheidend aber ist: Die Wirkung lässt sich nie vorhersagen. Die Ähnlichkeit mit dem zwischenmenschlichen Bereich ist unverkennbar: Oft reichen kleine Gesten aus, um den weiteren Verlauf einer Beziehung in eine völlig neue Richtung zu lenken.

Der Schmetterlingseffekt wurde in den frühen 60er-Jahren entdeckt und löste in der Fachwelt Entsetzen aus. Plötzlich brach nämlich das überlieferte Bild von der geregelten Funktionsweise der Welt wie ein Kartenhaus zusammen. Bis dahin waren die Forscher stets von der Überzeugung ausgegangen, dass das Universum im Wesentlichen wie ein Uhrwerk funktioniere und genau vorhersehbaren Gesetzmäßigkeiten folge.

Was bestimmt den Lauf der Welt?

Zwei Merkmale kennzeichnen ein solches Modell: Wiederholung und Vorhersagbarkeit. Die Wissenschaftler, die dieser Theorie anhingen, meinten, alles in der Natur unterliege ewigen, allgemein gültigen Gesetzen. Ihnen zufolge ließen sich Vergangenheit und Zukunft des Universums aus seinem

Die Welt in klein: Auf den ersten Blick wirkt sie beherrschbar. Natürlich würde bei der Modelleisenbahn jeder gern den Zugverkehr regeln. Die Vorstellung, auch die Stadt zu verwalten, ist dagegen viel weniger verlockend.

gegenwärtigen Zustand ableiten, sofern jemand die dazu nötigen Berechnungen ausführen und die Beobachtungen vornehmen könnte.

Dafür spricht auch, dass man z. B. schon lange im Voraus genau berechnen kann, wann eine Sonnenfinsternis auftritt. Auch das Landungsmanöver einer Raumkapsel auf dem Mond nach einer mehrtägigen Reise beruht auf dieser Vorhersagbarkeit. Schon die geringste Änderung der Flugkoordinaten eines Raumschiffes führt zu einer neuen Flugbahn, die mittels Bewegungsgleichungen genau berechnet werden kann. Würden diese Gesetze ähnlich chaotisch verlaufen wie beim Bürgermeisterspiel, wäre kein Astronaut bereit, zum Mond zu fliegen, da es fraglich wäre, ob er je zurückkäme.

Wir alle verlassen uns darauf, dass wir bestimmte Abläufe oder Ereignisse in der Welt, die uns umgibt, zumindest teilweise voraussehen können. Sie erscheint uns vorhersehbar oder „linear“, und diese Eigenschaft ist ein wichtiger Teil unserer Existenz. Allerdings laufen manche Dinge um uns herum nicht wie erwartet ab und sind somit nicht voraussehbar.

Kann eine Wettervorhersage überhaupt verlässlich sein?

Bestes Beispiel dafür ist der tägliche Wetterbericht. Die Meteorologen schaffen es kaum, das Wetter auf mehr als etwa drei Tage im Voraus richtig anzugeben. An der Entwicklung des Wetters wirken zahllose Elemente mit, die in komplexer Wechselbeziehung zueinander stehen. Darum kann man oft Stürme, Schnee oder Regen nicht voraussagen. Auch Börsenkurse lassen sich durch Analysten nicht vorhersagen, weil zu viele Einflüsse plötzliche Kursschwankungen auslösen können. Ein Zuliefererbetrieb gerät z. B. in Terminschwierigkeiten und reißt einen ganzen Wirtschaftszweig mit sich. Alle Versuche, hier regelnd einzugreifen, sind bislang gescheitert.

So lernen Sie, mit komplexen Situationen umzugehen

Wer meint, vor einer komplexen Aufgabe zu stehen, sollte zunächst keine plötzlichen, starken Verän-

So eintönig es aussieht, die Überwachung eines Fließbandes ist eine recht komplexe Aufgabe: In jedem Augenblick muss man mehrere Dinge gleichzeitig beobachten, und im Notfall kommt es auf die schnelle und richtige Reaktion an.

derungen einleiten. Da Sie anfangs kaum wissen, welche Folgen Ihre Entscheidungen haben, ist es besser, mit kleinen Veränderungen zu beginnen und zu beobachten, was geschieht. Geschieht nichts, können Sie etwas stärker steuern.

Es verhält sich damit wie mit dem Autofahren: Will man die Richtung etwas ändern, genügt eine leichte Bewegung des Lenkrads; ruckartige Bewegungen des Lenkrads lassen das Auto ins Schleudern geraten. Es ist auch sinnvoll, einige Zeit abzuwarten und zu beobachten, ob die Folgen nicht etwa zeitversetzt eintreten. Dreht man z. B. die Heizung auf, wird es auch nicht sofort warm. Erst nach einer Weile kann man beurteilen, ob man den Thermostaten weit genug oder zu weit aufgedreht hat.

Was einen guten Bürgermeister ausmacht

Untersuchungen haben ergeben, dass es mit der herkömmlichen Vorstellung von Intelligenz wenig zu tun hat, ob wir ein komplexes System steuern können oder nicht. Gefragt sind vielmehr Fähigkeiten, die vom IQ unabhängig sind. So sollten wir mehrere Informationen auf einmal berücksichtigen und in ihrem zeitlichen Verlauf beobachten können. Wir sollten auch bereit sein, die eigenen Vorstellungen darüber, wie etwas funktioniert, immer wieder neu zu überprüfen.

Beziehen wir uns auf den „Bürgermeister" des erwähnten Computerspiels, so ist für seine Eignung in diesem Amt entscheidend, ob er aus Fehlern lernen kann oder nicht. Einigen Testpersonen gelang dies recht gut, andere erzeugten eine Katastrophe nach der anderen. Sie versuchten ihr Glück mal auf die eine, mal auf die andere Art und gerieten dadurch immer wieder in Panik. Geduld und Selbstsicherheit waren für den Erfolg entscheidender als der IQ.

Ein alarmierender Befund dieser Versuche: Derjenige, dem es nicht gelang, die Probleme der Stadt in den Griff zu bekommen, neigte nicht nur dazu, die Verantwortung von sich wegzuschieben, sondern versuchte auch, sich zu rechtfertigen. Er führte den Misserfolg auf eine einzige Ursache zurück und vertrat diese Behauptung dann auch stur.

Zur Fähigkeit, komplexe Probleme zu lösen, gehört auch die Bereitschaft, mit anderen Menschen zusammenzuarbeiten, Informationen einzuholen, um sich vorsichtig dem angestrebten Ziel zu nähern. Dabei sollte man immer wieder nach neuen Lösungsansätzen suchen, um der Vielfalt der Informationen gerecht zu werden.

Während eines Fluges erhalten Pilot und Kopilot z. B. ständig Dutzende von Informationen. Sie müssen jederzeit imstande sein, eine Vielzahl von Messdaten über den Zustand der Maschine und den Flug aufzunehmen, zu verarbeiten und rechtzeitig die angemessenen Entscheidungen zu treffen. Wenn sie den Überblick verlieren, können die Folgen verheerend sein.

Computersimulationen helfen, den Umgang mit komplexen Situationen wirklichkeitsnah zu üben. So lernen z. B. Piloten in Flugsimulatoren, wie sie auch in unerwarteten kritischen Augenblicken die richtige Entscheidung treffen.

Simulationen spiegeln das richtige Leben wider

Im Ausbildungszentrum der Lufthansa in Bremen steht ein etwa containergroßes Gerät, das der Aus- und Fortbildung der Piloten dient. Es handelt sich um einen hochmodernen, extrem teuren Flugsimulator, dessen Inneres einem Cockpit nachgebildet ist. Mithilfe komplexer Computer-

TIPPS FÜR DEN UMGANG MIT NEUEN GERÄTEN

Auf die Freude über den Kauf eines neuen Gerätes folgen mitunter Ratlosigkeit und Ärger. Die Ursache: Wir wissen nicht, wie wir es bedienen sollen.

◆ **Anweisungen befolgen**
Lesen Sie stets vor der ersten Inbetriebnahme die beigefügte Betriebsanleitung sorgfältig durch.

◆ **Testen Sie das System**
Neue Geräte reagieren oft unberechenbar. Verändern Sie daher die einzelnen Einstellungen am Gerät nur behutsam, und beobachten Sie die Folgewirkungen.

◆ **Nehmen Sie sich Zeit**
Nicht jeder Handgriff oder ausgeführte Befehl zeigt sofort Wirkung. Vermeiden Sie daher zu plötzliche und zu große Zustandsveränderungen am Gerät.

◆ **Beobachten Sie genau**
Oft zeigt erst das gleichzeitige Verändern zweier oder mehrerer Einstellungen eine Wirkung, so z. B. bei den meisten neueren Backöfen.

◆ **Teamarbeit hilft**
Gemeinsam lassen sich auch schwierige Situationen besser meistern, denn wir können uns mehrfach absichern: Eine Person bemerkt vielleicht etwas, was die andere übersieht.

programme ist es möglich, selbst die kritischsten Flugsituationen wirklichkeitsgetreu nachzustellen und auf diese Weise die Entscheidungen der Piloten auf ihre Richtigkeit hin zu überprüfen.

Bei Computerspielen geschieht dies nur auf dem Bildschirm. Dabei können Sie mehrere Anzeigen wie Höhenmesser, künstlichen Horizont, Geschwindigkeitsmesser, Tankanzeige usw. überblicken. Man kann auch das Verhalten des Flugzeugs beeinflussen, indem man z. B. den Steuerknüppel oder den Gashebel bedient.

Auf den Instrumenten lassen sich dann sofort die Zustandsveränderungen wieder ablesen. In der Mitte befindet sich das Cockpitfenster, auf dem man die Landschaft und den Himmel vorbeiziehen sieht. Alle Handlungen wirken sich unmittelbar auf den Flug bzw. auf die Lage des Flugzeugs aus. Auch hier treten zeitverzögerte Wirkungen auf: Zieht man den Steuerknüppel z. B. nach links, zeigt sich die Auswirkung erst etwas später und ist, wie in der Wirklichkeit, auch nicht sofort zu stoppen. Die Geschwindigkeit eines Flugzeugs lässt sich nicht wie beim Auto plötzlich verringern; dafür gibt es mehrere Ausweichmöglichkeiten nach links und rechts, nach oben oder unten. Ein ideales Training für den Umgang mit komplexen Systemen.

Jetzt auch noch Heizung, Herd und Kühlschrank?

Je schneller die technische Entwicklung voranschreitet, desto stärker sind wir von komplexen

Ratlosigkeit kommt auf, wenn die Milch, die man nur aufwärmen wollte, plötzlich überkocht. Dabei hieß es doch, der hochmoderne Herd kontrolliere die Temperatur ganz von allein.

Systemen umgeben, deren Bedienung uns häufig problematisch erscheint. Die Steuerung der Zimmertemperatur übernimmt in der Regel der Thermostat der Heizanlage: Wenn die Außentemperatur einen bestimmten Wert erreicht, öffnet sich das Ventil der Heizanlage; ist die erwünschte vorprogrammierte Temperatur im Raum erreicht, schließt das Ventil wieder. Moderne Heizanlagen verfügen jedoch über mehrere Messstellen in der Wohnung und an den Außenwänden. Deshalb ist es nicht immer einfach, die erwünschte Temperatur in einem Zimmer beizubehalten.

Bei vielen Geräten merken wir erst, wenn sie kaputt sind, dass es sich um komplexe Systeme handelt, die durch eine technische Vorrichtung gesteuert werden. Ein Kühlschrank und die Kochplatte des Herdes arbeiten im Prinzip nach demselben Muster, wie es bei der Heizung der Fall ist.

Und wenn demnächst Ihr Kühlschrank dank eines eingebauten Mikrochips in der Lage sein wird, über das Internet die fehlende Milch nachzubestellen, dann ist in jeden Haushalt endgültig ein sich selbst regelndes System eingezogen, und wir werden erkennen, was es bedeutet, in einem hoch technisierten Haushalt zu leben.

Unser Denken jedenfalls hat Mühe damit, bestimmte Aufgaben nicht mehr Schritt für Schritt, also nacheinander zu lösen, sondern sie als große Netzwerke zu begreifen, in denen ein Element mit dem anderen verwoben ist.

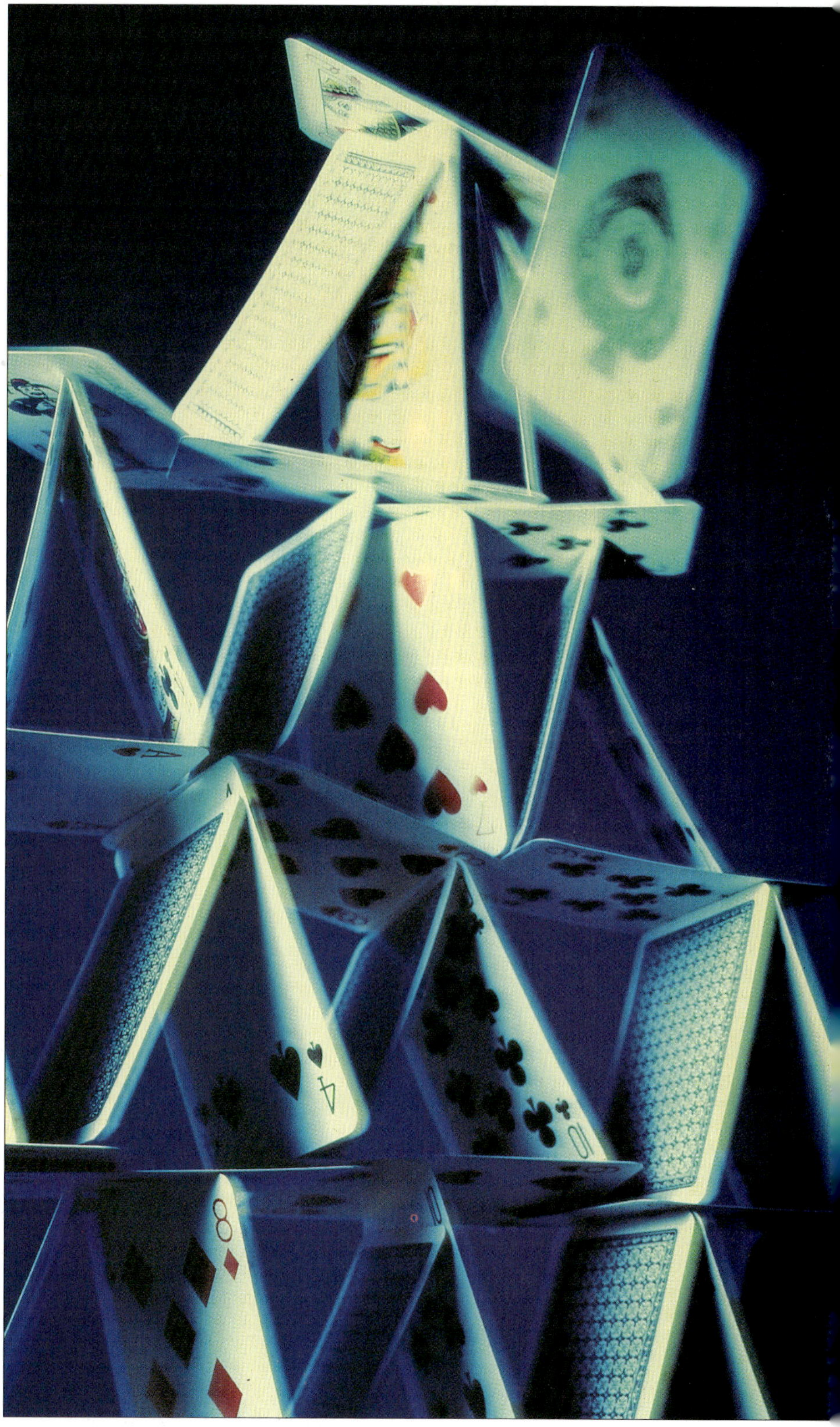

Kleine Ursache, große Wirkung: Bereits ein kaum wahrnehmbarer Luftzug kann ein ganzes Kartenhaus zum Einsturz bringen.

Teil 3

Sich erinnern

Tauchen Sie ein in das Riesenreservoir Ihres Gedächtnisses, nutzen Sie das Potenzial, das dort schlummert! Wer sich mit Namen schwer tut, wer Auto- oder Kontonummern nicht im Kopf behält oder wer nie weiß, wo er seine Hausschlüssel liegen lässt, findet in diesem Abschnitt wertvolle Tipps und Tricks, wie er sich die wichtigen Dinge des Alltags besser merken kann.

SO WIRD NICHTS MEHR VERGESSEN

Fühlen Sie sich immer mal wieder von Ihrem Gedächtnis im Stich gelassen? Dann ist es Zeit, die Merkfähigkeit zu trainieren. Das erleichtert nicht nur die Verrichtungen des Alltags, sondern macht auch viel Spaß. Einfach einmal ausprobieren.

Wo ist denn nur mein Schlüssel? Wie hieß doch noch die neue Kollegin? Was muss ich heute unbedingt besorgen? Die meisten von uns kennen es: Erinnerungslücken erschweren den Alltag, bringen uns in Verlegenheit, und nicht selten müssen wir zudem den Spott der Mitmenschen ertragen. Wir machen uns auch Sorgen, wenn wir zunehmend vergesslicher werden. Sind das schon die ersten Symptome der Alzheimerkrankheit? Werde ich plötzlich alt? Solche quälenden Fragen tauchen auf, wenn einem plötzlich die einfachsten Dinge nicht mehr einfallen wollen.

Das Gehirn lässt sich trainieren wie ein Muskel

Doch niemand muss verzweifeln, wenn das Gedächtnis plötzlich den Dienst versagt. Schon Albert Einstein wusste, was die Forschung der letzten Jahrzehnte bestätigt hat: Das Gehirn funktioniert wie ein Muskel und lässt sich wie ein solcher trainieren.

Zu welchen Höchstleistungen unsere grauen Zellen bei ständiger Übung fähig sind, zeigt die alljährliche Weltmeisterschaft der Gedächtniskünstler. Der 40-jährige Dominic O'Brien erinnerte sich z. B. an 240 Zahlen in fünf Minuten, merkte sich die Abfolge von 52 Spielkarten in knappen 42 Sekunden und stellte damit lauter Weltrekorde auf. Während alle Welt rätselt, wie der Champion dieses Wunder an Erinnerungs-

Einkaufslisten, Telefonnummern, Arzttermine, Geburtstage von Freunden – unser Alltag ist gefüllt mit Informationen, die wir uns unbedingt merken müssen.

vermögen vollbrachte, betont er selbst, dass nicht Talent, sondern einzig und allein hartes Training zum Erfolg führt. Doch allen, denen kein solches Superhirn in die Wiege gelegt wurde, bleibt ein Trost. Studien aus den USA belegen, dass man mit geistiger Aktivität das Gehirn bis ins hohe Alter fit halten kann. Wer also regelmäßig übt, wird auch mit 60 oder mehr Jahren nicht vergesslich sein. Eine Umfrage ergab jüngst, dass immerhin 32 Prozent der Deutschen über 14 Jahre ihr Gedächtnis regelmäßig trainieren.

Ein gutes Erinnerungsvermögen ist heute wichtiger denn je, schließlich strömen täglich endlos viele Informationen auf uns ein, die verarbeitet werden wollen. Im Zeitalter von Massenmedien, Datenautobahnen und dauernd stattfindender Kommunikation hat unser Gehirn unablässig zwischen Wichtigem und Unwichtigem zu unterscheiden. Es muss eine ständige Auswahl treffen zwischen dem, was wir uns merken sollten und dem, was wir getrost vergessen können. Um zu einem besseren Gedächtnis zu kommen, gilt es also zu verstehen, wie das Gehirn seine Wahl trifft.

EINS PLUS DREI

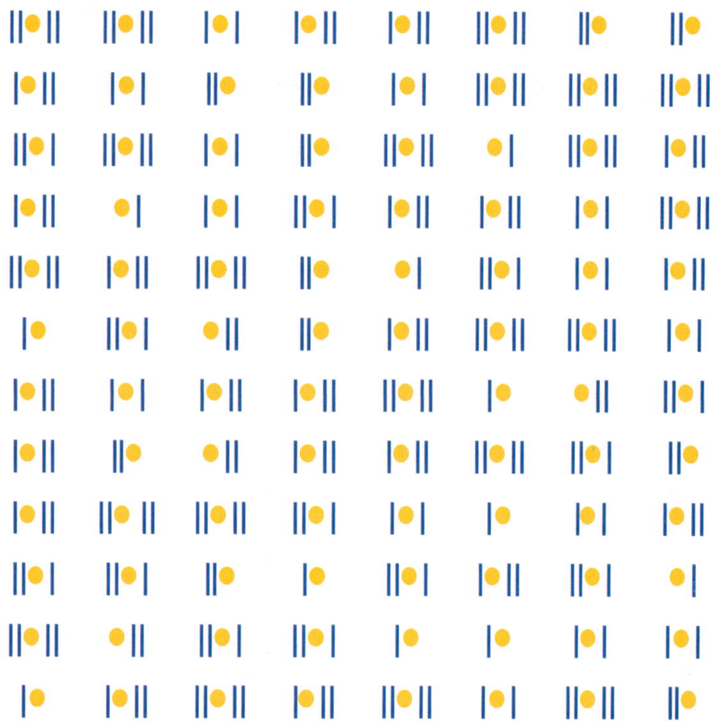

Konzentration auf Kommando

Suchen Sie aus der Abbildung zunächst alle gelben Punkte heraus, die drei Begleiter haben. Entscheidend bei dieser Übung ist die Zeit, die Sie dafür brauchen, und dass Sie möglichst keine übersehen haben. Also: Auf die Plätze, fertig, los...

Beim nächsten Durchgang suchen Sie die Punkte, die nur links zwei Striche haben, solche mit nur zwei Begleitern oder eine andere Kombination.

Je „sinnlicher" die Eindrücke, umso besser bleiben sie im Gedächtnis haften

Wir merken uns allein das, wofür wir uns wirklich interessieren. Nur diesen Dingen kommt die nötige Aufmerksamkeit zu, und sie prägen sich dauerhaft ein. Gedächtnisprobleme lassen sich weitgehend auf einen Mangel an Aufmerksamkeit und Konzentration zurückführen. Wer etwas nur bruchstückhaft aufnimmt, kann sich später nicht daran erinnern. Dabei prägt sich jeder Neues auf unterschiedliche Weise ein. Der bekannte Psychologe Frederic Vester unterscheidet daher vier Lerntypen:
- den auditiven Typ, der hauptsächlich durch Hören und Sprechen lernt,
- den visuellen Typ, der Informationen über das Sehen verarbeitet,
- den haptischen Typ, der sich am besten an das erinnert, was er am eigenen Leib erfahren hat, und
- den abstrakt-verbalen Typ, der mit Formeln und Definitionen arbeitet.

Und nun sollen Sie herausfinden, zu welcher Kategorie Sie gehören, denn wer gemäß seinem Typ arbeitet, wird sich leichter tun.

Wenn sich Erinnerungslücken auftun, liegt es häufig daran, dass wir unter dem Einfluss von starken Gefühlen stehen. Das geschieht beispielsweise, wenn wir Angst haben, Druck ausgesetzt sind, beruflich überlastet oder übermüdet sind und uns ausgebrannt fühlen. Dann nehmen die Gefühle unser Denken so sehr in Beschlag, dass wir unsere Aufmerksamkeit auf nichts anderes richten können.

Aber auch bei ständigen Störungen sinkt die Konzentrationsfähigkeit. Ein typisches Beispiel: Sie wollen jemanden anrufen. Auf dem Weg zum Telefon klingelt es an der Haustür, und schon haben Sie vergessen, mit wem Sie telefonieren wollten.

Wissenschaftler haben herausgefunden, dass Sinneseindrücke wie Farben, Geräusche, Formen, Gerüche oder Bilder im Gehirn besser haften bleiben als nüchterne Informationen. Die Faustregel lautet also: Je mehr wir unsere Sinne – Riechen, Schmecken, Fühlen, Sehen – einsetzen, umso leichter können wir uns später erinnern.

Der alte Trick mit den vielen Bildern

Vollendete Gedächtniskünstler greifen auf einen bewährten Kniff zurück: Sie verknüpfen das, was sie sich merken wollen, mit Bildern. Assoziieren heißt das in der Fachsprache. Schon die alten Griechen wussten, dass das Gehirn Zahlen, Namen und Fakten besser behalten kann, wenn sie in der Phantasie mit bestimmten Vorstellungen verbunden werden. Dunkelrot wie eine Kirsche ist der Pullover im Schaufenster. Wenn wir uns an ihn erinnern wollen, dann denken wir an die Kirsche, und schon wissen wir, wie der Pullover aussieht.

Beim Assoziieren ist es wichtig, der Phantasie freien Lauf zu lassen. Rund 10 000 Bilder kann das Gedächtnis speichern, mit denen wir beliebig viele Assoziationsketten bilden können. Je verrückter, unwirklicher und absurder diese Phantasiebilder sind, desto besser bleiben sie in Erinnerung.

SCHONEN SIE IHRE SPEICHER

Machen Sie Ihrem Gehirn das Leben etwas einfacher und belasten Sie es gar nicht erst mit Kleinigkeiten.

◆ **Notizen machen**
Führen Sie im Büro einen übersichtlichen Terminkalender. Legen Sie sich zu Hause einen Zettelblock zurecht, auf dem Sie sofort notieren können, was Ihnen durch den Kopf schießt, etwa Besorgungen. Schreiben Sie Dinge, die unbedingt erledigt werden müssen, auf kleine Zettel, und kleben Sie sie an Spiegel, Tür oder Computer.

◆ **Wichtiges sofort erledigen**
Machen Sie es sich zur Gewohnheit, Rechnungen möglichst umgehend zu bezahlen.

◆ **Feste Plätze einrichten**
Wichtige Dinge sollten Sie stets am selben Platz aufbewahren.

Unser Gehirn ist nie in Ruhe, denn selbst im Schlaf kämpft es sich noch durch den Datenstau. Die hier aufgeführten Tipps helfen es zu entlasten.

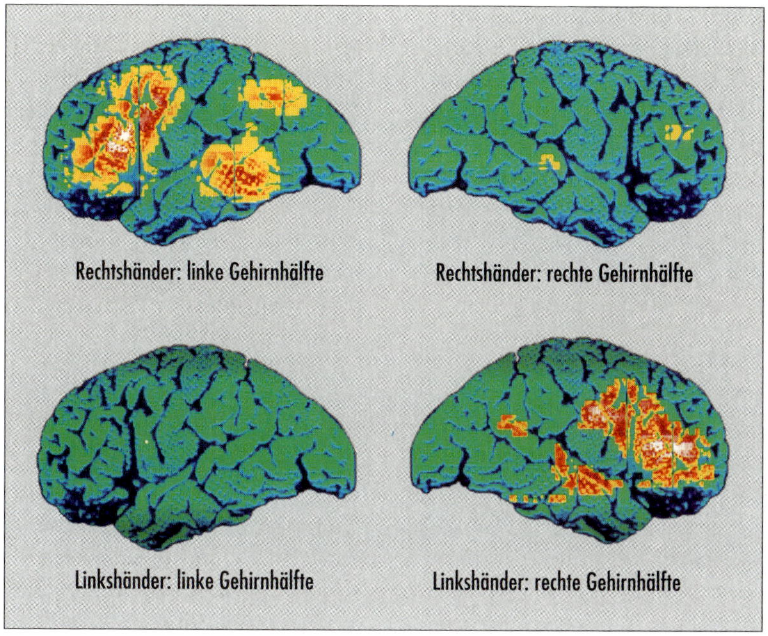

Beim Hören von Texten zeigen Links- wie Rechtshänder zwar Aktivität in vergleichbaren Gehirnregionen (rotgelbe Bezirke), doch liegen die Zonen in anderen Gehirnhälften.

Das Wissen um die Kraft von Bildern findet sich auch in der Sprache wieder. Redewendungen wie „ein Bild sagt mehr als tausend Worte“ zeigen deutlich, wie wichtig optische Eindrücke für unser Erinnerungsvermögen sind.

Bilder weisen den Weg durch den Alltagsdschungel

Wer Ordnung in unübersichtliche Dinge bringen will, wird sich zunächst ein „Bild von der Sache machen“, die zu erledigen ist. Wenn der wöchentliche Großeinkauf zur Qual wird, weil man jedes Mal wichtige Dinge vergisst, lohnt sich zuerst ein Gedankenbummel durch den Supermarkt. Wo finde ich was? Welcher Weg ist der kürzeste und sinnvollste? Stellen Sie sich die Produkte bildlich vor, die Sie immer vergessen.

Ebenso können Sie bei der Arbeit vorgehen. Sie müssen massenhaft Telefonate erledigen? Dann stellen Sie sich die Gesichter der Personen vor, die Sie ganz dringend anrufen müssen. Oder umranden Sie besonders wichtige Termine in Ihrem Kalender mit verschiedenen Farben. Nutzen Sie Ihr inneres Auge wie einen Fotoapparat, und heften Sie diese geistigen Schnappschüsse an Ihre mentale Pinnwand. Wenn Sie derart Ihre Vorstellungskraft schulen, verbessern Sie Ihr Gedächtnis und können gespeicherte Informationen leichter abrufen.

Die Welt sehen, riechen und schmecken

Die Methode des Gedächtnistrainings mithilfe von Bildern nennt man Visualisieren, also sich etwas bildlich vorstellen. Schon seit Jahrhunderten kennen Philosophen, Wissenschaftler und Künstler die Vorteile dieser Technik: So benutzten der amerikanische Forscher James Watson und sein englischer Kollege Francis Crick

„ALLE MEINE TIERE“

Trainieren Sie Ihr Gedächtnis, indem Sie Bildverbindungen schaffen und sich einprägen.

- Betrachten Sie die Abbildung zwei Minuten lang.
- Studieren Sie die Anordnung der Tiernamen, und denken Sie sich dann eine Geschichte dazu aus.
- Decken Sie die Seite ab, und versuchen Sie, die Abbildung mit den richtigen Tiernamen originalgetreu wiederzugeben.

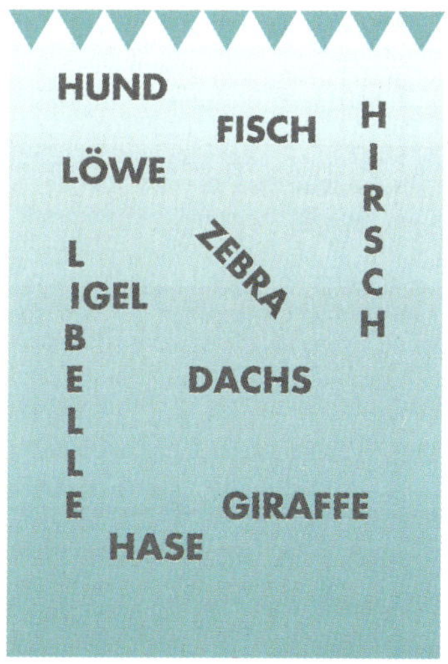

Skizzen und Modelle, die teilweise sogar nur in ihrer Vorstellung existierten, um die spiralförmige Struktur des DNA-Moleküls in unseren Genen zu entschlüsseln. Auch der englische Bildhauer Henry Moore nutzte seine Phantasie: Bevor er Hammer und Meißel zur Hand nahm, stellte er sich die Skulptur so präzise vor, als stünde sie bereits fertig vor ihm.

Die Fähigkeit, kreativ zu denken, hängt stark vom visuellen Vorstellungsvermögen ab. Der Psychologe Rudolf Arnheim glaubt, dass geistige Bilder in unserem Denken sogar eine wichtigere Rolle spielen als Sprache, und auch andere Psychologen haben festgestellt, dass Menschen mit einem so genannten fotografischen Gedächtnis häufig über ein besonders gutes Erinnerungsvermögen verfügen.

Die Fähigkeit, in Bildern zu denken, hilft aber nicht nur bei nobelpreisverdächtigen Entdeckungen, sondern auch in Alltagsdingen.

Mühelos Erinnerungen wachrufen

Sie vergessen ständig, welche Zutaten in Ihren Lieblingskuchen gehören? Dann stellen Sie sich das Anrühren des Teigs in Ruhe möglichst plastisch vor: die drei braunen Eier in einer Schüssel, daneben der halb volle Messbecher Mehl, das bunte Tütchen Backpulver, die Schale mit dem Zucker und das Stück honiggelbe Butter. Verknüpfen Sie diese Bilder mit Gerüchen und Farben, und je mehr Reize Sie abspeichern, umso besser prägen sie sich ein.

Über solche unwillkürlichen Bildverbindungen werden mühelos Erinnerungen wachgerufen – ein überzeugender Grund dafür, sie auch als gezielte Methode zur Gedächtnisstütze einzusetzen.

Wer kennt nicht solche oder ähnliche Situationen: Ein rotes Auto fährt vorbei, und plötzlich sehen Sie sich in einem italienischen Straßencafé sitzen. Was ist geschehen? Das Auto hat eine unbewusste Bilderkette ausgelöst: Vielleicht sind Sie mit Ihrem ersten eigenen kleinen roten Auto einmal nach Italien gereist. Und schon ist die Farbe Rot für Sie untrennbar mit jenem Mittelmeerland verknüpft.

Die Erinnerungstechnik, die mit der Fähigkeit der bildlichen Verbindung arbeitet, wird als Gedächtniskunst oder auch als Mnemotechnik bezeichnet. Goethe verglich den Vorgang des Assoziierens mit der Arbeit der Weber: In der Gedankenfabrik sei es wie mit dem Weberschiffchen, das mit seinem steten Hin und Her tausend Fäden miteinander verknüpft und dabei neue Verbindungen schlägt.

SO KOMMT DER ESEL ÜBER DIE BRÜCKE

Weigert sich Ihr Gedächtnis manchmal strikt, Namen und Begriffe zu speichern?

Wie lautet das Passwort Ihres Computers? Die neue Anschrift von Oma? Und wie hieß noch gleich der nette Lehrer? Wer will schon ständig mit einer unhandlichen Papierrolle auf dem Rücken herumlaufen müssen?

◆ So helfen Sie nach

Bestimmt kennen Sie aus Ihrer Schulzeit den Spruch: „Wer nämlich mit ‚h' schreibt, ist dämlich?" Mit selbst gedichteten Reimen frei nach der Methode: „Bier auf Wein, das lass sein", lässt sich das Gedächtnis trainieren. Oder mit Eselsbrücken: Ihre neue Kollegin heißt Schuster? Was für Schuhe trägt sie? Oder der Nachbar heißt Bach. Redet er wie ein Wasserfall?

◆ Übersetzen mit Bildern

Wenn es Ihnen schwer fällt, Fremdwörter zu behalten, versuchen Sie einmal, sie in verschiedene Bilder umzusetzen: Aus dem „Minarett" kann z. B. das Bild „Minna rettet sich auf den Turm" werden. Je ansprechender der Satz, umso leichter können Sie ihn behalten.

Verrückt, aber gut

Vergessen Sie öfter, Ihren Haustürschlüssel einzustecken? Dann kleben Sie sich doch ein witziges Bild an die Tür, das Sie an Ihre Vergesslichkeit erinnert. Oder fällt Ihnen zwar immer ein Gesicht ein, aber der dazugehörige Name ist

EINEN APFEL ZUM KAFFEE

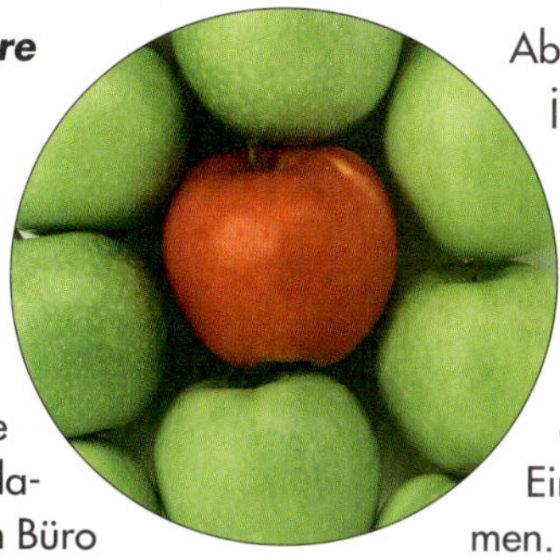

Wenn Sie mehrere Dinge gleichzeitig erledigen müssen, helfen Bildergeschichten weiter.

Meine Güte, die Zeit rennt nur so davon! Der Termin im Büro drängt, und eingekauft werden muss auch noch. Was brauche ich? Klar, die Einkaufsliste hat sich mal wieder in Luft aufgelöst, und wie stets sind weder Zettel noch Stift zur Hand. Also auch das jetzt im Gedächtnis speichern: Brot fehlt, Waschmittel ist alle, Äpfel, Zahnbürste und Kaffee sollen es außerdem sein.

Aber wie das Ganze jetzt neben all den anderen wichtigen Dingen behalten? Schnell eine Geschichte ausdenken, in der sämtliche Stichworte der Einkaufsliste vorkommen. Und so könnte es gehen: Zur morgendlichen Tasse *Kaffee* eine Scheibe frisches *Brot* schmieren. Nach dem Frühstück mit der *apfel*roten *Bürste* die Zähne putzen. Zur Not kann ich die Äpfel auch zur Zahnpflege benutzen, die sind bekanntlich ein natürliches *Waschmittel* für die Zähne. Habe ich jetzt noch etwas vergessen?

verschwunden? Dann suchen Sie in dem Gesicht zuerst nach einem prägenden Zug. Denken Sie sich ein passendes Bild zu dem Namen der Person aus, was im Fall von Bach ganz einfach ist, und verbinden Sie dann den prägenden Gesichtszug und das Namensbild mit einer Geschichte. Sehen Sie, so einfach geht's. Die Bilderketten müssen nicht immer logischer Natur sein. Häufig ist es sogar einfacher, sich Dinge zu merken, wenn man sie gedanklich mit grotesken Bildern verknüpft.

Das Gehirn hat viele Schubladen

Tag für Tag sind wir einer gewaltigen Flut von Sinnesreizen ausgesetzt – einer wilden Mischung aus Bildern, Zeichen, Zahlen, Gerüchen und Geräuschen. Doch trotz des Dauerbeschusses mit Informationen schaffen wir es normalerweise, Ordnung in unserem Gedächtnis zu halten.

Um den Durchblick zu bewahren, bedient sich unser Gehirn eines Tricks: Es hält verschiedene Arbeitsspeicher bereit, in denen Informationen nach dem Grad der Wichtigkeit abgelegt werden. Forscher fanden heraus, dass wir nicht nur über einen Gedächtnisspeicher verfügen, sondern über mehrere, die dem Gesetz der Zeit folgen.

Das erste Gedächtnis ist das sensorische; mit ihm speichern wir Sinneseindrücke maximal eine Sekunde lang. Ein Wort oder eine Zahl, die wir im Vorüberfahren unbewusst aufnehmen – diese Leistung erbringt das sensorische Gedächtnis.

Der nächsten Arbeitsebene sind wir uns bereits bewusst: Das Kurzzeitgedächtnis ist die wichtigste Informationszentrale im Gehirn, weil hier alle Nachrichten sortiert, verknüpft und bearbeitet werden. Es speichert ankommende Informationen aus dem sensorischen

In seinen Bildern *Schlüssel der Träume* lädt der surrealistische Künstler René Magritte die Betrachter durch seine willkürliche Vermengung von Wort und Bild zum Spiel mit Assoziationen ein.

Der Vogel

Der Himmel

Der Tisch

Der Schwamm

TRAINING FÜR DIE GEDANKEN

Gönnen Sie dem Gedächtnis etwas Übung, um sich an die ganz rechts erklärte Loci-Methode zu gewöhnen.

◆ **Bilder und Orte**
Je verrückter Ihre Assoziationen sind, desto eindrücklicher bleiben sie im Gedächtnis haften. Bei der Auswahl der fiktiven Orte dürfen Sie ruhig wählerisch sein. Die Plätze sollten sich möglichst wenig ähneln und ein für alle Mal feststehen. Ist die von Ihnen gewählte Reihenfolge nicht schlüssig, bekommen Sie anschließend auch Ihre Liste nicht in die richtige Abfolge.

◆ **Zeit lassen**
Wenn Sie Ihrem Erinnerungsvermögen mit der Loci-Methode auf die Sprünge helfen wollen, brauchen Sie Zeit. Wählen Sie also die Plätze in Ruhe aus.

Gedächtnis etwa zehn bis zwanzig Sekunden lang. Dank seiner Hilfe können wir rund sieben, mit Training bis zu zwölf Ziffern abrufen.

Über diesen Kurzzeitspeicher gelangen die Informationen zunächst ins mittelfristige Gedächtnis, werden dort mehrere Tage gespeichert, um schließlich ins Langzeitgedächtnis zu wandern: Das ist die Datenbank, deren Kapazität umgerechnet rund sechs Milliarden Schreibmaschinenseiten umfasst.

Nicht alles, was drin ist, kommt auch wieder raus

Vermutlich könnte kein Archivar der Welt mit einem derartig undurchschaubaren Ordnungssystem arbeiten. Funktioniert das Gedächtnis perfekt, dann haben wir auch beim Abruf der Informationen kein Problem. Doch leider klemmen unsere Hirnschubladen hin und wieder.

Manchmal ist das nur ein Abrufproblem: Die Daten sind zwar vorhanden, aber den passenden Schlüssel zur richtigen Schublade haben wir vergessen. So eine Ladehemmung kann man mit Gedächtnistraining beheben. Allerdings gehen mit der Zeit zahlreiche Informationen unwiederbringlich verloren: Wir vergessen sie schlicht und einfach. Ein Vorgang, der zwar ärgerlich scheint, aber dennoch wichtig ist. Denn wenn unser gesamtes Leben unlöschbar gespeichert wäre, würden wir schnell unter der Last der Daten und Reize zusammenbrechen.

Konzentration!

Jetzt heißt es Kopfarbeit: Verschränken Sie Ihre Hände auf dem Rücken und zählen Sie zusammen, wie viele Quadrate sich in der Figur verstecken. Große Quadrate setzen sich auch aus mehreren kleinen zusammen. Hilfsmittel sind nicht erlaubt!

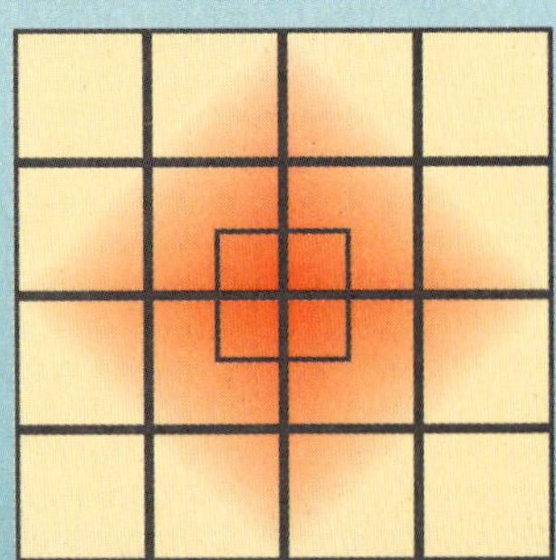

LÖSUNG DER ÜBUNG: Sechsunddreißig große und kleine Quadrate.

Erinnerungen wieder finden

Schon die alten Römer wandten ein Verfahren an, das ihnen einen sicheren Schlüssel zum Abruf von Gespeichertem an die Hand gab: die so genannte Loci-Methode – eine bis heute bewährte Assoziationstechnik.

Diese Form der Gedächtnisstütze beruht auf Bildverknüpfungen und Assoziationsketten unlogischer Art. Sie bietet sich besonders an, wenn man eine Liste unterschiedlicher Dinge in einer festgelegten Reihenfolge zu erledigen hat. Wie das Wort *loci* (aus dem Lateinischen für Orte) schon andeutet, werden dabei die Punkte einer Liste mit Plätzen oder Örtlichkeiten verknüpft.

Schicken Sie Ihr Gedächtnis auf Wanderschaft

Suchen Sie sich zum ersten Training einen Platz aus, der Ihnen sehr vertraut ist – gut eignet sich z. B. Ihre Wohnung. Beginnen Sie Ihren geistigen Spaziergang, den Sie anfangs auf einem Zettel nachvollziehen dürfen, an der Eingangstür = Platz eins. Dann wandern Sie durch die Wohnung und nummerieren die Plätze dabei durch: Flur = zwei, Küche = drei, Wohnzimmer = vier usw. Jetzt schauen Sie sich Ihre Liste der zu erledigenden Dinge an: Auto zur

Inspektion bringen, Brot einkaufen, Telefonrechnung bezahlen, die Geburtstagsfeier vorbesprechen usw. Ordnen Sie diese nun in einer Reihenfolge, indem Sie die einzelnen Punkte mit Plätzen in Ihrer Wohnung verbinden: Der Wagen parkt vor der Haustür, also zuerst das Auto wegbringen. Im Flur steht das Telefon, als Zweites die Telefonrechnung bezahlen. Der Brotkorb in der Küche ist leer, Weg drei führt zum Bäcker.

Die Römer nutzten die Loci-Methode vor allem dazu, Vorträge zu strukturieren. Wenn Sie etwa ein Referat oder eine Ansprache halten sollen, suchen Sie also wieder die fiktive Wohnung auf: Verknüpfen Sie jeden Raum mit einem Thema Ihres Vortrags und die Stichworte mit Gegenständen, die sich in den jeweiligen Räumen befinden. Während Ihrer Rede werden Sie sich dann beim Gedankengang durch die Wohnung an das jeweils nächste Stichwort der Ansprache erinnern können.

Unverzichtbar für jeden Gedächtniskünstler

Leider bekommen wir unser Erinnerungsvermögen nicht einfach in die Wiege gelegt. Die Natur hat uns zwar mit fast unerschöpflichen Gedächtnisspeichern ausgestattet, doch welche Informationen abgespeichert und vor allem welche wieder abruf- und nutzbar werden, liegt entscheidend an der Art, wie die Daten in unsere Speicher einsortiert wurden. So bleiben schöne Dinge mühelos in Erinnerung, während lustlos Erlerntes nur schwer abzurufen ist. Je positiver unsere Einstellung zum Lernstoff, desto leichter können wir uns daran erinnern. Motiviert sein, sich positive Ziele setzen ist deswegen eine wichtige Regel. Aber auch ohne die richtige Konzentration bleiben auf die Dauer unsere Speicher leer! Denn dann weiß unser Gehirn nicht, ob es das Erlebte und Aufgenommene nun speichern oder aber besser vergessen soll.

Nur mit Konzentration wird der Pfeil sein Ziel treffen. Ebenso wie unser Gedächtnis zielsicher alles wieder findet, worauf wir unsere Aufmerksamkeit gelenkt haben.

WEGE DURCH DEN ZAHLENDSCHUNGEL

Telefonnummern, Postleitzahlen, Kontonummer, Geheimnummer, Geburtstage: Wer soll sich all die Zahlen merken können? Sie! – Wer ein paar Tricks beherrscht, löst diese Aufgabe ganz einfach.

Die meisten von uns stehen mit Zahlen auf dem Kriegsfuß. Etwa die Hälfte aller Erwachsenen gibt zu, dass sie unter einer Art von „Zahlenangst“ leidet. Selbst Menschen, denen Ziffern kein Gräuel sind, können Schwierigkeiten haben, sich bunt gewürfelte Zahlenreihen einzuprägen. Das hat einen einfachen Grund: Das menschliche Zahlengedächtnis verfügt über eine geringere Aufnahmekapazität als das Erinnerungsvermögen für Wörter. Am allerbesten allerdings werden im Gedächtnis Bilder abgespeichert.

Angst vor scheinbar übermächtigen Zahlenkolonnen, die Sie sich nicht merken können? Kein Grund zur Panik. Das Problem lässt sich meistern, wenn man es spielerisch angeht.

Wichtig ist zunächst, sich für das Training in Sachen Zahlengedächtnis zu motivieren. Betrachten Sie die folgenden Übungen als Spiel, als tägliches Gehirnjogging. Stellen Sie sich dabei ruhig vor, wie Ihre grauen Zellen ins Schwitzen kommen, und versuchen Sie Ihr persönliches System herauszufinden, mit dem sich auch noch so widerspenstige Ziffernabfolgen einverleiben lassen.

Die gebräuchlichste Methode besteht darin, Zahlenkolonnen in kleinere Untergruppen, am besten in Zweier- oder Dreiergruppen, zu zerlegen. Aus dem unverdaulichen 4934685 wird so 493 46 85. Sie werden merken, dass es Ihren Schaltstellen im Gehirn schon viel leichter fällt, solch kleine Informationshäppchen zu verarbeiten. Dabei gilt es, bei der Aufteilung der Reihen einen eigenen Sprachrhythmus zu finden. Diese Methode, die viele Menschen automatisch anwenden, wurde in der Psychologie gut untersucht und nennt sich Verkettung.

Viele Zahlenblöcke bieten Eselsbrücken an. Verstecken sich vertraute Zahlen darin? Geburtstage, Hausnummern, Konfektions- oder Schuhgrößen der Kinder? Wer gern rechnet, kann außerdem verborgene Aufgaben suchen – die Reihe 369872 lässt sich z. B. zerlegen in: $3 + 6 = 9 \times 8 = 72$.

Zahlen häppchenweise

35176939

35 17 69 39

351 769 39

„Bandwürmer" lassen sich schwer erlernen. Zerlegen Sie die Zahlenreihen in kleine Blöcke. Sind vertraute Zahlenpaare dabei? Bauen Sie sich doch Eselsbrücken!

Ist die Vier ein Bier oder ein Quadrat?

Sie können sich die Arbeit erleichtern, indem Sie vor dem Zahlengedächtnistraining überprüfen, ob Sie eher ein visueller oder ein verbaler Lerntyp sind. Der visuelle Typ merkt sich Dinge leichter, wenn er sie sich bildlich vorstellt. Dem verbalen Typ dagegen gelingt es eher, Neues durch Hören und Sprechen zu lernen.

Wie steht es mit Ihnen? Können Sie eine Zahl gut behalten, wenn sie vor Ihrem inneren Auge 15 Sekunden lang in leuchtendem Grün auf gelbem Hintergrund auftaucht? Das ist dann visuelles Lernen. Oder erinnern Sie sich besser, indem Sie die Zahl mehrmals laut wiederholen? Dann ist für Sie das verbal-auditive Lernen genau das Richtige. Ist die Vier für Sie eher ein Bier, also ein Wortspiel, oder eher ein *Vier*eck, ein Bild?

Probieren Sie es doch einfach einmal aus: Denken Sie sich für die Zahlen von eins bis zehn zunächst Wortspiele aus wie zwei – Mai, acht – Nacht, zehn – Szene, und testen Sie dann Ziffern und Bilder wie fünf – Hand mit fünf Fingern; neun – Schlange. Kommen Sie mit der ersten Methode besser zurecht? Dann sind Sie ein auditiver Lerntyp.

Zahlenreihen lassen sich gut merken, wenn man sich vorstellt, sie auf einer Tastatur einzutippen. Manchmal kann man dabei sogar Buchstaben über die Tasten legen, etwa ein H.

Zahlen erzählen eine Geschichte

Vielleicht sind Sie eher ein visueller Typ? Dann sind sowohl Bilder als auch die Verbindungen zwischen sinnlichen Eindrücken für die Merkfähigkeit enorm wichtig. Dieses Wissen kann man sich auch beim Einprägen von Zahlen zunutze machen.

So lassen sich Zahlen z. B. in Symbole umwandeln: Die Null ist ein Ei, die Eins ein Bleistift, die Zwei ein Schwan, die Drei eine Gabel, die Vier das Kleeblatt, die Fünf eine Hand usw. Die Nummer, die Sie sich nun merken sollen, lautet: 350214. Welche Geschichte fällt Ihnen nun zu dieser Zahlenreihe ein? Lassen Sie Ihrer Phantasie freien Lauf, je verrückter die Erzählung, desto besser prägt sie sich ein. Wie wäre es damit? Ich nehme eine Gabel (3) zur Hand (5) und versuche, ein Ei (0) aufzuspießen. Da kommt ein Schwan (2) herbeigewatschelt, der in seinem Schnabel einen Bleistift (1) trägt. Damit malt er ein grünes Kleeblatt (4) auf den Tisch.

ZAHLEN IN SYMBOLE VERWANDELN

Zahlensymbole richtig genutzt

Hier sehen Sie, wie sich Ziffern in bildliche Symbole übersetzen lassen. Die Kerze steht für die Eins, der Schwanenhals ähnelt der Zwei, der Dreizack erinnert an eine liegende Drei, das Glück bringende Kleeblatt ist die Vier… Prägen Sie sich diese Symbole und ihre Zuordnung zu den jeweiligen Zahlen in Ruhe ein. Im nächsten Schritt üben Sie dann, sich mithilfe der Zahlensymbole eine Liste in der richtigen Reihenfolge zu merken. Das kann eine beliebige Abfolge von Tätigkeiten oder Dingen sein. Versuchen Sie es doch einmal mit dieser:
1. Tischdecken, 2. Seife, 3. Blumen, 4. Hammer, 5. Hund, 6. Auto, 7. Maurer, 8. Weinflasche, 9. Spülen, 10. Sonnencreme, 11. Haarband, 12. Wecker.
Eine Hilfe zum Einstieg: Sie stellen eine KERZE auf Ihre TISCHDECKE; SCHWÄNE sind so weiß, weil sie sich täglich mit SEIFE waschen.
Der DREIZACK hat die BLUMEN aufgespießt usw. Diese Methode wurde in den 70er-Jahren von Roland R. Geisselhart entwickelt.

SYMBOLE STATT ZAHLEN

Sind Ziffern für Sie hässliche Krakel, die sich weigern, in Ihrem Gedächtnis gespeichert zu werden?

Dann können Sie sich selbst überlisten, und das geht so:

◆ **Symbole finden**
Prägen Sie sich statt der sperrigen Zahlenreihe bunte Bildergeschichten ein. Dabei brauchen Sie sich nicht unbedingt an die vorgegebenen Symbole zu halten. Erfinden Sie eigene.

◆ **Verknüpfungen bilden**
An welche Ereignisse oder Menschen erinnern die Zahlen? Verknüpfen Sie die Ereignisse zu einer Geschichte. Zu aufwendig? Dann schießen Sie ein farbiges Gedankenfoto von der Zahl und prägen es sich ein.

Sie können aber auch ganz frei – ohne Symbole – Verknüpfungen bilden. Lassen Sie sich inspirieren. Zur Zahl 450389 könnte Ihnen z. B. Folgendes einfallen: '45 war der Zweite Weltkrieg zu Ende, danach folgte kein (0) Dritter (3) mehr; eine der letzten Folgen, die Berliner Mauer, verschwand '89.

Das Vergessen von Zahlen steht bei den Deutschen nach einer Umfrage auf Platz zwei der Vergesslichkeitshitliste. Allein 51 Prozent der Befragten gaben an, dass sie sich neue Telefonnummern kaum merken können. Um zu verstehen, warum viele Menschen ein „schlechtes Zahlengedächtnis" haben, lohnt es sich, die Arbeitsweise des Gehirns näher zu betrachten.

Nur für ganz kurze Zeit

Die wichtigste Schaltzentrale des menschlichen Gehirns ist das Kurzzeitgedächtnis, denn hier werden alle neuen Informationen zuerst abgespeichert. Aber leider kann unser Kurzzeitgedächtnis nur rund 200 so genannte Bits aufnehmen. Das entspricht etwa sieben Informationseinheiten, von Psychologen als *chunks* bezeichnet.

Also ist es völlig normal, wenn wir uns Zahlenfolgen schlecht merken können. Wenn wir außerdem noch unkonzentriert bei der Sache sind, z. B. im Telefonbuch nach einer neuen Nummer suchen und dabei über das folgende Gespräch nachsinnen, kann es passieren, dass uns die Nummer bereits wieder entfallen ist, wenn wir das Buch zuschlagen. Eine kurze Ablenkung reicht aus, um den Kurzzeitspeicher wieder zu löschen.

Allerdings ist diese minimale Speicherleistung des Kurzzeitgedächtnisses keine unveränderbare Größe. Der Allgäuer Gedächtnistrainer Klaus Kolb betont, dass es mit regelmäßigem Training möglich ist, die Speicherfähigkeit des Kurzzeitgedächtnisses von rund sieben auf bis zu zwölf Informationseinheiten auszubauen.

Auch Gedächtniskünstler müssen hart trainieren

Zu welchen Gedächtnisleistungen Menschen fähig sind, kann man bei den jährlichen Gedächtnisweltmeisterschaften in London verfolgen: Der Japaner Hideaki Tomoyori ist z. B. Meister im freien Rezitieren. Von der unendlichen Zahl Pi konnte er die ersten 40 000 Stellen aufsagen. Bei seinem Rekord, den er 1987 aufgestellt hat, brauchte er 17 Stunden und

Erinnert Sie das Kleeblatt an eine Vier und der Elefantenrüssel an eine Sechs? Und schwups – schon taucht vor dem geistigen Auge die Zahl 46 auf!

Wortspiele mit Nummern

1
468
73998
4521987
35176939

Versuchen Sie sich die Zeilen zu merken. Wird es ab sieben Ziffern schwierig? Mit dem folgenden Trick klappt's besser: Legen Sie für die Ziffern eins bis zehn Begriffe fest:

1 = WEIN
2 = EI
3 = BREI

Denken Sie sich dann eine Geschichte aus: Aus einem Ei wird, mit Wein verrührt, ein Brei = 213.

21 Minuten, um diese unendlich lange Zahlenreihe aus der Erinnerung aufzusagen. Dabei sind rund vier Stunden Pause eingerechnet. Bisher ist es ihm nicht gelungen, seinen Rekord zu übertreffen.

Seit bislang fünf Jahren ungeschlagen ist der britische Weltmeister Dominic O'Brien. Der 40-Jährige demonstrierte bei den Wettkämpfen u. a., dass er sich innerhalb von nur einer Stunde 1140 Ziffern in der richtigen Reihenfolge einzuprägen vermag. Der deutsche Gedächtnismeister Dr. Gunther Karsten, der 1998 erstmals an einer Gedächtnismeisterschaft teilnahm und sie prompt gewann, brachte es dabei immerhin auf 338 Zahlen in 30 Minuten.

Keiner dieser Gedächtniskünstler kam jedoch mit solchen Talenten zur Welt – die außergewöhnlichen Leistungen sind vielmehr das Ergebnis harten Trainings. Viele „Hirnakrobaten" bedienen sich zur Schulung ihres Erinnerungsvermögens einer Gedächtniskunst, der so genannten Mnemotechnik. O'Brien z. B. benutzt die Loci-Methode. Auch er arbeitet also mit Bildverbindungen, die er sich bei täglichen Joggingrunden durch seine Heimatstadt ausdenkt.

Da hängen die Zahlen an Bilderhaken

Dominic O'Brien absolviert jeden Tag eine Laufrunde von fünf Kilometern. Dabei, so verrät er, prägt er sich einzelne Straßenbilder genau ein. Jedes Detail, das er dabei in seinem Gedächtnis speichert, verbindet er anschließend mit den Dingen, die er sich merken will, z. B. Spielkarten oder Zahlenkolonnen. Er verknüpft sie gedanklich mit den Details, die er zuvor beim Joggen gespeichert hat – er hängt sie quasi vor seinem inneren Auge an Bilderhaken auf. Wenn er den Spaziergang in Gedanken wiederholt, „hängen" in seiner Galerie die von ihm platzierten Zahlen oder Kartenbilder in der richtigen Reihenfolge an der Wand.

Früh übt sich, wer ein Meister werden will

Nicht jeder wird es vermutlich zu solch meisterlicher Kunst bringen. Wissenschaftler fanden jedoch heraus, dass es sinnvoll ist, mit gezieltem Denktraining bereits in der Kindheit zu beginnen.

Bei einem Modellversuch wurde mit Schülern einer zweiten Schulklasse zu Beginn des Unterrichts jeweils zehn Minuten Gehirnjogging durchgeführt. Die Kinder sollten aus Informationen logische Regeln herausfinden. Es ging darum, Oberbegriffe zu entdecken, dass etwa ein Delphin, eine Fledermaus oder auch ein Hund Säugetiere sind.

Fazit des Versuchs: Die Kinder folgten nach dem Denktraining konzentriert und motiviert dem

In der Kindheit werden die Weichen für unser Gedächtnis gestellt: Virtuos wird nur, wer schon früh zu lernen beginnt. Ähnlich wie in der Musik macht dabei Übung den Meister.

Unterricht. Darüber hinaus zeigten sie durchweg bessere Schulleistungen als Vergleichsgruppen. Und diese Leistungssteigerung dauerte sogar rund 15 Monate an. Unendlich steigerbar ist unsere Gedächtnisleistung allerdings selbst durch hartes Training nicht.

Das menschliche Gehirn kann man sich als riesige Schaltzentrale vorstellen. Es stellt ein dreidimensionales Netzwerk dar, in dem rund 100 Milliarden Nervenzellen, die so genannten Neuronen, miteinander verknüpft sind. Jedes einzelne Neuron steht über winzige Nervenbahnen in Verbindung mit etwa 10 000 anderen Nervenzellen. Die Verbindungsstellen zwischen den Neuronen sind die Synapsen, die wie eine Art elektronische Lötstelle funktionieren. Über diese Schaltstellen werden die Informationen in Form elektrischer Impulse an die Zellnachbarn weitergeleitet. Bei dieser Art der Datenverarbeitung produziert das Gehirn eines Erwachsenen im wachen Zustand so viel Energie, dass man damit eine 25-Watt-Glühbirne zum Leuchten bringen könnte.

Wiederholungen halten die Nervenzellen auf Trab

Wenn eine Information in unserem Kurzzeitgedächtnis eintrifft, werden die Neuronen durch elektrische Impulse angeregt. Forscher haben nun herausgefunden, dass der Erregungszustand der einzelnen Nervenzellen stundenlang und in manchen Fällen sogar wochenlang anhalten kann. Diese Sensibilisierung der Nervenzellen kann dazu genutzt werden, Informationen aus dem Kurzzeitspeicher dauerhaft in das Langzeitgedächtnis zu befördern.

Viele Gedächtnistrainer raten daher, den Speicherprozess durch ständiges Wiederholen zu unterstützen. Denn wenn dieselben Nervenbahnen mehrfach aktiviert werden, scheinen sich auch die entsprechenden Datenmuster im Gehirn zu verfestigen – und die Information bleibt demzufolge nachhaltig in Erinnerung.

Die wichtigsten Nervenverbindungen im Gehirn werden im Kindes- und Jugendalter geknüpft. Nach der Pubertät verändert sich unser Nervennetz nicht mehr grundlegend. Dann gilt es, die Verbindungen zwischen den Nerven-

DER *RAIN MAN* – AUTIST UND ZAHLENGENIE

Wer träumt nicht davon, über Nacht reich zu werden? Etwa, weil es einem dank genialer mathematischer Fähigkeiten gelingt, eine Spielbank zu knacken ...

Dabei gibt es solche menschlichen Zahlengenies, deren Talent tragischerweise Teil einer angeborenen Störung ist. Man nennt sie Autisten – vielen sicher bekannt aus dem amerikanischen Kinofilm *Rain Man* mit Dustin Hoffman und Tom Cruise. Viele Menschen, die unter einer autistischen Störung leiden, verfügen über ein herausragendes Zahlengedächtnis oder ein fotografisches Gedächtnis. Sie können in Sekundenschnelle die Wurzel aus sechsstelligen Zahlen errechnen, haben die Daten aller Mondfinsternisse der vergangenen Jahrhunderte oder das gesamte Streckennetz der Deutschen Bundesbahn verinnerlicht. Allerdings ist der Preis für diese „Talente" hoch, denn Autisten leiden an einer Wahrnehmungsstörung, die in der Regel noch vor dem dritten Lebensjahr auftritt. Weil Autisten ihre Umwelt als dauernde, bedrohliche Reizüberflutung empfinden, konzentrieren sie ihre Wahrnehmung auf Details. Gefühle können die wenigsten von ihnen empfinden.

Mal richtig abkassieren. Dustin Hoffman macht in *Rain Man* vor, wie es geht. In dem weltberühmten Film mimt der Schauspieler einen Autisten, der seinem Bruder unbewusst zu viel Geld verhilft.

VON ÄPFELN, BIRNEN UND BANANEN

Bringen Sie Ihr Gehirn auf Trab, und werfen Sie Äpfel, Birnen und anderes Obst einmal in einen Korb, doch nur, um es fein säuberlich wieder auseinander zu sortieren. Bei dieser kniffligen Additionsaufgabe stehen die einzelnen Früchte für bestimmte Zahlen. Welche Ziffer verbirgt sich hinter welcher Frucht? Die Lösung finden Sie auf dieser Seite unten.

zellen durch ständiges Training und Wiederholung von Gelerntem auf Trab zu halten und zu festigen.

Wenn Gehirnzellen sterben, leidet nicht die Intelligenz

Keine Angst, wenn im Alter die Zahl der Gehirnzellen abnimmt. Deswegen wird man nicht automatisch vergesslicher oder gar dümmer. Das wurde jüngst in einer amerikanischen Langzeitstudie belegt. Die Forscher untersuchten über 35 Jahre hinweg 5000 Testpersonen auf ihre geistige Vitalität. Sie stellten dabei fest, dass Leistungseinbußen erst ab einem Alter von etwa 60 Jahren auftreten, doch nur bei Personen, die von den Forschern als geistig träge eingestuft wurden. Eine Gruppe von Testpersonen war regelmäßig zum Gehirntraining aufgefordert worden: Bei ihnen stellte sich heraus, dass sie mit über 70 noch dieselben Denkleistungen erbrachten wie die Vergleichsgruppe der 60-Jährigen.

Immer voll und ganz bei der Sache sein

„Aufmerksamkeit ist vielleicht die erstaunlichste all unserer wunderbaren Geisteskräfte", bemerkte der bekannte Naturforscher Charles Darwin einst. Sie ist die Eigenschaft, die dem Menschen erst zur Lernfähigkeit verhilft. Wenn wir nicht die Gabe zur Konzentration hätten, würden wir alle Informationen mit gleicher Stärke aufnehmen und unter der Reizflut zusammenbrechen. Aufmerksamkeit hilft uns dabei, schneller zu lernen und Wissenswertes dauerhaft einzulagern. Konzentration bedeutet, die gesamte Aufmerksamkeit gezielt auf einen Punkt zu richten.

LÖSUNG DER ÜBUNG:
Apfel = 4; Banane = 2; Birne = 3;
Traube = 5

EIN SCHÖNER PLATZ ZUM ARBEITEN

Tappen Sie bei der täglichen Arbeit leicht und oft in Ablenkungsfallen? Dann sollten Sie über die Erfordernisse nachdenken, die Ihre Arbeit an Sie stellt.

◆ **Der Arbeitsplatz**
Ist Ihr Schreibtisch oder Ihre Arbeitsstätte übersichtlich organisiert, stimmt Ihr Ordnungs- und Ablagesystem? Haben Sie den Terminkalender mit dem Tagesplan im Blick?

◆ **Nützliche Tipps**
Legen Sie sich eine Uhr bereit, mit der Sie den Arbeitsrhythmus bestimmen können. Gönnen Sie sich nach einer Stunde konzentrierter Arbeit eine Pause von zehn Minuten. Gestalten Sie den Platz persönlich: mit einem Foto oder Erinnerungsstücken.

WER DEN KÖRPER TRIMMT, BRINGT DEN KOPF AUF TRAB

Schon die alten Römer wussten, was Ärzte und Psychologen heute belegen können: In einem gesunden Körper wohnt ein gesunder Geist. Wer also etwas für seine körperliche Fitness unternimmt, fördert damit indirekt seine grauen Zellen.

Wie ein Flitzebogen schnellt die junge Frau in die Höhe und windet ihren Körper mit einer eleganten Drehung über die Messlatte. Die athletische Meisterleistung einer Hochspringerin zeigt, welche Wunderwerke der menschliche Körper vollbringen kann. Selbst bei der kleinsten Bewegung laufen hochkomplizierte und unbewusste Vorgänge in unserem Körper ab, die wir jedoch (gelegentlich schmerzhaft) erlernen mussten.

Wissen Sie noch, wie Sie als Kind mühsam Fahrrad fahren gelernt haben? Wie oft Sie gewankt sind, bis Sie endlich sicher auf dem Sattel saßen? Oder wie häufig Sie bei Ihren ersten Versuchen mit den Rollschuhen auf der Nase landeten? Und irgendwann haben Sie die Abläufe dann beherrscht.

Doch warum vergessen wir viele Gedichte aus der Kinderzeit,

Bewegungsabläufe aus der Fotoperspektive einst und jetzt: Keine der Einzelphasen, die die Kamera als Momentaufnahmen zeigt, wird dem Läufer bewusst, weil die Bewegungen seit frühester Kindheit automatisch ablaufen.

nicht aber einmal erlernte Bewegungen wie Radfahren oder Tanzen? Alle Handlungsabfolgen sind im Gehirn abgespeichert, damit sie automatisch ablaufen können. Dabei werden sie nur an die jeweilige Situation angepasst. Doch auch im Alter kann man etwa noch Tennis spielen lernen, denn das motorische System ist in der Lage, neu hinzukommende Bewegungsabläufe zu ergänzen.

Achtung: „Gehirn an Muskel"

Was passiert denn nun, wenn wir Garn in ein Nadelöhr fädeln? Das Gehirn gibt zunächst den allgemeinen Befehl „bewegen" an das Rückenmark. Dort wird die Order an die Muskelstränge geleitet, die sich anspannen. Muskeln und Nerven stehen dabei in ständiger Verbindung mit dem Gehirn, das sich schließlich noch um die Feinheiten in den Bewegungen kümmert.

Sind Sie geschickt mit Ihren Händen? Dann gehören Sie zu den Menschen, die über eine besondere Art von Intelligenz verfügen. Sportler, Schauspieler, Musiker oder auch Handwerker sind in der Lage, Bewegungen gut auszuführen. Wie sehr wir alle diese Form der Intelligenz im Alltag brauchen, wissen wir noch aus der Zeit, als wir den Führerschein machten, denn Kuppeln, Schalten und Lenken setzen ein gutes Koordinationsvermögen voraus.

Was Topathleten an die Spitze bringt

Doch warum können manche beim Schlittschuhlaufen die elegantesten Drehungen und Sprünge vollführen, während andere wie Tanzbären unbeholfen übers Eis schlittern? Natürlich gilt auch hier: Nur Übung macht den Meister. Hartes Training, höchste Konzentration und ein eiserner Wille sind nötig, um in der Welt des Sports ganz nach oben zu kommen. Und ohne

DIE POWER AUS DER SEELE

Wenn Boris Becker gesenkten Hauptes vom Platz ging, sagte er häufig, er habe das Spiel „im Kopf verloren".

Trainer und Topathleten sind sich längst darin einig, dass im Wettkampf neben der körperlichen Leistungsfähigkeit auch die mentale Stärke über Sieg oder Niederlage entscheidet. Es gibt viele Methoden, die Fitness im Kopf zu trainieren.

Zunächst müssen die Sportler in Übungsstunden lernen, sich zu entspannen. Statt ständig die eigenen Fehler zu analysieren, konzentrieren sie sich vielmehr darauf, wie sie es besser machen können: „Wann" will ich „wo" „was" erreichen – das sind zentrale Fragen, die sich ein Sportler immer wieder stellen muss. Und: Je höher die Ziele gesteckt sind, desto größer der Erfolg.

Auf dem Weg dahin hilft in den verschiedensten Sportdisziplinen das Visualisieren. Ein Rodler etwa geht im Geist vor der Fahrt jeden Bewegungsablauf in jedem Streckenabschnitt durch. In diesem inneren Film prägen sich dann schwierige Bewegungen besonders gut ein. Manche stellen sich dabei auch vor, sie wären eine andere Person und filmten diese mit ihrer inneren Kamera. Nach dem realen Wettkampf lässt der Sportler die Ereignisse der einzelnen Passagen nochmals vor seinem geistigen Auge vorüberziehen. So analysiert er Fehler und vermeidet sie in der Zukunft.

Manche Sportler denken vor einem Spiel an eine schöne Situation. Das Gefühl von Sicherheit und Ruhe können sie dann während des Spiels abrufen.

Im mentalen Training lernen die Athleten, sich von Ablenkungen zu befreien. Alles Störende und Belastende wird auf Zettel geschrieben und in eine Schachtel geworfen – weg ist der Gedankenballast!

Start im Kopf: Die amerikanische Sprinterin Gail Devers stellt sich genau die einzelnen Schritte vor, die sie gleich nach dem Startschuss ausführen wird. Mit dieser mentalen Einstimmung kann sie ihre Leistung wesentlich verbessern.

Motivation wird nichts gelernt. Manch viel versprechendes Talent beendet seine Karriere, wenn Ehe oder Beruf die ganze Energie in Anspruch nimmt.

Training, Konzentration und Motivation sind also wichtige Voraussetzungen, um im Spitzensport bestehen zu können. Hinzu kommt eine perfekte körperliche Koordination. Topathleten haben ihre Bewegungsabläufe genau eintrainiert und sind dank der schlafwandlerischen Sicherheit viel besser als Normalsportler. Bei einem Tennismatch muss der Spieler unter höchstem Zeitdruck erkennen, wie der Ball kommt, und entscheiden, wie darauf zu reagieren ist. Die Bewegungen laufen dann automatisch in rasanter Geschwindigkeit ab. Durchtrainierte Menschen können innerhalb von Sekundenbruchteilen ihre Handlungen verändern und korrigieren.

Mit Köpfchen schneller ans Ziel

Der besttrainierte Körper bringt den Sportler nur dann vor allen anderen ans Ziel, wenn dieser gleichzeitig geistig fit ist. Das kann man sich zunutze machen, auch wenn man nicht die Leistungen von Topathleten erbringt.

Wie lässt sich z. B. das Handicap beim Golf oder der Aufschlag im Volleyball verbessern? Am besten probieren Sie es einmal mit einem kleinen mentalen Trainingsprogramm. Sie werden sehen: Ihre Konzentration erhöht sich, und Sie sind während des Spiels oder im Wettkampf entspannter. Also: Stellen Sie sich zunächst Ihren Erfolg immer wieder vor – und im Lauf der Zeit wird er sich einstellen.

Bevor Sie mit Ihren geistigen Übungen beginnen, bringen Sie sich mit ein paar Atemübungen zur

DEN GEIST HARMONISIEREN, DEN KÖRPER INS GLEICHGEWICHT BRINGEN

Fernöstliche Bewegungslehren sind weit mehr als ein Programm zur körperlichen Fitness.

Vor allem die Qigongübungen, die man bei qualifizierten Lehrern erlernen kann, lassen sich sehr gezielt zur Vorbeugung und sogar zur Behandlung von Beschwerden einsetzen. Dahinter steht die Einsicht, dass man mithilfe der Vorstellungskraft die Lebensenergie Qi beeinflussen kann. Um dies zu erreichen, setzt das Qigong Meditation, bewusste Atmung und langsame Bewegungsübungen ein.

Chinesen jeden Alters praktizieren morgens und abends in Parks oder auf Plätzen langsame und anmutige Bewegungen. Sie üben Tai-Chi oder Qigong.

Ruhe. Dann überlegen Sie genau, was Sie sich im Geist vorstellen wollen, und konzentrieren sich nur darauf. Führen Sie sich den optimalen Bewegungsablauf beim Tennisaufschlag vor Augen und beobachten Sie sich, wie Sie ihn ausführen. Vor Ihrem inneren Auge gelingt er fehlerlos. Gehen Sie dabei jede einzelne Phase langsam durch. Je präziser die Bilder in Ihrem Kopf sind, umso genauer prägen sie sich ein. Und je klarer das Ziel ist, das Sie erreichen wollen, umso besser wird Ihnen die Visualisierung auf dem Weg dahin helfen. Dabei sollte das, was Sie erreichen wollen, im Bereich des Möglichen liegen.

Spiel, Satz – und Sieg

Geistiges Training bedeutet aber nicht nur, im Kopf die richtigen Bewegungsabläufe zu trainieren. Es soll vor allem auch das Selbstvertrauen stärken. Nur was man sich zutraut, kann man auch leisten. Also sagen Sie sich: „Ich werde es schaffen, meinen Aufschlag zu verbessern." Dann haben Sie die nächste Schlacht schon halb gewonnen.

Wir wissen jetzt: Um gut im Sport zu sein, brauchen wir einen starken Kopf. Und damit die grauen Zellen auf Touren kommen, ist Bewegung vonnöten. Wie sehr Körper und Seele zusammenhängen, war bereits in der Antike bekannt, und verschiedene fernöstliche Lehren wie die traditionelle chinesische Medizin und der indische Ayurveda beruhen ganz auf dieser ganzheitlichen Sichtweise.

Experten bestätigen heute diese alte Weisheit, denn Bewegung stärkt nicht nur die Muskeln, sondern beeinflusst auch bestimmte Teile unseres Gehirns. Die Wissenschaftler konnten nachweisen, dass während sportlicher Aktivität die gesamte Großhirnrinde besser durchblutet wird.

Eine Reihe von Experimenten lässt darüber hinaus die Vermutung zu, dass beim Menschen sogar der altersbedingte Abbau von Nervenzellengewebe im Gehirn durch Bewegung verlangsamt werden kann. Deshalb sollten vor allem ältere Menschen ein leichtes körperliches Training absolvieren, damit Körper und Geist leistungsfähig bleiben.

Joggen gegen schwarze Löcher

Marathonläufer oder Jogger kennen den berühmten Rausch im Kopf. *Runner's High* oder Läuferhoch nennen sie dieses besondere Glücksgefühl, das sich allerdings erst ab einer bestimmten Laufstrecke oder Belastungsdauer einstellt. Sportwissenschaftler haben eine Erklärung für dieses Phänomen: Ab einer gewissen Belastung produziert der Körper verstärkt so genannte Endorphine. Diese Hormone haben eine ähnliche Wirkung wie Opiate. Sie erhöhen die Schmerzschwelle und rufen Hochgefühl hervor.

Bewegung kann sogar aus seelischen Tiefs heraushelfen. Wenn wir müde und antriebslos sind, dann drückt sich das in der Körperhaltung aus. Der Gang wird schleppend, die Muskeln sind schlaff und ohne Spannkraft. Wer so den Boden unter den Füßen verloren hat, muss ihn buchstäblich wieder erspüren.

SPORT GEGEN SCHNUPFEN

Wer leichten Breitensport betreibt, bleibt nicht nur länger fit, sondern schützt sich auch vor Krankheiten.

◆ **Immunsystem stärken**
Joggen, Rad fahren oder Gymnastik löst in den Muskeln eine Reaktion aus, die einer Entzündung ähnelt. Dadurch wird das Immunsystem angeregt, und es beginnt, verstärkt Abwehrzellen zu produzieren. Diese wiederum schützen den Körper vor Infektionen. Forschungen legen nahe, dass leichte Bewegung sogar gegen Krebs helfen kann, denn bei vermehrter körperlicher Bewegung wuchsen Tumore langsamer.

Ob Tennis oder Volkswandern – wer bis ins hohe Alter Sport treibt, bleibt nicht nur länger körperlich fit, sondern erkrankt auch seltener.

LOCKER AN DIE ARBEIT GEHEN

Wer lange am Schreibtisch sitzt, wird müde und unkonzentriert, weil die Durchblutung im Gehirn gestört ist. Dazu kommen Kopf- und Rückenschmerzen, und die Schultern sind verspannt.

◆ Dagegen hilft nur eines: mit Entspannungsübungen die verkrampfte Muskulatur lockern. Dann kann auch das Blut wieder besser zirkulieren. Sie werden sehen, nach einer Pause, in der Sie eine der folgenden Übungen durchführen, fühlen Sie sich bereit zu neuen Taten.

◆ Den Kopf nach vorn neigen und das Kinn auf die Brust pressen. Die Spannung zehn Sekunden halten. Dann den Kopf langsam nach rechts und nach zehn Sekunden nach links wenden. Und wieder geradeaus schauen. Spüren Sie die wohlige Entspannung?

◆ Mit der linken Hand über den Kopf ans rechte Ohr fassen und den Kopf nach links ziehen, etwa 15 Sekunden halten, und die Übung rechts wiederholen.

◆ Die Hände hinter dem Kopf verschränken, die Ellbogen nach hinten drücken und 20 Sekunden lang halten.

◆ Die Finger auf die Schultern stützen und zuerst rechts und dann links je zehnmal mit den Ellbogen kreisen.

Mit Bewegung kommt neuer Schwung ins Leben. Joggen Sie im nächsten Park oder gehen Sie spazieren. Genießen Sie die frische Luft und das wechselnde Licht. Sie werden sehen, wie schnell die trüben Gedanken verschwinden. Wer seine Seele buchstäblich auslüftet, schafft Platz für positive Gefühle. Üben Sie eine Sportart aus, die Ihnen Spaß macht. Denn schon ein leichtes Training hilft, die Durchblutung im Kopf zu verbessern, und sorgt so ganz nebenbei für gute Laune.

Wie wichtig Bewegung ist, merken wir oft erst dann, wenn wir in unserer Freiheit eingeschränkt sind – sei es, dass das Bein im Gips liegt oder dass eine ernsthafte Erkrankung uns für einen längeren Zeitraum ans Bett fesselt.

Besser als jeder Computer

Wenn Erwachsene z. B. nach einem Unfall wieder gehen lernen müssen, stehen sie vor einer schweren Aufgabe. Doch das menschliche Gehirn ist ein Wunderwerk an Flexibilität und leistet Ungewöhnliches. So können Menschen, die nach einem Schlaganfall teilweise gelähmt sind, den Großteil ihrer motorischen Fähigkeiten wieder zurückgewinnen. Denn wenn Teile des Gehirns absterben, werden die verloren gegangenen Funktionen in vielen Fällen von anderen Gehirnbereichen mit übernommen.

Das menschliche Gehirn ist ein ungeheuer leistungsfähiges Netzwerk, das sich jedem noch so gigantischen Computer als überlegen erweist. Mit rund 100 Billionen Nervenknotenpunkten hat das geistige Netz eine Länge von etwa 100 000 km. Den Denkapparat kann man sich wie einen großen Schrank vorstellen, in dessen Schubladen die unterschiedlichen Fähigkeiten wie Riechen, Schmecken, Erinnern, Fühlen usw. liegen. Wenn wir geboren werden, ist unser Gehirn nur ein Viertel so groß wie das unserer Mutter.

Dennoch verfügt es bereits über alle Nervenzellen, die Erwachsene auch besitzen. Aber erst mit den Aufgaben, die ihm im Lauf des Lebens gestellt werden, wächst die Vernetzung und damit der Geist.

Ein heller Kopf braucht Spaß

Jede Handlung beginnt im Kopf. Im Lauf der kindlichen Entwicklung haben wir ein Bild von unserem Körper im Gehirn gespeichert. Wir bewegen uns, ohne an die Abläufe denken zu müssen. Stellen Sie sich vor, plötzlich würden Sie beim Spazierengehen, Treppensteigen oder Fahrradfahren innehalten und über die Reihenfolge der Aktionen der Muskeln und Sehnen nachdenken. Sie würden sofort stolpern oder auf der Nase liegen. Jede Minute unseres Lebens führen wir mit traumwandlerischer Sicherheit eine Vielzahl an Bewegungen aus, ohne ihrer gewahr zu werden. Selbst sehr komplizierte oder vielschichtige Handlungsfolgen können gespeichert werden. Nur so sind Tischtennisspieler, Fechter oder Skispringer auch ohne bewusste Kontrolle immer in der Lage, das Richtige zu tun. Die Fähigkeit, noch so schwierige Bewegungsabläufe zu automatisieren und zu verinnerlichen, verliert sich bis ins hohe Alter nicht. Doch wie immer gilt: Übung macht den Meister.

Tippen ohne nachzudenken

Egal, ob Spaghetti kochen oder Auto fahren: Eine Vielzahl an durchaus mehrschichtigen Handlungen führen wir täglich aus, ohne daran nur einen Gedanken zu verschwenden. Oft lernen wir dabei nach der Methode „Versuch und Irrtum", damit das Steak beim nächsten Mal nicht wieder anbrennt. Psychologen nennen die geistigen Voraussetzungen für solche Handlungen implizites oder auch inneres Wissen.

Eine Sekretärin, die schnell und sicher einen Brief in den Computer tippt, würde wahrscheinlich einen Fehler machen, sobald sie über ihr Vorgehen nachdenken würde. Irgendwann einmal hat sie mühsam die ersten Versuche auf der Tastatur gemacht, und jetzt flitzen die Finger in Windeseile über die Buchstaben. Das Gehirn hat die erlernten Fertigkeiten gespeichert. Wenn sie sich an den Computer setzt, dann kann sie das Erlernte abrufen, ohne dass es ihr bewusst wird. Auch ein Hirnchirurg, der während einer Operation nicht nur komplizierte Griffe

Intensiv geübte Bewegungen werden nie wieder ganz vergessen. Deshalb kann man auch nach langen Pausen oder mit einschränkender Kleidung problemlos Rad fahren.

MUSIK LIEGT IN DER LUFT

Übung macht den Meister: Das gilt für begnadete Pianisten ebenso wie für „Otto Normalmusiker".

Wer träumte nicht schon davon, ein Musikinstrument so perfekt zu beherrschen wie der australische Pianist David Helfgott, dessen Leben und Leiden verfilmt worden sind. Er ging seinen Weg trotz vieler Hindernisse und großer Vereinsamung, unter der er sehr litt.

Bei ihm wie bei weniger talentierten Menschen ist der Weg mühsam, bis ein Instrument beherrscht wird. Gehirn, Nerven, Sehnen und Muskeln müssen in ein großes Konzert einstimmen können, damit Bewegungsabläufe verinnerlicht und Noten gelernt werden. Ähnlich wie beim Sport sind zu Beginn die einzelnen Schritte mühsam immer wieder auszuführen. Wer einmal Klavier spielen gelernt hat, weiß, wie schwer es ist, mit beiden Händen gleichzeitig zu spielen. Irgendwann sind die Handlungsabläufe, auf die man sich einst konzentrieren musste, im Gedächtnis abgespeichert, und die Finger bewegen sich ganz allein.

ausführen muss, sondern dazu auch ein enormes Spezialwissen braucht, hat sich in jahrelanger Übung die Fertigkeit erarbeitet, feinste Schnitte mit dem Skalpell und unter dem Mikroskop auszuführen.

Von Menschen und Maschinen

Schnürsenkel binden oder Rad fahren, Bratkartoffeln zubereiten oder Klavier spielen – all diese Fertigkeiten mussten mühsam erlernt werden. Dabei wird jede Bewegung erst durch das feine Zusammenspiel von Gehirn, Nerven, Muskeln, Sehnen, Bändern, Knorpeln und Knochen möglich.

Eine Wissenschaft, die sich Biomechanik nennt, erforscht seit geraumer Zeit dieses komplizierte Miteinander. Viele Erkenntnisse, die die Forscher gewinnen, kommen zunächst den Sportlern zugute. So kann ein Computer beispielsweise genau aufzeigen, wann ein Weitspringer Fehler macht, etwa wenn er kurz vor dem Sprung das Knie zu weit beugt. Aber auch die Bewegungsabläufe der Konkurrenten können mithilfe des elektronischen Rechenkünstlers genau studiert und deren jeweilige Stärken und Schwächen unter die Lupe genommen werden.

Solch minutiöse Studien der Abläufe menschlicher Bewegungen haben in der Arbeitswelt zum massenhaften Einsatz von Robotern geführt. Wer einen Blick in die Fertigungshalle eines modernen Automobilwerks wirft, fühlt sich in den Roman *Schöne neue Welt* von Aldous Huxley versetzt. Scheinbar ohne Zutun der Menschen setzen Automaten – wie von Geisterhand bewegt – die einzelnen Karosserieteile zu einem kompletten Fahrzeug zusammen.

Dabei steht den blechernen Kameraden der Siegeszug bis hinein in die Haushalte erst noch bevor. Dummys halten bei Crashtests ihre verkabelten und mit Sensoren gespickten Körper für uns hin, Anästhesisten üben Notfälle im Operationssaal an künstlichen Patienten, und Roboter können auch dort nützlich sein, wo der Mensch noch keinen Fuß hinsetzen kann: Bei der Marslandung beispielsweise hat ein mobiler Automat weitgehend selbstständig die Oberfläche erkundet und Bodenproben genommen und analysiert. Schon jetzt träumen viele davon, dass solch ein kleiner Hausfreund eines Tages unseren Abwasch vollständig erledigt und dann noch den Müll wegbringt.

Intelligente Wesen

Maschinen, die den Menschen ersetzen, sind längst keine Zukunftsmusik mehr, und Computerprogramme dienen ihnen als künstliches Gedächtnis. Auf lange Zeit wird unser Körper mit seinem ausgeklügelten Bewegungsapparat den automatischen Helfern überlegen sein, wie auch unser Gehirn bislang jeden noch so schnellen Computer schlägt. Der Grund dafür sind die ungeheuer dichte Vernetzung der Milliarden Nervenzellen und die enorme Anpassungsfähigkeit unseres Körpers und Geistes an die unterschiedlichsten Erfordernisse.

Hunderte von Wissenschaftlern arbeiten seit Jahren daran, die Geheimnisse unseres Gehirns zu entschlüsseln. Bis zum Jahr 2000 wollen sie das komplizierteste Gebilde, das es überhaupt gibt, erforscht haben. Denn eines nicht mehr allzu fernen Tages sollen gigantische Rechner mit der Hilfe von künstlicher Intelligenz die Prozesse unseres Denkorgans nicht nur nachahmen können, sondern sie sollen sie sogar besser beherrschen als der Mensch. Aber noch kann das menschliche Gehirn in einer Sekunde gleichzeitig eine Milliarde Rechenoperationen durchführen und ist damit 100 Millionen Mal schneller als jeder Hochleistungsrechner der Welt.

Auch wenn die Jugend später oft eigene Wege geht, profitiert sie doch vom Erfahrungsschatz der Älteren. Begünstigt wird dieses Vermächtnis durch die Fähigkeit des Gehirns, eine Brücke von der Vergangenheit zur Zukunft zu schlagen.

Hat die Zukunft schon begonnen?

Die Forscher hoffen, dass sie schon bald Maschinen bauen können, die sich intelligent verhalten. Die Kunstwesen sollen Geschichten verstehen, selbst lernen und sich dank Sinneswahrnehmung auch im Raum orientieren können. Aber immer wieder lässt vor allem die zunehmende Komplexität in den verschiedenen Steuerungen die Versuche scheitern. Die so genannte künstliche Intelligenz ist noch lange nicht so weit, dass Volksroboter waschen, bügeln und abwaschen könnten.

Es gibt aber bereits Versuche, bei denen Computer direkt mit dem menschlichen Hirn verbunden werden und dessen Befehle empfangen und ausführen sollen. Auf diese Weise könnten vor allem militärische Flugzeuge ferngesteuert ihre Ziele angreifen, ohne dass die Piloten sich in direkte Gefahr bringen würden. Das klingt zunächst gespenstisch, doch der rasante Fortschritt der Wissenschaft wird es eines Tages ermöglichen. Im Moment brauchen jedoch selbst die leistungsfähigsten Computer noch viel zu lange, um Situationen blitzschnell in allen Facetten zu erfassen und in Windeseile mit komplexen Handlungen darauf zu reagieren.

Lernen für die Zukunft

Unser Gehirn ist viel mehr als nur ein biologischer Großrechner. Es ist in der Lage, Erfahrungen zu machen und Erlebtes zu bewahren. Es speichert Wissen und Gefühle. Mit seiner Hilfe können wir uns erinnern und Neues hinzulernen. Die Weisheit des Alters beruht nicht auf erlernten Fakten, sondern ist die Summe all der Erfahrungen, die ein Mensch in seinem Leben gemacht hat. Mit zunehmenden Lebensjahren sind wir in der Lage, Urteile zu fällen und andere Menschen so zu akzeptieren, wie sie sind. Und wir können neues Wissen in bereits vorhandene Zusammenhänge einordnen. Aus dem Vergangenen gelernt zu haben und offen in die Zukunft zu blicken – das ist die Weisheit des Alters. Das Gedächtnis spielt dabei eine wichtige Rolle.

Ein Roboter spielt Klavier: Was wie eine Szene aus einem Zukunftsfilm aussieht, ist längst Wirklichkeit. Doch noch ist der Mensch jeder Maschine haushoch überlegen.

MIT DER KRAFT DER BILDER ZUM BESSEREN GEDÄCHTNIS

Sicher kennen auch Sie jemanden, der sich scheinbar mühelos Gesichter und die dazugehörigen Namen merken kann. Eine beeindruckende Gabe der Natur? Weit gefehlt! Das Namengedächtnis muss man trainieren – beispielsweise mithilfe von Bildern und Symbolen.

Äußerst freundlich werden Sie im Lokal von einem neuen Gast begrüßt. Sie nicken zurück und zerbrechen sich anschließend den ganzen Abend den Kopf darüber, wer das wohl gewesen sein mag. Eine unangenehme Situation. Richtig peinlich wird es jedoch, wenn einem dasselbe mit Kollegen oder Geschäftspartnern passiert. Ein „Guten Tag, Herr Dingsda" ist der Karriere bzw. der Geschäftsbeziehung wirklich nicht förderlich. Wer Schwierigkeiten hat, sich Namen zu merken, dem hilft nur eines: Er muss seine Beobachtungsgabe schärfen.

Wachsam wie ein Luchs

„Mit offenen Augen durchs Leben gehen" – diesen Spruch sollten Sie von nun an beherzigen. Wenn man sich an Mitmenschen dauerhaft erinnern will, kommt man um diesen Leitsatz nicht herum. Ohne Übung kann ein Mensch nur die Details von etwa 1000 Bildern speichern; nicht besonders beeindruckend, wenn man überlegt, wie viele Menschen einem im Lauf des Lebens begegnen. Also beobachten Sie von nun an Ihre Mitmenschen ganz genau und speichern Sie alles. Wie sah die flotte Urlaubsbekanntschaft vom letzten Jahr aus? Was für ein Kleid trug die Nachbarin heute? Welche Augenfarbe hat der neue Kollege?

Der flämische Maler Pieter Brueghel d. Ä. hinterließ Werke, die eine Fülle an Details enthalten. Sein Gemälde *Kinderspiele* ist ein ideales Übungsfeld für Ihre Beobachtungsgabe.

IN BILDERN DENKEN

Mit Leichtigkeit zum Merkgenie

Phantasievolle Bilder behalten wir leichter im Kopf als Wörter! Bei dieser Übung geht es darum, sich möglichst viele Gegenstände und Details in Erinnerung zu rufen. Viele Wege führen ans Ziel, also ist wieder einmal Ihr Ideenreichtum gefragt. Schauen Sie sich zunächst nur die Gegenstände der ersten Reihe an. Achten Sie auf die vielen Kleinigkeiten! Welche Farbe hat der Gegenstand, welche Form, was kann man mit ihm machen? Wie fühlt er sich wohl an? Wie könnte er schmecken? Stellen Sie sich möglichst originelle Bildfolgen vor, denn diese prägen sich leicht ins Gedächtnis ein! Wagen Sie einen Blick durch das Fernglas: Sehen Sie im Leuchtturm den mit Sonnenblumen geschmückten Tisch, auf dem gekochte Eier bereitstehen? Welche Assoziationen haben Sie bei den Bildern der zweiten und dritten Reihe?

Kinderspiele

An welche Einzelheiten des Brueghel-Bildes erinnern Sie sich? Welche Farbe hat das Geländer, auf dem die Kinder sitzen, und wie viele sind es? Wo stehen die Reifenspieler? Was ereignet sich unter der Arkade des Hauses?

Betrachten Sie alles als Trainingsrunden für Ihr Gedächtnis, mit denen sich die Aufmerksamkeit für Gesehenes trainieren lässt.

Der liebe Herr Liebermann und die windige Frau Boe

Sie treffen einen alten Bekannten und stellen im Gespräch fest, dass er Ihren Namen vergessen hat. Das kränkt Sie und Sie denken vermutlich, dass Sie für ihn wohl nicht sonderlich wichtig gewesen sein müssen. Mit dieser Erfahrung, die sehr verletzend sein kann, stehen Sie nicht allein da.

Doch auch das Gegenteil kann der Fall sein. Manchmal kann man sich nämlich an Menschen erinnern, obwohl man sie nur sehr kurz gesehen hat. Offensichtlich gelang es diesen Auserwählten, unsere ganze Aufmerksamkeit zu fesseln. Das kann daran liegen, dass sich diese Menschen durch ein besonders auffälliges Merkmal auszeichneten, etwa einen witzigen Namen, ein auffälliges Muttermal im Gesicht oder wunderschöne rote Haare. Solche Bilder prägen sich gut ein.

Leider stechen uns bei den wenigsten Menschen derartige Auffälligkeiten ins Auge, also müssen wir bewusst danach suchen. Wer sein Personen- und Namengedächtnis schulen will, muss nicht nur die Beobachtungsgabe nutzen, sondern auch die Fähigkeit entwickeln, Bilder und Eindrücke miteinander zu verknüpfen.

Machen wir es uns in Zukunft zur Gewohnheit, unser Gegenüber offen und aufmerksam anzuschauen. Gesichter sind wie Landschaften, und man kann sich, selbstverständlich diskret, auf einen Spaziergang begeben: Durch das Geflecht der lockigen, schulterlangen blonden Haare wandert der Blick über das Grübchen am Kinn und die schmalen, roten und spröden Lippen zur langen Nase. Welcher Zug charakterisiert das Gesicht am zutreffendsten? Beschränken Sie sich auf ein Merkmal, das sich fest einprägen lässt.

Nun gilt es, sich noch den Namen des Gegenübers zu merken. Am besten legt man ihn nicht in eine andere, sondern in dieselbe Gedächtnisschublade wie das Gesicht. Machen Sie es sich zur Regel, bei einer Vorstellung den Namen des Gegenübers so oft wie möglich zu wiederholen. Reden Sie Ihren Gesprächspartner im Verlauf einer Unterredung noch einige Male mit dem Namen an. Das ist nicht nur höflich und wirkt verbindlich, sondern festigt die Erinnerung.

Aus jedem Namen oder Bestandteil eines Namens lässt sich ein geeignetes Bild ableiten. So schafft etwa der „eine Stein“ die Verbindung zu Albert Einstein. Im

Da hockt doch Herr Einstein tatsächlich auf einem Riesenstein! Je unsinniger die bildhafte Verbindung scheint, desto besser prägt sich der Name ein, den man behalten muss.

NAMEN UND GESICHTER – UNVERGESSLICH?

Corinna Morlock

Nathalie Wenzel

Klaus Tiersch

Ansgar Hansen

Hans-Peter Uhlig

Stephanie Beyersdorff

Machen Sie sich ein Bild

Bei dieser Übung sollen Sie sich Gesichter und die dazugehörigen Namen einprägen. Suchen Sie zunächst in den Porträts der Personen nach einem prägenden Gesichtszug. Manchmal springt ein Merkmal direkt ins Auge, doch beim einen oder anderen müssen Sie eine Weile danach fahnden. Schließen Sie dann die Augen, und versuchen Sie das ganze Gesicht vor Ihrem inneren Auge nachzuformen.

Und nun achten Sie auf die Namen. Was fällt Ihnen dazu ein? Erinnert Sie der Klang einzelner Silben an einen konkreten Begriff oder gibt es andere Merkwürdigkeiten? Als Nächstes suchen Sie ein Bild zu dem Namen und verknüpfen es anschließend mit dem prägenden Gesichtszug. Stellen Sie sich zuletzt beide Bilder etwa 15 Sekunden lang vor, und sprechen Sie den Namen dabei laut aus.

Unterschied zu Einstein, der seine Phantasie gerne benutzte, können viele Menschen mit bildhaften Verbindungen nichts anfangen, denn sie sind eher verbale Lerntypen. Wer zu dieser Gruppe gehört, kann sich von Namen Geschichten erzählen lassen. Da gibt es beispielsweise den Herrn Aschenbrenner: Er ist Nichtraucher und von blasser Hautfarbe. Vielleicht leert er immer volle Aschenbecher aus, und wenn er sich dabei verbrennt, wird er blass vor Ärger?

Sperrige Namen lassen sich oft zerlegen. So verstecken sich in Herrn Schibalskis Namen zweimal „Ski". Sehen Sie ihn auf seinen Skiern herumsausen? Oder schiebt er einen Ball oder vielleicht einen dicken Bauch vor sich her?

Und noch zwei Tricks, mit denen man einen entfallenen Namen abrufen kann. Zum einen geht man in Gedanken das Alphabet durch und stellt fest, welche Menschen sich den einzelnen Buchstaben zuordnen lassen: Frau Bauer dem B, Herr Schneider dem S. Erfolg verspricht zum andern, sich die Situation ins Gedächtnis zu rufen, bei der man eine Person kennen gelernt hat, also den Ort, die Tageszeit und die genauen Umstände.

Wo geht's lang?

Testen Sie Ihr Kurzzeitgedächtnis. Schauen Sie sich die Straßenschilder zehn Sekunden lang an, dann decken Sie das Bild zu. Was ist hängen geblieben? Haben Sie Ihr fotografisches Gedächtnis genutzt? Dies ist eine Übung, die Sie problemlos Tag für Tag wiederholen können.

Bilder helfen beim Erinnern

Ein bunter Reiseprospekt mit Fotos von Hotelanlagen, weiten Stränden und blauen Swimmingpools unter grünen Palmen weckt Sehnsüchte nach fernen Ländern. Was schaut man sich wohl zuerst an? Die Abbildungen oder die Informationen über Preise, Ausstattung und Reisetermine? Was bleibt beim Durchblättern des Prospekts eher haften? Vermutlich die Bilder.

Das ist ein völlig normaler Vorgang, denn fast alle Menschen tun sich leichter damit, Bilder statt nüchterner Informationen in ihrem Gedächtnis zu speichern. Darüber sollten Sie sich im Klaren sein, wenn Sie sich etwas einprägen wollen. Nicht alles, was wir behalten müssen, bietet sich uns jedoch zugleich in Bildform an. Dann heißt es, Phantasie an den Tag zu legen – eine Gabe, die wir im Lauf unseres Lebens allzu oft vernachlässigen.

Kinder verfügen meist über ein deutlich ausgeprägteres bildhaftes Wahrnehmungsvermögen als Erwachsene. Leider geht es während der Schulzeit durch die trockene Vermittlung von Fachwissen schnell verloren. Aber keine Sorge: Die Fähigkeit verschwindet nicht gänzlich. Sie lässt sich mit etwas Übung nach einer Weile wieder antrainieren.

Schon beim Training des Personen- und Namengedächtnisses haben Sie vermutlich bemerkt, wie leicht Ihre Phantasie angeregt werden kann und wie überaus wichtig es dabei ist, genau hinzuschauen. Eine Regel, die man nicht nur im Umgang mit Menschen beherzigen sollte, sondern auch bei der Wahrnehmung der Umwelt, beim Blick auf Straßen, Orte oder Landschaften. Denn bildhaftes Denken kann sogar helfen, den Orientierungssinn zu schärfen.

Hilfe, mein Auto ist weg!

Gehören auch Sie zu den vielen Menschen, denen es schwer fällt, sich in der Fremde zurechtzufinden? Ein Grund dafür kann sein, dass Sie beim Einprägen fremder Orte das bildhafte Denkvermögen nur unzureichend einsetzen. Normalerweise reicht es nicht aus, sich einfach nur den Namen der Straße zu merken, in der man sein Auto abgestellt hat. Wer kann am Ende eines Urlaubstages in einer schönen alten Stadt, nach all den unzähligen Eindrücken, die man gesammelt hat, den fremd klingenden Namen wiederholen? Wie gut, wenn dann eine vage Erinnerung an den Straßenzug auftaucht.

Doch auf Glück allein sollte man sich besser nicht verlassen. Schauen Sie sich das Straßenschild also lieber in Ruhe an. Suchen Sie für den Straßennamen ein konkretes Bild, das für Sie eine Bedeutung hat. Dann wählen Sie in der Umgebung einen markanten

DIE ... VERGESS ICH NIE

....

....

....

....

....

....

Erinnern Sie sich noch an die Namen?

Erkennen Sie die Personen auf diesen Bildern wieder? Blättern Sie jetzt bitte nicht zurück, sondern überprüfen Sie Ihre Gedächtnisleistung.

Anhand welcher herausragenden Merkmale haben Sie sich die Gesichter eingeprägt? Welche Besonderheiten wiesen die Namen auf? Sind die Bilder für Merkmale und Namen noch gegenwärtig? Wenn es bei dieser Übung noch hapert, dann trainieren Sie regelmäßig. Schreiben Sie z. B. die Namen von zehn vertrauten Menschen auf, und versuchen Sie sich möglichst genau an ihre Gesichter zu erinnern. Fallen Ihnen typische Merkmale ein? Notieren Sie sich alles. Überprüfen Sie Ihre Liste beim nächsten Zusammentreffen. Sie können für das Training aber auch die vielen fremden Gesichter in Tageszeitungen oder Wochenmagazinen benutzen.

EIN BILD SAGT MEHR ALS TAUSEND WORTE

Für dieses Schild braucht niemand einen Dolmetscher: Vorsicht, hier kreuzen Entenmütter mit ihren Kindern die Straße – ein Bild, das weltweit zu verstehen ist.

Auch wenn wir Weltenbummler geworden sind – alle Sprachen dieser Erde zu lernen würde selbst ein Superhirn überfordern. Was liegt also näher, als sich bei der Übermittlung wichtiger Regeln und Botschaften auf die Aussagekraft von Symbolen zu besinnen?

Symbole sind einprägsam, informativ und vor allem universell: Ohne Worte teilen sie uns beispielsweise mit, dass Schwimmen in einem krokodilverseuchten Gewässer nicht angeraten ist (unten) oder dass man als Autofahrer auf Fußgänger achten sollte. Mithilfe symbolhafter Umsetzungen, so genannter Piktogramme, finden wir selbst in jenen Ländern der Erde, wo für uns unleserliche Schriftzeichen üblich sind, mühelos den Weg zum Restaurant, zur Toilette oder zum Telefon. Wie viel Information schlichte Symbole vermitteln können, machen besonders die Höhlenmalereien aus der Steinzeit deutlich. Die scheinbar einfachen Zeichnungen übermitteln noch nach Tausenden von Jahren wertvolle Einzelheiten über das Leben der Menschen in der Eiszeit.

Aber auch aus der modernen Computerwelt sind Symbole nicht mehr wegzudenken. Hier heißen sie *Icons* und vereinfachen komplizierte Befehlsabfolgen, weltweit verständlich und per „Mausklick" blitzschnell auszuführen. Und wie könnte man den Bewohnern fremder Galaxien dereinst mitteilen, wer auf dieser Erde wohnt, wenn nicht mithilfe von Symbolen? Mann, Frau und Kind, so einfach ist die Welt, wenn die Bilder stimmen.

Orientierungspunkt. Verknüpfen Sie das Bild des Namens mit diesem Punkt durch eine kleine Bildergeschichte. Auf diese Weise schlagen Sie zwei Orientierungspflöcke ins Gedächtnis.

Unser Erinnerungsvermögen bedient sich in aller Regel zweier Möglichkeiten: Es erfasst Sachverhalte in Worten oder in Bildern. Am besten lernen und erinnern wir uns, wenn wir beides einsetzen. Wir sollten uns allerdings angewöhnen, Wörter und Bilder stärker miteinander zu verknüpfen und damit beide Gehirnhälften beim Speichern von Informationen ins Spiel zu bringen.

Machen Sie folgende Übung: Gehen Sie in Gedanken den morgigen Tag durch. Versuchen Sie sich dabei im Kopf nur mit Stichworten einen kleinen Terminplan für alle Aufgaben zu schaffen, die zu erledigen sind: Um 9 Uhr mache ich das, um 12 Uhr jenes ... Dann wiederholen Sie das Ganze, indem Sie Ihre Konzentration auf die Bildern richten. Wie sehen die Plätze aus, zu denen Sie gehen müssen, was werden Sie dort tun? Sind Sie im ersten Fall tatsächlich ohne Bilder ausgekommen?

Führen wir uns also buchstäblich vor Augen, wie wichtig unsere inneren Bilder als Gegengewicht für die vielen Worte sind, mit denen wir uns täglich auseinander setzen müssen. Wichtig sind die Bilder vor allem, wenn es darum

Selbst ein Eskimokind würde hier nicht baden gehen. Symbole sind universell – ihre Aussage ist blitzschnell von jedem zu erfassen.

Sind Sie ein Merkgenie?

Finden Sie heraus, wie gut Sie die Technik mit den Bilderketten schon beherrschen. Erinnern Sie sich noch an Leuchtturm, Ei und Co. auf Seite 193? War die Banane geschält? Lag bei der Geige ein Bogen? Je origineller Ihre Assoziationskette war, umso mehr konnten Sie sich merken und wiederholen.

Symbole als Gedächtnisstütze

Wer je einen Vortrag ohne Manuskript gehalten oder ein schwieriges Gespräch geführt hat, weiß, wie wichtig es ist, im Kopf sämtliche Argumente in der richtigen Reihenfolge parat zu haben. Dazu kann die folgende Übung eine Hilfe sein. Verwenden Sie dabei die Ihnen bereits bekannten Symbole auf den Buchseiten 178/179.

Und nun stellen Sie sich vor, Sie müssten sich auf ein wichtiges Verkaufsgespräch vorbereiten. Sie sollen einem Kunden die Vorzüge einer neuen Kamera aus Ihrem Angebot vorstellen.

Dieser Apparat ist mit einem automatischen Blitzlicht ausgestattet. Er ist wasserfest, hat ein eingebautes Zoom, ein Weitwinkel- und ein Makroobjektiv. Der Hersteller gibt vier Jahre Garantie und im Preis inbegriffen ist eine praktische Tasche für alle Utensilien. Ebenso sind eine Bewegungsautomatik und mehrere Farbfilter vorhanden. Das Gehäuse ist besonders robust und stoßfest. Zusätzlich bietet Ihr Fachgeschäft einen Einführungskurs an, und im nächsten Monat wird ein Preisnachlass von 20 Prozent auf Filmentwicklung und alle Arten von Papierabzügen gewährt.

Gar nicht einfach, sich diese Liste für das erste Gespräch einzuprägen. Versuchen Sie es einmal so:

1. Das Blitzlicht *erinnert Sie an die* Kerze.
2. Die Kamera *ist genauso wasserfest wie ein* Schwan.
3. Zoom, Makro *und* Weitwinkel*: Jedes Objektiv steckt auf einem Zinken des* Dreizacks.
4. Die Kamera hat so viele Jahre Garantie *wie das* Kleeblatt *Blätter ...*

Vollenden Sie die Liste mit Ihren eigenen Bildern. So werden Sie alle Vorzüge der Kamera abrufen können.

geht, etwas zu verstehen, etwas zu begreifen, um sozusagen im Bilde zu sein. Deswegen bleibt uns die lebendige, bildhafte Sprache eines guten Redners im Gedächtnis.

„Aktives agieren" oder „die Ärmel hochkrempeln"

Ein arabisches Sprichwort bringt es treffend auf den Punkt: „Ein guter Redner kann seine Zuhörer mit den Ohren sehen machen."

Wer sich einer bunten, bildreichen Sprache bedient, schlägt mehrere Fliegen mit einer Klappe: Er kann seine Zuhörer leichter in den Bann ziehen, weil er mit den Bildern ihre Phantasie anregt, er wirkt insgesamt überzeugender und kann davon ausgehen, dass sich der Inhalt seiner Rede bei den Zuhörern besser einprägt.

„Nach meinen Vorstellungen sollten wir durch ein aktives Agieren die Effektivität unseres Handelns steigern, wohl wissend, dass es ein zeit- und personalintensiver Prozess sein kann ..." Mal ehrlich, würden Sie bei einer solchen Rede nicht auch nach wenigen Minuten abschalten?

Welche Bilder könnten Ihnen zu dieser kurzen Rede einfallen? Vermutlich zuerst überhaupt keine. Mit ein bisschen Training lässt sich jedoch selbst so eine trockene Ansprache optisch anreichern. Beispielsweise so: „Ich meine, wir sollten die Ärmel hochkrempeln und diesen riesigen Berg Arbeit abtragen, der da vor uns liegt. Wenn wir uns gegenseitig dabei unterstützen, können wir die vor uns liegende Durststrecke schneller durchwandern."

Wenn Sie Ihre Fähigkeit trainieren, in Bildern zu denken, wird bald auch Ihre Sprache davon profitieren. In kurzer Zeit haben Sie sich eine lebhaftere und genauere Ausdrucksweise angeeignet, und gleichzeitig lernen Sie, die wesentlichen Informationen, also die benutzten Bilder, in den Aussagen Ihres Gegenübers leichter zu erfassen und abzuspeichern. Kurz gesagt: Ihre Kommunikationsfähigkeit wird durch das Denken in Bildern gesteigert.

Noch etwas können Sie mit bildhaftem Denken beeinflussen: Ihre Einstellung zu Aufgaben, die Sie erledigen müssen. So werden auch unliebsame Pflichten zu echten Herausforderungen. Erschaffen Sie positive Gedankenbilder, etwa wie Sie eine Felswand möglichst kräftesparend ersteigen, und beteiligen Sie all Ihre Sinne an diesem Bild. Mit traumwandlerischer Sicherheit finden Sie die richtigen Griffe, die Muskeln arbeiten perfekt, und Sie freuen sich schon auf den Ausblick – oder Ihren Erfolg.

WÖRTER BESTIMMEN UNSER GANZES LEBEN

Bücher, Zeitungen, Broschüren – täglich laden wir jede Menge Gedrucktes in der Bibliothek in unserem Kopf ab. Aber wie soll man sich an all das Gelesene erinnern?

Sie fragen sich bestimmt ab und zu: Was stand eigentlich auf all dem Papier, das ich zeit meines Lebens gelesen habe? Wo sind die vielen Informationen verschwunden? Weiß ich noch ein Zehntel, ein Hundertstel oder noch weniger davon? Ist es nicht schade, dass der Großteil der Mühe umsonst war?

Je älter wir werden, desto mehr macht uns Sorgen, dass wir einmal Gelesenes oder Gelerntes nicht mehr behalten können. Wir verzweifeln, wenn wir plötzlich Namen, Filmtitel oder etwa das Rezept unseres Lieblingsauflaufs vergessen. „Früher konnte ich mir alles merken“, klagen selbst gelehrte Menschen, „ jetzt muss ich mir jede Kleinigkeit aufschreiben.“

Unser Gehirn verändert sich im Alter, aber das muss nicht bedeuten, dass wir deswegen vergesslich werden. Denn nicht die Anzahl der Nervenzellen ist entscheidend für ein gutes Gedächtnis – es kommt vor allem darauf an, wie wir es benutzen. Wissenschaftler haben herausgefunden, dass wir mit fortgeschrittenen Jahren genauso gut lernen können wie in unserer Jugend. Nur mangelndes Training ist schuld daran, wenn wir irgendwann nicht mehr wissen, wie beispielsweise Schillers Gedicht *Die Glocke* anfängt.

Unnützes kann man ohne weiteres vergessen

Doch wir dürfen uns trösten: Unter all dem, was wir im Lauf unseres Lebens lesen, sind auch viele unnütze und belanglose Informa-

Eigentlich ist das gesprochene Wort eine Folge von Lauten und nicht von Buchstaben. Aber seit der Erfindung der Schrift kann der Mensch Gesprochenes „schwarz auf weiß“ festhalten und im Gedächtnis abspeichern.

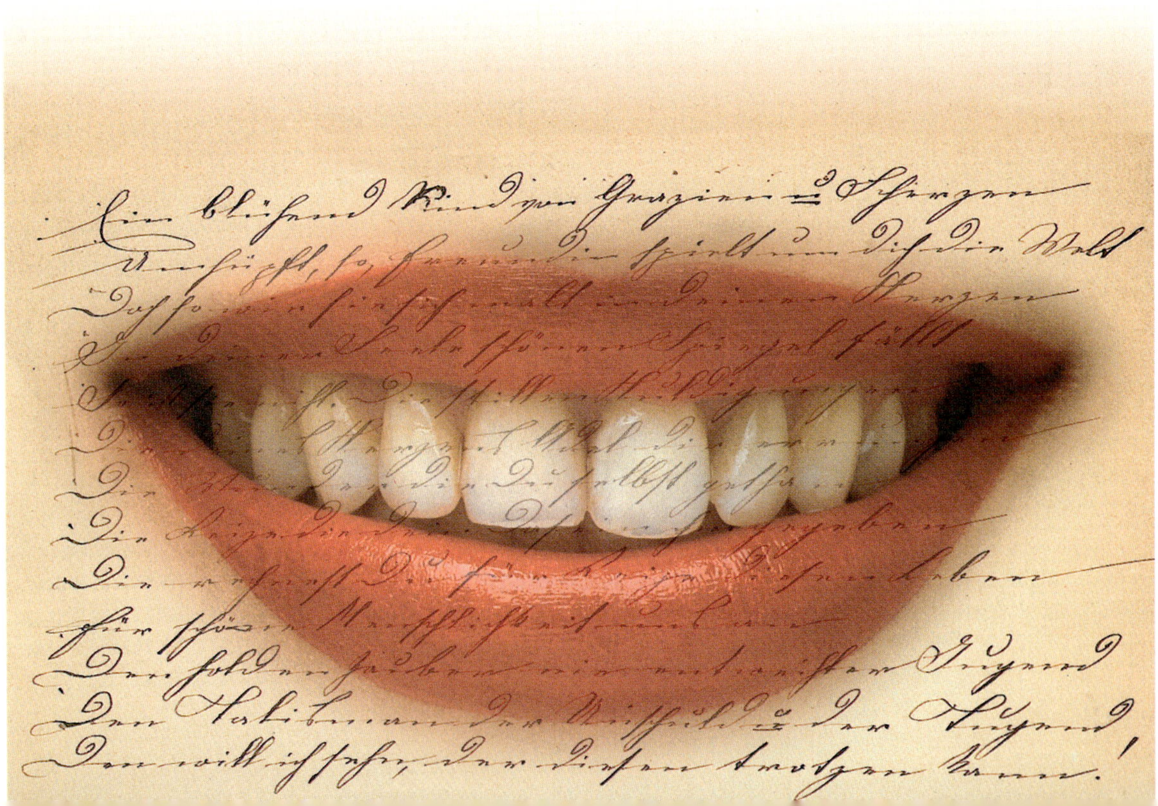

tionen – und die können wir problemlos in den geistigen Mülleimer werfen. Denn wie der französische Humanist Michel de Montaigne schon sagte: „Ein guter Kopf ist besser als ein voller Kopf."

Nur wer richtig liest, kann richtig lernen

Doch was ist nun mit denen, die mühelos aus den Schubfächern ihres Gehirns selbst Gedichte aus der Kinderzeit hervorzaubern können? Sie kennen die goldene Regel des Erinnerns: Nur das, was wir wirklich verstanden haben, merken wir uns auch. Wer über Gelesenes nicht nachdenkt, lernt dabei gar nichts. Erst wenn wir die Bedeutung der Worte sozusagen geistig durchdrungen haben, bleiben sie dauernd haften.

Eine der wichtigsten Voraussetzungen dazu ist die Konzentration. Ohne diese verstärkte Form der Aufmerksamkeit können wir die Worte und deren Bedeutung nicht im Gedächtnis verankern. Es ist wissenschaftlich erwiesen, dass nicht der Intelligenzquotient allein ausschlaggebend für geistige Leistungen ist, sondern vor allem die Art und Weise, wie wir Informationen aufnehmen.

Wie viel wir lernen, hängt spätestens ab der Grundschule davon ab, wie wir lesen. Dabei liegt die Betonung auf dem „Wie". Richtiges Lernen ist ein aktiver Vorgang, bei dem wir das Gelesene verarbeiten müssen. Also „kauen" Sie Ihre Lektüre wie ein Stück Vollkornbrot! Langsam, genüsslich, bis Sie Bissen für Bissen „runterschlucken" können. Nur dann hat der Inhalt eines Textes die Chance, haften zu bleiben.

Wichtig ist der Zeitpunkt des „Kauens": Bereits innerhalb von 48 Stunden nach der Lektüre erinnern wir uns nur noch an 20 Prozent des Gelesenen. Mit dieser „Entrümpelung" macht sich das Gehirn frei für neue Informationen. Seien Sie also ein Wiederkäuer, und fangen Sie gleich nach dem Lesen mit dem Durcharbeiten des Stoffs an.

Wie das geht? Ganz einfach: Stellen Sie Fragen an den Text: Was habe ich gelesen, und wie hängt alles miteinander zusammen? Was will ich eigentlich mit den Informationen anfangen, die ich gelesen habe? Was nützen sie mir? Wo kann ich sie anwenden? Worum geht es eigentlich in diesem Buch? Was ist die zugrunde liegende Idee? Wie beschreibt der Autor das, was er mitteilen möchte? Welche Bilder, Dialoge, Zwischentitel verwendet er? Wie beschreibt er seine Charaktere? Hat er eine neue Idee formuliert oder versucht er, einem Problem

Das Rückwärts-Spiel

?FUA ZNAWHCS MOV DREFP SAD LAM THCIN EIS NEMUÄZ MURAW

Lesen Sie diesen Satz, der rückwärts geschrieben wurde, so schnell wie möglich laut vor. Beginnen Sie mit dem letzten Wort ganz unten.

Sie werden feststellen, dass das nur funktioniert, wenn Sie sich ganz fest konzentrieren. Und das sollen Sie ja üben!

DIE SECHS GROSSEN W

Greifen Sie beim Lesen in die Trickkiste der Journalisten, und stellen Sie sich „die sechs Fragen".

◆ **Wer?**
Welches sind die handelnden Personen? Welche Charaktere haben sie, und wie stehen sie zueinander?

◆ **Wo?**
An welchem Ort spielt die Geschichte? Beschreiben Sie die Schauplätze möglichst detailliert.

◆ **Was?**
Was ist geschehen? Suchen Sie den roten Faden, der sich durch die Handlung zieht. Konzentrieren Sie sich auf das Wesentliche.

◆ **Warum?**
Finden Sie die Motive der handelnden Personen heraus. Ergibt sich das Ende logisch aus dem Anfang?

◆ **Wie?**
Wie handeln die Hauptpersonen? Welche Methoden entwickeln sie, um sich durchzusetzen? Diese Fragen erfordern viel Spürsinn und Genauigkeit.

◆ **Wann?**
Wann hat sich alles ereignet? Spielt die Geschichte in der Vergangenheit, Gegenwart oder Zukunft? Dauert sie einen Tag oder zieht sie sich über Monate und Jahre hin?

auf den Grund zu gehen? Wir müssen zunächst das Gelesene ordnen, den roten Faden finden und die Wörter selbst auf kreative Weise zu einem für uns logischen Gebilde verknüpfen.

Warum all die Mühe?

Während Sie Antworten auf Ihre Fragen suchen, müssen Sie sich automatisch zur Konzentration zwingen – das ist das A und O der Gedächtniskunst. Gehen Sie dabei ruhig langsam vor, denn nur mit Ruhe können Informationen richtig gespeichert werden. Machen Sie sich Notizen über einzelne Abschnitte, die Sie gelesen haben. Schreiben Sie eine Zusammenfassung des Buches oder einen Kommentar dazu. Wenn Sie diese Aufzeichnungen immer mal wieder hervorholen und durchlesen, wird so leicht nichts Wichtiges in Vergessenheit geraten.

Eines sollten Sie stets bedenken: Je mehr Sie sich von dem Gelesenen merken können, desto leichter lernen Sie Weiteres dazu. Denn unser Gehirn ordnet Neues dem bereits Bekannten zu. Nur wenn wir einen guten Nährboden bereitet haben, können wir darauf weiter Wissen anhäufen.

Wie wir uns Listen besser merken können

Gedächtniskünstler wissen bereits, dass es eine Reihe von Kunstgriffen gibt, mit denen man seinem Erinnerungsvermögen auf die Sprünge helfen kann.

Damit Sie sich wichtige Punkte eines Textes oder die Reihenfolge einer Liste wirklich merken, können Sie auf die bewährte Loci-Methode zurückgreifen. Wie sie funktioniert? Ganz einfach: Machen Sie sich eine klare Vorstellung von der Sache, die Sie sich merken wollen, und verknüpfen Sie sie mit einem Ihnen vertrauten Platz.

Zuvor legen Sie noch fest, in welcher Reihenfolge diese Orte (Loci) und die Punkte Ihrer Merkliste erscheinen sollen. Die Orte sollten Ihnen geläufig sein. Dazu stellen Sie sich z. B. Ihr Wohnzimmer vor und nummerieren die Einrichtungsgegenstände in einer unabänderlichen Reihenfolge durch. Lassen Sie den Blick durch das Zimmer schweifen. Zuerst sehen Sie den Tisch und die Sessel, dann den Schrank, den Teppich, die Vorhänge usw. Nun greifen Sie zu Ihrer Einkaufsliste. Und jetzt platzieren Sie im Geist auf dem Tisch einen Sack Kartoffeln, hängen an den Schrank eine Packung Mehl, legen auf einen Sessel einen Laib Brot. Damit diese bildliche Vorstellung klappt, müssen Sie sich die Bilder jeweils mehrere Sekunden lang vorstellen.

Wenn Sie dann im Supermarkt stehen, gehen Sie Ihr Wohnzimmer im Geist in der vertrauten Reihenfolge durch. Sie werden sehen, die von Ihnen mit den Einrichtungsgegenständen verbundenen Lebensmittel drängen sich automatisch ins Bild: Klar, da war doch der Sack Kartoffeln auf dem Tisch, das Mehl hing am Schrank usw.

Vergessen? Ab jetzt gibt es kein Pardon

Sie können sich auch beliebige andere Plätze aussuchen. Dafür zeichnen Sie einen Plan Ihrer Wohnung und gehen Zimmer für Zimmer in einer für Sie natürlichen Reihenfolge durch. Nummerieren Sie jetzt die Räume. Wichtig ist: Sie müssen die Abfolge richtig verinnerlicht haben. Von

So gut wie dieser Schauspieler, für den der Requisiteur die Koffer und deren Inhalt festgelegt hat, haben wir es bei Reisevorbereitungen kaum einmal. Wir müssen dazu eine endlose Liste von Besorgungen erledigen. Doch mit ein paar Tricks können wir verhindern, dass am Tag der Abreise im Koffer die Hälfte fehlt.

Der Fuchs und der Kranich

„Einst lud der Fuchs den Kranich zum Mahle. Als dieser erschien, setzte er ihm in einer flachen Schüssel einen fetten, öligen Brei vor und lud ihn ein, es sich schmecken zu lassen. Allein der Brei rann dem Vogel aus seinem spitzen Schnabel wieder auf die Schüssel, bevor er ihn schlucken konnte. So kam er nicht nur um seine Mahlzeit, sondern machte sich auch lächerlich. Aber er zahlte es dem Fuchs heim, indem er auch ihn eines Tages bei sich zu Gast lud und ihm dann eine hohe Flasche mit langem, engem Hals vorsetzte, auf deren Grund die verlockendsten Speisen lagen. Vergnügt steckte der Kranich seinen dünnen Schnabel durch den Flaschenhals und ließ es sich munden, während diesmal der Fuchs das Nachsehen hatte."

Wie lässt sich diese Fabel des griechischen Dichters Äsop am besten merken? Stellen Sie sich vor, Sie müssten zu diesem Stoff ein Drehbuch schreiben und den Inhalt in einzelne Szenen umsetzen. Gehen Sie zunächst nach dem Handlungsablauf im Text vor, und notieren Sie Ihre Ideen. Stellen Sie sich Fuchs und Kranich bildhaft vor … wie der Brei aus dem Schnabel des Kranichs rinnt … welchen Gesichtsausdruck der hungrige Fuchs hat … wie die Stimmung zwischen beiden ist … Und nun ergründen Sie, was die Fabel vermitteln will. Wo gibt es andere Beispiele? Welche Bilder fallen Ihnen dazu ein? Je intensiver Sie sich mit dem Text beschäftigen, desto besser werden Sie sich erinnern.

nun an können Sie jedes Zimmer mit einer beliebigen Bildassoziation verknüpfen.

Haben Sie etwa schon wieder vergessen, was Sie für die nächste Reise kaufen wollten? Dann pinnen Sie an die Wohnzimmertür einen imaginären Zettel mit dem Reisepass, im Schlafzimmer klebt einer mit der Aufschrift Sonnencreme, und im Flur steht groß Föhn auf den Spiegel geschrieben.

Damit wir nicht vergessen, was wir sagen wollten

„Was wollte ich gleich noch mal sagen?" Wie oft passiert uns das und wie peinlich ist es dann! Vor allem, wenn wir eine Rede halten sollen. Da ist der fünfzigste Geburtstag der besten Freundin, die Weihnachtsfeier, die Präsentation eines neuen Konzepts, und wir ringen verzweifelt nach den Worten.

Schon die alten Römer bewahrten sich mithilfe der Loci-Methode vor diesem Schicksal. Sie hefteten im Geist an jede Säule ihres Vortragsraums einen Spickzettel mit einem Stichwort ihrer Rede. Lassen Sie uns doch von diesen schlauen Köpfen lernen.

Verbinden Sie die einzelnen Abschnitte Ihres Vortrags mit einem markanten Punkt in dem Raum, in dem Sie sprechen. Gehen Sie dabei im Uhrzeigersinn die „Loci" durch, und heften Sie Ihre Stichpunkte in der logischen Reihenfolge daran. Sprechen Sie etwa über die Umsatzzahlen Ihrer Firma im letzten Jahr? Dann platzieren Sie am ersten Tisch eine Zahlenreihe. Oder halten Sie auf der Geburtstagsfeier Ihres Jugendfreunds eine Rede mit kleinen Anekdoten aus der Schule? Pinnen Sie an den rechten Stuhl einen geistigen Schnappschuss, wie Sie den ungeliebten Klassenlehrer ärgerten.

An Sprache erinnern wir uns am längsten

Ob wir Reden halten oder Bücher lesen – es lohnt sich, den Umgang mit Wörtern zeitlebens zu üben. Denn Wissenschaftler haben herausgefunden, dass unser verbales Gedächtnis bis ins hohe Alter erhalten bleibt, während das visuelle eher nachlässt.

Das Visualisieren ist dennoch eine der wichtigsten Hilfen auf dem Weg zum besseren Gedächtnis. „Ein Bild sagt mehr als 1000 Worte“ – Medienfachleute wissen das und drucken große Fotos, wenn die damit verbundenen Geschichten und Berichte in den Köpfen der Leser haften bleiben sollen.

An „Bilder, die um die Welt gingen“, erinnern wir uns auch noch nach langer Zeit: Die Aufnahmen des ersten Menschen auf dem Mond, Fotos aus dem Vietnamkrieg oder Umarmungen in der Menge nach dem Fall der Berliner Mauer.

Eine Information bleibt besser im Gedächtnis haften, wenn sie mit einem Sinneseindruck verbunden wird. Wenn Sie also das nächste Mal ein Buch lesen, werden Sie doch einfach zu Ihrem eigenen Fotografen, und setzen Sie den Inhalt in Ihrer Phantasie in Bilder um. Schießen Sie von allem eine Großaufnahme und heften Sie sie in Ihr inneres Fotoalbum.

Seien Sie Ihr eigener Regisseur

So, und jetzt drehen Sie in Ihrem Kopfkino einen vergnüglichen Kurzfilm. Sie haben Langeweile in der U-Bahn und Ihre Zeitung vergessen? Dann „bebildern“ Sie zur Übung im Geist doch einfach einmal ein Gedicht. Sie kennen keines? Zumindest dürfte Ihnen der Kinderreim „Alle meine Entchen schwimmen auf dem See ...“ geläufig sein. Lassen Sie die kleinen Wasservögel an sich vorüberziehen. Sehen Sie die Wellenkreise, die sich auf dem Wasser bilden? Sie werden feststellen, wie einfach Sie den Reim mit diesem Bild abrufen können.

Wie sehr Bilder übrigens unsere Alltagssprache beherrschen, zeigen Redewendungen wie „er ist am Ball“ oder „er hat nicht alle Tassen im Schrank“. Solche Ausdrücke merken wir uns besonders gut, weil wir sie uns so einfach vorstellen können.

Dabei gibt es nicht nur Redensarten, die mit Bildern arbeiten, sondern auch welche, die mit Sprache funktionieren. Kurze Reime oder Eselsbrücken bleiben hervorragend im Gedächtnis haften. Das berühmte „Wer nämlich mit ‚h‘ schreibt, ist dämlich“ kennen wir alle. Welchen Schüler hat

Stolz führt der Ingenieur das wohl bekannte Sprichwort an, wenn sich seine Tochter in Mathematik auszeichnet; eher seufzend kommt es der Mutter über die Lippen, wenn der Sohn den Dickschädel vom Vater geerbt hat. Doch alle sehen ein Bild wie dieses in ihrem Kopfkino.

dieser kleine Reim nicht ab und an vor einem Fehler in Aufsatz und Diktat bewahrt?

Vom Groben zum Feinen

Wir wissen jetzt, dass Bilder ein gutes Werkzeug sind, um längst Abgelegtes aus den Schubladen des Gehirns wieder herauszukramen. Doch es gibt noch mehr Wege zu einem guten Gedächtnis: Teilen Sie das, was Sie sich einprägen wollen, in Kategorien ein. Das kann Sie in Zukunft davor bewahren – wenn Sie beispielsweise ein fünfgängiges Menü geplant haben –, dass es Ihnen einfach nicht einfallen will, was in die Sauce muss und womit der Braten gewürzt sein soll. Dummerweise hat der Hund das Rezept gefressen, und in zwei Stunden kommen die Gäste. Welch eine Erlösung, wenn jetzt in Ihrem Kopf die Zutatenliste vorbeirasen würde!

Also, wie war das noch mit der Sauce? Überlegen Sie, zu welchem Grundtyp sie gehört. Ist sie hell oder dunkel? Die Oberkategorie lautet hell. Wenn Sie wissen, wie der Grundtyp gekocht wird, dann brauchen Sie sich jeweils nur noch die Zutaten einzuprägen. Zu einer Kräutersauce z. B. gehört Sahne zum Verfeinern und schließlich die Petersilie.

Auch Ihre Einkaufsliste für den großen Stadtbummel können Sie nach diesem Prinzip in Ober- und Unterkategorien einteilen. Oberbekleidung, Schuhe und Wäsche sind Oberbegriffe, unter die Sie Anzug, Hemd, Bluse, Sportschuhe und Strümpfe sowie T-Shirts einordnen können. Meist finden Sie im großen Kaufhaus die Dinge dann auch wesentlich leichter. Die Faustregel bei jeder Planung lautet: Das Einteilen in Grundprinzipien erleichtert das Lernen!

Nun wissen wir, dass wir in Bildern denken sollen, damit wir uns besser erinnern können. Deshalb noch ein Tipp: Stellen Sie sich z. B. vor Ihrem Einkauf im Supermarkt Äpfel, Bananen, Hähnchen und die Nudeln bildlich vor, und machen Sie aus Ihrer Einkaufsliste ein geistiges Bilderbuch. Das blättern Sie dann im Supermarkt einfach durch. Sie werden sehen, wie schnell Ihnen einfällt, was Sie kaufen wollen.

Lernen nach der Superformel

„Lügen haben kurze Beine“ oder „Nichts ist so fein gesponnen, dass es nicht ans Licht gekommen“ – schon unsere Großmütter warnten uns mit solchen Sprüchen vor kleinen Mogeleien. Haben wir ein schlechtes Gewissen, sehen wir beispielsweise vor unserem inneren Auge sofort einen zu kurz geratenen kleinen Mann, der sich eifrig, doch vergeblich abstrampelt. Warum prägen sich solche Sätze besser ein als eine lange Moralpredigt? Weil sie die Informationen in einfache, aber eindrucksvolle Bilder umsetzen, die in der jeweiligen Situation sofort aus der Erinnerung auftauchen.

Doch was nützt uns diese Erkenntnis bei komplizierten, langen Texten? Schwierig wird es vor allem, wenn sich die Aussagen der Kategorisierung entziehen oder wenn die Texte nur nüchterne Informationen enthalten. Aber selbst solch „harte Nüsse“ sind kein Grund zu verzweifeln, denn auch dafür gibt es eine Methode.

WO SIND DIE GEMEINSAMKEITEN?

Reh	**Schuh**	**Vorhang**	**Flöte**
Vase	**Blume**	**Hut**	**Messer**
Reis	**Ameise**	**Amsel**	**Socke**
Hase	**Teller**	**Katze**	**Eber**
Trommel	**Kartoffel**	**Violine**	**Gitarre**

Ordnen ist das halbe Lernen!

„Schubladendenken“ fördert das Gedächtnis: Schauen Sie sich die Wörter oben zwei Minuten lang an, decken Sie sie ab und schreiben Sie möglichst viele Begriffe auf ein Blatt Papier. Wenn Sie vor der Lösung der Aufgabe Kategorien schaffen, unter die sich die Begriffe einordnen lassen, können Sie sich viel mehr Begriffe merken.

KETTENWORTE BILDEN

Nusskuchen

Geldschrank

Obstgarten

Schlüsseldienst

Frohsinn

Blinddarm

Festspiel

Vollbart

Zeughaus

Wagenheber

Stadtkern

Blechschaden

Haltbar

Haarfarben

Wörter an die Kette legen

Ihre Kombinationsgabe ist jetzt gefragt: Oben sind 14 zusammengesetzte Wörter aufgeführt. Schreiben Sie sie in einer Kette so hintereinander, dass sich sinnvolle neue Kombinationen ergeben.

Und so geht es: Aus dem zweiten Teil des Worts „Nuss-kuchen" und dem ersten Teil des Worts „Blech-schaden" lässt sich das neue Wortpaar „Kuchen-blech" bilden. Die Kunst besteht nun darin, die aufgeführten Begriffe so aneinander zu fügen, dass keiner übrig bleibt. Sie können aus dieser Übung auch ein Spiel machen und selbst zusammengesetzte Wörter auf Kärtchen schreiben. Mischen Sie sie und versuchen Sie dann, möglichst viele neue Wortkombinationen in Folge zu finden. Laden Sie dazu auch Ihre Freunde ein! Mit dieser Übung trainieren Sie Ihre Aufmerksamkeit für Wörter und Begriffe.

LÖSUNG: NUSSKUCHEN BLECHSCHADEN FROHSINN VOLLBART HAARFARBEN BLINDDARM STADTKERN OBSTGARTEN FESTSPIEL ZEUGHAUS HALTBAR GELDSCHRANK SCHLÜSSELDIENST WAGENHEBER

SQ3R lautet die Formel, mit der wir auch die mühseligste Lektüre in die Schubladen unseres Gehirns befördern können. „S“ steht für das englische *Survey* (Überblick), „Q“ für *Question* (Fragestellung) und die drei „R“ bedeuten *Reading* (Lesen), *Reciting* (Wiederholen) und *Reviewing* (Noch-Einmal-Daraufschauen). Das sind immer noch böhmische Dörfer für Sie? Kein Problem: Die Begriffe bedeuten, dass wir den Lernstoff nach wichtigen Punkten und Gliederungsmerkmalen sortieren und dann lernen sollen. Experten gehen davon aus, dass man mit dieser Methode nach acht Stunden rund 80 Prozent des Gelesenen statt der sonst 20 Prozent speichern kann.

Was wir gleich besorgen, merken wir uns besser

Das Ganze funktioniert in fünf Schritten.

1. Überblick (S): Nehmen Sie sich einen Text vor, und überprüfen Sie, ob er Sie interessiert.

2. Fragestellung (Q): Überfliegen Sie ihn flüchtig, sodass Sie ungefähr den Inhalt kennen. Dabei ist wichtig, dass Sie sich alle auftauchenden Fragen unverzüglich aufschreiben.

3. Lesen (R): Lesen Sie den Text gründlich durch, und prägen Sie ihn sich genau ein. Finden Sie heraus, welche Stellen Antworten auf Ihre Fragen enthalten.

4. Wiederholen (R): Was waren die wesentlichen Punkte des Textes? Schließen Sie das Buch oder die Zeitschrift nach jedem Abschnitt, und rekapitulieren Sie den Inhalt im Geist.

5. Noch-Einmal-Daraufschauen (R): Wiederholen Sie den gesamten Text. Das heißt nicht, dass Sie ihn erneut lesen sollen. Versuchen Sie vielmehr, sich nochmals die Zusammenhänge klarzumachen. Überprüfen Sie anhand Ihrer Notizzettel, ob Sie alle Fragen beantwortet haben oder ob Ihnen manche Textstellen noch merkwürdig vorkommen.

Wichtig: Schmieden Sie das Eisen, solange es heiß ist, und arbeiten Sie Ihren Text sofort nach der Lektüre mit der SQ3R-Methode durch. Denn solange der Eindruck frisch ist, werden Sie am meisten von einem Text behalten.

Wenn Worte nicht über die Lippen wollen

Manchmal liegt uns etwas „auf der Zunge“, will aber nicht heraus, was ganz schön peinlich sein kann. Oft fehlt nur ein kleiner entscheidender Anstoß. Was können wir also tun? Nutzen wir die Erkenntnisse der Hirnforscher und machen uns durch inneres Sprechen auf die Suche nach dem fehlenden Wort. Spüren wir den Klang des Worts auf, das wir suchen – vielleicht macht es dann „klick“, und die klemmende Hirnschublade öffnet sich. Manchmal hilft es auch, sich in die jeweilige Situation zurückzuversetzen. Wer war damals dabei, wie sah die Umgebung aus? Auch ein schneller Durchlauf durch das Alphabet kann den stecken gebliebenen Begriff aus seiner Zwangslage befreien.

GEZIELT EINKAUFEN – MIT SYSTEM

In einem gut sortierten Gehirn klappt der Zugriff auf Informationen reibungsloser.

Gehen Sie im Geist an den Regalen entlang, und ordnen Sie die Lebensmittel Ihrer Liste den einzelnen Abteilungen zu. Joghurt, Käse und Butter finden Sie bei „Milchprodukten“, Bananen, Gurken und Kartoffeln bei „Obst und Gemüse“, Salami und Steak bei „Fleischwaren“.

GENIESSEN SIE MIT ALLEN SINNEN

Stellen Sie sich vor, Sie gehen an einem warmen Junitag im Wald spazieren. Sie riechen die Bäume, sehen die Blumen, hören die Vögel und fühlen mit der Hand, wie weich ein Blatt ist. Warum fällt es so leicht, sich diese Situation vor Augen zu führen?

Schon die Griechen der Antike wussten, was Forscher heutzutage mithilfe modernster Technik wissenschaftlich bestätigen können: Wer mit offenen Augen, gespitzten Ohren und einer feinen Nase durch die Welt geht, wird mehr von ihr wahrnehmen. Das menschliche Gedächtnis ist nur dann besonders leistungsfähig – und bleibt es –, wenn wir möglichst viele Details registrieren und in der Erinnerung verankern. Große Gedächtniskünstler schärfen deshalb seit je nicht nur ihr Erinnerungsvermögen für Zahlen, Symbole und Worte, sondern trainieren auch die Sensibilität ihrer Sinne.

Das „sinn-volle" Gedächtnis

Wer einmal bewusst in seinen Erinnerungen kramt, wird sicher feststellen, dass viele frühere Geschehnisse „sinn-voll" – also angereichert mit Sinneswahrnehmungen – abgespeichert worden sind. In der Rückschau können wir frühere Erlebnisse hören, sehen, schmecken, fühlen und riechen. Sie bleiben uns umso besser in Erinnerung, je mehr sinnliche Einzelheiten wir uns noch bewusst machen können. Dazu stehen uns verschiedene Wege offen.

Wir können den Schlüssel zu unseren Erinnerungen in Worten oder in unseren Gefühlen und Sinneswahrnehmungen suchen. Wir können jedoch auch die kreativen Seiten in uns nutzen, um das Gedächtnis auf Trab zu halten. Warum nicht einmal etwas zeichnen oder malen, das im Gedächtnis bleiben soll? Wie wäre es mit einem Gedicht, einem Lied oder einem kleinen Theaterstück?

Wer die Welt mit wachen Sinnen aufnimmt, verknüpft im Gedächtnis ein ganzes Potpourri an Eindrücken zu einem Bild. Doch die sinnliche Wahrnehmung bereichert nicht nur das Erleben, sie bringt auch Erinnerungen zurück.

Riechen Sie den köstlichen Duft der reifen Tomaten?

Fühlen Sie die glatte Haut der prallen Kirschen?

Schmecken Sie den säuerlichen Saft der frischen Himbeeren?

Das Zauberwort heißt Motivation. Alle Dinge, die uns interessieren, lernen wir leichter und behalten sie besser. Unsere Sinne einzusetzen bedeutet aber auch, dass wir uns einem Lernstoff mit Freude und Lust nähern. Probieren Sie es einmal aus. An welchen Tag dieser Woche erinnern Sie sich spontan? Welche Gefühle verbinden Sie damit und welche Sinneswahrnehmungen? Meist sind es ärgerliche oder freudige Momente, die Ihnen einfallen – ein Beleg dafür, dass Gefühle unsere Speicherleistung unterstützen.

Wo liegen Ihre starken Seiten?

Haben Sie heute noch die Stimme Ihrer Grundschullehrerin im Ohr? Sehen Sie noch das Gardinenmuster Ihres Klassenzimmers vor sich? Und was ist mit dem Geruch der Turnhalle – erinnern Sie sich auch daran? Wie hat es sich angefühlt, mit der Kreide auf der blank geputzten Schultafel zu schreiben? Überlegen Sie genau: Welche dieser Erinnerungen ist besonders lebhaft? Auf diese Weise können Sie erkennen, welcher Sinn bei Ihnen am stärksten ausgeprägt ist, d. h., ob Sie ein akustischer, ein visueller, ein geruchsorientierter oder ein bewegungsorientierter Typ sind. Erst dann können Sie Ihre Sinne gezielt zum Lernen einsetzen.

Werden Sie Ihrem Typ gerecht

Menschen mit einer Stärke in der visuellen Wahrnehmung sollten darauf achten, dass sie alles, was sie behalten wollen, bildhaft aufarbeiten. Machen Sie sich bei Vorträgen Notizen, fertigen Sie Grafiken oder Zeichnungen an. Konzentrieren Sie sich in Gesprächen besonders, damit Sie das Gesprochene auch behalten.

Der akustische oder auditive Typ lernt leichter, wenn ihm Stoff mündlich vorgetragen wird. Beim Auswendiglernen sollte er den Text deshalb laut vorlesen und darauf achten, dass sein Arbeitsplatz möglichst geräuscharm ist.

Bewegungsorientierte Menschen, so genannte Kinästhetiker, lernen am besten durch Handeln. Sie fassen den Lernstoff gern an, bauen Modelle oder arbeiten mit Karteikarten.

Die meisten Menschen gehören jedoch nicht eindeutig zu dem einen oder anderen Typ, und das ist auch gut so. Denn am leichtesten tut sich derjenige, der möglichst viele Sinne miteinander verknüpft.

Sehen Sie sich z. B. die Fotos oben an: Sie zeigen, wie unterschiedlich allein die Farbe Rot ausfällt. Die Früchte unterscheiden sich aber nicht nur in den Farbnuancen. Ergründen Sie dazu Ihre inneren Empfindungen, die sich beim Betrachten einstellen: Zu jedem Foto wird Ihnen auch ein Geschmack auf der Zunge liegen. Außerdem entsteht ein Eindruck, wie sich die Himbeeren, die Tomaten anfühlen. Glatt oder rau in Ihren Händen, saftig, weich oder prall im Mund. Darüber lagert noch das Gefühl von Genuss oder Ekel, je nachdem, ob Sie Tomaten gerne essen oder verabscheuen.

Erst dieses feine Zusammenspiel von Sinneseindrücken und Gefühlen gestaltet unsere Wahrnehmungen so einprägsam.

Programmieren Sie sich auf Erfolg

Die Fähigkeit, ein Bild vor dem inneren Auge erstehen zu lassen und mit allen seinen Sinnen zu erfassen – zu hören, zu riechen, zu schmecken und zu fühlen –, ist eine Fertigkeit, die mittlerweile auch von manchen Psychotherapeuten zur Veränderung unerwünschter Verhaltensweisen eingesetzt wird.

Eine dieser Methoden, die in den 70er-Jahren in den USA entwickelt wurde, nennt sich Neuro-Linguistisches Programmieren (NLP). Neuro steht dabei für den Gebrauch aller fünf Sinne; linguistisch bedeutet, die Sprache als eine Art Spiegel der menschlichen Gedankenwelt zu verstehen, und das Wort Programmieren bezeichnet die Annahme, dass menschliche Verhaltensweisen beeinflussbar und damit veränderbar sind. Beim NLP geht man davon aus, dass jeder Mensch alles besitzt, was er zur Lebensbewältigung braucht, und er allenfalls lernen muss, diese Fähigkeiten sinnvoll einzusetzen.

Grundsätzliches Ziel des NLP ist es, die Lebensqualität zu steigern. Die persönlichen Stärken sollen gefördert werden, damit man die selbst gesteckten Ziele erreicht. Nehmen Sie eine Angewohnheit, die Sie gerne loswerden möchten: Sie wollen z. B. abends nicht mehr rauchen. Konzentrieren Sie sich, und erschaffen Sie sich ein möglichst plastisches Bild, wie Sie sich nach dem Essen genüsslich eine Zigarette anstecken. Wie fühlt sich der erste Zug an? Wie schmeckt der Rauch? Hören Sie, wie Sie den Qualm auspusten? Machen Sie sich klar, wie ungesund das Rauchen ist und wie oft Sie mit dem Gefühl aufwachen, vergiftet zu sein. Nun blenden Sie in Gedanken am unteren Bildrand ein kleines Bild ein, in dem Sie dieselbe Szene entspannt ohne

SÜSSE ERINNERUNGEN

Viele Erlebnisse und Sinneswahrnehmungen, die wir in unserem Gehirn gespeichert haben, verschwinden irgendwo in der Sphäre des Unterbewusstseins. Bewusst können wir sie nicht abrufen – doch manchmal überraschen sie uns völlig unerwartet und sehr intensiv.

Ein anschauliches und berühmt gewordenes Beispiel beschreibt Marcel Proust in seinem wichtigsten Roman *Auf der Suche nach der verlorenen Zeit.* Ein süßes Gebäckstück, das der Erzähler in den Tee taucht, versetzt ihn unversehens in seine Kindheit zurück. Er spürt nicht mehr die Last des Alltags, sondern unbändige Lebensfreude. Zunächst kann er sich diesen Sinneswandel nicht erklären, doch dann wird ihm bewusst, dass ihn der Geschmack des Backwerks an die Ferien in seiner Jugend erinnert – an die Zeiten, in denen die Tante ihn morgens mit derartigen süßen Leckereien zu wecken pflegte. Schon fallen ihm weitere Details von damals ein, und „so entsteht in einer Tasse Tee meine ganze Kindheit wieder vor mir". Er schwelgt in seinen Erinnerungen, die sich wie von selbst aneinander fügen.

Um diese unverhofften Geschenke unseres Gedächtnisses ausgiebig genießen zu können, müssen wir ihrer aber gewahr werden. Das bedeutet, dass wir von Zeit zu Zeit innehalten, uns treiben und unseren Sinnen freien Lauf lassen.

Zigarette erleben. Belegen Sie diese Situation mit möglichst vielen positiven Aspekten. Zum Schluss blenden Sie mit einem Fingerschnippen das kleine Bild ganz schnell über das große. Wiederholen Sie den Vorgang so oft, bis das alte Bild verschwimmt und nicht mehr zu erkennen ist. Sie werden sehen, schon bald wird Ihnen die gewohnte abendliche Zigarette kein Bedürfnis mehr sein.

Schöpfen Sie aus Ihren verschiedenen Intelligenzen

Die Fähigkeit, in sein Inneres zu blicken und sich ein exaktes, ungeschöntes Bild von der eigenen Person zu machen, beruht auf der so genannten intrapersonellen Intelligenz. Mithilfe dieser Begabung können wir unsere Gefühle unterscheiden und sie gezielt einsetzen. Diese Selbsterkenntnis ist die Grundlage dafür, das eigene Verhalten zu verstehen und zu lernen, es zu beeinflussen. Darauf greift die Methode des NLP zurück, wenn sie versucht, Verhaltensänderungen herbeizuführen.

Das Gegenstück zur intrapersonellen ist die interpersonelle Intelligenz: Sie befähigt uns dazu, die Beweggründe anderer Menschen zu durchschauen. Menschen, die über ein hohes Maß an interpersoneller Intelligenz verfügen, tun sich leicht damit, die Stimmungslagen ihrer Mitmenschen zu erkennen; sie haben ein ausgeprägtes, intuitives Gespür für die Gefühle und Gedanken anderer.

Interpersonell intelligente Personen wählen häufig Berufe, in denen sie mit Menschen zu tun haben. Manchmal sind darunter auch Tätigkeiten, bei denen sie andere manipulieren können. Männer und Frauen mit diesem Talent verfügen meistens über zwei besondere Gaben: Zum einen sind sie exzellente Redner mit starker Überzeugungskraft, zum andern haben sie ein überzeugendes Auftreten in der Öffentlichkeit.

DER GUTE TON

So geben Sie am Telefon eine gute Figur ab!

Wer beim Telefonieren lächelt, demonstriert nicht nur gute Laune, sondern bekommt auch eine freundliche Stimme. Fast alle Menschen empfinden tiefe Stimmlagen als angenehm, deshalb sollten Sie am Telefon auf eine ruhige Atmung achten. Reden Sie langsam, deutlich und flüssig, und sprechen Sie Ihre Gesprächspartner mit Namen an.

Alle Sinne der Mitmenschen ansprechen

Ein guter Redner zeichnet sich durch eine bildhafte und anschauliche Sprache aus. Er vermeidet mit Fremdwörtern gespickte Bandwurmsätze und wählt einfache, kurze Redewendungen, die für seine Zuhörer eingängig und leicht verständlich sind, wie z. B. „den Karren aus dem Dreck ziehen“, „die Ärmel hochkrempeln“ oder „Hürden überspringen“. Gute Redner verfügen außerdem über die Gabe, mit Worten die Sinne ihrer Zuhörer anzuregen. Sie wählen Sprachbilder, die man fühlen, riechen oder schmecken kann. Sie können „die Gefahr wittern“, „der bitteren Wahrheit ins Auge schauen“ oder sich an „einem Problem reiben“. Auf diese Weise wird ihr Vortrag nicht nur leichter verständlich, sondern gewinnt auch an Überzeugungskraft, weil sich die Argumente wesentlich besser einprägen.

Sprachbilder richtig nutzen

Wenn Sie sich eine solche Ausdrucksweise aneignen wollen, ist es sinnvoll, die eigene Sprechweise auf ihre Bildhaftigkeit zu untersuchen. Wer häufig Vorträge halten oder Verkaufsgespräche führen muss, bereitet sich zunächst auf die gewohnte Art vor. Halten Sie schriftlich fest, was Sie sagen wollen. Dann sollten Sie das Geschriebene daraufhin überprüfen, ob Sie einige Redewendungen durch bildhaftere Formulierungen ersetzen können.

Vielleicht werden bei der Vorbereitung Erinnerungen wach. Nehmen Sie sich Zeit, um diesen Bildern nachzuspüren, schwelgen Sie in Ihren Gefühlen. Das „Kopfkino“ kann Ihnen dabei behilflich sein, Ihre Empfindungen in Worte zu kleiden, und dazu beitragen, dass Sie die Zuhörer rühren.

Sind Sie beruflich stark eingespannt? Dann schießt Ihnen jetzt sicher ein Gedanke durch den Kopf: So viel Zeit, ständig seinen Erinnerungen nachzuhängen, wer hat die schon? Natürlich hat man nicht immer die Muße, ununterbrochen in sich hineinzuhorchen. Aber mal ehrlich – häufig gönnen wir uns bloß nicht die Zeit.

Die wahre Kunst liegt im Wechselspiel

Führen wir uns einmal vor Augen, dass Körper und Geist des Menschen ähnlich funktionieren wie der Rest der Natur. Ebbe und Flut, der Wechsel der Jahreszeiten machen uns deutlich, dass wir neben Zeiten der Aktivität auch Zeiten der Ruhe brauchen. Wer seinen Körper nie bewegt, lebt auf Dauer genauso ungesund wie jemand, der seinem Geist niemals Ruhepausen gönnt. Dass stete Anspannung zu Stress führt und dass Menschen durch chronischen Stress körperlich krank werden, ist mittlerweile nachgewiesen.

Ständige Anspannung mindert aber auch die Gedächtnisleistung, weil sie unter anderem die sinnliche Wahrnehmung einschränken kann. In einer Studie wurde beispielsweise nachgewiesen, dass Krankenschwestern, die auf Intensivstationen arbeiten, mehr Probleme mit ihrem Erinnerungsvermögen haben als Schwestern im normalen Pflegedienst.

Ein gewisses Maß an Anspannung ist aber erforderlich, wenn wir etwas aufnehmen wollen, denn ohne Konzentration bleibt in unseren Gehirnspeichern nichts dauerhaft hängen. Die wahre Kunst besteht also darin, ein verträgliches Gleichgewicht zwischen An- und Entspannung herzustellen.

Entspannung kann man lernen. Erfahrene Lehrer helfen, die Sinne nach innen zu richten, etwa den Schwingungen nachzuspüren, die der Klang eines Gongs im Körper auslöst, oder den Atemstrom in den Bauch zu lenken.

Entspannt im Hier und Jetzt

Vermutlich haben Sie Ihre ganz besondere Methode, um Stress abzubauen. Sie nehmen zum Abschalten ein Buch zur Hand, hören Musik oder spielen selbst ein Instrument, treiben Sport oder gehen einem Hobby nach. Versuchen Sie es doch einmal mit einer Methode, bei der Sie zugleich Ihre Sinne schärfen können.

Setzen oder legen Sie sich in einen ruhigen Raum, in dem Sie weder vom Telefon noch von Radio, Waschmaschine oder anderen Geräuschquellen abgelenkt werden. Atmen Sie langsam und tief, bis Ihr Körper zur Ruhe kommt, und horchen Sie dann in die Stille hinein. Vermutlich registrieren Sie nun Geräusche, die Sie sonst nicht bemerken. Das Knarren einer Bodendiele, das Klappern der Türen in der Nachbarwohnung, Schritte im Treppenhaus oder das Gezwit-

WER RASTET, DER ROSTET

Gehören Sie zu denjenigen, die mit Sport nur unangenehme Dinge wie Schwitzen und Muskelkater verbinden? Dann sollten Sie umdenken.

Eine Fahrradtour mit Freunden, Kegeln oder Bowling, Wandern und Tanzen zählen zu den gesundheitsfördernden Ertüchtigungen, die außerdem Freude bereiten und die Geselligkeit fördern.

Vor allem ältere Menschen sollten Sportarten wählen, bei denen die Beweglichkeit der Gelenke gefördert und die Leistungsfähigkeit von Herz und Lunge trainiert wird. Kanadische Studien haben ergeben, dass sportliche Senioren deutlich seltener an schweren Erkältungskrankheiten leiden als ihre inaktiven Altersgenossen. Dreimal pro Woche rund 45 Minuten Ausdauersport, der Spaß macht, steigert nachweislich die Abwehrkräfte des Körpers.

scher von Vögeln. Welche Gefühle rufen diese Laute in Ihnen wach?

Entspannung durch Anspannung

Vielfach bewährt haben sich körperbetonte Entspannungsübungen, bei denen gezielt mit der An- und Entspannung bestimmter Muskelgruppen gearbeitet wird. Das Training beruht auf der Erkenntnis, dass sich Angst, Aufregung oder Stress als Muskelverspannungen niederschlagen. Häufig sitzen die Verspannungen im Nacken- und Schulterbereich oder in der unteren Rückenmuskulatur. Wenn sie chronisch werden, können sie zu peinigenden Kopfschmerzattacken führen.

Ausgehend von diesen Erkenntnissen entwickelte der amerikanische Physiologe Edmund Jacobson bereits in den 20er-Jahren die Technik der progressiven Muskelrelaxation. Diese Therapie zielt gerade auf jene Muskelpartien, die schmerzhaft verspannt sind. Eine willkürliche Spannung führt nämlich unmittelbar nach dem Loslassen zum Spannungsabfall im Muskelgewebe. Wer diese Methode anwendet, entwickelt zugleich ein Gespür für seinen Körper, denn die Aufmerksamkeit wird auf die körperlichen Reaktionen gelenkt.

Die Jacobson-Methode können Sie überall anwenden – im Liegen, Sitzen oder Stehen. Wichtig ist, dass Sie die einzelnen Muskelpartien der Hände, der Arme, des Bauchs oder des Pos innerhalb von zehn Sekunden stufenweise fester anspannen und dann die maximale Spannung rund fünf Sekunden lang halten, bevor Sie wieder langsam und in Etappen loslassen. Beanspruchen Sie die Muskeln aber nie so fest, dass es schmerzt. Richtig angewandt, bewirkt die progressive Muskelentspannung, dass gleichzeitig mit der körperlichen auch eine erholsame geistige Entspannung einsetzt.

In wenigen Sekunden völlig entspannen können Sie sich mit der folgenden Ganzkörperübung. Dabei werden nicht einzelne Körperpartien, sondern möglichst viele Muskeln gleichzeitig angespannt. Beginnen Sie am Oberkörper. Krümmen Sie Ihren Rücken und ziehen Sie die Schultern hoch. Drücken Sie die Unterarme gegen die Oberarme, spannen Sie den Bauch und den Po an, und pressen Sie die Fersen fest gegen den Boden. Lassen Sie nach fünf Sekunden wieder los.

Diese einfache Übung wird z. B. gegen Flugangst empfohlen.

Eine angeschlagene Gesundheit macht vergesslich

Unser Gehirn ist keine Maschine, die wir mit Zwang beherrschen können. Im Gegenteil: Gerade wenn es darauf ankommt, lässt uns unser Gedächtnis häufig im Stich. Dieses Versagen kann eine Folge

TRIMMTRAB

Joggen ist anregend für Herz und Kreislauf.

Laufen Sie dreimal wöchentlich rund 30 Minuten langsam und – wenn nötig – mit Pausen, in denen Sie im Schritt gehen. Ihre Pulsfrequenz sollte 140 nicht überschreiten. Vorsicht vor Überanstrengung! Ältere oder untrainierte Menschen können auf stramme Spaziergänge ausweichen.

„DER ATEM IST DER REGLER ALLER DINGE“

Im Alltag vernachlässigen wir häufig die Atmung, vor allem das bewusst tiefe Ein- und Ausatmen. Eine ruhige Atemfrequenz beeinflusst unser Befinden jedoch in hohem Maß.

Versuchen Sie in dieser Übung Ihre Atmung mithilfe fernöstlicher Meditation zu regulieren. Sie sollten dafür etwa 20 Minuten reservieren, wenn möglich sogar zweimal täglich.

- Meditieren Sie nicht mit vollem Magen, die beste Zeit dafür ist der Morgen oder der Abend, am besten vor den Mahlzeiten.
- Halten Sie sich in einem gut temperierten, störungsfreien Raum auf, der abgedunkelt ist.
- Setzen Sie sich – wenn Sie können im Lotossitz, ansonsten im Schneidersitz – auf ein festes Kissen auf dem Boden. Falls Ihnen das zu unbequem ist, können Sie auch einen Hocker wählen. Doch legen Sie sich nicht hin, denn Sie sollten bei der Atemübung möglichst nicht einschlafen.
- Schließen Sie vor Beginn der Meditation die Augen, und atmen Sie tief in den Bauch ein und wieder aus.
- Versuchen Sie Ihre Atmung mithilfe eines so genannten Mantras zu regulieren: Denken Sie beim Einatmen an die Silbe „OM“, beim Ausatmen an die Silbe „AH“ und, wenn kaum noch Luft in den Lungen ist, an die Silbe „HUM“. Dieses Mantra wird besonders häufig im tibetischen Buddhismus zur Meditation angewendet.
- Meditative Musik oder ein Entspannungstext, mit sanfter Stimme vorgetragen, fördert Ihre Entspannung und gleichzeitig Ihre Konzentration.

von übergroßer Anspannung, aber auch von Ermüdung, Zerstreutheit oder Krankheit sein. Menschen, die häufig krank sind, haben ein deutlich schlechteres Gedächtnis als Gesunde. Wer sich körperlich oder geistig völlig verausgabt, senkt zugleich die Leistungsfähigkeit seines Langzeitgedächtnisses, denn dem Kurzzeitspeicher mangelt es dann an Energie, Informationen an den Langzeitspeicher weiterzuleiten.

Fühlen Sie sich müde? Sind Sie niedergeschlagen oder schlecht gelaunt? Dann machen Sie nicht den Fehler, Ihrem Gehirn in diesem Zustand auch noch schwere Denksportaufgaben zuzumuten. Erfolg versprechend ist dieses Vorhaben sowieso nicht, denn Müdigkeit, Schwächezustände

Zugegeben, eine so extreme Meditationshaltung müssen Sie nicht einnehmen, um Körper und Geist in Einklang zu bringen. Aber es ist sehr wohl sinnvoll, sich im Alltag nicht zu sehr zu vernachlässigen und die Energiereserven ab und an wieder aufzufüllen.

Zu den entspannendsten Mitteln gehört ein wohltuendes heißes Bad. Wenn dem Wasser dann noch wenige Tropfen eines aromatischen duftenden Öls beigefügt werden, fühlen Sie sich danach wie neugeboren.

oder triste Gefühle wirken sich in aller Regel abträglich auf die Gedächtnisleistung aus.

Tanken Sie Energie mit Yoga

Yoga ist eine altindische Lehre, deren Übungen zur Atmung und Körperhaltung sich gut eignen, um zu entspannen und positive Energien aufzutanken. Vor allem Übungen wie Kopfstand oder Kerze wirken sich günstig auf die Gedächtnisleistung aus. Doch es geht auch etwas bequemer. Legen Sie sich so hin, dass Ihr Kopf tiefer als der Körper gebettet ist, konzentrieren Sie sich ganz auf Ihr Inneres, und atmen Sie tief ein und aus. Noch einfacher geht es, wenn Sie sich auf dem Boden ausstrecken, die Arme hinter dem Kopf, bis Sie sich ganz leicht fühlen. In diesem Zustand sind Sie wieder aufnahmefähig für neuen Lernstoff.

GUTES FÜR DEN KOPF

Gönnen Sie Ihrem Gehirn eine Pause, wenn es danach dürstet.

◆ **Sanfter Druck**
Massieren Sie sich mit den Fingerspitzen die Stirn. Setzen Sie dazu die Fingerkuppen zwischen Haaransatz und Augenbrauen auf und kreisen sanft, doch mit leichtem Druck. Wohltuend ist auch eine Massage zwischen den Augenbrauen, über der Nasenwurzel.

◆ **Guter Duft**
Tränken Sie ein kaltes Tuch mit ein paar Tropfen von dem belebenden Öl der Bergamotte und massieren Sie damit Schläfen, Ohrläppchen, Nasenflügel und Lippenwinkel.

Nahrung für das Gehirn

„Es ist ein tröstlicher Gedanke, dass unser Denken völlig vom Magen regiert wird und dass trotzdem die besten Mägen nicht die besten Denker sind.“ Wer möchte sich diesem Wort Voltaires nicht auch anschließen? Leider traf der französische Philosoph die Wahrheit nicht ganz. Die Leistung unseres Gehirns wird zu einem Teil nicht von der Menge, sondern von unserer Wahl der Nahrungsmittel bestimmt.

Wer sich ungesund ernährt, muss damit rechnen, dass irgendwann nicht nur das Wohlbefinden, sondern auch die Gedächtnisleistung leidet. Gesund lebt, wer eine abwechslungsreiche, fettarme Ernährung mit reichlich Ballaststoffen bevorzugt und außerdem täglich etwa 2 l Wasser, Früchtetee oder Säfte trinkt.

Viele Menschen setzen heutzutage jedoch statt auf gesunde Ernährung lieber auf Nervennahrung in Pillenform. Allein im Jahr 1994 haben die deutschen Bundesbürger etwa 500 Mio. DM für Magnesium, Vitamin-B- und Kombinationspräparate ausgegeben, um geistig fit zu bleiben. Ob diese Pillen jedoch klüger machen, ist wissenschaftlich bislang nicht nachgewiesen. Eine US-Studie mit 100 Schulkindern kam 1991 zwar zu dem Ergebnis, dass die Einnahme von Vitamin- und Mineralstoffpräparaten den IQ steigert. Andere Experten behaupten jedoch, dass diese Pillen allenfalls Mangelerscheinungen beheben und dadurch den Gesamtorganismus stärken.

Auch der Nutzen so genannter durchblutungsfördernder Mittel, z. B. aus dem Ginkgobaum, ist wissenschaftlich unbewiesen. Laut

Beipackzettel sollen diese Mittel zwar durch vermehrte Sauerstoffzufuhr den Abbau der Gehirnleistung im Alter bremsen, doch konnten Mediziner bislang keinen Hinweis darauf finden, dass eine verminderte Blutzufuhr tatsächlich eine Ursache für Vergesslichkeit oder Konzentrationsschwäche ist.

Körper und Seele pflegen

Fest steht allerdings, dass Sie mit stetem Gehirntraining, gesunder Ernährung und einer vernünftigen Lebensweise Ihr Gedächtnis dauerhaft fit halten können. Legen Sie sich also nicht auf die faule Haut: Bereiten Sie sich regelmäßig gesunde, leckere Mahlzeiten zu, schwingen Sie sich öfter aufs Rad, oder unternehmen Sie ausgiebige Spaziergänge. Sie werden schnell spüren, dass Sie nur dann richtig fit werden und bleiben, wenn Sie sich in Ihrer Haut wohl fühlen. Im Gegensatz zu den fernöstlichen Kulturen, die über zahlreiche Traditionen zur Pflege des inneren Gleichgewichts verfügen, kommt dieser Aspekt in der westlichen Lebensweise oft viel zu kurz.

Übung macht den Meister

Deswegen kann es auch passieren, dass wir uns am Anfang mit Entspannungstechniken, wie z. B. der Meditation, schwer tun. Aber keine Angst: Es ist völlig normal, wenn zunächst Probleme beim Abschalten auftauchen und wenn einem beim Versuch, entspannt in sich hineinzuhorchen, stattdessen ständig ärgerliche Alltagsdinge lärmend durch den Kopf schießen. Zur Entspannung gehört es auch, die Dinge einfach geschehen zu lassen und nicht dagegen anzukämpfen. Alle inneren Bilder dürfen kommen und gehen. Wer trotzdem zu ungeduldig oder zu müde wird, sollte eine Pause einlegen und ein wenig umhergehen. Anschließend wird die Übung dann noch einmal ausprobiert.

Bei Körperübungen wie bei der bereits beschriebenen Jacobson-Methode und auch bei der Meditation sollten Sie sich in den ersten Wochen täglich mindestens 20 Minuten Zeit zum Üben nehmen. Wenn Sie mit dieser Methode genügend Routine gewonnen haben, können Sie die An- und Entspannung problemlos in den

GEIST UND SEELE LABEN

Schokolade steht im Ruf, gute Laune zu verbreiten und Nahrung fürs Gehirn zu sein. Auch andere Lebensmittel sollen auf das Gehirn eine direkte Wirkung haben.

Schon Äbtissin Hildegard von Bingen beschäftigte sich vor gut 1000 Jahren eingehend mit der Frage, wie beim Menschen der Einklang aus Geist, Seele und Körper zu erhalten ist. Sie wies der Ernährung eine wichtige Rolle zu: „Die Seele liebt in allen Dingen das diskrete Maß", erklärte sie. „Wann auch immer der Körper des Menschen ohne Diskretion isst und trinkt, werden die Kräfte der Seele verletzt."

Dass Speisen, Tees und Elixiere die geistige und körperliche Gesundheit fördern, wusste die fromme Frau sehr wohl anzuwenden. Sie beschrieb die Heilkraft von Kräutern und Speisen und besaß damit ein Wissen, das auch von Naturvölkern überliefert ist.

Vor allem die erotisierende Wirkung, die vielen Speisen von jeher zugeschrieben wird, beschäftigt die Menschen. Viele beschwören, dass sich mit Speisen Stimmungen beeinflussen und Reize verstärken lassen. Wurden in Europa im 16. und 17. Jahrhundert noch Zwiebel, Minze und Trüffel als Aphrodisiaka gehandelt, betrachtet man heute eher Sellerie, Eier sowie Ginseng als erotisierende Liebesboten.

Einer, der es wissen musste, brachte sich mit anderen Genussmitteln in Schwung: Der große Liebhaber Casanova soll sich vor seinen amourösen Abenteuern immer mit Austern und Schokolade gestärkt haben. Er schätzte die Wirkung von Konfekt sogar höher ein als die des Champagners. Millionen von Schokoladeliebhabern beschwören jedenfalls, dass Schokolade glücklich macht.

Neben dem Gehör entwickeln blinde Menschen in besonderem Maß ihren Tastsinn. Das machte sich Louis Braille, der Erfinder der Blindenschrift, zunutze. Dank seiner Arbeit können heute Blinde mit den Fingerkuppen lesen, schreiben oder ihre Uhr entziffern.

meisten Situationen des Alltags wie Arbeitspausen oder Prüfungssituationen anwenden.

Durch Bewegungen Gefühle wieder entdecken

Die Körpersprache ist die erste Sprache des Menschen. Schon als Babys können wir durch Greifen oder Strampeln unser Wohlbefinden ausdrücken. Doch im Lauf unseres Lebens vernachlässigen die meisten von uns diese Fähigkeit sträflich. Häufig bedienen wir uns nur noch der Sprache, um Ärger, Freude und Trauer auszudrücken. Das ist bedauerlich, denn Bewegung, Pantomime oder Tanz sind nicht nur gut dazu geeignet, Anspannung abzubauen, sondern auch hervorragende Ausdrucksmittel für unsere Gefühle.

Tanz und Pantomime sind gute Methoden, das Bewusstsein für Körper und Gefühle zu fördern und damit auch das Selbstbewusstsein zu stärken. Die Fähigkeit zur sinnlichen Wahrnehmung wirkt sich positiv auf unsere Gedächtnisleistung aus – warum dann nicht einen Versuch wagen, tänzerisch die Sinne für sich und die Umwelt zu schärfen?

Ertasten Sie Ihre Umwelt

Stellen Sie sich vor, Sie kommen in einen lichtlosen Raum und können sich nur auf Ihren Tastsinn und Ihre Körperwahrnehmung verlassen. Macht Ihnen die Vorstellung Angst? Dann trainieren Sie Ihren Tastsinn gezielt. Blinde Menschen verfügen über einen ausgeprägten Tastsinn, doch auch sie müssen üben, bis sie Blindenschrift mit ihren Fingern entziffern können. Schließen Sie hin und wieder die Augen, und erfühlen Sie Ihre Umwelt, tasten Sie sich durch Räume, oder lassen Sie sich über die Straße führen. Sie werden merken, dass Sie die Welt plötzlich mit anderen Sinnen erleben.

DÜFTE REGEN DAS GEDÄCHTNIS AN

Unsere Nase ist ein sensibles Organ: Es kann nicht nur virtuos eine ganze Skala verschiedener Eindrücke unterscheiden, sondern ruft auch in unserem Gehirn Erinnerungen wach, ohne dass uns dies bewusst wird.

Ist es Ihnen auch schon einmal so ergangen, dass Sie in der Arbeit versunken plötzlich spüren, wie Ihre Gedanken abschweifen – in irgendein fernes Land oder an einen vertrauten Ort Ihrer Kindheit? Sie schütteln den Kopf und wundern sich, was Sie wohl dorthin entführt haben mag. Und plötzlich wissen Sie es: Da liegt ein besonderer Duft in der Luft. Vielleicht ist es ein exotisches Gewürz, das Sie auf jenen Basar versetzt hat, über den Sie im Sommerurlaub in Tunesien geschlendert sind. Vielleicht weht durch das Fenster aber auch der vertraute Duft nach Schweinebraten und bringt Sie in die Kindheit zurück – in die Zeit der unbeschwerten Tage bei den Großeltern, an denen es immer den Sonntagsbraten gab. Lebhaft und plastisch laufen diese Bilder vor dem inneren Auge ab, ausgelöst durch das Zutun eines Sinnesorgans, dem die meisten von uns nur wenig Beachtung schenken – unserem Geruchssinn.

Wer einmal erlebt hat, dass Düfte wie Eintrittskarten in altbekannte Kinofilme wirken, weiß, was für eine bedeutende Rolle unsere Geruchsnerven in unserem Leben spielen können. Achten wir doch nur einmal auf unsere Sprache. Redewendungen wie: „Das stinkt mir gewaltig“ oder „Diese Person kann ich nicht riechen“, weisen uns unmissverständlich auf die Wichtigkeit unserer Nase hin – besonders im Umgang mit anderen Menschen.

In der Evolution hat sich die chemische Wahrnehmung als erster Sinn entwickelt. Als vor rund 550 Millionen Jahren die ersten Lebewesen mit einfachsten Gehirnen entstanden, war fast die Hälfte ihres Nervensystems für den Ge-

Düfte bestimmen unser Leben häufiger als wir glauben. Sie animieren zum Träumen, regen unseren Appetit an oder erwecken Abscheu, wenn es um unangenehme Gerüche geht.

ruchssinn reserviert. Bis heute spielt der chemische Sinn für viele Lebewesen eine herausragende Rolle. Vor allem Insektenarten, wie z. B. Ameisen, regeln ihre Staaten völlig über Duftstoffe.

Liebe ist ... jemanden gut riechen können

Aber nicht nur in der Tierwelt bestimmen Duftstoffe das Miteinander: Forscher haben jetzt herausgefunden, dass die Nase auch bei der menschlichen Partnerwahl eine Hauptrolle spielt. Jeder weiß vermutlich, dass Sympathie oder Antipathie auch mit dem Körpergeruch unseres Gegenübers einhergeht. Wer uns durch seine Ausdünstung belästigt, hat seine Chance auf einen näheren Kontakt mit uns verspielt. Trefflich beschrieb ein französisches Medizinlexikon von 1819 den menschlichen Geruchssinn als „Sinn der zärtlichen Erinnerung".

Doch vieles von dem, was täglich in unsere Nase dringt, riechen wir nicht bewusst. Im Gegenteil: Besonders jene Lockstoffe, die in unseren Herzen Leidenschaft und Liebe entflammen lassen, werden von Männern und Frauen nur unbewusst wahrgenommen. Unser Körpergeruch wird durch Faktoren wie Ernährung, seelische Verfassung, Stress und natürlich Hygiene bestimmt. Was jedoch unseren ureigensten Duft ausmacht, ist bislang nicht entschlüsselt. Wohl aber die wichtigste Geruchsquelle: unser Achselschweiß. Manche behaupten, er erinnert an ein Gemisch aus Sandelholz und Moschus.

Die Kunst der Betörung durch den Geruch des Schweißes setzte schon Maria von Kleve ein: Sie verführte Heinrich III. von Frankreich, indem sie ihm nach einem Tanz ein verschwitztes Tuch von sich reichte. Er trocknete sich damit ab und wurde durch den Duft so erregt, dass er sie begehrte und im Jahr 1572 zur Frau nahm.

Dem sechsten Sinn auf der Spur

Inzwischen scheinen Forscher dem Rätsel der Lockstoffe auf die Spur gekommen zu sein. Bis vor kurzem war man davon ausgegangen, dass nur Tiere über ein so genanntes Vomeronasal-Organ im Gaumen verfügen, einen sechsten Sinn, mit dem sie den Sexuallockstoff von einem Artgenossen wahrnehmen können.

Viele Tierarten vom Insekt über Reptilien bis zum Säugetier paaren sich nur, wenn sie ein entsprechendes Signal empfangen. Es wird über die Luft übertragen und von einem bestimmten Hormon, einem so genannten Pheromon, ausgelöst. Ein Hamstermännchen ohne Geruchssinn wüsste also überhaupt nicht, wann es mit der Werbung beginnen muss. Der amerikanische Zellbiologe David Moran machte 1991 die Entdeckung, dass auch in der menschlichen Nasenscheidewand ein dem Vomeronasal-Organ ähnliches Organ liegt.

Gleich und Gleich verträgt sich nicht

Besonders spannend ist vor diesem Hintergrund eine weitere Entdeckung: Menschen verfügen offenbar über einen individuellen geruchlichen „Fingerabdruck". Und der scheint vom Immunsystem bestimmt zu werden.

Eine Kieler Studie mit schwangeren Frauen, die besonders geruchssensibel waren, förderte bei einem Riechtest Erstaunliches zutage: Die Schwangeren bewerteten nämlich durchgängig die Düfte der Testpersonen als unangenehm, die denselben Gewebetypus wie sie selbst hatten. Die Kieler Forscher

Von Beruf „Nase". Obwohl Menschen etwa 10 000 verschiedene Gerüche unterscheiden können, haben sie nur für einige Hundert einen Namen. Ein besonders feiner „Riecher" zeichnet die Parfümeure aus, die den meisten von uns mit ihrem Geruchssinn weit voraus sind.

folgerten daraus, dass wir offensichtlich nur jene Menschen erotisch anziehend finden, die anders riechen als wir. Da besonders Blutsverwandte einen ähnlichen Gewebetypus und damit einen ähnlichen Körpergeruch haben, wirkt diese innere Abwehr als eine Art duftende Inzestschranke.

Parfüm — ein künstlicher Sexuallockstoff

Unbestritten ist diese Geruchsbarriere für die menschliche Fortpflanzung durchaus sinnvoll. Dennoch geben sich die meisten Menschen große Mühe, ihren natürlichen Körpergeruch zu überdecken. Dabei haben wir im Vergleich zu anderen hoch entwickelten Lebewesen sogar besonders viele Schweiß-, Talg- und Duftdrüsen. Merkwürdigerweise vernichten wir unsere eigenen Gerüche jedoch mithilfe von Wasser und Seife, um danach pflanzliche Essenzen oder gar tierische Lockstoffe aufzutragen. Das erscheint kurios, denn die meisten Duftwasser enthalten Sexuallockstoffe des Bibers, der Zibetkatze oder des Moschushirsches. Ist dies nur ein kleiner betrügerischer Trick, um im Fortpflanzungsreigen um eine bessere Ausgangsposition zu kämpfen? Zumindest steht fest, dass wir in Düfte immense Summen investieren: Allein für Deos gaben die Deutschen 1997 rund 870 Millionen DM aus.

Die Nase als Gedächtnishilfe

Unsere Nase leistet sehr viel mehr, als wir denken. So speichern die meisten Menschen den Duft ihres Partners fest in ihrem Gedächtnis ab. Warum sollten wir also die Fähigkeit, uns Düfte zu merken, nicht bewusst nutzen, um Informationen abzurufen? Den Geruchssinn in ein Lernprogramm einzubeziehen ist immer dann sinnvoll, wenn es sich um Kulinarisches dreht. Wer sich z. B. schwer damit tut, Gewürze und Kräuter auseinander zu halten, und den Gurkensalat mehrfach mit Oregano statt mit Dill würzt, sollte bei der nächsten Zubereitung die Nase weit öffnen. Wenn man dann den Duft eines Gewürzes fest mit einem typischen Gericht verknüpft – Dill zu Gurken oder Fisch, Thymian zu Lamm, Oregano zu Pizza usw. –, kann man sich an diese Speisen erinnern und zugleich die Kräuter richtig anwenden.

Ähnlich können Sie mit Heilkräutern verfahren: Kamille hilft dem Magen, Salbei dem Hals, Eukalyptus der Nase. Speichern Sie diese Kombinationen ab, dann wird Ihnen bei Magenschmerzen immer der charakteristische Duft von Kamille gegenwärtig sein, und Sie können sich ohne langes Nachschlagen den passenden Heiltee zubereiten.

Tonnenweise wandern Rosen und andere Blüten in einen der Destillieröfen im südfranzösischen Grasse. Die gewonnenen Essenzen bereichern verschiedenste Duftwässer und rufen Erinnerungen an Erlebnisse und Gefühle hervor.

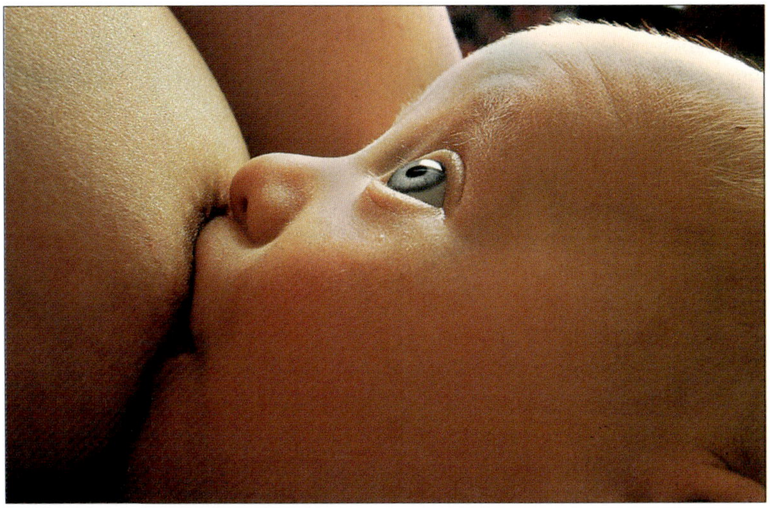

Ein prüfender Blick, ein tiefer Schluck – das Baby identifiziert seine Mutter weder mit den Augen noch durch den Geschmack, sondern mit der Nase: Es erkennt den typischen Geruch der Brust.

Mit jedem Atemzug saugen wir die Duftmoleküle aus unserer Umwelt tief ein. Selbst im Schlaf können wir uns nicht gegen die steten Geruchsattacken auf unsere Riechzellen wehren. Das ist auch gut so, denn für das Überleben unserer Urahnen war der Geruchssinn unersetzlich, um Gefahren für Leib und Leben abzuwenden. Obwohl wir heute nicht mehr über die offene Steppe streifen, wo uns Raubtiere bedrohen, können wir noch im Schlaf bedrohliche Gerüche wittern. Der beißende Gestank von Rauch oder der Geruch gefährlicher Chemikalien kann uns aus unseren tiefsten Träumen reißen.

Der Duft der Mutter

Unsere Nase leitet uns von Anfang an. Obwohl ein Baby beim Stillen seine Mama mit Blicken zu fixieren scheint und sie durchaus mit den Augen wahrnimmt, sagt ihm doch vor allem sein Geruchssinn, dass es bei seiner Mutter trinkt. Französische Wissenschaftler haben herausgefunden, dass Säuglinge ihre Mutter bereits wenige Tage nach der Geburt am Duft ihres Schweißes und ihrer Brustwarzen erkennen. Selbst im Mutterleib können wir schon „riechen“. Der Geruch des Fruchtwassers – ähnlich einer Mixtur aus Buttermilch, Fett, Urin und Honig – ist das erste Stoffgemisch, das wir wahrnehmen, und es prägt sich uns tief ins Gedächtnis ein. Wenige Tage alte Babys wenden ihr Gesicht einem Tuch zu, das mit dem Fruchtwasser getränkt ist. Umgekehrt bildet sich ebenso eine geruchliche Bindung heraus. Rund 60 Prozent aller Mütter können ihr Kind bereits wenige Tage nach der Niederkunft am Körpergeruch zuverlässig wieder erkennen.

Zehn Millionen Riechzellen mit Rezeptoren für besondere Duftgruppen machen es möglich: In Schleim gelöste Duftmoleküle rufen eine elektrische Reaktion in diesen Zellen hervor. Das Signal erreicht zunächst die Riechrinde, dann das limbische System, und gelangt von dort in die Hirnrinde. Wenn es im Thalamus, einer Art Sinneskontrollstation, bearbeitet wird, bemerken wir zum ersten

VERFÜHRERISCHE DUFTSTOFFE AUS DER BOUTIQUE

Wer träumt nicht davon, ein Parfüm zu besitzen, das leidenschaftliche Zuneigung garantiert?

David Berliner beseelt dieser Wunsch bereits seit über 30 Jahren – und der Traum vom großen Geld dazu. Der amerikanische Arzt und Geschäftsmann forscht seit den 60er-Jahren nach den geheimen Duftstoffen, die das menschliche Gefühlsleben beeinflussen. In einem Test an der University of Utah ließ er 60 Testpersonen an unbekannten Duftstoffen schnuppern; dabei wurden die elektrischen Impulse in den Zellen ihrer Nasenscheidewand gemessen. Und siehe da: Auf einige der Düfte reagierten nur die Frauen, auf andere nur die Männer. Angespornt von diesen Ergebnissen entwickelte Berliner so genannte Humanpheromone. Er gründete eine Firma und brachte das Parfüm *Realm* auf den Markt, das die geheimen Sexuallockstoffe enthalten soll. Spektakuläre Erfolgsmeldungen von der unwiderstehlichen Wirkung blieben bislang jedoch aus.

Mal bewusst, dass wir riechen. Gruppen von Nervenzellen im limbischen System sorgen dann für die emotionale Bewertung. Sie hängen mit wichtigen Instinkten wie Hunger, Sympathie und Antipathie oder Sexualität zusammen.

Auf diese Wirkung setzt auch die Aromatherapie, die ätherische Öle zu Heilzwecken verwendet.

Heilen mit Düften

Schon die alten Ägypter nutzten einst duftende Essenzen und Salben zu medizinischen Zwecken. Ihr Wissen gelangte zu den Griechen, ins Römische Reich und bis nach Indien, Persien und China, von wo es heute wieder zu uns zurückkommt. Duftessenzen gelten als sanfte Heilmittel ohne Nebenwirkungen, die vor allem bei Befindlichkeitsstörungen eingesetzt werden können.

Die flüchtigen Substanzen stimulieren das Riechhirn, bestimmte Stoffe auszuschütten, wie etwa schmerzstillendes Enzephalin, entspannendes Serotonin oder aufputschendes Noradrenalin, die uns beruhigen, beleben oder fröhlich machen. So verleihen uns Eukalyptus, Pfefferminze und Zitrone am Morgen Schwung, Lavendel und Neroli wirken schlaffördernd und Melisse und Kamille entspannend. Eisenkraut, Koriander und Kümmel regen unsere Magensäfte an, und Weihrauch eignet sich gut zum Meditieren. Der Duft der Bergamotte belebt die Seele: Ihr fruchtiger Duft macht Müde munter und stimmt Nervöse milde.

Erobern Sie die Vielfalt zurück

Achten Sie einmal bewusst auf alle Gerüche, die täglich auf Sie einströmen. Wie riecht Ihr Kopfkissen, wie Ihr Büro? Wonach riecht es im Wald nach einem Regenguss, und wie duftet blühender Flieder? Versuchen Sie, die Essenzen in Ihrem Parfüm zu erraten oder die Gewürze in einem orientalischen Gericht. Mit etwas Übung erobern Sie so die Welt der Düfte.

SCHNUPPERN SIE SICH SONNE INS HERZ

Nutzen Sie die Kraft Ihres Geruchssinns, wenn Sie sich wohl fühlen wollen. Schöne Düfte können in uns in Windeseile angenehme Erinnerungen heraufbeschwören.

◆ Wie war das damals?
Welche Düfte erinnern Sie an schöne Momente Ihres Lebens? Der Duft einer Blumenwiese, der weihnachtliche Hauch von Tannennadeln? Kramen Sie in Ihren Gedächtnisschubladen, Sie werden sich wundern, auf wie viele Geruchserinnerungen Sie stoßen.

◆ Helfen Sie nach
Behelfen Sie sich mit ätherischen Ölen, wie z. B. mit einem Tropfen Orangenöl. Er entführt Sie in lichtdurchflutete Orangenplantagen im Süden – ein heiteres Bild, das den Sommer zurückbringt.

Wandern Sie nicht nur mit den Augen durch diesen frühlingshaften Wald, lassen Sie auch die Nase an diesem Spaziergang teilhaben.

Manche Öle stärken sogar unser Gedächtnis. Hierzu zählen Rosmarin, Minze und Zitrone.

Aber keine Sorge: „Überriechen“ können Sie sich nicht, denn unsere Nase schützt sich: Entweder ist sie betört, oder es stinkt ihr, und bevor uns etwas zu penetrant vorkommt, schaltet sich unser Riechorgan sogar ab. Nach etwa fünf Minuten erlahmen die Riechzellen und reagieren erst wieder auf einen anderen Duftstoff.

Veranstalten Sie ein Feuerwerk der Gerüche

Wenn wir wollen, wirkt unser Geruchssinn wie ein Fahrstuhl in die Vergangenheit. Steigen Sie doch einmal ein, und lassen Sie sich von Ihren Geruchsmemoiren überraschen. Legen Sie sich entspannt zurück, schließen Sie die Augen, und schalten Sie Ihren inneren Bildschirm an. Rufen Sie zunächst Bilder in sich wach, und legen Sie dann los. Erinnern Sie sich noch an das Parfüm Ihrer Mutter? Welcher Geruch hing in den Fluren Ihrer Schule, wie rochen die Matten in der Turnhalle? An welchen Duft denken Sie, wenn Sie sich an Ihren ersten Krankenhausaufenthalt erinnern? Was geschieht mit Ihnen und Ihrem Körper, wenn Sie das Bild Ihrer Lieblingsspeisen oder Ihres Lieblingsgetränks heraufbeschwören?

Darf es noch etwas mehr sein?

Führen Sie mit Ihren Sinnen einmal ein ungewöhnliches Experiment durch. Nehmen Sie einen Roman zur Hand, und versuchen Sie, die darin geschilderten Begebenheiten möglichst sinnlich wahrzunehmen: Machen Sie sich ein Bild von den Hauptfiguren, schmecken Sie ihre Mahlzeiten, und schnuppern Sie sich gemeinsam mit den Helden durch abenteuerliche Reisen. Sie trainieren mit dieser Übung die Sinne, die Beobachtungsgabe und die Phantasie.

Dann testen Sie einmal, wozu Ihre Sinne noch in der Lage sind. Stehen Zahlen bei Ihnen gleichzeitig für eine bestimmte Farbe? Taucht bei einem bestimmten Geschmack ein Farbeindruck vor Ihrem inneren Auge auf? Hören Sie Töne, wenn Sie Buntes sehen?

Wenn etwas Derartiges auf Sie zutrifft, haben Sie eine besondere Begabung: Sie sind ein so genannter Synästhetiker. Das sind Menschen, die Farben hören oder Töne schmecken können, deren Sinneswahrnehmung (vermutlich in jenen Gehirnzellen des limbischen Systems) anders strukturiert ist als bei der Mehrheit der Menschen.

Aber auch wenn Sie für solche Sinnspiele Ihre Phantasie bemühen müssen, empfinden Sie das sicher als Bereicherung. Düfte bestimmen unser Leben, mehr als uns bewusst ist. Sie bieten uns die Möglichkeit, bestimmte Erinnerungen an Menschen und Ereignisse an ihnen festzumachen. Und dann brauchen wir nur immer wieder unser Kopfkino anzuschalten!

DER UNWIDERSTEHLICHE DUFT DER FRAUEN

Die abenteuerliche Geschichte von Jean-Baptiste Grenouille, der die Angst einflößende Gabe des absoluten Geruchssinns besitzt und viele Menschen ins Verderben führt, wurde ein Welterfolg.

„Das Parfüm war herrlich. Es war wie eine Sinfonie im Vergleich zum einsamen Gekratze einer Geige. Und es war mehr. Baldini schloss die Augen und sah sublimste Erinnerungen in sich wachgerufen. Er sah sich als einen jungen Menschen durch abendliche Gärten von Neapel gehn; er sah sich in den Armen einer Frau mit schwarzen Locken liegen und sah die Silhouette eines Strauchs von Rosen auf dem Fenstersims ... Er riss die Augen auf und stöhnte vor Vergnügen.“

Dieses geruchliche Kunstwerk ist nur eine erste Probe des Parfümeurlehrlings Grenouille, der Hauptfigur in dem Bestseller *Das Parfum*. Der Mann mit dem absoluten Geruchssinn ist von der Idee besessen, eine Essenz zu mischen, die jedermann betört. Deren Herznote will er jedoch nicht aus den üblichen Mitteln wie Rosenöl und Moschus komponieren, sondern aus den Hautextrakten wohlriechender junger Mädchen. Dafür muss er zum Mörder werden ...

UNSER GEDÄCHTNIS IST UNSERE GESCHICHTE

Wer rastet, der rostet – das gilt auch für unser Gehirn! Um Erinnerungslücken und Aussetzer zu vermeiden, kann man in jedem Alter seine Merkfähigkeit trainieren.

„Weißt du noch, wie wir als Kinder…?" So fangen viele Sätze an, wenn sich beispielsweise Geschwister nach langer Zeit wieder treffen. Immer mehr Details fügen sich dann schließlich zu kleinen Geschichten aus frühen Tagen zusammen. Viele berühmte Politiker, Schauspieler oder Musiker schreiben ihre persönlichen Erlebnisse in Autobiografien nieder. Darin vermischen sich persönliche Erinnerungen mit Ereignissen, die zur gleichen Zeit Weltgeschichte machten. Nicht zuletzt daran können sie ihre Erinnerungen festmachen. Doch aus welcher der unzähligen Schubladen holt das Gehirn das längst Vergangene, das sich nicht durch Medienberichte belegen lässt?

Das „autobiografische" Gedächtnis, das wissen Forscher heute, speichert der zeitlichen Reihenfolge nach alles, was wir selbst erlebt haben. Während aber allgemeines Faktenwissen vornehmlich in der linken Gehirnhälfte einprogrammiert ist, werden Erinnerungen an unsere persönliche Lebens-

Die erste Liebe, die Hochzeit, der Urlaub mit Freunden – wir haben den Kopf voll mit Bildern aus der Vergangenheit. Sie müssen nur aus ihrem „Dornröschenschlaf" erlöst werden.

Wie konnte der Lastwagenfahrer im Tunnel stecken bleiben? Hat er die Schilder nicht gesehen? Unfallforscher wissen: Solche Unglücke sind oft die Folge von mangelnder Aufmerksamkeit und von Fehleinschätzungen.

geschichte eher in der rechten Gehirnhälfte abgelegt. In diesen Hirnschichten bleibt besonders gut haften, was wir einst mit starken Gefühlen verbunden haben.

Wer will schon ein „zerstreuter Professor" sein?

Wir alle werden von Zerstreutheit geplagt: „Wo habe ich nur meine Brille liegen lassen?" oder „Habe ich schon meine Tabletten eingenommen?" Wie viel Zeit verbringen wir mit der Suche nach Schlüsseln! Doch woher kommen diese „schwarzen Löcher" im Gehirn? Experten wissen: Vergesslich ist, wer sich leicht ablenken lässt und sich nicht besonders auf Einzelheiten konzentriert.

Wenn wir etwas automatisch und gewohnheitsmäßig verrichten oder uns in vertrauter Umgebung befinden, lässt die Aufmerksamkeit nach – und ohne sie bleibt nichts in unserem Speicher hängen. Sosehr uns also Gewohnheiten einerseits das Leben erleichtern, sosehr können wir andererseits auch ihre Opfer werden.

Die meisten Verkehrsunfälle ereignen sich in einem dem Fahrer vertrauten Umkreis. Denn Vertrautheit fördert Vergesslichkeit. Um Aussetzer zu vermeiden, muss man sich ganz bewusst konzentrieren. Hilfreich ist es, wenn Sie sich ganz laut vorsagen: „Nach der nächsten Kurve kommt eine Baustellenampel" oder „Ich lege meine Brille auf den Tisch".

Wenn wir etwas vergessen, haben wir vielleicht die Informationen nur falsch abgespeichert. Dann sind wir etwa felsenfest davon überzeugt, dass wir unser Auto an der altbekannten Stelle um die Ecke suchen müssen, obwohl wir es doch an einem völlig anderen Ort abgestellt haben.

Kleine Ursache – große Wirkung

Bei einer ganzen Reihe von Berufen, etwa bei Piloten, Busfahrern oder Ärzten, kann Zerstreutheit oder mangelnde Konzentration sogar Menschenleben kosten. In den meisten Fällen führt nämlich weder Leichtsinn noch Dummheit zu Unglücken, sondern eine falsche Einschätzung der Situation. Der Verursacher des Unglücks ging ganz einfach von falschen Annahmen aus. „Das schaffe ich noch", denkt der Busfahrer beim Überholen und unterschätzt die Geschwindigkeit des entgegenkommenden Wagens. Oder der Pilot glaubt, die Landebahn sei frei, obwohl er sie gar nicht richtig sehen kann. Solche Fehler passieren besonders häufig, wenn Müdigkeit, Stress oder starke Emotionen wie Ärger und Freude die Aufmerksamkeit dämpfen. Die aktuelle Situation wird dann nicht mehr richtig überprüft, und es werden äußerst wichtige Details übersehen.

Vergesslichkeit kann aber auch durch so genannte Überlagerungen im Gehirn entstehen: Alles, was wir tun, hören, sehen, schmecken, riechen usw., wird nach einem bestimmten Ordnungssystem abgespeichert. Als Kind verfügen wir nur über wenige solcher Systeme, aber es kommen mehr dazu, je älter wir werden. Irgendwann kann es sogar dazu führen, dass neue Einzelheiten durch die bereits abgespeicherten blockiert werden. Vor allem wenn die Informationen einander ähnlich sind, fließen die Erinnerungen ineinander über. In solchen Momenten wissen wir zwar noch ganz genau, welches Buch wir letzten Monat gelesen haben, aber die Lektüre von vor einer Woche will uns partout nicht mehr einfallen.

Dabei gibt es aber auch Tröstliches, denn Vergessen ist normal. Das Gehirn muss auswählen zwischen dem, was wir uns merken sollen, und dem, was wir getrost wieder streichen können. Nur wenn die Suche nach Verlegtem und Verlorenem überhand nimmt, wenn uns das Gedächtnis ständig Streiche spielt, sollten wir den Kampf gegen die Zerstreutheit aufnehmen. Dabei helfen ein paar Faustregeln. Erstens: Denken Sie immer nur an eine Sache. Zweitens: Versuchen Sie, eine bestimmte Ordnung einzuhalten. Drittens: Vergewissern Sie sich vor allem in vertrauten Situationen dessen, was Sie gerade tun.

Warum wir manchmal ein Brett vor dem Kopf haben

Für das Vergessen gibt es also eine ganze Reihe von Gründen: Mangelnde Konzentration, eingefahrene Gewohnheiten, Blockaden im Gehirn. Eine der Hauptursachen für die Ausfälle.des Denkapparats sind jedoch Zustände von Angst und Depression. Wer sich niedergeschlagen und kraftlos fühlt, kann nicht klar denken. Depressive Menschen sind wie gelähmt, teilnahmslos und ziehen sich oft aus ihrer Umgebung zurück. Sie können sich nicht konzentrieren und haben Mühe, dauerhaft bei einem Thema zu bleiben.

Schon der Volksmund sagt: „Angst ist ein schlechter Ratgeber." Denn wer Angst hat, ist

KEINE ANGST VORM FLIEGEN

Jetzt heißt es in die Luft gehen. Sie sitzen im Flugzeug, die Maschine hebt ab ... und Sie wollen sofort raus.

Wenn Sie diese Situation schon erlebt haben, gehören Sie zu den Menschen, die unter Flugangst leiden. Dagegen können Sie etwas unternehmen.

◆ Entspannen

Eine „Zauberformel" fand der amerikanische Physiologe Edmund Jacobson. Nach seiner Methode der progressiven Muskelrelaxation soll man jeden Muskel des Körpers nacheinander und einzeln für ein paar Sekunden anspannen und wieder lösen. Das wirkt auch bei Gemütsanspannungen lockernd.

◆ Gedanken steuern

Neben reinen Körperübungen sollten Sie lernen, Ihre Gedanken zu kontrollieren. Wenn Ihnen also während des Flugs sämtliche Abstürze aus den letzten Jahren durch den Kopf schießen, dann unterbrechen Sie den Gedankengang mit einem inneren Stoppsignal. Vielleicht hilft es erst, wenn Sie laut „Halt" sagen. Nutzen Sie die Unterbrechung, und malen Sie sich positive Dinge aus. Wie traumhaft der Urlaub werden wird, welche netten Menschen Sie besuchen wollen usw.

◆ Ablenken

Suchen Sie ein Gespräch mit Ihrem Platznachbarn, spazieren Sie umher, oder besuchen Sie den Kapitän im Cockpit.

Übrigens: Entspannungsübungen, Gedankenstopp und positive Vorstellungen helfen auch in anderen Angst auslösenden Situationen!

Grenzenlos ist die Freiheit über den Wolken, doch nicht jeder Passagier vermag sie zu genießen. Um Fluggästen die Angst zu nehmen, lassen immer mehr Fluggesellschaften ihre Maschinen von Künstlern farbenfroh in Szene setzen.

blockiert und vergisst, was er sagen möchte. Eine typische Situation: Obwohl wir uns optimal auf eine Prüfung vorbereitet haben, können wir uns im entscheidenden Augenblick nicht mehr an das Gelernte erinnern. Wir haben das berühmte Brett vor dem Kopf.

Was ist geschehen? Ganz einfach, das Lampenfieber, die Angst vor dem Auftritt, hat uns einen Strich durch das Gedächtnis gemacht. Der Körper reagiert in solchen Situationen mit Herzklopfen, Schwitzen, angespannten Muskeln und flauem Gefühl im Magen.

Ruhe und Entspannung sind ein Weg, um die Merkfähigkeit zu verbessern. Doch auch das Training der Sinne führt zu einem besseren Gedächtnis.

KURZSCHLUSS IM GEHIRN

Gedächtnisforscher wissen: Menschen, die unter Erinnerungslücken leiden, haben meist ein ganz normal funktionierendes Gedächtnis. Sie stehen nur unter Stress.

Wann ist heute das Treffen mit dem Chef? Wer kann die Kinder von der Schule abholen? Wo ist die Liste mit den Tagungspunkten? „Wenn mein Tag 30 Stunden hätte, wäre er noch zu kurz", jammern wir in Zeiten, in denen uns die Terminflut zu übermannen scheint.

Beruf, Familie und Haushalt unter einen Hut zu bekommen überlastet oft unseren Kopf, und es verwundert nicht, wenn unser Gedächtnis zunehmend einem Schweizer Käse ähnelt. Wenn wir den Schaltkreisen in unserem Gehirn zu viel zumuten, brennen die Sicherungen durch.

◆ Gönnen Sie sich Pausen

Unser Gehirn ist nicht auf die Welt eingerichtet, in der wir leben. In grauer Vorzeit, als es weder in jedem Zimmer Telefone noch prall gefüllte Terminkalender gab, funktionierte es bestens. Doch heutzutage, da wir mit Informationen überflutet werden, kommt es immer wieder zum Stau auf der Datenautobahn. Da hilft nur eines: Machen Sie öfter eine Pause, und gönnen Sie Kopf und Körper erholsame Ruhephasen.

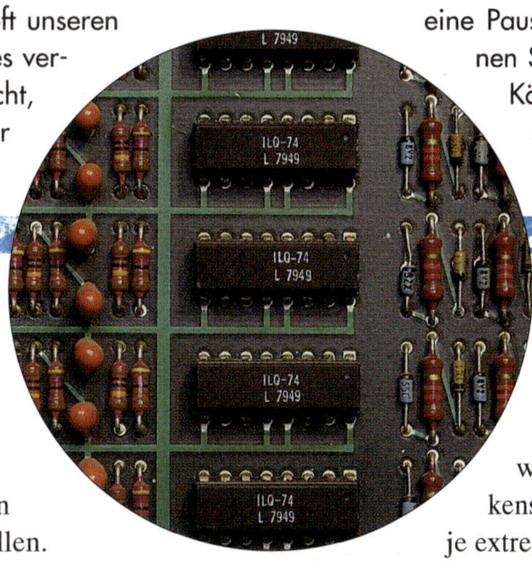

Die Sinne sind unsere Verbündeten

Machen wir einen geistigen Spaziergang zurück in unsere Kindheit. Da haben wir die Welt mit all unseren Sinnen erfahren und sie intensiv mit ihren Farben, Geräuschen und Gerüchen wahrgenommen. Auf diese Weise konnten wir unzählige Informationen abspeichern. Wir haben Laute nachgeahmt und dadurch unsere Muttersprache gelernt, wir schnupperten den intensiven Duft eines Maiglöckchens und tasteten die Form unserer ersten Quietschente ab. All diese Reize riefen Gefühle in uns wach, und wir haben die Erinnerung daran verinnerlicht. Erst mit der auflebenden Erinnerung kommen auch die Emotionen von damals wieder.

Je intensiver wir folglich hören, schmecken, sehen, riechen, was wir erleben, umso leichter werden wir es abrufen können. Machen wir also unsere Sinne zu Verbündeten, wenn wir unser Erinnerungsvermögen verbessern wollen.

Das Wissen um die Eindringlichkeit der Sinneswahrnehmungen können wir auch nutzen, wenn wir uns als Merkhilfe Bilder vorstellen. Nehmen wir einmal an, Sie haben eine Einladung und wollen noch Wein für die Gastgeber kaufen. Dann stellen Sie sich vor, wie Sie einen Schluck davon probieren und welchen Geschmack Sie auf der Zunge verspüren. Hören Sie das „Plop" im Ohr, wenn Sie die Flasche entkorken? Lassen Sie Ihre Phantasie spielen: Das Geräusch kann sich auch anhören wie ein Paukenschlag. Denn je extremer die Bilder sind, desto besser bleiben sie in den Tiefen Ihres Gedächtnisses haften. Also erfinden Sie wie ein Regisseur in einem spannenden Film bunte, lebhafte Bilder. Sie müssen Ihrer Sekretärin einen Blumenstrauß zum Einstand schenken? Dann stellen Sie sich riesige Rosen vor, die miteinander auf einer Wiese tanzen. Sie wollen Ihre Uhr von der Reparatur abholen? Dann hören Sie in Ihrem geistigen Ohr ein lautes Ticken. Sie müssen die Katze noch füttern?

DAMIT UNS DAS ERINNERUNGSVERMÖGEN NICHT IM STICH LÄSST

Wählen Sie aus der Hitliste der Tipps die besten für Sie und Ihr Gedächtnis aus.

◆ **Mit Sturheit gegen das Zerstreutsein**
Denken Sie immer nur an eine Sache, und konzentrieren Sie sich ganz darauf. Lassen Sie sich nicht durch andere Gedanken ablenken.

◆ **Das Kopfkino anschalten**
Arbeiten Sie mit Bildverbindungen. Wenn Sie ständig die Brille vergessen, verbinden Sie sie im Geist mit dem Spiegel. Immer wenn Sie beim Ausgehen einen Blick hineinwerfen, fallen Ihnen die Augengläser ein.

◆ **Gut gerüstet in die Schlacht**
Üben Sie wie ein Schauspieler Ihren Text so lange, bis er sitzt. Planen Sie mögliche Reaktionen Ihres Gegenübers mit ein. Das bewahrt Sie davor, dass Ihnen plötzlich die Worte fehlen.

◆ **Studieren geht über probieren**
Genaue Vorbereitung hilft gegen Zerstreutheit. Sie verreisen? Machen Sie einen Streckenplan, und stellen Sie sich die Route vor.

◆ **Ordnung erleichtert alles**
Legen Sie wichtige Dinge immer an die gleichen Plätze, und prägen Sie sich diese genau ein.

◆ **Nichts aufschieben**
Eine Überweisung ist fällig? Gehen Sie gleich auf die Bank. Ein Protokoll ist zu schreiben? Sofort in Angriff nehmen.

◆ **Steter Tropfen höhlt den Stein**
Vergessen Sie leicht Namen und Wörter? Lernen Sie die Gästeliste auswendig. Flüstern Sie sich die Begriffe so lange ins innere Ohr, bis Sie sie parat haben.

◆ **Pausen einlegen**
Wenn Sie merken, dass die Gedächtnislücken größer werden, sollten Sie sich Ruhe gönnen.

◆ **Merkstücke verteilen**
Wenn Sie unterwegs sind, stecken Sie sich kleine Erinnerungshilfen in die Tasche. So werden Sie daran erinnert, was noch zu erledigen ist. Oder legen Sie eine Zahnpastatube vor den Fernseher, dann denken Sie an den Zahnarzttermin.

◆ **Die Spreu vom Weizen trennen**
Im Alltag müssen wir oft mehrere Dinge gleichzeitig machen. Dann sollten wir sie der Wichtigkeit nach sortieren und nacheinander erledigen.

Fühlen Sie in Ihrer Vorstellung intensiv das weiche Fell unter Ihren Händen, und hören Sie das zufriedene Schnurren Ihres Stubentigers. Diese Vision wird sicherlich verhindern, dass die geliebte Samtpfote hungrig zu Hause sitzt.

Eines ist wichtig: Beim Gedächtnistraining sollten wir eher Filme drehen als Bilder schießen.

Bewährte Helfer im Alltag: Ziel- und Zeitplanbücher vereinen in sich eine Reihe von Vorteilen. Neben den Tagesplänen erlauben sie auch die Monats- und Jahresplanung. Mittlerweile gibt es sie schon als elektronische Helfer für den PC. Damit haben Sie Ihre Zeit im Griff.

Denn was sich bewegt, können wir uns besser merken. Wenn Sie also Waschpulver kaufen müssen, dann sehen Sie sich im Geist in der sich drehenden Maschinentrommel sitzen. Wenn Sie sich den Text eines Liedes merken sollen, lassen Sie vor Ihrem geistigen Auge die Szenen nacheinander ablaufen. Ist von Liebe die Rede, sehen Sie Herzen, die durch die Luft fliegen.

Der Dachs und der Daumen

Innere Bilderalben können wir nutzen, um im Alltag nicht ständig zu vergessen, was wir eigentlich zu tun haben. Denken Sie an die nächste Woche. Sechs wichtige Termine müssen wahrgenommen werden. Doch wie können Sie sich diese merken? Probieren Sie einmal folgende Methode aus: Nummerieren Sie zunächst die Wochentage durch, also Montag ist gleich 1, Dienstag 2, Mittwoch 3 usw. Dann ordnen Sie jeder Zahl jeweils einen Buchstaben zu. Montag bekommt ein „D“, Dienstag ein „N“ usw. Schließlich suchen Sie für jede volle Stunde ein Wort, das mit dem jeweiligen Buchstaben, den Sie dem Wochentag gegeben haben, anfängt. Alle Stunden am Montag beginnen demzufolge mit „D“. 13 Uhr wäre dann beispielsweise „Daumen“, 14 Uhr „Dotter“, 15 Uhr „Dachs“. Sie haben einen Termin zum Mittagessen mit Ihrem Chef am Montag, 13 Uhr? In Ihrer Phantasie ist er nur so groß wie ein Däumling. Sie merken sich 1 Daumen. Zum Zahnarzt müssen Sie um 15 Uhr: Fallen Ihnen da nicht gleich die Raubtierzähne des Dachses ein? Sie merken sich 1 Dachs. Für diese Technik brauchen Sie etwas Übung, aber sie trainiert dauerhaft Ihre geistige Fitness und erspart Notizzettel.

Ein schlecht funktionierendes Gedächtnis kann uns in peinliche Situationen bringen. Ein Kollege will beim Mittagessen Ihre Mei-

Routine führt zu Fehlern: Der Bauarbeiter hat eine Leitung angebohrt. Eine kleine Unachtsamkeit mündet so in eine böse Überraschung.

HALTEN SIE IHR GEHIRN FIT

Je älter wir werden, umso langsamer arbeitet unser Kopf.

◆ **Was ist dran?**
Um bis zu 40 Prozent nimmt die Leistungsfähigkeit unseres Gedächtnisses im Lauf des Lebens ab. Es dauert länger, bis wir Informationen speichern und wieder abrufen können. Wörter entfallen uns, und die Gedanken werden unklarer.

◆ **Das muss nicht sein**
Die geistige Fitness lässt sich erhalten, wenn wir unserem Gehirn immer wieder neue Herausforderungen bieten. Leider neigen wir zunehmend dazu, uns geistig auf ausgetretenen Pfaden zu bewegen. Gegen diesen beginnenden Altersstarrsinn können wir Einfallsreichtum und Experimentierfreude setzen.

nung zu einer Geschichte hören, die er soeben erzählt hat. Sie werden rot und stammeln etwas Unverständliches. Der Grund: Sie haben den Gesprächsfaden verloren und kramen jetzt verzweifelt in Ihren Gedächtnisschubladen, um ihn wieder zu finden. Doch warum haben Sie ihn verloren? Wahrscheinlich weil Sie gerade eigenen Gedanken nachhingen.

Dass man den Faden verliert, kann passieren. Ältere Menschen erleben das jedoch häufiger. Sie können sich weniger gut konzentrieren, lassen sich leichter ablenken, hängen öfter Tagträumen nach und interessieren sich weniger für das, was gerade passiert. Dann kann es vorkommen, dass sie noch an einem Gesprächspunkt feststecken, obwohl das Gegenüber längst von etwas anderem erzählt. Ältere Menschen wissen zwar meist ganz genau, was sie selbst geäußert haben. In einer Gesprächsrunde vergessen sie jedoch leicht, wer was gesagt hat.

Zerrissene Fäden wieder knüpfen

Selbst wenn der Gesprächsfaden einmal gerissen ist, können wir ihn mit ein paar Tricks wieder finden. Stellen wir doch dem Partner eine Frage, die uns zum Thema einfällt. Vielleicht enthält seine Antwort das eine Stichwort, das hilft, das Vergessene wieder hervorzuholen. Bauen Sie sich eine geistige Eselsbrücke zu dem, was Sie sagen wollten. Oder stellen Sie sich Ihre Anmerkung einfach bildhaft vor. Und bereiten Sie sich vor, damit Sie besser gewappnet sind, wenn der Faden reißen sollte. Studieren Sie aufmerksam das Programm, bevor Sie zu einem Vortrag gehen. Dann sind Sie besser im Bild und wissen genauer, worum es gehen wird. Eines jedoch ist immer wichtig: Sorgen Sie für Zeiten der Entspannung, denn innere Ruhe ist eine wesentliche Voraussetzung für Konzentration.

Lassen Sie Ihre geistigen Fotos nicht verblassen

In den meisten Fällen stecken hinter dem Schwund unserer Merkfähigkeit ganz normale Veränderungen, die mit dem Alter oder mit Stress einhergehen. Mit dem Verlust an körperlicher Spannkraft ist häufig eine Abnahme an geistiger Vitalität verbunden. Menschen, die nicht mehr berufstätig sind, sind oft weniger aktiv und damit weniger gefordert. Sie müssen beruflich nichts mehr leisten und können das Leben ohne Druck genießen. Das führt dazu, dass viele ältere Menschen die Anforderungen an sich herunterschrauben. Unser Kopf bleibt aber nur fit, wenn wir ihn ständig trainieren. Wenn wir das Gehirn vernachlässigen, liegen die Erinnerungen nur noch wie vergilbte Fotografien in den hintersten Schubladen unseres Gedächtnisses.

Doch warum können sich gerade ältere Menschen erstaunlich gut an längst vergangene Geschichten erinnern, während sie Alltägliches häufig vergessen?

Die elektronischen Rechenkünstler sind zweifelsohne auf dem Vormarsch. Aber keine Sorge: Ihr Geist ist tausendmal reger als der des schnellsten Rechners. Das können Sie sich Tag für Tag selbst beweisen.

FIT MIT SPASS – DAS GEHT AUCH IM ALTER

Im Kampf gegen geistige Trägheit im Alter sind Hobbys das beste Mittel.

Sie wollten schon immer mal Tango tanzen? Warum nicht? Sie wandern gern? Los geht´s! Ob Sie malen, musizieren oder alles über Vögel wissen möchten – leben Sie Ihren Traum, seien Sie aktiv, und halten Sie das Gehirn wach.

Was wir einmal erlebt haben, wird nicht vergessen, sondern nur in einer bestimmten Schicht unseres Unterbewusstseins abgelegt. Dadurch halten wir uns den Kopf frei für die täglichen Dinge, die vorrangig sind. Wenn wir älter werden, beansprucht uns der alltägliche Kleinkram weniger. Durch einen bestimmten Geruch, eine Farbe, ein Gefühl aber tauchen dann die Erinnerungen aus der Tiefsee unseres Bewusstseins auf.

Es ist ein Privileg des Alters, sich auch an komplizierte Geschichten zu erinnern. Doch ein Wermutstropfen bleibt: Die Fähigkeit, vor allem neue Fakten abzurufen, nimmt in späten Lebensjahren leider etwas ab.

Die Schubladen im Kopf müssen geölt werden

„Ich werde alt und vergesslich." Wer hat diesen Satz nicht auch schon einmal gesagt oder gedacht? Er gehört umgehend in die Mottenkiste! Denken wir stattdessen: „Mit ein wenig Übung kann ich mein Erinnerungsvermögen wieder auf Vordermann bringen." Denn wenn wir die Vorurteile uns selbst gegenüber aufgeben und uns mit optimistischen Zielen ausstatten, wird diese positive Grundhaltung auch unsere geistige Leistungsfähigkeit beeinflussen.

Negative Gedanken stellen sich verständlicherweise häufig bei älteren Menschen ein. „Niemand braucht mich jetzt mehr" – so lautet die innere Botschaft. Wo früher die Bestätigung durch den Beruf oder die Familie das Selbstwertgefühl nährte, klafft jetzt ein Loch.

Um nicht wie Loriot in seinem Film *Papa ante portas* die Lieben nach der Pensionierung mit sinnlosen Einkäufen und dem endlosen Sortieren von Zeitungen zu drangsalieren, sollte man sich in diesem Lebensabschnitt neue, interessante Aufgaben suchen. In jedem Alter kann sich die Persönlichkeit noch weiter entwickeln, und die Experten bestätigen, dass sich die Merkfähigkeit für neue Fakten erst in sehr hohem Alter leicht verringert.

Mit Freude das Alter genießen: Warum nicht einmal einen Drachen steigen lassen? Auf der Suche nach Hobbys kann jeder seinen Neigungen freien Lauf lassen.

SPRACHEN SIND DIE BRÜCKEN ZUR WELT

Ganz gleich, ob wir eine Sprache für den Beruf oder für uns lernen: Sie eröffnet uns neue Welten. Das notwendige Lernen der Vokabeln kann man mit Spiel und Spaß angehen.

„Die ganze Welt ist ein Dorf“, hört man heute oft, und für viele Menschen ist dieser Ausspruch Wirklichkeit. Am Morgen sind wir noch zu Hause, abends schon auf einem anderen Erdteil. Flugzeuge bringen uns in die entlegensten Winkel, und auf Datenautobahnen gelangen wir zu Menschen, die rund um den Globus verstreut leben. Doch damit wir uns sicher in dieser Welt bewegen können, müssen wir die Sprachen anderer Völker lernen.

Selbst im weltumspannenden Datennetz Internet begegnen wir – trotz Vorherrschen des Englischen – babylonischem Sprachgewirr. Die Sprache ist der Schlüssel zum Verständnis anderer Völker und Kulturen. Doch wer erinnert sich nicht daran, wie schwer es in

Auf der Erde leben heute rund sechs Milliarden Menschen, die 6528 verschiedene Sprachen sprechen. Für uns und ganz besonders für unsere Kinder wird es immer wichtiger, dass wir uns auf dem enger werdenden Planeten verständigen können.

der Schule fiel, englische Vokabeln oder die französische Aussprache zu üben? Und wenn wir später die Sprachen nicht anwenden, vergessen wir vieles wieder. Oder können Sie noch lateinische Vokabeln aufsagen, die Sie sich einst mühsam eingepaukt haben?

KLICKEN SIE SICH EIN

Eine neue Sprache lässt sich heute mit vielen audiovisuellen Unterrichtsmaterialien wie Videokassette, Tonkassette oder CD-ROM erlernen.

Die Hilfsmittel erleichtern vor allem das Lernen zu Hause und können passend zum individuellen Lerntyp ausgewählt werden.

◆ Videokassetten

Wenn Sie Informationen am besten bildhaft aufnehmen, dann holen Sie sich mit einem Videoband den Lehrer in die Wohnung. In den Unterrichtsfilmen werden Grammatik und ganz besonders die Aussprache vermittelt. Gerade Letztere kann man sich ohne ein Vorbild, an dem man üben kann, nur schwer allein beibringen.

◆ Tonkassetten

Wer sich Gehörtes besonders gut merken kann, ist mit besprochenen Kassetten am besten bedient. Auch hier gilt: Sie hören von einem professionellen Lehrer den Klang der Worte und lernen somit die Aussprache leichter.

◆ Computer und CD-ROM

Wenn Sie die Computertechnik für das Sprachstudium nutzen können, dann kaufen oder leihen Sie sich eine CD-ROM. Sie vereint Video, Kassette und Fachbuch in einem. Ein „Mausklick" und Sie hören die englischen Vokabeln im Originalton, ein weiterer Klick und Sie üben die Grammatik, ein weiterer und Sie sehen einen virtuellen Lehrer, der Sie in Bild und Ton in die Geheimnisse der Sprache einweiht.

Englisch – die Weltsprache

Wussten Sie, dass Deutsch beinahe die Weltsprache geworden wäre? Die jungen amerikanischen Staaten stimmten nach ihrer Unabhängigkeit von Großbritannien darüber ab, wie sie sich künftig verständigen sollten. Deutsch oder Englisch? Was sich durchgesetzt hat, ist bekannt. Ob in der Geschäftswelt, in der Wissenschaft oder im Flugverkehr – wer kein Englisch spricht, ist „out". Unser Wortschatz ist gespickt mit Wörtern aus dem Englischen, die wir eingedeutscht haben: Wir fliegen zum *Shopping* nach London und sprechen von *Mobbing* am Arbeitsplatz. Wir *joggen* durch den Wald und haben ein *Black-out*, wenn uns etwas nicht einfällt.

Öffnen Sie doch einmal die Schubladen Ihres Gedächtnisses und kramen die Vokabeln von einst wieder hervor. Oder fangen Sie einfach von vorne an: Lernen Sie eine neue Sprache. Keine Lust dazu? Denken Sie an das wunderbare Gefühl, wenn Sie im nächsten Urlaub in fließendem Italienisch einen *caffè macchiato* bestellen.

Von den Kindern lernen

Eine neue Sprache zu lernen ist keine leichte Aufgabe. Wir haben zunächst keine Vorstellung davon, was die Wörter bedeuten und wie die Grammatik funktioniert. Deshalb ist es besonders faszinierend zu erleben, wie schnell und unbefangen kleine Kinder reden lernen.

Ende der 50er-Jahre fand der amerikanische Psycholinguist Noam Chomsky heraus, dass sich Kinder in allen Kulturen stets nach demselben Prinzip Sprache aneignen. Ein Kleinkind in Deutschland lernt also auf genau die gleiche Weise sprechen wie eines in Papua-Neuguinea.

Alle Kinder beginnen zunächst mit einem unzusammenhängenden Geplapper. Bis zum zweiten Lebensjahr schaffen sie es, kleine Sinneinheiten mit zwei Wörtern zu bilden. Während sich im Gehirn des Kleinkindes immer mehr Nervenbahnen ausbilden, ist dieses auch zunehmend in der Lage, schwierige Strukturen wie Satzbau und andere grammatische Regeln zu erkennen und anzuwenden. Chomsky schloss daraus, dass die Entwicklung der Sprache einem in unserem Gehirn fest verankerten Programm folgt. Daher können Kinder bereits in frühen Jahren sowohl Wortschatz als auch ganze Satzkonstruktionen begreifen.

Kinder lernen, indem sie die Laute nachahmen, die sie von den Eltern hören. Ihre Phantasie und ihre ausgeprägte bildhafte Vorstellungskraft helfen ihnen, sich Begriffe und andere Dinge schnell einzuprägen. Wer schon einmal mit einem Kind das Legespiel Memory gespielt hat, kennt das. Wahrscheinlich gewann das Kleine haushoch? Der Grund ist ganz

SCHWERE WÖRTER LEICHT GELERNT

Ungewohnte und schwierige Wörter bereiten oft die größte Mühe.

◆ **Hier eine kleine Hilfe**
Richten Sie Ihre Aufmerksamkeit auf die Bedeutung des fremden Ausdrucks, und verknüpfen Sie ihn mit Wörtern, die Sie kennen. Dann überprüfen Sie Gemeinsamkeiten oder Unterschiede in Form und Inhalt. Nehmen wir das englische Wort *childhood*, das im Deutschen Kindheit bedeutet. Das englische *-hood* lehnt sich klanglich an das deutsche -heit an, und *child* und Kind sehen ähnlich aus.

einfach: Kinder denken hauptsächlich mit den Teilen des Gehirns, in denen auch Intuition, Phantasie, räumliches Vorstellungsvermögen und die motorischen Abläufe sitzen. Unterschiedliche Eindrücke wie Bilder, Bewegungen, Gerüche und Gefühle werden noch gleichzeitig wahrgenommen. Im Schulalter gewinnen zunehmend andere Gehirnteile an Bedeutung. Sie stehen für logisches Denken, Abstraktionsvermögen und die Fähigkeit, die Welt zu analysieren. Was hier geschieht, nehmen wir sehr bewusst war. Die ausgeprägte Intuition, das Denken in Bildern und die Phantasie ermöglichen es kleinen Kindern, schneller Fremdsprachen zu lernen als Erwachsene. Sie erfassen die Sprache noch ganzheitlich. Am besten lässt sich der Spracherwerb bei Kindern zweisprachiger Elternpaare beobachten. Ziemlich mühelos lernen die Kinder durch einfaches Nachahmen beide Sprachen. Vokabeln eignen sie sich erst später mit etwas mehr Mühe an.

Nur der Anfang ist schwer

Kinder haben von Natur aus Spaß am Lernen. Aber die Beherrschung der Grundlagen einer Sprache bleibt dem denkenden Geist vorbehalten, und wir müssen uns dieses Wissen mühsam erarbeiten. Nur wer die fremde Sprache verstanden, untersucht und verarbeitet hat, kann sie auf Dauer erlernen und beherrschen.

Am schnellsten prägen wir uns Fremdsprachen natürlich ein, wenn wir sie in ihrem Ursprungsland erlernen. Durch die tägliche Praxis sind ziemlich schnell erste Gespräche möglich. Wer auf diese Weise beispielsweise Englisch oder Französisch gelernt hat, wird die richtigen Wörter zwar wieder vergessen, wenn er sie später nicht mehr benutzt, aber ein kurzes Auffrischen reicht, um schnell wieder „hineinzukommen".

Wenn wir beginnen, eine neue Sprache zu lernen, müssen wir uns zunächst an völlig andersartig klingende Laute gewöhnen. Deutschen fällt es schwer, das englische „th" auszusprechen, weil es den Laut in unserer Sprache nicht gibt. Wer ihn korrekt aussprechen will, muss mit gespitzten Ohren hören und genau zuschauen, wie die Muttersprachler ihn formen. Und man kann nach Lauten suchen, die im Deutschen ähnlich klingen.

So bleibt *la fiche* für immer haften

Wollen wir uns Vokabeln merken, helfen – wie so oft in der Gedächtniskunst – bildhafte Vergleiche. Je ausgefallener die ausgeschmückten Vergleiche sind, desto besser bleibt das fremde Wort in den grauen Zellen haften. Ein Beispiel: Im Französischen heißt die Akte *la fiche* (sprich: la fisch). Versuchen Sie, ob Ihnen ein ähnlich klingendes deutsches Wort dazu einfällt. Und dann verbinden Sie beide Wörter mit einer ausgefallenen

Wie heißt die Flasche auf Französisch? Richtig, *bouteille*. Aber wie können Sie das behalten? Ganz einfach: Der Butt und ein Ei schweben vor Ihrem geistigen Auge vorbei.

Vorbei sind die Zeiten, als wir in überfüllten Klassenzimmern Vokabeln pauken mussten. Gestalten Sie sich Ihren Arbeitsplatz so angenehm, dass Sie ruhig und konzentriert Ihr Pensum erfüllen können.

Idee. Stellen Sie sich einen Fisch vor und überlegen, wie er in die Akte kommt.

Das geht mit jeder Sprache. Die deutsche Übersetzung für das englische Wort *eagle* (sprich: igl) lautet Adler. Schon sehen Sie vor Ihrem inneren Auge einen Adler, der in den Fängen einen Igel durch die Luft trägt. Eine ungewöhnliche bildhafte Verknüpfung der Wörter sorgt dafür, dass die uns fremden Ausdrücke bestimmt im Gedächtnis bleiben.

Zu Hause in fremden Sprachen

Zum Trost sei eines gesagt: Wer einmal eine Fremdsprache gelernt hat, dem fällt es leichter, sich eine weitere anzueignen. Unzählige Schulkinder mussten sich mit lateinischen Vokabeln herumplagen. Doch wer Latein gelernt hat, freundet sich leichter mit romanischen Sprachen wie Französisch, Italienisch oder Spanisch an. Das wird beispielsweise deutlich an dem lateinischen Wort *amor* (deutsch: Liebe). Es heißt im Spanischen *amor*, im Italienischen *amore* und im Französischen *l'amour*. Haben wir die Gemeinsamkeiten der Sprachen erst einmal verinnerlicht, dann brauchen wir nur jeweils auf die Besonderheiten in den entsprechenden Ländern zu achten. Welche Lehre kann man daraus ziehen? Neue Informationen lassen sich besser lernen, wenn sie mit bereits vertrauten verknüpft werden. Je besser das gelingt, umso mehr Wissen kann man sich aneignen.

Nun sollen die Vokabeln und Grammatikregeln aber nicht nur kurzfristig aufgenommen werden, sondern auch den Weg in das Langzeitgedächtnis finden. Dazu sind optimale Lernvoraussetzungen erforderlich, vor allem jedoch ein Umfeld, in dem wir uns am

GUT ORGANISIERT IST HALB GELERNT

Ohne gute Ausrüstung wird kein Bergsteiger zum Gipfelstürmer. Ebenso brauchen Sie einen gut ausgestatteten Arbeitsplatz, wenn Sie erfolgreich lernen wollen.

◆ **Die Arbeitsmittel**
Wichtig: ein bequemer Stuhl. Der Raum, in dem Sie lernen, sollte hell und gut gelüftet sein. Sorgen Sie dafür, dass die Arbeitsfläche gut beleuchtet ist. Versuchen Sie mögliche Lärmquellen zu beseitigen, damit Sie nicht gestört werden.

◆ **Genügend Platz**
Sie benötigen eine ausreichend große Arbeitsfläche, auf der alle Unterlagen Platz haben. Räumen Sie von Ihrem Schreibtisch alles weg, was ablenken könnte, etwa die Fotografie der Kinder, das interessante Buch oder den Brief der Freundin. Wichtig ist auch, dass Sie Ihren Arbeitsplatz nicht jedes Mal wieder aufräumen müssen, wenn Sie ihn verlassen. Die Arbeitsfläche sollte nicht für andere Dinge zweckentfremdet werden.

◆ **Planen Sie das Lernen**
Erstellen Sie einen Lernplan, den Sie gut sichtbar vor sich haben. Alle aufgeführten Punkte sollten Sie dann ganz konsequent nacheinander abarbeiten.

besten konzentrieren können. Aufregungen und Anspannung haben da keinen Platz. Zu viel Stress lässt uns verkrampfen, beeinträchtigt die Merkfähigkeit und verstopft somit die „Datenautobahn" in unser Gehirn.

Sind wir allerdings zu entspannt, werden wir schläfrig und können nichts aufnehmen. Wissenschaftler sprechen von einem „mittleren Erregungsniveau" als bester Voraussetzung für das Lernen. Um uns konzentrieren zu können, müssen wir offen und gleichzeitig innerlich ruhig sein. Im entspannten Zustand fließen die Gedanken ungehindert und bleiben besser in unserem Gedächtnis haften.

Wege zu innerer Ruhe

Erfolg verspricht eine Methode, die progressive Muskelentspannung genannt wird und jederzeit und an jedem Ort durchgeführt werden kann. Wer also verspannt an seinem Schreibtisch sitzt, weil er nur noch den Berg von unbewältigtem Lernstoff vor sich sieht, kann Folgendes versuchen: Spannen Sie systematisch jeden einzelnen Muskel an und lassen nach ein paar Sekunden wieder locker. Um die Methode richtig zu lernen, eignen sich Kurse oder entsprechende Bücher.

Daneben gelten auch Yoga und autogenes Training als bewährte Mittel zum Stressabbau und Lösen von Blockaden.

In der Welt der Klänge

Experten haben herausgefunden, dass leise Musik beruhigend wirkt und damit das Aufnahmevermögen steigert. Töne und Klänge können, so lautet die Theorie, bewusste und unbewusste Vorgänge mit-

SETZEN SIE AUF IHREN SPIELTRIEB

So können Sie Ihrem Gedächtnis helfen, eine neue Sprache zu speichern.

◆ Die Kreativität nutzen
Intuition, Kreativität und das Wahrnehmen von Empfindungen werden anders verarbeitet als Faktenwissen. Beschäftigen Sie alle dafür zuständigen Verarbeitungsregionen im Gehirn im Team, damit sie sich gegenseitig ergänzen.

◆ Die Sinne einbeziehen
Mit Sinneswahrnehmungen lockern Sie den oftmals trockenen Stoff auf. Beginnen Sie mit der Welt der Töne. Hören Sie sich einen englischen Song oder ein französisches Chanson an, und übersetzen Sie den Text. Versuchen Sie genau zu verstehen, was das Lied ausdrücken will. In Verbindung mit der Melodie werden Sie sich die Wörter sicher gut einprägen können.

◆ Karteikarten einsetzen
Beschriften Sie Karteikarten mit dem fraglichen Vokabular. Beteiligen Sie auch hier Ihre Kreativität, und markieren Sie die Wörter mit verschiedenfarbigen Stiften. Denn eines wissen wir aus der Schulzeit: Was wir aufschreiben, bleibt besser haften. Über die Hälfte der Informationen wird schon beim Schreiben gelernt. Außerdem müssen Sie beim Notieren den Stoff ordnen und eingrenzen. Das geht nur, wenn Sie den Inhalt verstanden haben. Schreiben Sie auf die Kartenvorderseite das deutsche Wort und die fremdsprachige Bedeutung auf die Rückseite. Dann können Sie die Karten bunt mischen und sich selbst abfragen. Begriffe, die „sitzen", wandern in den Erfolgsstapel, nicht Gewusstes wird wieder unter den Lernstapel gemischt.

Lernkarten können überall hin mitgenommen werden. Ob im Wartezimmer beim Arzt oder in der Bahn – schon haben Sie Ihre Karten gezogen und los geht's!

Da Bilder besser im Gedächtnis haften bleiben, lohnt sich auch der Versuch, kleine Zeichnungen anzufügen. Dann sehen Sie ein Fahrzeug auf der Seite mit dem deutschen Auto, und auf der Rückseite steht das englische Wort *car*. Selbst Grammatikregeln lassen sich besser lernen, wenn sie in ein Schaubild übertragen sind.

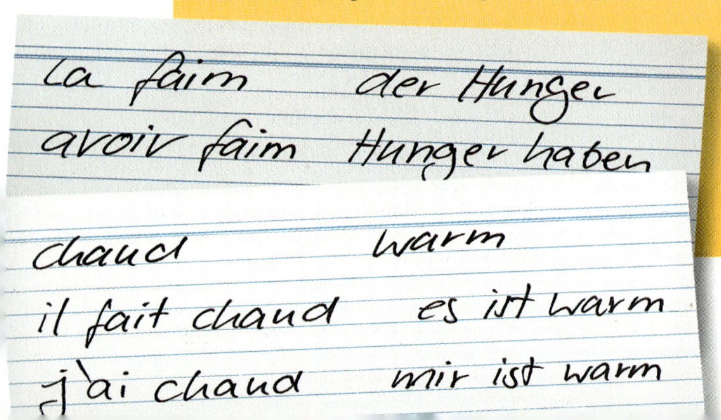

Alle Sprachen sind lebendig und ausdrucksstark. Ganz besonders gilt dies bei Redewendungen, die jede Sprache auszeichnen. Eingebettet in ein Bild wird sich so der „Wolf im Schafspelz" auch auf Englisch als *„a wolf in sheep's clothing"* einprägen.

einander vereinen. Es ist in jedem Fall einen Versuch wert. Stellen Sie leise Barockmusik an, wenn Sie das nächste Mal englische Wörter lernen. Sie werden fühlen, wie Sie sich entspannen. Versuchen Sie ein Gleichgewicht zu finden zwischen Entspannung und leichter Anspannung. Wenn Sie schläfrig werden, wippen Sie mit dem Fuß, oder strecken Sie die Arme aus. Sind Sie zu angespannt, atmen Sie ein paar Mal tief durch.

Damit Sie nicht vom Regen in die Traufe kommen

Lernen soll leicht gehen und Üben Spaß machen, damit die Informationen besser in unser Gedächtnis gelangen. Jede Sprache kennt eine Vielzahl von Redewendungen, wie „vom Regen in die Traufe kommen" oder „ein Wolf im Schafspelz sein". Erst wer sie beherrscht, wird sich auch elegant in der Fremdsprache ausdrücken können. Doch wie lernen wir solche Wendungen am leichtesten?

Machen Sie sich die Bedeutung dieser Ausdrücke klar, und erfinden Sie dann um sie herum kleine Geschichten in der anderen Sprache. In unserem Beispiel könnte das etwa so aussehen: „Elisabeth hatte ihren Arbeitsplatz gewechselt, weil sie dachte, im neuen Job wäre sie glücklicher. Dabei ist sie jedoch nur vom ‚Regen in die Traufe gekommen'. Denn es stellte sich heraus, dass ihr Chef ein ‚Wolf im Schafspelz' war." Wollen Sie sich noch mehrere solcher Ausdrücke merken, verlängern Sie die Geschichte einfach. Sie sehen schon: Ihre ausgefallene Phantasie hilft dem Gedächtnis auf die Sprünge.

Lassen Sie eine Reise im Kopf beginnen

Endlich ist es so weit: Der Italienurlaub steht vor der Tür. Sie haben schon eifrig Vokabeln gelernt und sich die Grammatikregeln eingeprägt. Doch viele Wege führen nach Rom, und der erste sollte sein, dass Sie sich einmal mit dem Klang der fremden Sprache vertraut machen. Hören Sie sich italienische Nachrichten an, oder tauchen Sie in die Melodie der neuen Sprache mit einer Musikkassette ein. Sie können auch beim nächsten Gang zum Bahnhof am Kiosk eine italienische Zeitung oder Zeitschrift mitnehmen. Wenn Sie sich so auf Ihren Urlaub vorbereiten, werden Sie sich bald einfacher mit den Einheimischen verständigen können.

TÄUSCHUNG ODER WIRKLICHKEIT?

„Siehst du die hübsche Blonde da drüben?" „Meinst du die Pummelige mit der mausgrauen Haarfarbe?" So reden wir oft über dieselben Dinge und nehmen sie ganz unterschiedlich wahr.

„Hände hoch, oder ich schieße!" Eine Situation, die Sie in Ihrem Leben hoffentlich nie erleben müssen. Reisen Sie dennoch in Gedanken einmal mit und stellen sich vor, Sie stehen in Ihrer Bankfiliale, um Ihre Kontoauszüge abzuholen. Plötzlich ertönt dieser Schrecken erregende Ruf. Ein schwarzhaariger, mittelgroßer Mann in Jeans und braunem Blouson, etwa 35 Jahre alt, stürzt mit einer Pistole vor den Schalter und bedroht die Kunden und den Kassierer. Er hält einen blonden 15-jährigen Jungen als Geisel fest. Der Kassierer schiebt ihm das Bargeld zu, und nach vier Minuten ist der Spuk vorbei. Der Mann flüchtet mit der Geisel. Wenig später ist die Polizei da. Sie befragt alle Augenzeugen nach ihren Beobachtungen. Und die Beamten müssen wieder einmal feststellen, dass sich die Aussagen der Zeugen durchweg widersprechen. Haben alle Beteiligten wirklich dasselbe erlebt? So

Banküberfall – das bedeutet Todesangst und Panik! In solchen Ausnahmesituationen spielt uns das Gedächtnis häufig böse Streiche.

finden sich in den Notizblöcken der Beamten über den Täter unterschiedlichste Beschreibungen: Es war ein kleiner Mann mit einer Lederjacke, etwa 45 Jahre alt, oder aber ein großer Kerl Mitte Zwanzig in blauer Jacke. Seine Haarfarbe? Schon fünf Minuten nach dem Überfall kann sich niemand mehr so recht erinnern. Die ungenaueste Täterbeschreibung gibt übrigens die Mutter der Geisel ab. Selbst darin, wie lange diese Schreckenssituation währte, widersprechen sich die Aussagen beträchtlich: Die Angaben reichen von 10 bis zu 25 Minuten.

Wie steht es mit Ihnen?

Sie staunen? Dann schauen Sie jetzt bitte nicht an den Anfang des Textes, sondern notieren auf einem Zettel, welche Informationen über den Täter und die Geisel Sie noch im Gedächtnis haben. Wissen Sie auch noch, wie lange der Überfall dauerte? Detailreiche und genaue Schilderungen erhielten die Polizeibeamten nur über die Waffe des Räubers – ganz offensichtlich hat das Werkzeug der Bedrohung die gesamte Aufmerksamkeit der Kunden auf sich gezogen.

Natürlich ist diese Mixtur aus widersprüchlichen Zeugenaussagen für die Polizeibeamten unerfreulich, wenn auch nichts Ungewöhnliches. Aus der Sicht der Betroffenen ist sie sogar durchaus verständlich; schließlich geraten Menschen nicht alle Tage in solch bedrohliche Situationen. Dieses Beispiel macht vor allem deutlich, wie sehr Angst und Stress den Beteiligten die Sinne rauben können. Dabei ist gerade für eine genaue Speicherung von Daten eine möglichst umfassende, sinnliche Wahrnehmung hilfreich. Nur wer alle seine Sinneskanäle offen hält, kann gleichzeitig viele verschiedene Informationen aufnehmen.

Gefühle im Spiel

Starke Gefühle wie Angst, Trauer oder Schmerz können unsere Sinne trüben oder sogar zu völligen Aussetzern führen. Verantwortlich für solche Totalausfälle ist das Hormon Adrenalin. Es wird in Stresssituationen ins Blut ausgeschüttet, versetzt unseren Körper in erhöhte Alarmbereitschaft und kann dadurch einen Leistungsschub bewirken. Wenn es jedoch nicht rechtzeitig vom Körper abgebaut wird, vermag es in unserem Gehirn vorübergehend Denkblockaden auszulösen – dann geht für kurze Zeit nichts mehr. Ein Grund dafür, warum die Mutter der Geisel, die um das Leben ihres Kindes bangen musste, unbrauchbare Angaben machte.

Unsere Gefühle können unsere Wahrnehmung aber auch sehr viel subtiler beeinflussen. Beispielsweise stellen wir uns eine Person, die uns Angst einflößt, in der Erinnerung größer oder schwerer vor, als sie in Wirklichkeit ist. Stimmungen beeinflussen unsere Gedächtnisleistung erheblich: In Zeiten, in denen uns Trübsinn plagt, erscheinen uns Menschen weniger sympathisch als an Tagen, an denen wir froh und beschwingt durchs Leben gehen. Außerdem erinnern wir uns je nach Stimmungslage an andere Dinge: So stellte der amerikanische Professor Gordon Bower von der Stanford University fest, dass sich nicht nur unsere Beurteilungen ändern, sondern dass Menschen mit negativen Stimmungen vornehmlich negative Erinnerungen abspeichern. So wird verständlich, dass Zeugenaussagen von Passanten, die an einem bedrohlichen Geschehen weniger beteiligt waren, meist präziser sind. Unbeteiligte Beobachter nehmen ihre Umwelt nüchterner wahr und lassen sich weniger von den Gefühlen beeinflussen.

Wer quasi während des Überfalls im Versteck sitzt, sich also nicht bedroht fühlen muss, ist in der Lage, seinem Verstand den Befehl: „Wichtig! Genau hinsehen, alles speichern!“ zu geben. Er kann bewusst entscheiden, welche Informationen er aufnimmt und folglich wieder abrufen kann.

Wie aus einem kleinen Streit eine Prügelei wird

Wie wichtig es ist, gefühlsmäßige und verstandesmäßige Wahrnehmung genau voneinander zu trennen, wissen all jene Menschen, die schon einmal Opfer übler Nachrede geworden sind.

Wie kann es dazu kommen? Meist fängt es damit an, dass wir Erzählungen über Mitmenschen nur mit halbem Ohr zuhören. Doch wehe, wenn uns diese Person ohnehin unsympathisch ist. Dann werden Halbwahrheiten und Vermutungen zu einer brisanten Mischung, und aus einer harmlosen Meinungsverschiedenheit entsteht ein bösartiger Streit oder gar eine Handgreiflichkeit.

Solche Missverständnisse lassen sich vermeiden, wenn wir uns bewusst machen, dass eine gefühlsmäßig getrübte Wahrnehmung sowohl unser Gedächtnis als auch unser Denkvermögen erheblich beeinflussen kann. Aufmerksam zuhören, sorgfältig hinschauen und Informationen von Gefühlen trennen lernen – das ist eine sichere Methode, um Fehlinterpretationen zu vermeiden. Unbedingt notwendig dafür sind eine geschärfte Selbst- und Fremdwahrnehmung.

Beobachten Sie einmal, welche Informationen welche Gefühle hervorrufen. Fühlen Sie sich wohlig oder unwohl? Wirkt etwas Angst einflößend oder anregend? Lösen Nachrichten Trauer oder Freude aus? Das körperliche Empfinden kann beim Einordnen eines Reizes helfen. Auf schlechte Nachrichten etwa reagiert der menschliche Organismus häufig mit Anspannung oder Nervosität. Sobald sich solche Anzeichen bemerkbar machen, sollten Sie genau auf die Inhalte achten, um unnötige Aufregungen zu vermeiden.

Lenken Sie Ihre Aufmerksamkeit auf ein Ziel

Wer seine Gefühle erkennt, kann seine Aufmerksamkeit besser steuern. Gute Gedächtnisleistungen lassen sich nämlich nur erzielen, wenn wir unter den vielen Dingen, die auf uns einströmen, die wichtigsten herausfiltern und uns dann konzentriert mit ihnen befassen können.

Wann immer wir uns etwas genau einprägen möchten, empfiehlt es sich, zuvor unsere innere Einstellung zu hinterfragen. Ist es ein Stoff, der mich interessiert oder eher langweilt? Habe ich ein gutes Gefühl dabei oder eher ein schlechtes? Oft weigert sich unser Gehirn nämlich, bestimmte Sachverhalte zu speichern, weil unsere innere Einstellung nicht stimmt. Wenn man etwas ausgesprochen langweilig findet, geben sich die

EINE FÜLLE VON BEACHTENSWERTEN DETAILS

Der Maler und das Bild

Hier können Sie Ihre Aufmerksamkeit trainieren. Betrachten Sie Édouard Manets Porträt von Émile Zola zunächst im Ganzen. Achten Sie auf die Körperhaltung und die Ausstattung des Raumes. Lassen Sie das Gemälde auf sich wirken: Was finden Sie schön, was interessiert Sie besonders? Konzentrieren Sie sich dann auf die Details: Die Farbe der Kleidung, das Stoffmuster des Sessels, die Anzahl der Bücher. Zum Schluss vergegenwärtigen Sie sich alles noch einmal. Steht Ihnen das Kunstwerk jetzt deutlicher vor Augen?

Stille Post

Jetzt heißt es, die Ohren spitzen und aufgepasst! Einige Mitspieler setzen sich nebeneinander. Der Erste denkt sich ein langes, ungewöhnliches Wort aus, das er seinem Nachbarn ins Ohr flüstert. Nachfragen sind nicht erlaubt. Der Zweite gibt das Gehörte an den Nächsten weiter usw. Der letzte Spieler spricht das gehörte Wort laut aus. Sie werden sich wundern!

grauen Zellen auch weniger Mühe, es aufzunehmen. Ganz nach dem Motto: Warum sollen wir uns mit uninteressanten Dingen belasten?

Leider ist nicht alles, was wir behalten müssen, spannend. Dennoch können wir unserem Gedächtnis auf die Sprünge helfen und es überlisten. Zunächst sollten wir unsere Einstellung zu dem Lernstoff verändern. Auch aus den langweiligsten Dingen lassen sich wichtige und weniger wichtige Daten herausfiltern. Lenken wir unsere Aufmerksamkeit also gezielt auf die Fakten, die auf keinen Fall vergessen werden dürfen. Kleine Belohnungen, die bei erfolgreichem Erinnern eingelöst werden, verbessern das Ergebnis.

Ähnlich geht es den meisten Menschen bei unangenehmen Informationen. Anders als wirklich schlimme Erlebnisse, die uns meist eindrücklich im Gedächtnis haften bleiben, entgleiten uns vor allem heikle Sachverhalte – Zahnarzttermine oder Verabredungen mit Menschen, mit denen wir schlechte Erfahrungen gemacht haben. Verdrängung heißt dieser Vorgang. In solchen Fällen gibt es nur zwei Möglichkeiten: Entweder Sie gewinnen diesen Dingen positive Seiten ab, oder Sie setzen sich mit der Angelegenheit so intensiv auseinander, dass dem Erinnerungsvermögen keine Schlupflöcher bleiben.

Geteilt heißt nicht gleich halbe-halbe

Manchmal, etwa bei großen Familienfesten, wäre es von Vorteil, wenn man mehreren Menschen gleichzeitig zuhören könnte. Das beherrschen all jene, die gelernt haben, ihre Aufmerksamkeit zu teilen, und Sie können es auch lernen. Vermutlich wollten Sie schon einmal Nachrichten im Radio hören, haben jedoch wegen einer Unterhaltung mit den Kindern den Faden verloren. Üben Sie, Ihre Konzentration gleichsam schweben zu lassen. Stellen Sie Fernseher und Radio gleichzeitig an und versuchen Sie, beide Programme aufzunehmen.

Im nächsten Schritt lernen Sie, sich nicht von äußeren Reizen ablenken zu lassen. Dafür schalten Sie wieder Fernseher und Radio ein; doch nun verfolgen Sie nur eine der beiden Sendungen, beispielsweise das Fernsehprogramm. Dabei sollten Sie darauf achten, dass die Lautstärke des Rundfunksenders, den Sie ignorieren wollen, zu Beginn eher im Hintergrund bleibt. Sobald Sie darin Routine haben, stellen Sie das Radio nun schrittweise lauter, und versuchen Sie, sich weiterhin nur auf den einen Sender zu konzentrieren. Besonders gut klappt das

BLUMENSPIEL

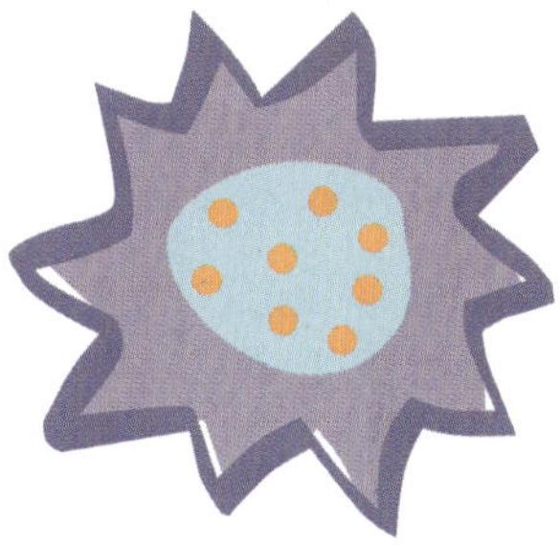

Ein Thema, drei Varianten

Schauen Sie sich die drei Blüten gründlich an: Richten Sie Ihr Augenmerk vor allem auf die Unterschiede! Prägen Sie sich Formen, Farben und die wesentlichen Einzelelemente ein.

übrigens, wenn die beiden Sendungen verschiedene Inhalte haben, also beispielsweise Text und Musik gleichzeitig zu hören sind.

Den Blick für die kleinen Dinge schärfen

Mit zielgerichteter Aufmerksamkeit lässt sich die Beobachtungsgabe trainieren. Zum Erfolg führen auch hier mehrere Schritte. Stellen Sie sich also nochmals vor, Sie würden Augenzeuge eines Raubüberfalls. In so einer Situation müssten Sie sich in Minutenschnelle möglichst viele Details einprägen. Eine Fertigkeit, die mit etwas Übung nach einer Weile ganz automatisch ablaufen kann. Nehmen Sie sich dazu anfangs vor, sich in einer fremden Umgebung – einem Restaurant, einem Straßenzug, einem Kaufhaus – möglichst viele Details einzuprägen. Als hilfreich erweist sich oftmals ein Raster – etwa sich vom Großen zum Kleinen vorzuarbeiten –, das immer wieder zum Einsatz kommen kann. Studieren Sie z. B. zuerst den optischen Gesamteindruck der Umgebung wie Raumgröße, Häuser, Bäume. Dann gehen Sie zu den Einzelheiten über, etwa den Einrichtungsgegenständen, Fenstern und Türen. Nehmen Sie sich schließlich der Farben an, des Klangs, Geruchs oder anderer auffälliger Dinge. Seien Sie detailverliebt – Sie werden staunen, wie viele Dinge Sie entdecken. Diese Vorgehensweise lässt sich selbstverständlich auch auf das Studium von Menschen, ihrer Körperhaltung, Gestik, Mimik und Stimme übertragen.

Apropos Blumen!

Erinnern Sie sich an die drei Blumen der Vorseite? Blättern Sie nicht zurück, sondern holen Sie sich einen Stift und ein Blatt Papier, und überprüfen Sie Ihr Gedächtnis. Zeichnen Sie die Blüten aus dem Kopf. Erinnern Sie sich an die Unterschiede, an die Formen und Farben? Gehen Sie Punkt für Punkt vor.

Eine andere Möglichkeit des Beobachtungstrainings besteht darin, Dinge auf ihre Unterschiede hin zu untersuchen. Diese Vorge-

AUF ANHIEB ERKANNT

Was kann das sein?

Unser Gehirn ist ein wahrer Meisterdetektiv, wenn es um Schlussfolgerungen geht. Oft kann es sich schon aus den kleinsten Details ein ganzes Bild zusammenfügen. Manchmal funktioniert das unbewusst, und ab und zu müssen wir durch Verknüpfungen nachhelfen. Versuchen Sie es einmal mit diesen vier Gegenständen. Zugegeben – ein Spiel für Meister.

WAS IST HIER ZU SEHEN?

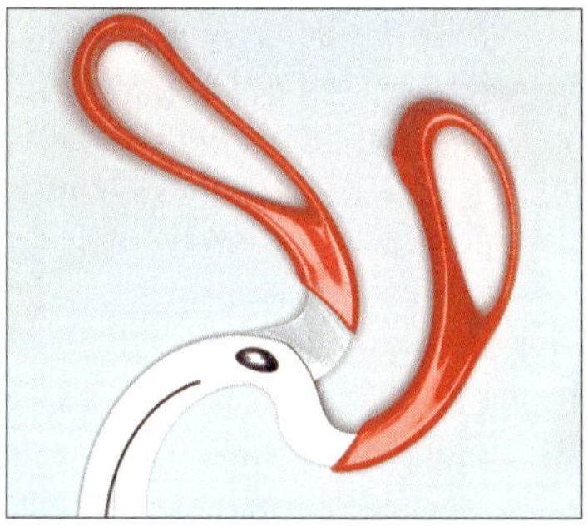

Zerrbilder

Wir haben in unseren Köpfen eine feste Vorstellung davon, wie bestimmte Gegenstände auszusehen haben und wie nicht. Aber die Wirklichkeit wird in unserem Gehirn neu zusammengesetzt, und unsere Wahrnehmung kommt oft auch ohne diese starren Denkmuster aus. Sonst könnten wir kaum auf einen Blick erkennen, was diese Zerrbilder zeigen. Oder sehen Sie den Marienkäfer, die Schere und die Gießkanne nicht?

hensweise können Sie überall und in jedem Gebiet anwenden.

Lieben Sie Musik oder Kunst? Dann nehmen Sie sich einmal Kompositionen, Bilder oder Skulpturen mit ähnlichen Motiven vor. Studieren Sie eingehend, wie verschiedene Künstler an das gleiche Thema herangehen, etwa ein Stillleben, eine Aktstudie oder die Vertonung eines Liebeslieds. Das Vergleichen und Sortieren hilft dem Gehirn nicht nur, neue Informationen in die richtigen Gedächtnisschubladen einzuordnen, sondern auch, die geistigen Schubladen sorgfältig und richtig zu beschriften.

Sie können sich einem Thema aber auch von der entgegengesetzten Seite nähern – untersuchen Sie es nicht auf Unterschiede, sondern auf Ähnlichkeiten. Nehmen Sie sich also wieder die Kunstwerke vor, und fahnden Sie nun schrittweise – vom Ganzen zum Detail – nach Punkten, die sich gleichen, beispielsweise Linienführung, Farbgestaltung oder Klangfolgen. Beschränken Sie Ihre Wahrnehmung bei diesen Übungen nicht allein auf die vorhandenen Teile. Achten Sie dabei auf Ihre Gefühle. Welche Details sprechen Sie positiv an, welche wecken in Ihnen negative Stimmungen?

Wie wir uns die Vergangenheit schön denken

Erinnerungen können äußerst trügerisch sein, vor allem wenn sie emotional gefärbt sind. Vermutlich kennen Sie das: Sie und Ihr Partner können sich nicht einigen über den Kurzurlaub vom letzten Jahr. Offensichtlich haben Sie völlig unterschiedliche Erinnerungen daran. In Ihrem Kopf ist ein Urlaubstag an der See als sonnig und warm gespeichert, Ihr Partner behauptet jedoch, es habe ein kalter Wind geweht. Wenn Sie gemeinsam in Ihren Erinnerungen kramen, stoßen Sie vielleicht auf die Ursache für diese Unstimmigkeit. Sie hatten sich schon lange auf den Ausflug gefreut, weil Sie ausgedehnte Strandspaziergänge lieben. Ihren Partner hingegen zog es in die Berge, und an diesem Tag war er außerdem erkältet. Und so hat sich jeder eine eigene Erinnerung gebastelt – die durch gute oder schlechte Laune beeinflusst und überlagert wurde.

Auch peinliche oder unangenehme Situationen werden von Menschen später oft verharmlost oder umgedeutet – ein Vorgang, der sich in der Regel unbewusst vollzieht. Offenbar neigen viele

Menschen dazu, sich die Realität hin und wieder so zurechtzubiegen, dass eine bestimmte Handlung als einzig sinnvolle erscheint. Im Extremfall führt dies zur Verdrängung: Ist etwas zu beängstigend oder unerfreulich, verschließen wir die Gedächtnisschublade. Was vergessen ist, braucht uns nicht mehr zu beschäftigen.

Wahrnehmungen und das Gedächtnis werden zudem durch Vorurteile beeinflusst. Amerikanische Studien haben gezeigt, wie sehr gerechtfertigte oder ungerechtfertigte Annahmen unsere Wahrnehmung verändern. Weißen Testpersonen wurden Filme mit strafbaren Handlungen gezeigt; die Täter waren je zur Hälfte weiß und schwarz. Anschließend schätzten die Probanden den Anteil der farbigen Straftäter auf zwei Drittel.

Selbst in ganz alltäglichen Dingen können unbewusste Denkmuster hinderlich sein. Aus der Psychologie wissen wir, dass feste Vorsätze die Wahrnehmung beeinträchtigen können. Ein Käufer, der sich beispielsweise schon vor dem Autokauf eindeutig für eine spezielle Marke entschieden hat, neigt eher dazu, in einem Kaufgespräch nachteilige Angaben zu seinem Wunschmodell einfach zu überhören oder Fragen nach möglichen Mängeln gar nicht erst zu stellen.

Werden Sie ein verlässlicher Augenzeuge

Wenn Sie sich künftig auf die Botschaften Ihrer Sinne verlassen wollen, befolgen Sie am besten den Rat des berühmten Malers Leonardo da Vinci: *Sapere vedere* (zu sehen wissen). Vergegenwärtigen wir uns deswegen noch ein-

AUTOKAUF MIT KÖPFCHEN

Vorsicht Falle!

Da steht es vor Ihnen: Ihr Traumauto! Ein weinroter BMW, gebraucht zwar, doch zu einem Superpreis. Den wollen Sie haben! Jetzt heißt es aufgepasst: Nur nicht Gefühle und Vernunft durcheinander bringen. Vor Begeisterung haben Sie schnell die Ölflecken unter dem Auto übersehen, nicht nach dem TÜV-Termin gefragt und den hohen Kilometerstand ignoriert. Machen Sie sich eine Liste der Punkte, die Sie auf jeden Fall abklären wollen, und üben Sie das Kaufgespräch mit einem Partner.

mal, wie wichtig es für unser Gedächtnis ist, dass wir die Aufmerksamkeit zielgerichtet und konzentriert auf unsere Umwelt lenken. Das Bewusstsein schärfen wir, indem wir darauf achten, was und wie wir etwas wahrnehmen und welche Gefühle es dabei in uns weckt.

Regelmäßiges Training der Beobachtungsgabe kann aus einem zerstreuten Menschen einen Kunst- oder Musikkenner, einen Naturfreund, unterhaltsamen Gesellschafter oder vielleicht sogar einen Hobbymaler machen. Nehmen Sie sich deshalb für jeden Tag eine neue Aufgabe vor, und gehen Sie spielerisch und mit Neugier ans Werk.

Üben Sie am ersten Tag, Ähnlichkeiten und Unterschiede festzustellen. Bilder sind gut geeignete Untersuchungsobjekte; Sie können sich aber auch einfach eine Weile ans Fenster setzen oder im Park spazieren gehen und dabei Vögel beobachten. Pflanzen und Bäume geben ebenso Denkanstöße, mit denen es sich zu beschäftigen lohnt. Am zweiten Tag legen Sie dann den Schwerpunkt auf Ihre sinnliche und emotionale Wahrnehmung. Schärfen Sie Ihre Sinne beispielsweise durch den Vergleich verschiedener Düfte, Gewürze oder Getränke. Vielleicht mausern Sie sich dadurch zum Weinkenner? Beziehen Sie auch Ihr Gehör in dieses Spiel mit ein. Am Ende erkennen Sie einen Musiker an der Art, wie er sein Instrument spielt. Oder einen Vogel an seinem Gezwitscher. Prüfen Sie immer, welche Stimmungen ein Untersuchungsgegenstand in Ihnen auslöst. Sie werden staunen, wie viele Nuancen Ihr Gefühlsleben hat, die Sie vielleicht vorher noch nicht kannten.

Wie sieht es bei Zola zu Hause aus?

Hier haben Sie noch einmal die Möglichkeit zu prüfen, wie sorgsam Sie sich Details einprägen können: Erinnern Sie sich an das Porträt von Émile Zola zu Beginn des Kapitels? Auf was sollten Sie bei der Betrachtung achten? Schreiben Sie auf, welche Details Ihnen noch gegenwärtig sind.

EINE ZWEITE CHANCE

Der Nebel lichtet sich

Erinnern Sie sich an die „Aufgabe für Meister“? Hier bekommen Sie eine weitere Chance zu beweisen, wie gut Sie vom Detail aufs Ganze schließen können. In jedem Bild steckt nun ein zweiter Hinweis auf den dargestellten Gegenstand. Jetzt geht es doch schon ein Stückchen leichter? Verborgen sind: Gummiente, Reißverschluss, Blatt und Parabolantenne.

Teil 4

Sich verständigen

Ein entscheidendes Gespräch gleicht oft einem Drahtseilakt, vor allem wenn man sein Gegenüber nicht richtig einschätzen kann. Hier erfahren Sie, wie Sie Ihre Mitmenschen besser verstehen, Ängste überwinden und Mut zu Entscheidungen fassen. Auch Sie können mit Gelassenheit, Selbstvertrauen und Einfühlungsvermögen die Brücke zum persönlichen Erfolg und zu einem erfüllten Leben in der Gemeinschaft schlagen!

BESCHREITEN SIE DEN PFAD DER SELBSTERKENNTNIS

Gefühle trüben den Verstand – so dachten früher viele Wissenschaftler. Heute weiß man jedoch, dass Intelligenz nicht nur Verstandesleistungen umfasst, sondern auch die wichtige Fähigkeit, mit Gefühlen angemessen umzugehen.

„Erkenne dich selbst", mahnte bereits 400 Jahre v. Chr. der griechische Philosoph Sokrates. Der Gelehrte aus der Antike war der Auffassung, dass diese Erkenntnis den Menschen automatisch auf den Pfad des richtigen Handelns leitet. „Wissen ist Tugend", lautete der Leitsatz des Sokrates.

Wenn ein Mensch die Welt verstehen will, muss er auch sich selbst begreifen. Er muss zur Selbsterkenntnis finden, der Fähigkeit, seine eigenen Denkprozesse und Gefühle stets bewusst wahrzunehmen. Das ist keineswegs so einfach, wie es sich zunächst anhört. In vielen alltäglichen Situationen geraten wir an die Grenzen dieser Fähigkeit. Wer will schon von sich behaupten, stets all die widersprüchlichen Gefühle zu beherrschen, die seine Gedanken und Entscheidungen mitbestimmen? Wer kann guten Gewissens sagen, dass er sich niemals von Gefühlen zu unbedachten Handlungen oder Worten verleiten ließ, die er später bedauert hat?

Die Wirklichkeit sieht häufig so aus: Eine stressige Situation oder ein Streit, und schon hört man sich Dinge sagen, die man am liebsten gleich wieder ungesagt machen würde. Auch starke Gefühle wie Scham, Eifersucht oder Angst können unsere Wahrnehmung deutlich trüben, und wir handeln dann oft, bevor unser Verstand kontrollierend eingreifen kann.

Solche spontanen Ausbrüche können wir vermeiden, wenn wir mehr Aufmerksamkeit für unsere

Wer in der Masse sein Selbstbewusstsein nicht verlieren will, sollte lernen, in sich zu ruhen – gleichzeitig muss er aber die Gefühle und Bedürfnisse seiner Mitmenschen achten.

IMMER DIE RUHE BEWAHREN

In einer schwierigen Situation können Menschen ganz unterschiedlich reagieren.

Sie haben einen Flug von Berlin nach Rom gebucht. Kurz nach dem Start kündigt der Kapitän an, dass es über den Alpen Turbulenzen geben wird. Sie spüren eine leichte Anspannung. Nach einer Stunde ist es so weit: Sie werden gebeten, sich anzuschnallen, und kurz darauf geht es los – das Flugzeug taumelt wie auf einer Achterbahn.

◆ Von Panik gepackt
Einige Passagiere haben bereits seit der ersten Durchsage angestrengt auf das Geräusch der Triebwerke gelauscht, die Sicherheitsvorschriften viele Male durchgelesen, das Personal mit Fragen nach dem Unwetter gelöchert und alle Flugzeugunglücke der vergangenen Monate rekapituliert. Obwohl sich diese Gruppe über ihr Gefühl – Flugangst – durchaus im Klaren ist, lässt sie sich davon überwältigen. Tests haben nämlich gezeigt, dass gespannte Aufmerksamkeit emotionale Reaktionen verstärkt – umso mehr, je weniger Abstand man dazu gewinnen kann.

◆ Die Angst im Griff
Die anderen Fluggäste lesen seelenruhig weiter, sehen sich den Film an und verzehren ungestört die angebotene Mahlzeit. Wer sich wie sie bewusst ablenkt, wird nicht so stark von seinen Gefühlen beherrscht und baut daher weniger Angst auf.

Gemütszustände entwickeln. Diese Fähigkeit bezeichnen Psychologen auch als Selbstreflexion. Sie verstehen darunter die neutrale, urteilsfreie Wahrnehmung der eigenen Gefühlszustände. Ein Mensch, der dies beherrscht, kann beispielsweise noch klar denken, wenn er vor Wut schäumt. Er sagt sich dann: „Ich empfinde Zorn" und schafft sich durch diese nüchterne Betrachtung Distanz zu seinem Gefühl. So hat er die Möglichkeit, den Ärger zu kontrollieren. Der Umgang mit solchen Menschen ist sehr angenehm. Sie können ihre Gefühle meist klar äußern und sind ausgeglichen, weil sie auch mit schlechten Stimmungen souverän umgehen.

Diese Fähigkeit zur Selbstreflexion ist nicht jedem Menschen von Geburt an gegeben. Kopflose Reaktionen, lähmende Sprachlosigkeit oder das Gefühl, dass einem alles zu entgleiten droht – wahrscheinlich haben auch Sie solche Momente bereits erlebt. Wenn Sie sich später diese Situationen noch einmal vor Augen geführt haben, schien die Lösung eigentlich klar auf der Hand zu liegen, und Sie haben sich gewundert, dass Sie nicht sofort darauf gekommen sind. Doch in jenem verflixten Augenblick waren Sie schlicht und einfach nicht in der Lage, den Sachverhalt klar und distanziert wahrzunehmen. Wenn uns starke Gefühle überwältigen, ist unser Verstand blockiert.

Mit Emotionen richtig umgehen

Viele Menschen werden immer wieder in bestimmten Situationen von Emotionen überwältigt oder fühlen sich völlig hilflos. Gehören Sie auch dazu? Sie können die Fähigkeit trainieren, sich in solchen Momenten unter Kontrolle zu halten – viele Psychotherapiesitzungen verfolgen dieses Ziel. Wer Abstand zu seinen Gefühlen bekommt, wer die Zwischentöne der eigenen Stimmungen und der anderer Menschen erkennen kann, wird gelassener und ist in der Lage, selbst in schwierigen Situationen angemessen zu reagieren. Dagegen sind Menschen, die sich ständig von ihren Emotionen überwältigt fühlen, den wechselnden Stimmungen hilflos ausgeliefert. Solche Personen haben auch im Umgang mit anderen Menschen Probleme. Das erzeugt Stress und Kummer und kann auf Dauer krank machen.

Nicht nur durch die Fähigkeit, eigene Emotionen wahrzunehmen, wird die seelische Gesundheit und Ausgeglichenheit gefördert, sondern auch durch die Erkenntnis, dass sich Gefühle steuern lassen. Wut oder Angst können besänftigt werden, und Trauer braucht niemand passiv zu erdulden.

Aus dem Bauch heraus

Viele von uns haben in dieser hektischen Zeit verlernt, ihre Intuition wahrzunehmen und ihr zu vertrauen. Dabei gibt es eine schöne Redewendung, die die Bedeutung

WENN MAN ÜBERHAUPT NICHTS FÜHLT

Es gibt gefühlskalte, rohe und gleichgültige Menschen – aber auch solche, die scheinbar keinerlei Gefühle kennen.

Solche Menschen leiden unter der so genannten Alexithymie (der Begriff stammt aus dem Griechischen: *a* für Mangel, *lexis* für Wort und *thymos* für Gefühl).

◆ **Gefühllos oder sprachlos?** Die Psychiater sind sich nicht ganz einig darüber, ob Alexithymiker tatsächlich keine Gefühle empfinden oder ob ihnen nur die Worte dafür fehlen. Wer unter dieser psychischen Störung leidet, kann seine Emotionen oder die anderer Menschen nicht beschreiben und nur schwer zwischen einzelnen Gefühlen wie Freude oder Zorn unterscheiden. Oft kommt hinzu, dass die Betroffenen Stimmungen und körperliche Reaktionen nicht trennen können. Sie berichten zwar, dass sie Herzklopfen oder Magenschmerzen haben, wissen aber nicht, dass sie Angst empfinden. „Sie vermitteln den Eindruck fremder Wesen, die aus einer anderen Welt kommen", wie es ein Psychiater einmal ausdrückte.

gefühlsmäßiger Entscheidungen beschreibt: etwas aus dem Bauch heraus tun. Wenn wir ein ermutigendes oder ein dumpfes Gefühl in unserer Körpermitte spüren, sollten wir es nicht ignorieren, sondern ernst nehmen, denn es kann uns als wichtiges Signal dienen. Der amerikanische Neurologe Antonio Damasio bezeichnet das Gefühl im Bauch als „somatisches Warnzeichen"; er vermutet, dass das limbische System in unserem Gehirn dabei ein Alarmsignal an unseren Körper übermittelt. Dieses Zusammenspiel von Seele und Körper zeigt uns, dass wichtige Entscheidungen nicht allein mit dem Kopf, also dem Verstand, zu treffen sind, sondern dass auch der Bauch (unser Gefühl) zustimmen muss. Schöpfen wir die Möglichkeiten unserer Emotionen aus! Sie können das Leben erstaunlich bereichern.

Ratlos ohne Emotionen

Wie vielschichtig und wie störanfällig die Feinabstimmungen zwischen Vernunft und Empfindung im menschlichen Gehirn sind, wird besonders deutlich durch

IST DIESER JOB GUT FÜR MICH?

Eine Arbeitsstelle nach Maß zu finden ist heute schwerer denn je.

◆ **Erwartungen klären**
Vor einem Bewerbungsgespräch sollten Sie sich Zeit und Muße für einen ausführlichen Dialog mit Ihrem inneren Ratgeber nehmen. Hinterfragen Sie zunächst einmal gründlich Ihre Wünsche und Erwartungen. Welches Gefühl haben Sie in Bezug auf den künftigen Arbeitgeber: Angst, Freude, Neugier oder womöglich Desinteresse? Wenn dem so ist, woran könnte das liegen? Entsprechen die an Sie gestellten Anforderungen Ihren Fähigkeiten? Wo sehen Sie eventuell Überforderungen auf sich zukommen? Können Sie diese allein bewältigen?

◆ **Fragen beantworten**
Vor welchen Fragen fürchten Sie sich im Bewerbungsgespräch am meisten? Nennen Sie sich offen und ehrlich die Gründe für diese Angst. Welche Antworten fallen Ihnen zu diesen Fragen ein? Finden Sie sich selbst überzeugend?

◆ **Keine Scheu!**
Achten Sie auf die Stimme Ihres inneren Ratgebers. Er wird Sie immer begleiten und Sie sicher und zuverlässig selbst durch schwierigste Situationen lotsen.

Fälle von Kranken belegt, die sich Gehirnoperationen unterziehen mussten. So berichtet Antonio Damasio von einem Patienten, der ihm nach einer Tumoroperation vorgestellt wurde. Dieser Mann veränderte sich durch den Eingriff in intellektueller Hinsicht überhaupt nicht; sein Gedächtnis und sein logisches Denken funktionierten einwandfrei. Seine Persönlichkeit aber war vollkommen verwandelt. Mit der Geschwulst hinter seiner Stirn schienen auch seine Emotionen entfernt worden zu sein. So empfand er nach der Operation alle Geschehnisse in seinem Leben als gleichermaßen unbedeutend. Darüber hinaus war er nicht mehr in der Lage, Entscheidungen zu treffen, und konnte somit auch seiner Arbeit nicht mehr nachgehen; er war unfähig, zwischen wichtigen und unwichtigen Terminen und Angelegenheiten zu unterscheiden. Man hatte den Eindruck, als hätte er mit seinen Gefühlen auch den inneren Ratgeber verloren. In vielen Dingen war er plötzlich wieder hilflos wie ein Kind.

Das Gefühl hinter dem Gefühl

Heftige Emotionen wirken sich oft nachteilig auf unser Verhalten aus, weil sie das logische Denken blockieren. Dennoch können wir in der Regel nur vernünftig handeln, wenn wir alle Tatsachen gefühlsmäßig gegeneinander abwägen, wie es der eben beschriebene Fall deutlich macht.

Die Stimme unseres inneren Ratgebers muss keinesfalls immer klar zu vernehmen sein; viele Vorgänge, die unser Handeln nachhaltig beeinflussen, werden vielmehr von unterschwelligen Emotionen

Hinter der ungerührten Miene, die wir unseren Mitmenschen zeigen, toben manchmal heftige Gefühlsstürme. Wenn wir uns dessen bewusst sind, können wir richtig reagieren.

bestimmt. Intuition oder Instinkt leitet uns oft unbewusst – mit Gefühlen, die wir nicht wirklich wahrnehmen.

Der bekannte Wiener Arzt und Psychoanalytiker Sigmund Freud hat in seiner Arbeit dem Unbewussten eine große Rolle beigemessen. Er nutzte die Träume und Phantasien seiner Patienten als Schlüssel zur Erforschung dieses bis dahin kaum bekannten Teils der menschlichen Psyche.

Eine einfachere Möglichkeit, mit dem Unbewussten in Kontakt zu treten, bietet der Dialog mit dem inneren Ratgeber. Das stille Zwiegespräch ist eine gute Methode zur Ergründung unserer Stimmungen. Dieses Gespräch könnte etwa so ablaufen: „Warum reagiere ich auf diese Kollegin immer so gereizt? Bin ich neidisch? Was kann sie besser als ich, und wo liegen meine eigenen Stärken?“ Oder so: „Ich spüre ein flaues Gefühl im Bauch. Habe ich Angst? Wovor? Was kann mir denn passieren? Was muss ich tun, damit ich nicht scheitere?“

Alles unter Kontrolle?

Immerzu uneingeschränkt glücklich zu sein – Hand aufs Herz, würden Sie sich das wünschen? Ist diese Vorstellung nicht eher langweilig? Sind nicht in Wirklichkeit jene Glücksmomente besonders schön, die wir uns selbst erarbeitet haben oder die nach einer langen Phase von Trübsinn plötzlich wie ein Sonnenstrahl durch den Nebel blitzen?

Innere Ausgeglichenheit – für viele Menschen ist diese Eigenschaft das erstrebenswerte Lebensziel. Dazu gehört auch der Wechsel verschiedener Gefühle, die nicht ständig unterdrückt werden. Untersuchungen haben jedenfalls erwiesen, dass sich Wohlbefinden bei einem ausgewogenen Auf und Ab der Emotionen einstellt. Wer Phasen der Niedergeschlagenheit durchlitten hat, ist deswegen nicht zwangsläufig unglücklich, wenn er im gleichen Maß Zeiten der Freude erlebt hat. Die Ausgewogenheit unterschiedlicher Stimmungen – darin besteht also die Kunst des Wohlbefindens.

Hinzu kommt die Fähigkeit, sehr heftige Zustände zu kontrollieren, denn besonders intensive Gefühle wie Angst, Zorn oder Kummer können sich verselbstständigen, wenn man sie nicht beizeiten in den Griff bekommt. Die Kunst, sich selbst zu beruhigen, gilt deshalb für einige Psychotherapeuten als die wichtigste Voraussetzung für emotionale Ausgeglichenheit.

Die Werkstatt der Emotionen

Schon vor vielen hundert Jahren versuchten Forscher herauszufinden, wo unsere Gefühle entstehen. Früher suchten sie das Zentrum der Emotionen in verschiedensten Körperteilen; heute lokalisieren es Wissenschaftler im limbischen System im Inneren des Gehirns. Zu diesem Nervenzentrum zählen mehrere Gehirnteile wie die Mandelkerne, der Hippocampus und der Hypothalamus. Über viele Nervenbahnen werden hier im komplizierten Zusammenspiel – einer Art Feuerwerk elektronischer Impulse – etwa Blutdruck oder Herzrhythmus gesteuert und die Ausschüttung von Hormonen geregelt. Gleichzeitig entstehen dort Gefühle wie Angst, Aggression oder sexuelle Begierde.

Das Zentrum der emotionalen Selbstkontrolle dagegen sitzt im Stirnlappen des Großhirns. Es entwickelt sich etwa bis zum 18. Lebensjahr, und zwischen dem zehnten und 18. Lebensmonat bilden sich die Nervenvernetzungen, die für die Fähigkeit zur Selbstberuhigung entscheidend sind. Eltern, die mit ihren Kindern über deren Gefühle sprechen und in Konflikten Problemlösungen aufzeigen, geben ihren Sprösslingen ein wichtiges Rüstzeug fürs Leben mit: die Fertigkeit, Anspannung besser zu lösen.

Schule der Gefühle

Unser ganzes Leben lang trainieren wir das Vermögen, Gefühle zu erkennen und über sie zu sprechen. Nicht alle Menschen machen allerdings die gleichen Erfahrungen: Jungen und Mädchen lernen in ihrer Kindheit, auf unterschiedliche Weise mit Emotionen umzugehen. Dies

DEN KUMMER VERTREIBEN

Trauer ist ein wichtiges Gefühl, aber sie darf nicht das ganze Leben bestimmen.

Abschied und Verlust sollten nicht verdrängt, sondern zugelassen und beweint werden. Eine Depression dagegen ist eine ernste Krankheit, die behandelt werden muss, wenn sie sich im Gemüt festgesetzt hat.

◆ Negative Verstärkung
Depressive Menschen führen meist falsche Dialoge mit sich selbst. Sie neigen dazu, mit Sätzen wie: „Das wird nie wieder gut. Ich tauge zu nichts" ihre Schwermut zu verstärken. Positive Denkmuster wie „Das geht vorbei, ich schaffe es" können daher eine wirksame Therapie gegen leichte Depression sein.

◆ Lösungen suchen
Mit Freunden reden, sich im Alltag kleine Erfolgserlebnisse verschaffen, Entspannungsübungen machen und Sport treiben – das verscheucht trübe Gedanken.

ist eine der Ursachen für die häufigen Konflikte zwischen Männern und Frauen im späteren Leben. Immer wieder geht es um das gleiche Thema: Frauen wollen über ihre Beziehungsprobleme reden, während sich Männer schweigend zurückziehen.

Diese Unterschiede sind vermutlich teilweise angeboren, sie werden aber in früher Kindheit durch die Erziehung entscheidend geprägt und verstärkt. Jungen und Mädchen lernen nicht das Gleiche. Während die Eltern (vor allem die Mütter) mit ihren Töchtern häufig über Emotionen reden, sprechen sie mit Jungen vorwiegend rationale Dinge an. Deshalb gelingt es Frauen im Allgemeinen besser, über ihre Gefühle zu sprechen und sie richtig zu interpretieren.

In einer Partnerschaft haben Frauen meist das Bedürfnis, Spannungen zu lösen, indem sie darüber reden. Häufig sind allerdings die Männer nicht so angetan davon, denn sie wollen ihr Seelenleben lieber verborgen halten. Selbsterkenntnis auf beiden Seiten und ein rücksichtsvoller Umgang mit den Gefühlen des anderen können auch hier der Schlüssel zur besseren Verständigung sein.

Kein Mensch kann ohne Unterlass lachen. Auch Trauer, Wut und Angst haben ihre Berechtigung. Eine ausgewogene Mischung aller Gefühle ist entscheidend – Kummer und Wut dürfen nicht übermächtig werden.

ERFOLG MIT DISZIPLIN UND EINFÜHLUNGSVERMÖGEN

Schlau oder dumm – das spielt nicht immer die Hauptrolle. In vielen Lebenslagen kommt es vielmehr darauf an, dass Sie Ihre Gefühle richtig einschätzen und überlegt einsetzen können.

Viele erfolgreiche Menschen haben in ihrer Kindheit vor allem eines gelernt: die Kunst der Selbstbeherrschung. Wir alle fechten ständig innerlich einen Kampf aus zwischen unseren unmittelbaren Wünschen und der Notwendigkeit, bestimmte Tätigkeiten zuerst zu verrichten. Amerikanische Psychologen zeigten mit einem Experiment an vierjährigen Kindern, wie wichtig für unser ganzes Leben die Fähigkeit ist, nicht immer auf der Stelle allen Impulsen nachzugeben. Um zu prüfen, ob die Kinder in der Lage sind, spontane Bedürfnisse aufzuschieben, boten die Forscher den Kleinen folgende Möglichkeiten an: Wer warten kann, bis der Testleiter nach einer Besorgung wiederkommt, erhält

Warten können zahlt sich aus: Wer bereits als Kind Selbstbeherrschung lernt, ist als Erwachsener besser in der Lage, mit schwierigen Situationen umzugehen.

zwei Marshmallows; wer zu ungeduldig ist, erhält nur eines. Dieses einzelne Marshmallow wurde vor den Kindern auf den Tisch gelegt.

Das Angebot löste in den Kindern einen großen inneren Konflikt aus. Einigen gelang es, die schier endlose Zeit bis zur Rückkehr des Testleiters zu ertragen. Um der Versuchung zu widerstehen, hielten sie sich die Augen zu, legten den Kopf auf die Arme oder versuchten sogar zu schlafen. Als Belohnung für ihre Seelenqual erhielten sie danach die versprochenen zwei Marshmallows. Die anderen jedoch schnappten sich die Süßigkeit, sobald der Psychologe den Raum verlassen hatte, und steckten sie in den Mund.

Erfolgsfaktor Disziplin

Rund zwölf Jahre später wurden die inzwischen 16-jährigen jungen Leute noch einmal getestet. Diejenigen, die als Vierjährige auf ihre Belohnung gewartet hatten, waren emotional und sozial besser für das Leben gerüstet. Sie konnten sich erfolgreicher durchsetzen und zeigten mehr Selbstbewusstsein, waren belastbarer und verloren in kritischen Situationen nicht die Nerven. Außerdem waren sie auch jetzt noch in der Lage, sich zu beherrschen, um ein größeres Ziel zu erreichen.

Die „Schnellesser" hatten sich in eine ganz andere Richtung entwickelt. Viele waren kontaktgestört und wenig entscheidungsfreudig. Sie ließen sich leicht entmutigen und konnten mit Stress nicht umgehen. Eifersucht und Neid machten ihnen das Leben schwer, sie provozierten oft Streit und reagierten aus Unsicherheit und mangelndem Selbstwertgefühl gereizt. Auch als Heranwachsende konnten sie ihre Impulse noch nicht beherrschen.

Die Fähigkeit, einem Wunsch nicht sofort nachzugeben, sondern geduldig zu warten, ist also die Grundlage für unseren späteren Erfolg im Leben. Ganz gleich, ob wir eine Diät durchhalten, ein schwieriges Studium bewältigen oder im Sport Höchstleistungen erzielen wollen – nur wer Ausdauer zeigt, wird es schließlich schaffen.

Mit Geduld auf dem Weg in die Zukunft

Kinder, die Selbstbeherrschung bewiesen, unterschieden sich von den ungeduldigen Kandidaten auch durch ihre geistigen Leistungen. So schlossen sie die Schule in der Regel mit besseren Noten ab. Intellektuell waren sie den Kindern, die der Versuchung impulsiv nachgegeben hatten, deutlich überlegen. Sie lernten eifriger und verwirklichten ihre Pläne konsequenter, weil sie in der Lage waren, vorausschauend zu handeln. Bereits bei dem Versuch mit den Marshmallows hatten sie ihr Ziel innerlich nicht aus dem Auge verloren, und ebenso gingen sie auch später vor.

Bestimmte Dinge aufschieben zu können trägt also ganz erheblich zur intellektuellen Leistungsfähigkeit bei. Viele unserer geistigen Fähigkeiten können wir nur

DIE INTELLIGENTESTE FRAU DER WELT

Marilyn vos Savant hat den höchsten IQ (230!), der je gemessen wurde.

Hier einige Fragen aus einem Interview mit der berühmten Amerikanerin.

◆ **Sind Sie schon als Kind gefördert worden?**
Eher zufällig. Meine Eltern hatten eine Kneipe und waren tagsüber fast nie zu Hause. Ich lernte in einer Phase, in der Kinder sehr neugierig sind, mich an andere Menschen zu wenden, und erfuhr dabei, dass es auf eine Frage vielerlei Antworten gibt.

◆ **Lässt sich Intelligenz eigentlich trainieren?**
Intelligenz ist wie die persönliche Handschrift. Wir werden nicht mit der fertigen Intelligenz geboren, sondern entwickeln sie in der Kindheit.

◆ **Wie halten Sie Ihr Gehirn denn fit?**
Im Jahr erhalte ich 40 000 Briefe und lese sie alle. Besonders interessant sind neue Anregungen auf Gebieten, in denen ich geglaubt hatte, mich gut auszukennen. In diesen Gebieten vertiefe ich dann mein Wissen.

DIE KUNST DES ZUHÖRENS

Eine der ersten Grundregeln sozialer Intelligenz lautet: dem Partner zuhören.

◆ Sich in den anderen einfühlen

Was tun, wenn der Partner beispielsweise so zornig ist, dass ein Gespräch schwer fällt? Versuchen, ihm so gut es geht zuzuhören. Oft kann man mit der nötigen Sensibilität ganz andere Botschaften hinter dem Ärger aufspüren. Man fasst die geäußerte Kritik des anderen mit eigenen Worten zusammen, bis ein gewisses Einverständnis zustande kommt. Auf diese Weise gibt man dem Partner zu verstehen, dass man ihn ernst nimmt, selbst wenn man seinen Standpunkt nicht teilt.

◆ Gefühle im Zaum halten

Nur wer die eigenen Emotionen beherrscht, kann die Argumente des anderen abwägen. Umgekehrt gilt aber auch: Wer sich über den anderen beklagt, sollte ruhig und präzise sagen, was ihn stört. Einschüchterungen, Beleidigungen oder Gegenangriffe drängen den Partner sonst in die Defensive, fordern einen Schlagabtausch heraus und machen ihm auf jeden Fall das Zuhören schwer. So lässt sich der andere viel eher auf ein Gespräch ein, wenn Sie vorsichtig bemerken: „Ich wünschte, du hättest angerufen, um zu sagen, dass du später kommst", als wenn ihm der Vorwurf entgegenschallt: „Du rücksichtsloser Egoist!"

dann richtig nutzen, wenn wir in der Lage sind, uns emotional zu beherrschen.

Lernen fürs Leben?

Woher kommt es, dass Menschen mit einem niedrigen Intelligenzquotienten manchmal mehr Erfolg im Leben haben als solche mit guten Schulnoten? Die klassische Auffassung von Intelligenz beschränkte sich auf bestimmte Fähigkeiten. Jahrzehntelang galten IQ-Tests als Maß für Intelligenz, aber inzwischen haben Untersuchungen eindeutig belegt: Für ein geglücktes Leben ist nicht nur ein fixer Kopf entscheidend.

Eine amerikanische Studie mit rund 100 Absolventen der Eliteuniversität Harvard zeigte, dass Studenten mit sehr guten Abschlüssen später weder mehr verdienten noch höhere Positionen erreichten oder in ihren Beziehungen zufriedener waren als ihre ehemaligen Kommilitonen mit mäßigen Noten. Offenbar bereitet die akademische Intelligenz allein den Menschen nur sehr ungenügend auf das Leben mit all seinen Unwägbarkeiten vor.

Sich selbst kennen lernen

Ein intelligenter Umgang mit den eigenen Emotionen und Verständnis für die Gefühlswelt anderer sind der Schlüssel zum Erfolg. Die Intelligenz wurde uns bis zu einem gewissen Grad in die Wiege gelegt, doch die Meisterschaft im Einsatz der Gefühle lässt sich erlernen. Wer den Umgang mit Emotionen beherrschen will, muss allerdings auf verschiedenen Gebieten kompetent sein.

Die Voraussetzung dazu ist die richtige Wahrnehmung der eigenen Gefühle, mit der man Entscheidungen trifft – von der Wahl des Berufs bis zu der des Partners. Wer dagegen nicht spürt, was in ihm selbst vorgeht, kann meist seine Emotionen nicht kontrollieren.

Wenn wir unserer Innenwelt nachgespürt haben, müssen wir lernen, richtig damit umzugehen. Jeder kämpft mit negativen Empfindungen wie Angst, Wut oder Gereiztheit, doch nur wer sich nicht von ihnen überwältigen lässt, kann ein ausgeglichenes Leben führen. Selbstmotivation fördert die Kreativität und Produktivität, die zum Erfolg führen, wenn man den Gefühlen Taten folgen lässt. Selbstbeherrschung spielt dabei eine große Rolle, denn auf dem Weg zum Ziel gibt es viele Ablenkungen. Die eiserne Regel lautet hier: Impulsen nicht sofort nachgeben, sondern Geduld beweisen.

Menschen sind soziale Wesen

Heute hört man häufig das Schlagwort „Emotionale Intelligenz". Dazu gehören neben Menschenkenntnis, also der Fähigkeit, sich in andere einzufühlen und versteckte Botschaften wahrzunehmen, auch der souveräne Umgang mit den eigenen Gefühlen, Sensibilität, Interesse am anderen sowie die Fähigkeit zum Austausch und zur Zusammenarbeit.

Wir senden emotionale Signale auf vielen Kanälen aus. Mimik, Gestik, Körperhaltung, der Klang der Stimme oder auch ausdrucksvolles Schweigen – das sind in den

MIT RUHE UND GELASSENHEIT DEN ÜBERBLICK BEWAHREN

Nur wer zerstörerische Gefühle im Zaum halten kann, fühlt sich auf lange Sicht wohl. Extreme Emotionen nagen auf die Dauer am seelischen Gleichgewicht.

Was tun, wenn Wut und Zorn übermächtig werden?

◆ Unverschämter Drängler

Folgende Szene kommt Ihnen sicher bekannt vor: Eine Schlange im Supermarkt, plötzlich drängt sich jemand vor. Sie geraten in Rage, weil Sie schon eine Viertelstunde gewartet haben. Je mehr Sie über die Situation nachdenken, desto stärker kocht die Wut hoch. Wenn Sie ohnehin schon gereizt sind, wird jeder noch so kleine Grund Ihre Aggression verstärken und damit eine Kettenreaktion auslösen. Wenn der innere Ratgeber für Ihr Handeln nur einfache Reaktionen zulässt, steht am Ende solch einer Kette dann oft die pure Gewalt.

◆ Nur nicht aufregen!

Zwar sagen viele Psychologen, dass man sich nach einem gezielten Abreagieren der Wut besser fühlt, aber das gilt nur, wenn man dabei eine gewisse Kontrolle über das heftige Gefühl behält. In den meisten Situationen fällt uns dies allerdings sehr schwer.

Viel besser ist es, der Wut die Grundlage zu entziehen. Das geht ganz einfach: Machen Sie sich klar, ob der Anlass den Ausbruch wert ist. Manchmal kann man sogar versuchen, dem „Gegner" Verständnis entgegenzubringen. Vielleicht hat der arme Kerl im Supermarkt ja wirklich keine Zeit oder steht unter Druck.

Solche Überlegungen dämpfen das aufwallende Gefühl erst einmal, gleichgültig in welcher Situation. Wenn das nicht gelingt, kann ein Spaziergang den erhitzten Kopf abkühlen. Auch Ablenkung, beispielsweise fernsehen oder lesen, unterbricht die Kette wütender Gedanken.

Das Erfolgsrezept sollte also lauten: Erst einmal ruhig werden und dann selbstbewusst auf den anderen zugehen, um die Angelegenheit zu klären. Dies dient auch dem eigenen Wohl, denn ungezügelte Wut wirkt zerstörerisch auf den Körper. So erleiden Menschen, die besonders häufig feindselige Gedanken hegen, öfter Herzinfarkte.

Mit zwei temperamentvollen Kindern unter Zeitdruck einkaufen zu gehen ist kein Zuckerschlecken. Dennoch gelingt es den meisten Müttern, ruhig zu bleiben – alles eine Sache der Übung.

Auch ohne Worte eindeutig: Das Mädchen hat kein Interesse. Zu mehr als 90 Prozent drücken wir unsere Stimmungen durch Körpersprache und unbewusste Signale aus.

meisten Fällen die Wege, auf denen wir unsere Gefühle ausdrücken. Die Wahrheit liegt oft nicht in den Worten, die wir aussprechen, sondern in der Art, wie wir etwas sagen. Kommunikationsforscher behaupten, dass wir unsere Gefühle fast nur mit nichtsprachlichen Zeichen mitteilen. Wie oft haben wir uns schon gefragt: Klingt da nicht Ärger in der Stimme mit? Bleiben die Augen ernst, trotz einer scherzhaften Bemerkung? Ist die Körperhaltung nicht doch ablehnend?

„Empathie" wird die Fähigkeit genannt, die Gefühle anderer zu verstehen und sich auf sie einzustellen. Wer dies nicht beherrscht, tut sich in vielen Lebensbereichen schwer. Die Sprache des Körpers verrät viel von den Emotionen des Gegenübers. Hat der Chef beim Bewerbungsgespräch verschränkte Arme, dann ist er nicht begeistert vom Kandidaten. Wendet sich die Dame beim Gespräch von ihrem Begleiter ab, hat sie trotz freundlicher Worte kein Interesse an ihm.

Mitgefühl muss man lernen

Die Botschaften unseres Körpers sind meist viel ehrlicher als unsere Worte. Ob im Umgang mit Kindern oder mit dem Partner, mit Freunden oder Kollegen – wer die eigentlichen Empfindungen hinter den Masken und den wohl gewählten Worten sieht, kann besser auf sein Gegenüber eingehen.

Die Fähigkeit, sich in andere einzufühlen, lernen wir schon als Kleinkinder. Wenn die Kleinen ein anderes Kind weinen sehen, brechen sie selbst in Tränen aus und bieten tröstend Hilfe an. Erst im Alter zwischen zwei und drei Jahren beginnen sie, zwischen ihren Gefühlen und denen der anderen zu unterscheiden. Sie können nun erkennen, dass beispielsweise die Tränen des Spielgefährten keinen echten Kummer ausdrücken, sondern nur Ärger darüber, dass er sein Spielzeug hergeben soll.

Erst in der späten Kindheit können sie Gefühle auch unabhängig von der augenblicklichen Situation verstehen. Sie trauern über den Verlust einer geliebten Person oder über Menschen, die ständig in Not und Sorge leben. In diesem Alter bilden sich moralische Überzeugungen, und die Jugendlichen verspüren den oft brennenden Wunsch, sich für die Rechte anderer einzusetzen. Nur wer sich in die Gefühlswelt anderer versetzen kann, ist in der Lage, moralisch zu handeln.

Es gibt Menschen, denen diese Fähigkeit zur Empathie abhanden gekommen ist. Sie leiden oft unter einem großen moralischen Defizit.

So sind viele Kriminelle wie Mörder oder Vergewaltiger unfähig, das Leid ihrer Opfer nachzuempfinden. „Ich wollte dem Kind nur meine Zuneigung zeigen!", „Hätte er sich nicht gewehrt!", „Sie hat mich ja provoziert!" – mit solchen Ausreden versuchen die Täter ihre Handlungen zu rechtfertigen. Es

DAS BÜRO ALS KAMPFPLATZ

Persönliche Kritik wird oft dazu verwendet, ungeliebte Mitarbeiter systematisch auszugrenzen.

„Mobbing" nennen Psychologen das Phänomen, das den Betroffenen seelisch schwer zu schaffen macht und nicht selten auch körperliche Beschwerden nach sich zieht. Normale Mitarbeiter werden von ihren Kollegen persönlich angegriffen oder als dumm hingestellt. Sie reagieren darauf wütend und feindselig, was die Angreifer noch mehr anstachelt.

◆ Auswege aus der Krise
Was tun, wenn man selbst zu den Opfern gehört? Am besten ist es, die Offensive zu ergreifen. Bitten Sie Ihren Chef, seine Kritik präzise auszudrücken, und lassen Sie sich genau auflisten, was Sie seiner Meinung nach falsch gemacht haben. Suchen Sie mit Vorgesetzten oder Kollegen, von denen Sie sich „gemobbt" fühlen, ein Gespräch unter vier Augen. Fragen Sie offen und klar, was Sie anders machen können. Sagen Sie, dass Sie unter ihrem Verhalten leiden und sich ungerecht behandelt fühlen. Wenn ein solches Gespräch nichts hilft, wenden Sie sich an den Betriebsrat oder an ein Mobbing-Büro. Es gibt an vielen Orten einen Telefondienst speziell für Mobbing-Opfer. Ein Gespräch dort kann Ihnen zu mehr Klarheit verhelfen.

scheint unvorstellbar, welche entsetzlichen Grausamkeiten ein Mensch beispielsweise einem Kind zufügen kann; offenbar verleugnen die Täter in ihrer Phantasie die Gefühle der Opfer.

Eiskalte Verbrecher

Manche Kriminelle sind besonders skrupellos, empfinden dies selbst allerdings nicht so. Sie werden als Psychopathen bezeichnet, das sind Menschen, die weder Mitleid noch Gewissensbisse kennen und sich oft auch noch an den Qualen der Opfer erfreuen. Irritierend ist, dass sie verführerisch und zugleich sadistisch sein können. Die Gefühlskälte entstammt der völligen Unfähigkeit, sich auf tiefere Bindungen einzulassen.

Dass Menschen, denen jegliche Anteilnahme fremd ist, krank sind, haben Wissenschaftler mit folgendem Experiment zu belegen versucht: Sie zeichneten die Hirnströme von psychopathischen Tätern und normalen Menschen auf, während sie ihnen bestimmte Wörter vorlasen. Die Gruppe der Nicht-Verbrecher reagierte auf Begriffe wie „Tisch“ ganz anders als auf ein Wort wie „töten“, während die Hirnströme der Psychopathen bei den emotionalen Wörtern das

EINE ERBSCHAFT VON UNSEREN URAHNEN

Gefühle sind keine „Erfindung“ des Menschen, ganz im Gegenteil: Wir haben sie von unseren tierischen Vorfahren geerbt.

Auf die Frage, wozu wir überhaupt Gefühle brauchen, gibt es eine einfache Antwort: zum Überleben. Jede unserer tiefen Emotionen hat eine ursprüngliche Bedeutung.

◆ Bereit zum Streit

Bei Zorn und Wut steigt die Herzschlagfrequenz, und der Körper wird besser durchblutet. Das erhöht die Reaktionsgeschwindigkeit und die Leistungsfähigkeit des Körpers, sodass wir mit dem Gegner den Kampf aufnehmen können. Verursacht werden diese körperlichen Veränderungen durch die Ausschüttung großer Mengen des Hormons Adrenalin.

Hormone bereiten uns auch bei Gefahr auf eine Flucht vor. Damit wir möglichst schnell davonlaufen können, schießt das Blut in die Beine. Wenn wir uns der Bedrohung stellen, schärfen Hormone unsere Sinne, und wir können konzentrierter denken und handeln.

◆ Auf Wolken schweben

Beim schönsten der Gefühle, der Liebe, ist dagegen Gelöstheit angesagt. Um in den siebten Himmel entschweben zu können, entspannt sich unser Körper. Der Parasympathicus, ein Teil des vegetativen Nervensystems, macht uns gelassen und offen für den Partner. Wenn wir lieben, erreichen wir manchmal jenen seltenen Zustand des Glücks, bei dem unser Gehirn alle unangenehmen Gefühle ausschaltet und höchste Energie bereitstellt. Dann fühlen wir uns so stark, dass wir glauben, jedes Ziel erreichen zu können.

◆ Auf dem Tiefpunkt

Wenn wir trauern, fällt unsere Energie dagegen ins Bodenlose. Wir fühlen uns lustlos und in schweren Fällen sogar depressiv. Der Stoffwechsel verlangsamt sich, und unsere Kraft ist reduziert, bis wir wieder aus dem Tal der Tränen auftauchen und uns mit neuem Mut an das Leben wagen können.

◆ Wie widerlich!

Alle Menschen reagieren gleich, wenn sie vor etwas Abscheu empfinden. Bei widerlichem Gestank rümpfen wir die Nase, um damit – so nehmen die Wissenschaftler an – die Nasenlöcher vor dem Geruch zu verschließen. Schmeckt etwas ekelhaft, schürzen wir die Oberlippe. Vielleicht spuckten unsere Vorfahren mit dieser Mimik übel schmeckende Speisen aus.

Deutlich sichtbar signalisiert unser Gesicht auch Überraschung: Wir ziehen dabei die Augenbrauen hoch und erweitern dadurch unser Blickfeld. Auf diese Weise können wir mehr von dem erfassen, was unsere Aufmerksamkeit erregt hat.

Auch wenn sich diese beiden jungen Leute gegenseitig die Kissen um die Ohren schlagen, tragen sie ganz sicher keinen Ehekrach aus. Das Lachen in ihren Gesichtern beweist, dass ihnen die Rauferei viel Spaß macht.

gleiche Muster zeigten wie bei sachbezogenen Begriffen. Die Wissenschaftler schlossen daraus, dass bei Psychopathen die Verbindung zwischen den Wörtern und den dazugehörigen Emotionen grundlegend gestört ist. Da sie nichts empfinden, fürchten sich diese Menschen auch nicht vor Schmerzen und können sich nicht in die Pein ihrer Opfer einfühlen.

Menschen ohne Angst und Gewissen finden sich jedoch nicht nur in den Karteien von Schwerverbrechern. Sie können im Gegenteil sogar innerhalb der Gesellschaft sehr erfolgreich sein. Da sie keine Skrupel haben, machen sie beispielsweise als Geschäftsleute große Gewinne – auf Kosten anderer. Im Beruf können sie ihren Mangel an Empathie ausleben, ohne eine Bestrafung fürchten zu müssen.

Wie wichtig die Fähigkeit ist, sich in andere einzufühlen, hat man mittlerweile auch in den Führungsetagen vieler Unternehmen erkannt. Jähzornige Chefs, die ihre Untergebenen einschüchtern, sind heutzutage genauso wenig gefragt wie arrogante, autoritäre Vorgesetzte. Sie erzeugen eine so unangenehme Arbeitsatmosphäre, dass die Mitarbeiter ständig wechseln und Pannen an der Tagesordnung sind. Niemand kann unter ständigem Druck sorgfältig und kreativ arbeiten. „Der Fisch stinkt vom Kopf", lautet ein oft gebrauchtes Sprichwort unter Angestellten, die unter intriganten und unfähigen Führungskräften zu leiden haben.

Wer heute als Vorgesetzter seine Mitarbeiter motivieren will, muss sich nicht nur sozial intelligent verhalten, sondern auch bereit zu Teamarbeit und offenen Gesprächen sein. Experten in emotionaler Intelligenz sind gefragt!

JEDER KOMMT AUF SEINE ART ANS ZIEL

Immer wieder werden wir im täglichen Leben vor die Frage gestellt: Soll ich mich durchsetzen oder nachgeben? Wie wir handeln, müssen wir von Fall zu Fall entscheiden – mit Gespür.

Mögen Sie Krimis? Dann stellen Sie sich einmal folgende Situation vor: Zwei Einbrecher werden gefasst. Den Polizisten liegen aber keine handfesten Beweise vor, deshalb verhören sie die Diebe so, dass diese nicht miteinander sprechen können. Beiden Verdächtigen gegenüber behaupten sie im Verlauf des Gesprächs, der andere Beschuldigte habe den Einbruch gestanden und seinen Kumpan belastet. Da der andere Täter nicht weiß, ob das stimmt, hat er verschiedene Möglichkeiten: Er kann die Tat zugeben oder leugnen. Wenn er sich schuldig bekennt und der andere Dieb nicht gestanden hat, steht er als einzig Verdächtiger da und erhält die Höchststrafe. Hat der andere dagegen die Tat auch zugegeben, fällt die Strafe etwas geringer aus. Leugnet der Befragte, wird er vermutlich freigesprochen, wenn der andere verschwiegen war – hat dieser jedoch geplaudert, wird er verurteilt.

Dieses Gedankenexperiment stellt eine knifflige Situation dar, in der ein Mensch die richtige Verhaltensstrategie finden muss. Es gilt, den Charakter des Mitgefangenen genau einzuschätzen. Bleibt er auch unter starkem Druck loyal,

Hält Filmbösewicht Charles Bronson dem Druck der polizeilichen Vernehmung stand oder wird er seinen Komplizen verraten?

Die Skatrunde ist voll im Gang. Jetzt heißt es, den Gegner genau zu beobachten; vielleicht verrät eine winzige Regung in seinem Gesicht, was er in der Hand hält. Wie im Spiel hängt auch im Leben davon sehr viel ab.

oder wird er schwach? Könnte er seinen Kollegen beschuldigen, um die eigene Haut zu retten? Außerdem muss der Befragte entscheiden, ob er den Mittäter bezichtigen soll, um sich selbst rein zu waschen. Sein Verhalten wird sich nicht nur danach richten, wie gut er den Mittäter kennt, sondern auch danach, welche Erfahrungen er in ähnlichen Situationen gemacht hat. Daneben muss sich der Dieb fragen: Bin ich so abgebrüht, dass ich meine Tat konsequent leugnen kann, auch wenn ich nicht sicher bin, ob mein Kumpel mich verraten hat?

In einer solchen Lage reagieren Menschen ganz unterschiedlich, je nachdem, welcher Typ sie sind. Sie wählen immer die Lösung, die nach ihren eigenen Erfahrungen am ehesten Erfolg verspricht.

Optimale Strategien erkennen

Schon seit Urzeiten ist es für Menschen oft lebenswichtig, die Stimmung des Gegenübers richtig zu erkennen. Wir müssen uns ganz anders verhalten, wenn wir einem feindseligen Menschen gegenüberstehen, als wenn uns der Partner freundlich gesinnt ist. Daher ist es entscheidend, dass wir die Motive der anderen rechtzeitig erspüren können. Dies setzt allerdings voraus, dass wir unsere eigenen Gefühle genau erkennen und verstehen.

Wir benötigen die Fähigkeit, Situationen richtig einzuschätzen, besonders häufig im Berufsleben. In einer Firma oder auf einer Behörde arbeiten unterschiedliche Menschen mit verschiedenen Interessen eng zusammen. Wenn wir in eine solche Gruppe kommen, versuchen wir möglichst bald herauszufinden, wie wir den einzelnen Kollegen vertrauen können, wer mit wem befreundet und wer wessen Konkurrent ist. Wir müssen wissen, ob wir die Zusammenarbeit suchen oder uns als Einzelkämpfer durchschlagen sollen. Im Lauf der Einarbeitungszeit lernen wir, wie wir jeden einzelnen Kollegen behandeln müssen.

„Emotional intelligente" Menschen wissen, mit welchen Strategien sie den größten Erfolg erzielen. Sie erkennen die unausgesprochenen Regeln und richten ihr Verhalten danach. Wer sich nämlich in einem sozialen Gefüge wie ein Elefant im Porzellanladen bewegt, erzeugt bei den anderen Angst und Ablehnung. Wahrscheinlich kennen auch Sie solche Menschen, die nicht merken, wenn ihre endlosen Ausführungen am Telefon andere nervös machen, und die grundsätzlich alle Einwände ignorieren.

Die Regeln befolgen

Wer ungeschickt mit seinen Mitmenschen umgeht, wird nie sehr beliebt werden. Kinder, die häufig Fehler im Umgang mit Kameraden machen, werden vom Spiel ausgeschlossen. Da sie den Grund für ihr soziales Missgeschick nicht kennen, sind sie enttäuscht und fühlen sich ohnmächtig.

Nach Studien von Psychologen sichern sich beliebte Kinder die Sympathien der anderen folgendermaßen: Sie beobachten die Gruppe zunächst und loten die Regeln aus, die das Spiel der Kinder bestimmen. Nach diesen Regeln richten sich die Neulinge. Sie festigen zuerst ihre Stellung innerhalb des sozialen Gefüges, bevor sie mit eigenen Vorschlägen in den Vordergrund treten. Damit zeigen sie soziale Kompetenz. Dies bedeutet, dass sie sich zunächst kooperativ verhalten, die unausgesprochenen sozialen Regeln akzeptieren und erst dann versuchen, einen wichtigen Platz im Gruppengefüge zu erobern.

Ein eigenes Beziehungsnetz

Was bereits in der Kindheit geübt wird, ist im späteren Leben noch viel wichtiger. Menschen, die ständig zusammenarbeiten, verfügen über einen so genannten Gruppen-IQ, der die Gesamtheit all ihrer Fähigkeiten umfasst. Dieser gemeinsame Quotient bestimmt, wie erfolgreich sie sind. Wissenschaftler haben herausgefunden, dass ein

Team umso besser funktioniert, je mehr die einzelnen Mitglieder ihre Fähigkeiten entfalten können. „Harmonie" heißt das Zauberwort, das ein Team in Schwung bringt. Einigkeit in der Vorgehensweise und ein gemeinsames Ziel stärken die Position der Gruppe und jedes einzelnen Mitglieds.

Ein weiteres Schlüsselwort für das gute Gelingen von Teamarbeit kommt aus dem Englischen: Networking. Es bezeichnet die Fähigkeit, sich ein lockeres Netz von Kollegen zu spinnen, die die gleichen Interessen verfolgen und sich in ihren Fachgebieten oder an ihren Arbeitsorten ergänzen. Wenn zwei Menschen die gleichen Talente haben, ist in der Regel derjenige erfolgreicher, der einem Netzwerk angehört und dieses für seine Ziele einspannen kann.

Gute Beziehungen zu anderen Menschen aufzubauen und mit diesen zu kooperieren – das sind ganz wesentliche Elemente auf dem Weg zum sozialen Erfolg im Leben. Während manchen Menschen diese Fähigkeit bereits in die Wiege gelegt wurde, müssen andere ihr Leben lang um eine Eingliederung in das soziale Gefüge ihrer Umgebung kämpfen, sei es im Beruf oder im Freundeskreis.

Warum aber schaffen es einige Menschen mühelos, sich beliebt zu machen, während andere schon als Kinder im Abseits stehen? Ist die Art, wie wir mit unseren Mitmenschen umgehen, durch die Erbanlagen festgelegt, oder entwickelt sie sich im Lauf des Lebens infolge von Erziehung und Umwelteinflüssen? Wie kann man sich erklären, dass Kinder, die in der gleichen Familie aufgewachsen sind, völlig unterschiedliche Temperamente haben?

GENUG GEGRÜBELT!

Ängste, die das Leben schwer machen, lassen sich oft leicht vertreiben.

◆ **Zählen Sie Ihre Sorgen**
Greifen Sie am besten zu Papier und Bleistift, und schreiben Sie auf, was Sie den Tag über beschäftigt hat. Jeder Punkt bekommt eine Note, die seiner Bedeutung entspricht. Streichen Sie nun alle Dinge, die Ihnen Sorgen machen, sich aber nicht ändern lassen. Beschäftigen Sie sich lieber mit dem, was Sie ins Positive verwandeln können. So gewinnen Sie die heilsame Erkenntnis: Ich mache mir viel zu viele Sorgen!

Richtige Frohnaturen sind schon als Kinder allseits beliebt und gewinnen im späteren Leben mühelos die Herzen der Menschen. Schüchterne müssen aber nicht verzagen: Soziale Erfolge kann jeder erringen.

Das Temperament: kein Schicksal

Soziales Verhalten erlernen wir im Lauf des Lebens, doch die Erbanlagen sprechen ein gewichtiges Wort bei der Festlegung unserer Haupteigenschaften mit. Mütter wissen das sehr gut. Während ein Kind schon von Geburt an ruhig und ausgeglichen ist, schreit das andere unablässig und entwickelt sich zu einem richtigen Zappelphilipp, der die Geduld der Eltern strapaziert. Das bedeutet aber keineswegs, dass unser Charakter von Anfang an festgelegt ist und dass wir mit unabänderbaren Merkmalen leben müssen, die uns die Natur mit auf den Weg gegeben hat.

Schüchterne Menschen, die sich von der ganzen Welt abgelehnt fühlen, ziehen sich oft immer mehr in sich selbst zurück. Es gibt allerdings bewährte Wege aus der Einsamkeit.

Der amerikanische Entwicklungspsychologe Jerome Kagan unterscheidet vier Grundtemperamente: schüchtern, optimistisch, kühn und melancholisch. Von diesen Typen gibt es allerdings unzählige Varianten. Jeder Mensch kann verschiedenen Charakteren zugeordnet werden – je nach Stimmung und Lebenslage. Er gehört aber vor allem in die Kategorie, bei der er die intensivsten und dauerhaftesten Gefühle empfindet. Nach den Untersuchungen Jerome Kagans bleiben Menschen, die als Kinder sensibel und ängstlich waren, auch als Erwachsene zurückhaltend und in Gesellschaft gehemmt. Diejenigen dagegen, die schon als Babys keinerlei Berührungsängste zeigten, entwickeln sich zu selbstsicheren und offenen Menschen. Wer schüchtern ist, so schließt der Psychologe daraus, reagiert infolge seiner Natur heftiger auf Stress als der Kühne. Das liegt daran, dass der Gehemmte eine ungewohnte Situation als bedrohlich empfindet. Daher werden schüchterne Menschen als Erwachsene stärker von Ängsten und Schuldgefühlen geplagt und leiden häufig unter den körperlichen Wirkungen von Stress, beispielsweise Kopfschmerzen und Verdauungsproblemen.

Um zu verstehen, warum der eine lebenslang gehemmt bleibt und der andere sich voller Eifer auf alles Neue stürzt, werfen wir einen Blick in den Teil des Gehirns, der limbisches System genannt wird. Viele Experten sind heute überzeugt, dass chemische und biophysikalische Vorgänge im Gehirn den Charakter prägen.

Geheimnisvolle Zentren

Jerome Kagan geht davon aus, dass das Temperament in den „Mandelkernen" verborgen liegt. Diese Nervenzentren im Inneren des Gehirns gehören zu dem Komplex, in dem unsere Emotionen gesteuert werden. Bei einem Schüchternen reagiert dieser Bereich

HELDEN DER MENSCHLICHKEIT

Solidarität und Mitgefühl sind für uns nicht selbstverständlich – umso mehr bewundern wir Menschen, die sich mit all ihrer Energie für andere einsetzen.

◆ Ein Leben für die Ärmsten der Armen

Mutter Teresa ist ein Symbol für das christliche Gebot der Nächstenliebe. Als sie 1997 starb, wurde die Welt für viele ein Stück ärmer. Gerade in der gesichtslosen Massengesellschaft, die von Anonymität und Rücksichtslosigkeit geprägt ist, sind Menschen wie sie eine Rarität. Mutter Teresa erinnert uns daran, dass es neben Erfolg, Macht und Geld noch ganz andere Werte gibt.

◆ Menschenwürde statt Unterordnung

Zu den seltenen Menschen, die selbst den Tod nicht fürchten, um andere zu unterstützen, gehörte auch der polnische Arzt Janusz Korczak. Er ging freiwillig mit den 200 Kindern des von ihm geleiteten Waisenhauses im Warschauer Getto ins Konzentrationslager Treblinka. Ruhig und würdevoll trat er seinen letzten schweren Gang an.

◆ Übermenschen oder normale Sterbliche?

Woher nehmen solche Menschen die Kraft, ihr Leben und ihre Gesundheit für andere zu opfern? Sie handeln nach dem Motto: „Das Leid der anderen ist auch mein Leid." Sich in das Elend der Mitmenschen einzufühlen, empfinden sie als moralische Pflicht. Der Grundstein für diese Einstellung wird in der Kindheit gelegt. Wer früh lernt, die Gefühle anderer zu respektieren und strenge ethische Grundsätze zu vertreten, wird seine eigenen Interessen zurückstellen, wenn andere Menschen Hilfe brauchen.

wesentlich stärker auf Umweltreize als bei einem kühnen oder optimistischen Charakter.

Aus Jerome Kagans Studien kann man eindeutig schließen, dass die Erbanlagen bei der Festlegung unserer Persönlichkeit entscheidend beteiligt sind. Die Ergebnisse des Forschers zeigen aber auch, dass dieser Grundcharakter durch Umwelteinflüsse im Lauf des Lebens korrigiert werden kann. Wenn eine Mutter ihrem eher ängstlichen Kind immer wieder Mut macht, verliert der Sprössling seine Schüchternheit mit der Zeit. Genauso lässt sich das Temperament eines allzu unvorsichtigen Kindes dämpfen, wenn die Eltern es regelmäßig in die Realität zurückholen. Die Erziehung und die Lebensumstände können dafür sorgen, dass das Pendel nicht zu stark ausschlägt.

Um Erfolg im Leben zu haben, sollten wir uns deutlich vor Augen führen, dass das Zusammenspiel von Erbgut und Umwelteinflüssen jeden Menschen zu einem einzigartigen Wesen macht. Niemand auf unserem Planeten gleicht einem anderen. Diese Individualität ist unsere große Chance, denn sie eröffnet uns Möglichkeiten, die keinem anderen Menschen in der gleichen Weise offen stehen. Selbstbewusstsein und Selbstdisziplin sind tragende Säulen des Erfolgs – aber nicht die einzigen. Sie machen uns nicht zu sozial kompetenten Wesen.

Immer mehr Menschen beklagen die Kälte und Entfremdung in unserer „Ellbogengesellschaft", aus der Solidarität und Menschlichkeit verschwinden. Scheinbar kommt man heute nur vorwärts, wenn man sich rücksichtslos nach oben durchschlägt. Wer da noch die fehlende „Nächstenliebe" anmahnt, klingt beinahe wie ein einsamer Rufer in der Wüste.

Instinkte aus grauer Vorzeit

In einer Gesellschaft, die von Egoismus geprägt wird, zahlt der Einzelne einen hohen Preis: Isolation und Einsamkeit sind häufige Begleiterscheinungen im Zeitalter des sozialen Zerfalls. Wenn Einfühlungsvermögen und Hilfsbereitschaft immer mehr abnehmen, sinkt auch das moralische Empfinden; Rücksichtslosigkeit, Niedertracht und Gewalt sind die Folgen.

Soziales Verhalten ist jedoch grundsätzlich richtig – nicht nur

ENDE GUT, ALLES GUT

Bis dass der Tod euch scheidet? Nur wenige Paare führen ihre Ehe heute noch nach diesem Grundsatz.

Etwa die Hälfte aller Ehen endet irgendwann vor dem Scheidungsrichter, wo sich die Partner oft unerbittlich bekämpfen.

◆ **Fairness zählt**
Auch wenn es schwer fällt, sollte man bei einer Trennung die Würde des anderen achten. Die Gründe für das Scheitern der Partnerschaft gehören offen auf den Tisch, und beide Seiten müssen verletzte Gefühle ernst nehmen; Beleidigungen und Vorwürfe sollte man sich verkneifen. Wenn eine neue Liebe im Spiel ist, darf man alten und neuen Partner nicht vergleichen. Kleinliche Streitereien um jedes Möbelstück zermürben alle Beteiligten.

◆ **Hin- und hergerissen**
Großzügigkeit und finanzielle Fairness sorgen dafür, dass die Wunden nach der Scheidung heilen können. Das gilt vor allem für Ehen mit Kindern. Auch wenn man sich als Paar trennt – als Eltern hat man ein Leben lang gemeinsame Aufgaben. Kinder dürfen nie als Druckmittel im Scheidungskrieg eingesetzt werden, sonst leiden sie noch mehr unter dem Verlust der Familie.

vom moralischen Standpunkt aus. Ein Gemeinwesen kann ohne Altruismus gar nicht bestehen. Menschen sind soziale Lebewesen, die zum seelischen Wohlbefinden den Kontakt mit ihren Mitmenschen brauchen. Neben dem Trieb, unsere Grundbedürfnisse wie Nahrungsaufnahme und Fortpflanzung zu befriedigen, haben wir auch ganz andere Instinkte von unseren Vorfahren geerbt. Wenn eine Mutter beispielsweise ihr Leben für das ihres Kindes opfert, geschieht das nicht nur aus Liebe, sondern aus einem tief verwurzelten Urinstinkt.

Wie sehr unser Sozialverhalten immer noch von der genetischen Ausstattung unserer Urahnen gesteuert wird, beschreibt der bekannte amerikanische Verhaltensforscher Desmond Morris in seinem Buch *Das Tier Mensch*.

Verletzte Gefühle, Angst vor der Einsamkeit – eine Trennung kann ein seelisches Trauma nach sich ziehen. Selbst im Streit muss jedoch gegenseitige Achtung das oberste Gebot bleiben.

WER WIRD DENN GLEICH IN DIE LUFT GEHEN

Ein ruhiges Gespräch zu führen, wenn man innerlich vor Wut kocht, ist außerordentlich schwierig. Am besten, man lässt es gar nicht erst so weit kommen!

◆ Die Zeit läuft

Stellen Sie sich vor, Sie sitzen in Ihrem schönsten Kleid an einem gedeckten Tisch im Restaurant. „Wir treffen uns um acht", lautete die Vereinbarung. Nun ist es bereits kurz vor neun Uhr. Was würden Sie tun?

A Immer wütender werden,
B sich selbst Vorwürfe machen, weil Sie vielleicht die Uhrzeit falsch verstanden haben, oder
C verständnisvoll abwarten, welche Entschuldigung der andere vorbringt?

◆ Bewahren Sie einen kühlen Kopf!

Emotional intelligent verhalten Sie sich, wenn Sie die Variante **C** wählen. Aggressive Vorwürfe (**A**) erzeugen bei Ihrem Gegenüber sofort eine feindselige Haltung, und Selbstvorwürfe (**B**) bereiten Ihnen selbst Magenschmerzen. Hören Sie sich also ruhig die Entschuldigung an. Hatte der andere einen guten Grund für die Verspätung, ist der Abend gerettet.

Die Regel lautet: Mit Einfühlungsvermögen erzielen Sie den größten Erfolg. Dazu gehört auf jeden Fall, dass Sie plötzliche Gefühlswallungen unterdrücken können. Wer von Natur aus aufbrausend ist, kann sich leicht Sympathien verscherzen.

◆ Muss ich mir das gefallen lassen?

Ein anderes Beispiel: Sie werden von Ihrem Vorgesetzten mit Vorwürfen überhäuft. Sie wollen die ungerechten Beschuldigungen nicht auf sich sitzen lassen und wehren sich. Ein Wort gibt das andere. Schließlich rutscht Ihnen eine unbedachte Beleidigung heraus, die Sie Ihren Job kosten kann.

Emotional intelligent verhält sich in einer solchen Situation, wer die Wut des anderen verrauchen lässt und zugleich versucht, aus dem Gesagten wichtige Hinweise herauszulesen. So vorbereitet, kann er mit ruhigen Worten die Sachlage klären – immer nach dem Motto: „Wer schreit, hat Unrecht."

◆ Alle Argumente objektiv abwägen

Einfühlungsvermögen und Kooperationsbereitschaft brauchen Sie auch in folgendem Fall: Sie wollen verreisen, die Koffer sind gepackt. Dann aber, am Abend vor dem Abflug, ruft der Chef an mit der Bitte, den Urlaub zu verschieben. Obwohl Ihre Familie zu Recht wütend ist, sollten Sie den Anrufer erst einmal in Ruhe anhören. Wenn Ihnen seine Argumente einleuchten und Sie nicht den Eindruck haben, dass es sich um Schikane handelt, sollten Sie dableiben. Sie geben damit Ihrem Chef zu verstehen, dass er sich in der Not auf Sie verlassen kann, und das zahlt sich langfristig ganz sicher aus.

In ihrer Frühgeschichte schlossen sich die Menschen vermutlich in Gruppen von 80 bis 120 Mitgliedern zusammen, weil sie in diesen Verbänden am besten Nahrung erwerben und Gefahren begegnen konnten. So lebte *Homo sapiens sapiens* als geselliges Wesen, das nur existieren konnte, wenn alle einander halfen. Auch wenn wir heute ganz anders leben als vor vielen Jahrtausenden, haben sich viele Grundzüge der damaligen Gesellschaft bis in unsere Zeit erhalten. Sogar in Millionenstädten schaffen wir unsere eigenen kleinen Gemeinschaften, die etwa so groß sind wie die ursprünglichen Dörfer. Um uns von denen abzugrenzen, die nicht dazugehören, behandeln wir sie wie Fremde.

Dass soziales Verhalten nur in kleinen Gemeinschaften richtig funktioniert, belegte Desmond Morris mit einem Experiment: Einer seiner Mitarbeiter täuschte einen Zusammenbruch vor – einmal mitten in New York und einmal in einem kleinen Dorf. Während er in der Großstadt von den meisten Passanten ignoriert wurde, eilten ihm die Bewohner des Dorfes sofort zu Hilfe.

Großstädte machen einsam

Desmond Morris schloss aus seinen Beobachtungen, dass in einer großen Stadt das Bedürfnis nach sozialen Kontakten unterdrückt wird. Je mehr Menschen auf engem Raum zusammenleben, umso weniger Hilfsbereitschaft zeigt der Einzelne. So ist es in den Metropolen der Welt eher unüblich, einem anderen die Hand zum Gruß zu reichen, einer alten Frau über die Straße zu helfen oder einem Bettler einige Münzen zu geben.

„Liebe deinen Nächsten wie dich selbst" heißt ein christlicher Leitsatz, doch das können wir offenbar nur in kleinen Gruppen. Um mit möglichst vielen Menschen reibungslos zurechtzukommen, haben wir Regeln eingeführt. So grenzen wir überall unsere Reviere ab und führen in großen Firmen Hierarchien ein; wenn die Rollen klar verteilt sind, entstehen nicht immer wieder neue Machtkämpfe.

Wie schwer es ist, gemeinsame Lösungen zum Besten aller zu finden, erleben rund 140 000 Paare pro Jahr in Deutschland, wenn sie vor dem Scheidungsrichter stehen. Mit Wutausbrüchen, Tränen und kleinlichem Verhandeln um jeden Pfennig erkämpft man sich vielleicht das schicke neue Auto und zahlt es dem anderen so richtig heim – doch nach einer solchen Verhandlung bleiben bei allen Beteiligten tiefe seelische Narben zurück. Wer seine feindseligen Gefühle im Zaum hält, wird den Schaden so gering wie möglich halten und die Chance erhöhen, dass alle heil aus dem traurigen Ereignis hervorgehen.

Das emotionale Lernen hört nie auf

Manchen Ereignissen wie Naturkatastrophen, Bränden, Krieg oder Flugzeugabstürzen sind wir hilflos ausgeliefert. Diese traumatischen Erlebnisse prägen sich im Gehirn ein, deshalb können die Opfer solche Unglücke oft ein Leben lang nicht vergessen. Damit ihnen dieser Schock nicht immer wieder vor Augen tritt, ist emotionales Umlernen nötig. Vor allem muss das Gefühl abgebaut werden, dass man dem Schicksal völlig hilflos ausgeliefert ist. In einer Therapie soll der Betroffene die Schreckgespenster der Vergangenheit zu überwinden lernen.

Zur Verarbeitung des Schocks muss man zuerst um das trauern können, was man durch das grauenhafte Ereignis verloren hat, etwa einen geliebten Menschen oder die eigene Gesundheit. Dann müssen die Opfer lernen, ein Leben ohne Angst zu führen.

Glücklicherweise sind traumatische Ereignisse eher selten, doch auch viele alltägliche Erfahrungen, die uns erschrecken oder verärgern, hinterlassen Spuren in unserem Gedächtnis. Die Psychotherapie versucht, unsere Emotionen so zu beeinflussen, dass wir uns neue Verhaltensmuster aneignen können. In unserem Schicksal liegt auch die Chance für einen neuen Anfang. Solange wir leben, können wir dazulernen.

Tief sitzende Ängste können oft nur in der Gemeinschaft überwunden werden. So gewinnen Frauen, die Opfer einer Vergewaltigung geworden sind, in Selbstverteidigungskursen wieder Selbstbewusstsein. Sie sind Angreifern nun nicht mehr wehrlos ausgeliefert.

ÄUSSERLICHKEITEN UND INNERE WERTE

Nicht jeder Mensch ist in der Lage, moralisch und verantwortungsvoll zu handeln. Diese Fähigkeit bestimmt, ob wir unser Leben selbst in die Hand nehmen oder uns lieber von Autoritäten führen lassen.

Immer wieder lesen wir erschütternde Schlagzeilen in der Tagespresse: „Frau auf offener Straße von ihrem Ehemann zusammengeschlagen. Passanten schauten tatenlos zu.“ Oder: „Bewusstloser Mann lag stundenlang am Rand einer belebten Straße. Zahlreiche Autofahrer sahen ihn, doch keiner hielt an.“ Eigentlich ist dieses Verhalten völlig unverständlich, und man fragt sich, warum in diesen Fällen niemand Beistand geleistet hat. Die Helfer hätten sich in beiden Situationen nicht einmal selbst in Gefahr bringen müssen. Vermutlich gehen die meisten Menschen davon aus, dass sie sich in einer solchen Notlage ganz anders verhalten hätten. Im Ernstfall wird jedoch so mancher eines anderen belehrt: Plötzlich wendet man sich selbst ab, unangenehm berührt von der Notlage des Mitbürgers. „Sol-

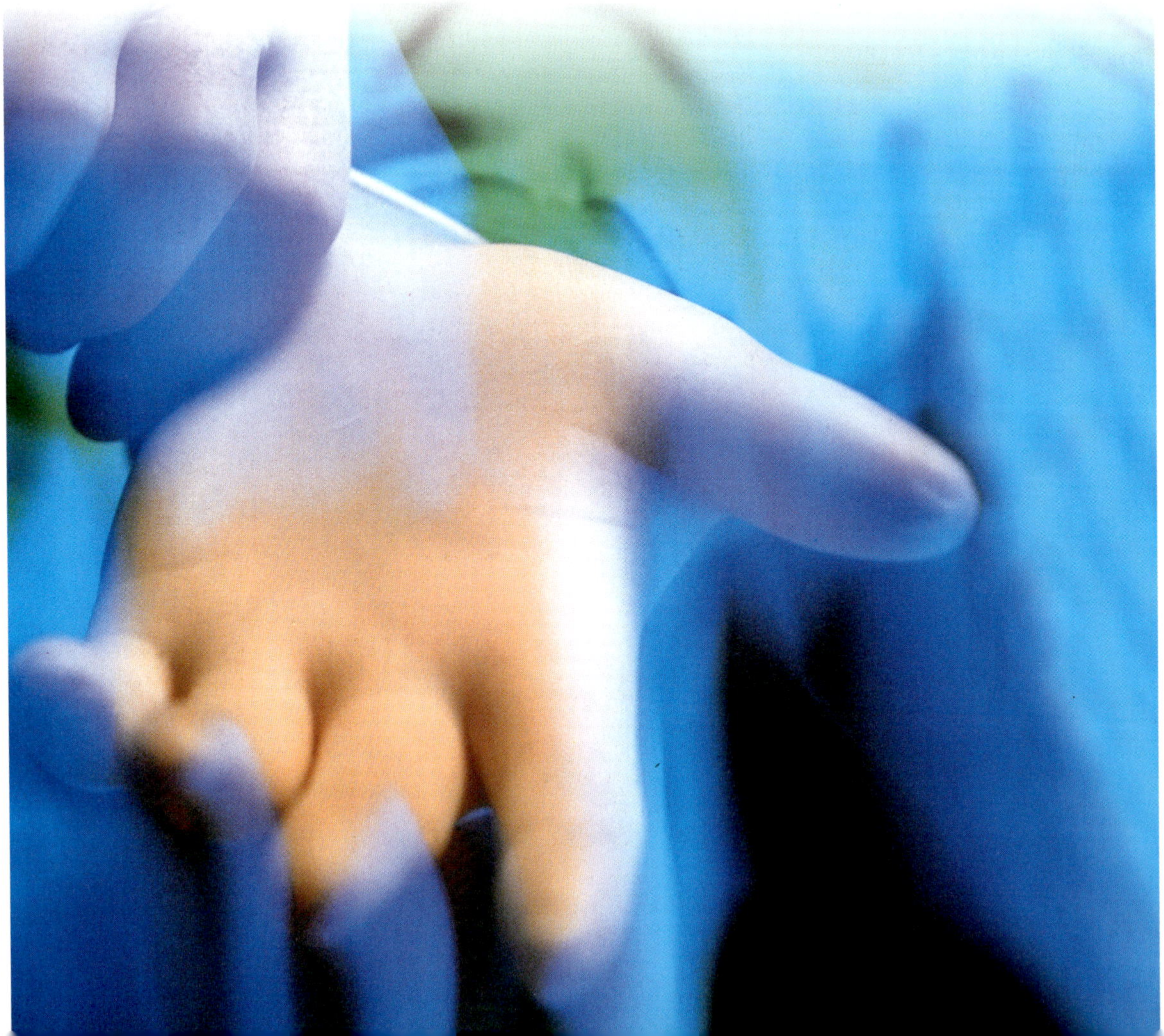

Der weiße Arztkittel ist ein weithin anerkanntes Statussymbol. Viele Menschen vertrauen einem Träger dieses Kleidungsstücks blindlings. Warum eigentlich?

len doch gefälligst die anderen helfen!", denkt man dann meist.

Ein besonders extremes Beispiel für das kollektive Wegschauen war während der Naziherrschaft in Deutschland zu beobachten. Die Gräueltaten der Nationalsozialisten und die Ausrottung von Millionen Menschen werfen noch heute die Frage auf, wie die Bevölkerung so etwas geschehen lassen konnte. Sind die Deutschen besonders gewissenlose Menschen? Haben die Massen dieses Volks eine extreme militaristische Einstellung? Sind sie autoritätsgläubiger als andere? Oder waren es vor allem gesellschaftliche Faktoren, wie etwa die Massenarbeitslosigkeit am Beginn der 30er-Jahre, die Hitler den Weg bereiteten?

Statussymbole werden heute immer wichtiger; dagegen scheint die soziale Verantwortung mehr und mehr in den Hintergrund zu rücken.

Das Milgram-Experiment

Der amerikanische Psychologe Stanley Milgram wurde berühmt durch seine Untersuchungen zur Autoritätsgläubigkeit normaler Mitbürger. Seine Studien enthüllten die dunkle Seite der menschlichen Natur. Bei einem Test lud der Forscher Studenten ein, an einem vermeintlichen Lernexperiment teilzunehmen. Sie sollten eine Testperson (einen Schauspieler) durch Elektroschocks bestrafen, wenn er Fehler machte. Mit dem Schockgenerator, der in Wirklichkeit eine Attrappe war, konnten sie Stromstöße von 15 bis zu lebensgefährlichen 450 Volt austeilen. Bei jedem Fehler der Testperson sollten sie die Spannung steigern.

Das Opfer reagierte bereits ab 120 Volt mit lauten (gespielten) Schmerzensschreien, bettelte bei 150 Volt um einen Abbruch des Tests wegen eines Herzfehlers, und bei 300 Volt gab es vor, in Ohnmacht zu fallen. Trotz der gequälten Schmerzensschreie verabreichten aber alle Studenten auf Befehl des Professors Stromstöße bis zu der gefährlichen Stärke von 200 Volt. Zwei Drittel der Studenten verabreichten sogar Schocks von 450 Volt.

Dieses erschreckende Ergebnis zeigt, dass selbst gebildete Menschen folgenschwere Befehle kritiklos ausführen, wenn eine Autoritätsperson sie dazu auffordert. Anschließend begründeten die Studenten ihren Gehorsam damit, dass man sie massiv darauf hingewiesen hatte, wie wichtig die Einhaltung der Regeln sei.

Eigenständiges Handeln: keine Selbstverständlichkeit

Andere Versuche zeigen, dass Autoritätspersonen und Statussymbole sogar den menschlichen Organismus beeinflussen können. Bei vielen Patienten erhöht sich der Blutdruck, wenn ein Arzt im weißen Kittel sie behandelt. Es kann daher zu falschen Resultaten führen, wenn der Mediziner den Blutdruck misst, weil schon allein seine Anwesenheit den Puls in die Höhe treibt.

Gehorsam gegenüber Autoritätspersonen ist an sich kein außergewöhnlicher verwerflicher Charakterzug, sondern gehört zur ganz normalen Entwicklung des menschlichen Verhaltens. Kinder orientieren sich in ihrem Verhalten an Personen, denen sie vertrauen. In der Jugend kommen zusätzliche Einflüsse hinzu, die die moralische Einstellung und das Handeln der Heranwachsenden prägen. Wer sich aber noch als Erwachsener stets Autoritätspersonen beugt, hat vermutlich entscheidende Entwicklungsschritte nicht vollzogen.

Neben der eigenen Geschichte gibt es auch einige Rahmenbedingungen, die das Verhalten von Menschen in einer Notsituation

Im Café lässt eine Frau ihre Handtasche stehen. Plötzlich nähert sich ein Fremder – ein Dieb? – und greift danach. Was würden Sie tun?

beeinflussen. Je größer beispielsweise die Zahl der Menschen ist, die sich um einen Unfall versammelt haben, desto unwahrscheinlicher wird es sein, dass einer von ihnen helfend einschreitet. Wird einer der „Gaffer" aber persönlich angesprochen, ist er meist bereit, umgehend zu helfen.

Die Schwelle der Hilfsbereitschaft sinkt deutlich, wenn das Opfer den Anschein erweckt, die Notlage selbst verschuldet zu haben. Dabei spielen auch Vorurteile eine große Rolle. Einem betrunkenen Alkoholiker oder einem Obdachlosen mit zerrissener Kleidung wird seltener geholfen als einem Menschen, der einen gut situierten Eindruck erweckt.

Wie wird man ein Mitglied der Gesellschaft?

Für eine gut funktionierende Demokratie ist es entscheidend, dass die Bürger Verantwortung übernehmen – nicht nur für ihr eigenes Handeln, sondern auch für das Wohl des Gemeinwesens. Dieser Charakterzug ist nicht angeboren, sondern wird durch die Erziehung geformt. In einer Gemeinschaft muss sich der Einzelne den allgemein anerkannten Regeln unterordnen, eigene Gefühle erkennen und sein Verhalten weitgehend selbst steuern. Außerdem muss er sich, um sozial verantwortlich handeln zu können, in die Lage der anderen Menschen hineinversetzen.

Diese Aspekte der emotionalen Intelligenz sind für das menschliche Zusammenleben besonders wichtig. Um der zunehmenden Verrohung von Kindern und Jugendlichen entgegenzuwirken, hat man deshalb in einigen US-amerikanischen Schulen das neue Fach „Emotionale Bildung" eingeführt. In den Kursen lernen die Schüler, ihre eigenen Gefühle genau wahrzunehmen und darüber zu sprechen, aber auch mit anderen Schülern zusammenzuarbeiten und Konflikte friedlich zu lösen.

Sprache ohne Worte

Einfühlungsvermögen und Mitgefühl sind nicht nur wichtige Grundpfeiler für das moralische Verhalten, sondern auch eine entscheidende Voraussetzung für die zwischenmenschliche Verständigung. Wer mit den Mitmenschen reden will, muss allerdings nicht nur aufmerksam zuhören können; er braucht außerdem eine gute Beobachtungsgabe. Bei einem Gespräch oder beim Kennenlernen spielen bewusste und unbewusste Äußerungen eine große Rolle. Soll man das Verhalten oder das Erscheinungsbild eines Gesprächspartners beurteilen, ist man daher selten wirklich objektiv. Ein wesentlicher Teil der Informationen, die wir wahrnehmen, wandert nämlich nicht ins Bewusstsein, sondern rutscht gleich „in den Bauch“ – und erzeugt dort sofort Ablehnung oder Sympathie. Bei diesem Prozess, der oft in wenigen Sekunden abläuft, spielen Körpersprache und Mimik unseres Gegenübers eine wichtige Rolle. Ein feinfühliger Menschenkenner kann die Gestik und Körperhaltung eines Menschen wahrnehmen und instinktiv richtig deuten.

Unbewusste Botschaften

Es ist schon lange bekannt: Unser Körper drückt aus, was wir fühlen, auch wenn wir uns dessen nicht bewusst sind. Während wir mit wohl überlegten Worten andere leicht täuschen, unangenehme Tatsachen beschönigen oder heucheln können, fällt es uns schwer, mit der Körperhaltung zu lügen. Wer versucht, in dieser Hinsicht sein Gegenüber zu täuschen, muss sich ganz bewusst auf die gewünschten Botschaften konzentrieren. Die unbewussten Gefühle des Augenblicks kommen aber trotzdem in Gestik und Mimik zum Ausdruck und bringen womöglich das Täuschungsmanöver ans Licht.

Die Sprache der Gefühle – lange unterschätzt

Wer sich intensiv mit der Körpersprache beschäftigt, schärft damit seine Fähigkeit, mit anderen zu kommunizieren; sie entscheidet oft nicht nur im Beruf über Erfolg und Misserfolg, sondern ist auch für harmonische Freundschaften und Partnerschaften unerlässlich.

Die Körpersprache ist sicher die älteste Form des Ausdrucks. Erst im Verlauf der Evolution hat der Mensch die Sprache und viel später die Schrift zur Verständigung entwickelt. Unsere Urahnen waren ausschließlich auf Gebärden und Mimik angewiesen. Als die verbale Kommunikation entstand, traten sie in den Hintergrund. Lange galt auch in den Wissenschaften nur die gesprochene Sprache als Mittel der Verständigung unter Menschen – sie unterschied die „Krone der Schöpfung“ von allen anderen Lebewesen.

Dennoch weiß jeder, der mit Tieren zu tun hat, dass sie miteinander kommunizieren. Wie universell die Sprache des Körpers ist, kann man daran erkennen, dass wir uns durch Gestik und Mimik sogar mit Tieren verständigen können – nicht nur mit unseren nächsten Verwandten, den Menschenaffen, auch mit Haustieren wie Hunden. Sie wissen genau, was Mimik und Körpersprache ihres Herrchens bedeuten.

Signale bewusst einsetzen

In der heutigen Zeit, in der die Gefühle und die Psyche des Menschen verstärkt erforscht werden, hat die Körpersprache längst das

Hat der Kollege den ungeliebten Chef treffend imitiert, oder ist es die Schadenfreude, die ihm die Lachfalten ins Gesicht zeichnet?

Zwar ist der Kochlöffel drohend erhoben, aber das Lächeln verrät, dass es die Großmutter nicht böse meint.

Ganz klar: Der Gesprächspartner wird zu absoluter Verschwiegenheit verpflichtet.

STUFENWEISE IN DIE MENSCHLICHE GESELLSCHAFT

Wie entsteht die Moral eines Menschen? Lawrence Kohlberg hat es untersucht.

Dieser amerikanische Psychologe beschäftigte sich vor allem in den 60er-Jahren mit der Moralentwicklung bei Kindern und Jugendlichen. Er brachte Jungen im Alter von 10–16 Jahren in Konfliktsituationen und bat sie um Bewertungen und Lösungsvorschläge. Aus den Antworten zeichnete er eine Entwicklungsskala, in der er sechs Stufen unterschied.

◆ Zucht und Ordnung

In der ersten Phase ihrer moralischen Entwicklung entdecken die Kinder, dass sie richtig und falsch handeln können, in der zweiten, dass man mit richtigem Verhalten im Vorteil ist. Daher versuchen sie in der dritten Stufe, möglichst oft belohnt zu werden. In der nächsten Phase, die Lawrence Kohlberg als „Gesetz und Ordnung" bezeichnete, orientieren sie sich stark an Autoritätspersonen, deren Anordnungen sie vorbehaltlos befolgen.

◆ Kritisches Denken erwacht

In Stufe fünf lernen die Jugendlichen, dass die gesellschaftliche Ordnung nicht unwandelbar ist und dass nicht alles fraglos verteidigt werden muss. Sie erkennen moralische Werte wie die Menschenrechte und messen ihnen im Zweifelsfall die größere Bedeutung bei. Persönlicher Respekt und Vertrauen erhalten einen höheren Stellenwert als blinder Gehorsam. Auf der letzten Stufe, genannt „universelle ethische Prinzipien", kommt die Fairness hinzu. Die Jugendlichen betrachten nun Konflikte aus der Sicht aller Beteiligten.

◆ Variable Moral

Nicht alle Menschen erklimmen aber sämtliche Stufen zur Moral, die Lawrence Kohlberg beschrieben hat. Das gilt für Angehörige der verschiedensten gesellschaftlichen Schichten.

Spielerisch lernen Kinder, welche unausgesprochenen Regeln sie im späteren Leben beachten müssen – gleichzeitig erfahren sie, wie sie „schummeln", also die Gesetze hin und wieder übertreten können.

Interesse der Wissenschaftler geweckt. Sie stellten fest, dass in den Gesten, der Mimik und der Haltung sehr viel Information steckt. Zahlreiche Signale werden in allen Kulturen der Welt verstanden.

In vielen Firmen gehören Schulungen in Körpersprache zur Standardfortbildung. Um die Sinne für die dabei ausgesandten Signale empfänglich zu machen, kann man zunächst spielerisch an sich selbst beobachten, wie sich die jeweilige Stimmung in der Haltung niederschlägt. Das ist auch sehr hilfreich zur Vorbereitung auf einen Vortrag vor großem Publikum – schließlich will man die Botschaft der Worte mit der Sprache des Körpers deutlich unterstreichen.

Vor einem hohen Spiegel können Sie die Wirkung unterschiedlicher Körperhaltungen überprüfen. Vermittelt Ihre normale Haltung eher einen müden oder dynamischen Eindruck? Ziehen Sie die

Schultern hoch, oder kippen Sie das Becken nach vorn? Beobachten Sie sich selbst einmal beim Sprechen – ist Ihre Gestik ruhig und betont oder eher fahrig?

Bewegen Sie sich mit Bedacht

„Das ist eine Person mit Ausstrahlung.“ Bei dieser Redewendung wissen die meisten Menschen zwar, was gemeint ist, doch beschreiben lässt sich das Phänomen nur sehr schwer. Ein gepflegtes Aussehen spielt dabei sicherlich eine Rolle, aber auch Aufmerksamkeit, Offenheit, Selbstsicherheit und viele andere Faktoren lassen das Sympathiependel heftig ausschlagen. Je ausgeglichener uns jemand gegenübertritt, desto leichter fällt uns in der Regel die Unterhaltung mit ihm. Gehemmte Menschen sprechen wir hingegen nicht ohne weiteres an.

Auf drei Komponenten der Körpersprache müssen Sie besonders achten, wenn Sie den Eindruck von Selbstbewusstsein und Ausgeglichenheit vermitteln wollen: „Erdung“, Atmung und Lockerheit. Eine gute Erdung bedeutet, einen sicheren Stand zu haben. Sie sollten weder nervös herumtänzeln noch stocksteif dastehen. Lockerheit und ruhige Atmung gehören dazu. Die meisten Menschen können an ihrem Bauch feststellen, ob sie angespannt oder entspannt sind. Wer die Bauchmuskeln ängstlich oder nervös zusammenzieht, verrät sich spätestens durch eine gepresste Stimme. Durch tiefe Bauchatmung können Sie in solchen Situationen Ihre Angst lösen, sich entspannen und der Stimme eine angenehme Tiefe verleihen. Mit ruhiger, ausdrucksvoller Gestik beweisen Sie zusätzlich Souveränität und Selbstbewusstsein.

Vertauschte Rollen

Durch Rollenspiele mit einem oder mehreren Partnern können Sie Ihre Körpersprache kontrollieren und gegebenenfalls korrigieren. Weisen Sie den beteiligten Personen unterschiedliche Rollen zu. So kann einer einen optimistischen, überzeugenden Verkäufer mimen und ein anderer einen ängstlichen Kunden. Nun gilt es, diese Charaktere überzeugend darzustellen. Danach werden die Rollen getauscht. Besonders hilfreich ist bei dieser Übung eine Videokamera; an den Aufzeichnungen lässt sich jedes Detail überprüfen.

Ähnliche Rollenspiele werden häufig in der Psychotherapie eingesetzt, weil dabei unbewusste Gefühle und Konflikte zum Vorschein kommen können.

Die Führungspersönlichkeit

Für manche Menschen ist es ganz entscheidend, wie das eigene Verhalten auf andere wirkt – für alle, die im Licht der Öffentlichkeit stehen. Aber auch Führungskräfte müssen sich durch ihr Auftreten von anderen Mitarbeitern abheben. Ihre Handlungen sollten überzeugend, motivierend und möglichst vorbildlich sein. Heutzutage sind in den Chefetagen keine Machtmenschen mehr gefragt, sondern Personen, die auf gute Zusammenarbeit und reibungslosen Informationsaustausch bauen. Dadurch rückt der Charakter des Vorgesetzten stärker in den Vordergrund – seine Menschenkenntnis, seine

REDEN WIE EIN PROFI

Selbstbewusst auftreten und überzeugend reden – das kann jeder lernen. Hier einige Grundregeln:

- Sprechen Sie deutlich aus, was Sie meinen.
- Benutzen Sie keine Redewendungen, die die Wirkung Ihrer Worte beeinträchtigen könnten. Sätze wie: „Ich glaube, ich kann ganz gut ...", „Ich denke, dass ich ..." oder die Wörter „ziemlich", „vielleicht" und „ein bisschen" sollten Sie vermeiden, denn sie schwächen Ihre Aussagen ab.
- Sprechen Sie langsam, laut und deutlich. Reden Sie nichts tot, denn endlose Wiederholungen langweilen das Publikum und nützen nichts.
- Achten Sie auf Ihre Körpersprache: Die Zuhörer folgen eher Ihren Gesten als Ihren Worten. Eine aufrechte, ruhige Haltung und eine kontrollierte Gestik unterstützen Ihre Aussage.
- Vermeiden Sie Fragen – stellen Sie Behauptungen auf. Sagen Sie statt: „Sollten wir nicht ...?" lieber „Ich möchte gern ..."
- Stellen Sie oft Blickkontakt zu Ihrem Gegenüber her.

Fähigkeit zur Teamarbeit und seine Bereitschaft, die Mitarbeiter zu verantwortungsbewusstem Handeln zu motivieren.

Wer seine Leute auf diese Art führen will, muss Empathie – Einfühlungsvermögen – besitzen. Sein Führungsstil gleicht hin und wieder einem Drahtseilakt, denn er muss einerseits dafür sorgen, dass die Wirtschaftlichkeit des Unternehmens durch möglichst hohe Leistungen der Mitarbeiter gesichert wird, und andererseits dafür, dass die Angestellten Freude an ihrer Arbeit haben.

Um diese schwierige Aufgabe zu bewältigen, braucht er eine sehr gute Beobachtungsgabe und Menschenkenntnis; seine Leute müssen ihm vertrauen und sich auf ihn verlassen können. Werden die Mitarbeiter immer über alles Wesentliche informiert, können sie sich in die Firmengeschäfte hineindenken, und Missverständnisse oder Konflikte werden vermieden.

Ein guter Chef kann seine Mitarbeiter richtig motivieren: Er kritisiert sie unter vier Augen und lobt sie in der Öffentlichkeit. Außerdem merkt er, wenn jemand unter- oder überfordert ist, und versucht die Aufgaben den Fähigkeiten des Einzelnen anzupassen.

Frauensprache, Männersprache

Gleichgültig in welchem Beruf – Teamarbeit ist heute Trumpf. Ob im Großraumbüro oder im Warenhaus, ob in der Werbeagentur oder im kleinen Handwerksbetrieb, Frauen und Männer arbeiten eng zusammen. Überall ist eine gute Verständigung die Voraussetzung für optimale Zusammenarbeit. Mitunter hapert es damit allerdings, denn Männer und Frauen kommunizieren unterschiedlich.

Frauen tun sich meist mit dem hierarchischen „männlichen" Führungsstil schwer; sie setzen häufig „weibliche" Fähigkeiten wie Einfühlungsvermögen und Intuition

„Und beim nächsten Mal die Zahlen bitte so, dass sie auf Anhieb stimmen!" Schon die Körpersprache der beiden verrät die Positionen des Chefs und des Untergebenen.

im Umgang mit Mitarbeitern ein. In modernen Unternehmen wird mittlerweile ein kooperativer Führungsstil praktiziert oder gewünscht, was den Frauen entgegenkommt. Trotzdem können sich weibliche Führungskräfte noch immer schwer durchsetzen. Zum Teil liegt das an ihren Verhaltens- und Sprechweisen.

Die amerikanische Linguistin Deborah Tannen untersuchte, wie Männer und Frauen am Arbeitsplatz sprechen, und stellte dabei deutliche Unterschiede fest. Männer reden direkt und analytisch, tragen zielgerichtet und ohne Umschweife ihr Anliegen vor. Frauen dagegen versuchen, sich in andere hineinzuversetzen und zunächst mit Fingerspitzengefühl eine angenehme Atmosphäre zu schaffen. Sie entschuldigen sich in ihren Wortbeiträgen sehr oft und fragen weit häufiger als Männer nach,

Immer noch haben es Frauen im Arbeitsleben schwerer als ihre männlichen Kollegen. Zu denen, die nach ganz oben gelangt sind, gehören Petra Roth, Oberbürgermeisterin von Frankfurt am Main (oben), Jil Sander, Modeschöpferin (kleines Bild), und Madeline Albright, Außenministerin der USA (unten).

wenn sie etwas nicht verstanden haben. Das scheint durchaus sinnvoll und angebracht, doch die Fragerinnen erwecken damit bei vielen Männern den Eindruck von Inkompetenz.

Bevor Frauen eine Entscheidung treffen, wollen sie meist diskutieren, um zu einem gemeinsamen Entschluss zu gelangen, der von allen mitgetragen wird. Dabei neigen sie dazu, ihre Meinung als Frage zu formulieren. Sie sagen nicht: „Ich bin dafür, dass wir …“, sondern: „Sollten wir nicht …“. Daher werden sie von vielen Männern als unentschlossen betrachtet und häufig einfach übergangen.

Natürlich ist keine Sprechweise schlechter oder besser als die andere. Jedes Gespräch läuft wie ein Ritual ab, das bestimmten Regeln folgt. Wer die Gesetzmäßigkeiten erkennt und richtig deutet, kann Missverständnisse am Arbeitsplatz vermeiden und Konflikte beilegen. Die Zufriedenheit aller Beteiligten – seien es Frauen oder Männer – steigt dadurch, und die Wirtschaftlichkeit des Unternehmens profitiert davon.

Um diese ideale Arbeitsatmosphäre zu schaffen, benötigt man gewisse Werkzeuge. Das wichtigste davon ist, wie Deborah Tannen aus ihren Studien schloss, gegenseitiges Verständnis. Damit gelingt es Menschen immer wieder, neue Ausdrucksformen zu finden und Probleme zu lösen.

WEG MIT DEN STOLPERSTEINEN!

„Ich traue mich nicht, ich kann das nicht, ich habe Angst vor der Ungewissheit" – solche Sätze hindern uns daran, Neues zu wagen und das Leben zu genießen. Springen Sie über Ihren Schatten!

Wer würde nicht gern das Leben führen, von dem er immer geträumt hat? Nur wenige Menschen können allerdings sagen, dass sie ihre Träume verwirklicht haben. Wenn es nicht gelingt, steckt dahinter häufig ganz einfach Angst. Wir fürchten uns vor Fehlern, Risiken und Misserfolgen, und diese Furcht hindert uns daran, die vielfältigen Chancen zu ergreifen, die uns das Leben bietet. Wer sich ständig mit Fragen wie: „Was wäre, wenn …?" herumschlägt, die ihn hindern, offen in die Zukunft zu blicken, bewegt sich in einem Teufelskreis. Solche Grübeleien halten uns von wichtigeren Beschäftigungen ab und verhindern, dass wir unsere volle Leistung bringen. Als Folge davon tritt genau das ein, wovor wir uns die ganze Zeit gefürchtet haben: Wir scheitern.

Wenn Sie Ihr Denken von Einschränkungen befreien, die Sie selbst gesetzt haben, kann neue Schaffenskraft keimen, und Ihre Kreativität treibt ungeahnte Blüten.

DER SCHLÜSSEL ZUM ERFOLG

Vom Tellerwäscher zum Millionär – einige Menschen haben diesen amerikanischen Traum verwirklicht.

◆ Ein Mann mit Visionen

Einer, der es nach ganz oben geschafft hat, ist der Unternehmer Bill Gates. Mit seiner Computersoftware-Firma Microsoft gelang es ihm, einer der reichsten Männer der Welt zu werden. Natürlich bleibt diese Karriere eine große Ausnahme, aber auch „normale" Menschen können von Bill Gates' Aufstieg vom kleinen Angestellten in die höchsten Höhen der Superreichen lernen.

◆ Wo ein Wille ist ...

Neben Glück, guten Ideen und fachlicher Kompetenz zählt vor allem die richtige innere Einstellung. Wer optimistisch an die Zukunft herangeht, hat schon halb gewonnen. Mit seiner Energie kann er „Berge versetzen" und hat auch

noch Spaß daran. Nicht die Umwelt bestimmt unsere Empfindungen, sondern die Art, wie wir sie wahrnehmen. Stellen Sie sich ein Glas vor, das zur Hälfte Wasser enthält. Der Pessimist sagt: Es ist schon halb leer – für Menschen wie Bill Gates ist es aber halb voll.

Wer das Gefühl hat, für ihn sei alles unerreichbar, wird nie ans Ziel gelangen. Negative Gedanken blockieren unsere Wünsche. Das Geheimnis vieler erfolgreicher Menschen ist Selbstvertrauen und der feste Glaube, es zu schaffen. Beides gibt ihnen Kraft und Ausdauer für den steinigen Weg nach oben.

Dass negative Gedanken wie: „Das kann ich nicht, das schaffe ich nicht" unser Denkvermögen beeinträchtigen, zeigt sich deutlich bei Studenten, die unter Prüfungsangst leiden. Auch wenn ein solcher Kandidat sich noch so gut auf die Fragen vorbereitet hat, kann er sie nicht beantworten; die schiere Angst blockiert sein Denken. Das Gedächtnis funktioniert unter diesem Druck ebenfalls schlechter – bei der Prüfung ist das Gelernte wie weggeblasen, obwohl es der Prüfling zuvor viele Male in Gedanken wiederholt hat.

Was also tun, wenn die Angst vor Misserfolg diesen geradezu herbeiführt? Betrachten wir noch einmal den Studenten am Tag vor seiner Prüfung. Wenn er ein Typ ist, der sich einredet: „Ich kann machen, was ich will, ich schaffe es ja doch nicht", dann wird er die ganze Nacht wach liegen, am nächsten Morgen mit schlimmsten Befürchtungen zur Universität eilen und mit Bauchschmerzen schon die schlechte Note auf seinem Prüfungszeugnis vor sich sehen. Sagt er sich jedoch: „Ich habe getan, was ich konnte, deshalb wird es schon klappen", dann wird er ausgeruht und voller Zuversicht in die Prüfung gehen.

Wer von Sorgen, Selbstzweifeln, Angst und innerer Unruhe geplagt wird – kurz: eine negative Einstellung zu sich und zum Leben hat –, verbaut sich selbst den Weg nach oben. Wenn Sie diese Hindernisse aus dem Weg räumen wollen, sollten Sie sich zunächst offen und ehrlich fragen, was Ihnen Angst und Sorgen nützen. Dabei werden Sie merken, dass Sie daraus weder Kraft und Energie noch Mut und Zuversicht schöpfen können und dass auch Ihre Konzentration und Auffassungsgabe nicht gefördert werden. Also machen Sie sich doch Folgendes zur goldenen Regel: Statt endlos zu grübeln, werde ich ändern, was ich ändern kann, und lassen, was nicht zu ändern ist.

Nicht entmutigen lassen!

Wenn wir uns trübe Gedanken und Sorgen machen, beschäftigen wir uns stärker mit zukünftigen Ereignissen als mit der Gegenwart; wir vergessen, was im Augenblick wichtig ist, und unsere Aktivitäten sind gebremst. Auf diese Weise kommen wir nicht vorwärts. Schon in der Bibel kann man lesen: „Es ist genug, dass ein jeder Tag seine eigene Plage habe."

Oft treibt uns Angst vor Misserfolg in dunkle Grübeleien. Wir können sie nur vertreiben, indem wir Vertrauen in die eigenen Fähigkeiten entwickeln. Beginnen wir damit, dass wir uns unsere eigenen erfolgreichen Strategien klarmachen. Jeder von uns ist schon oft mit Misserfolgen aller Art fertig geworden. Aber wie ging das damals? Rufen wir uns noch einmal ins Gedächtnis, wie wir in einem ähnlichen Fall vorgegangen sind, und schreiben es auf.

Sie sollten auch Misserfolge akzeptieren, ohne sich noch lange darüber zu ärgern, dafür aber ist selbst der kleinste Erfolg ein Grund zur Freude. Wenn Sie denken, dass Sie irgendetwas nicht schaffen werden, überwinden Sie Ihre eigenen Bedenken: Schreiben Sie zehn Gründe auf, warum es Ihnen dennoch gelingen wird, die Aufgabe zu bewältigen. Wenn Sie beispielsweise unter Lampenfieber leiden, machen Sie Entspannungsübungen. Das kann Ihnen in vielen Situationen immer wieder zu mehr Gelassenheit verhelfen. Falls Sie hinfallen, stehen Sie ganz einfach wieder auf.

Kein Mensch hat immer nur Erfolge; jeder muss seine eigenen Stärken finden. Hätte sich etwa Albert Einstein von seinen mäßigen Schulleistungen entmutigen lassen, wäre er nie ein solch genialer Physiker geworden.

Keine Angst vor neuen Pfaden

Viele Menschen leben mit der beklemmenden Überzeugung: „Egal was ich mache, es läuft ja doch schief.“ Sie haben das Vertrauen in die eigenen Fähigkeiten verloren und glauben nun, keinen Einfluss auf ihre Zukunft mehr nehmen zu können. Statt mutig Neues auszuprobieren und damit das Leben mit all seinen Unwägbarkeiten zu akzeptieren, passen sie sich aus purer Bequemlichkeit den Gegebenheiten an. Eine innere Stimme redet ihnen ein: „Es hat ja doch alles keinen Zweck.“

Wer Sicherheit über alles stellt, hat ständig Angst, Fehler zu machen und falsche Entscheidungen zu treffen. Statt sich nach einem Fehlschlag wieder zu erheben und es erneut zu wagen, lassen sich solche Menschen schon von kleinen Misserfolgen dauerhaft entmutigen.

Ein Bedürfnis nach Sicherheit wohnt uns allen inne, doch häufig halten wir krampfhaft an fragwürdigen Sicherungsleinen fest. Die Kreditkarte, das Auto, das Eigenheim, die Arbeitsstelle – wer glaubt, damit sein Leben abgesichert zu haben, wird manchmal schnell eines Besseren belehrt. Wenn wir Pech haben, können wir alles verlieren, aber das Leben geht trotzdem weiter.

Die einzige Sicherheit, die wir uns auf jeden Fall erhalten sollten, ist die Selbstsicherheit. Nur wer auf seine eigene Kraft baut, wagt

Welche Richtung soll ich einschlagen? Oft müssen wir uns entscheiden, ohne zu wissen, wohin der Weg führt. Mutiges Voranschreiten bringt uns weiter als ängstliches Zögern.

sich auch auf unbekannte Pfade und kann entschlossen und zuversichtlich auf seine Ziele hinarbeiten. Damit wir diese innere Sicherheit nicht verlieren, müssen wir vor allem die ständig auftauchenden negativen Gedanken zu beherrschen lernen. Ein Pechvogel ist nur, wer an sein Pech glaubt.

Damit Sie Mut und Energie gewinnen, stellen Sie sich doch einmal Ihre Ziele vor Ihrem geistigen Auge vor. Malen Sie sich aus, was Sie erreichen wollen und wie gut es Ihnen gehen wird, wenn Sie erfolgreich sind. Ein Beispiel: Sie stehen vor einem Bewerbungsgespräch. Beobachten Sie in Gedanken, wie Sie ruhig und sicher auftreten und die Sympathie Ihres künftigen Chefs gewinnen. Oder ein anderer Fall: Überlegen Sie sich gerade, in eine andere Gegend zu ziehen? Dann lassen Sie vor Ihrem inneren Auge ein neues, buntes Leben mit netten Menschen entstehen. Sie werden sich danach auf den Neuanfang freuen.

Wer nicht wagt, der nicht gewinnt

Wenn die neue Arbeit doch nicht so erfreulich ist, wie Sie dachten, oder wenn Sie sich am neuen Wohnort eben nicht wohl fühlen, dann haben Sie ruhig den Mut zu sagen: Die Entscheidung war falsch. Denken Sie an das Sprichwort: „Wer nicht wagt, der nicht gewinnt!“ Da kann es natürlich auch vorkommen, dass das Wagnis scheitert. Kein Problem, es gibt noch viele Möglichkeiten, und beim nächsten Mal muss es einfach klappen.

Rückschläge gehören ebenso zum Leben wie Erfolge. Es kommt nicht darauf an, wie oft jemand hinfällt, sondern dass er immer wieder aufsteht. Werden Sie lieber ein Stehaufmännchen als ein mutloser Zauderer!

Jeder ist seines Glückes Schmied

Wer sein Leben selbst in die Hand nimmt, darf sich nicht vor der Verantwortung drücken und muss vor allem viel Energie aufwenden. Das geht nicht ohne Selbstdisziplin. Wer immer nach dem abgewandelten Sprichwort „Was du heute kannst besorgen, das verschiebe stets auf morgen“ handelt, wird ewig im gleichen Zustand verharren und nie mit seinem Leben zufrieden sein. Er wird auf Anstöße von außen warten und von anderen abhängig sein, statt ein größtmögliches Maß an innerer Unabhängigkeit zu erreichen.

Disziplin und ein gesundes Selbstwertgefühl sind die Grundpfeiler für Ihren Erfolg im Leben. Und wie steht es mit Ihrer Selbstsicherheit? Fragen Sie sich einmal kritisch: Mag ich mich so, wie ich bin? Habe ich Respekt vor mir? Wenn Sie diese Fragen ohne Zögern mit „Ja“ beantworten können, gehen Sie voller Selbstvertrauen durchs Leben.

Akzeptieren Sie sich

Haben Sie auf die oben gestellten Fragen mit „Nein“ geantwortet, wird es Zeit, dass Sie sicherer und selbstbewusster werden. Der wichtigste Schlüssel dazu: Wer lernen will, sich selbst zu respektieren, darf sich nicht ständig kritisieren. Nur wer sich im Grund so mag, wie er ist, kann Neues dazulernen und sich an den Fluss des Lebens anpassen. Wer sich aber nicht lei-

ÜBERWINDEN SIE DEN INNEREN SCHWEINEHUND

Wenn Sie unzufrieden mit Ihrem Leben sind, ändern Sie es! Das ist ganz sicher besser, als nichts zu tun.

„Leichter gesagt als getan“, werden Sie jetzt vielleicht meinen. Wenn Sie noch zögern, denken Sie einmal über diese alte chinesische Weisheit nach: „Ein tausend Kilometer langer Weg beginnt mit dem ersten Schritt.“

◆ **Gute Planung ist alles**
Schreiben Sie zuerst auf, womit Sie unzufrieden sind. Dann überlegen Sie sich, welches Ziel Sie erreichen wollen und welche Punkte dazu nötig sind. Machen Sie einen Plan, und nehmen Sie sich für jeden Tag etwas ganz Bestimmtes vor. Beachten Sie dabei nicht den großen Berg, der noch vor Ihnen liegt, sondern nur den aktuellen Tag.

◆ **Wer gut arbeitet, darf sich verwöhnen**
Wenn Sie Ihr Soll für heute erledigt haben, belohnen Sie sich. Hören Sie schöne Musik, oder entspannen Sie sich in einem duftenden Bad.

Sie können sicher sein, dass Sie sich danach wohler fühlen, als wenn Sie nur träge auf der Couch liegen, während sich unerledigte Briefe vor Ihnen stapeln. Denken Sie daran: Erfolg erzielt man nur mit Disziplin.

MIT KRITIK RICHTIG UMGEHEN

Jeder von uns macht ab und zu Fehler, aber nicht jeder kann Kritik ertragen.

Seien Sie selbstbewusst genug, Ihre Fehler zuzugeben – offen und ohne Ausrede. Mit einem guten Selbstwertgefühl macht Ihnen das keine Schwierigkeiten. Wenn Sie allerdings das Gefühl haben, dass Sie durch die Kritik persönlich verletzt werden sollen, oder wenn Ihr Gegenüber unsachlich und aggressiv wird, versuchen Sie ruhig zu bleiben. Geben Sie dem Kritiker auf höfliche Weise zu verstehen, dass Sie sehr wohl wissen möchten, was ihn stört, dass Ihnen aber sein Ton nicht gefällt. Damit signalisieren Sie Offenheit, machen aber auch deutlich, dass Sie respektiert werden möchten.

den kann, wird unbewusst immer dafür sorgen, dass seine Lebenssituation diesem negativen Selbstbild entspricht.

Aus Fehlern lernen

Allzu selbstsicheres Auftreten kann allerdings auch von Nachteil sein; wer sich für unfehlbar hält, wird nicht bereit sein, aus seinen Fehlern zu lernen. Menschen, die glauben, immer im Recht zu sein, werden am Ende als Verlierer dastehen. Wären wir völlig frei von Selbstzweifeln, könnten wir uns nicht weiterentwickeln. Wir alle haben unsere Fehler und Schwächen, die wir oft selbst nicht wahrnehmen; unsere Mitmenschen müssen uns auf diese Unzulänglichkeiten hinweisen.

Aus Erfolgen und Fehlschlägen lernen wir auch, Anforderungen realistisch einzuschätzen, die an uns gestellt werden. Wer die Messlatte zu hoch hängt, wird den Aufgaben nicht gewachsen sein. Die Kluft zwischen dem, was wir werden wollen, und dem, was wir sind, darf nicht zu tief klaffen, sonst ist das Scheitern abzusehen.

Wer sich nicht wehrt, bleibt der Dumme

Immer wieder müssen wir im Alltag Konflikte bereinigen oder ganz einfach unseren Wünschen Nachdruck verleihen. Wie oft schlucken wir Ungenießbares hinunter oder tauschen fehlerhafte Ware nicht um, weil wir uns scheuen, das uns Zustehende einzufordern! So kann das miserable Essen oder das fehlerhafte Kleidungsstück zu einem Prüfstein unserer Selbstsicherheit werden – aber auch des angemessenen Verhaltens.

Meist ist es der falsche Weg, wenn man voller Wut den Kellner beschimpft oder den Laden stürmt, in dem man mangelhafte Ware gekauft hat. Machen Sie sich zunächst klar, dass eine Reklamation Ihr gutes Recht ist. Dann bringen Sie in Ruhe Ihre Kritik vor, und verlangen Sie, dass der Mangel behoben wird. Wenn der Kellner oder Verkäufer kein Verständnis zeigt, bringen Sie Ihr Anliegen dem Geschäftsführer vor. In der Regel wird Ihnen dann geholfen. Bleiben Sie stets ruhig und freundlich, aber bestimmt – eine Strategie, die sich in den allermeisten Fällen als erfolgreich erweist.

Keine Angst vor der Chance Ihres Lebens!

Ein freundlicher, aber bestimmter Hinweis führt Sie auch am ehesten zum Ziel, wenn in einem vollbesetzten Zug schon ein Fahrgast auf Ihrem reservierten Platz sitzt. Fordern Sie ihn höflich auf, den Sitz freizugeben. Falls er sich weigert, holen Sie den Schaffner, und bitten Sie ihn um Unterstützung.

Es ist ein gutes Training für Ihre Selbstsicherheit, wenn Sie sich auf diese Weise Recht verschaffen. Dabei hilft Ihnen die innere Überzeugung: Meine Interessen sind genauso wichtig wie die anderer.

Stellen Sie sich ein voll besetztes Café vor. Würden Sie sich vor allen Gästen deutlich sichtbar hinstellen, um auf einen freien Platz zu warten, oder fürchten Sie die vielen Blicke? Oft hindern uns Angst und Unsicherheit, eine Chance wahrzunehmen – auch wenn es nur eine gute Tasse Kaffee ist. Wenn Sie positiv über sich selbst denken, werden Sie immer selbstsicherer werden.

Vor allem ältere Menschen haben oft die Fähigkeit verloren, dem Leben gute Seiten abzugewinnen. Viele haben eine panische Angst davor, gebrechlich oder krank zu werden. „Das kann ich nicht mehr, das schaffe ich nicht mehr“ – mit solchen Sätzen entmutigen sie sich und trauen sich auf Dauer immer weniger zu.

Die Macht der Gedanken ist so gewaltig, dass sie auch biologische Prozesse wie beispielsweise vorzeitiges Altern auslösen kann. Wer glaubt, bereits zum alten Eisen zu gehören, wird schneller alt werden. Wer seit seinen Kindertagen von der eigenen Dummheit überzeugt ist, kann niemals zu den Schlauen gehören.

Mit Optimismus voran

Eigentlich sollten wir immer nach dem Prinzip leben: „Der Weise freut sich über das, was er hat, der Narr beklagt, was er verlor!“ Es hilft uns nicht, im Alter darüber nachzudenken, was wir nie mehr besitzen können, etwa Jugend, Schönheit oder Gesundheit. Stattdessen sollten wir uns über das freuen, was wir besitzen: Ruhe, Gelassenheit und, wenn wir aus Erfahrungen gelernt haben, auch ein gutes Stück Weisheit. Wie viel können wir den Jüngeren davon mit auf den Weg geben!

Alt zu sein heißt übrigens nicht unbedingt, krank zu sein. Statt nachzugrübeln, was Ihnen alles widerfahren könnte, tun Sie lieber etwas für Ihre Gesundheit. Bewegung, vernünftige Ernährung und soziale Kontakte tragen dazu bei, dass wir im Alter zufrieden auf die Vergangenheit zurückblicken und uns gespannt auf das freuen, was die Zukunft noch bringen wird.

DIE KRAFT UNSERER GEDANKEN

Machen Sie sich ständig klar: Wir sind, was wir denken.

Stellen Sie sich Ihre Gedanken wie Wassertropfen vor: Ein einzelner hinterlässt kaum eine Spur, viele aber bilden einen See und dann ein Meer. Wenn das Wasser sauber sein soll, müssen Sie aufhören, negativ zu denken.

◆ Sehen Sie sich selbst mit neuen Augen an

Wenn Sie sich häufig sagen: „Ich bin dumm und hässlich; aus mir wird nichts“, nimmt Ihr Unterbewusstsein mit der Zeit diese Botschaften auf, und Sie fühlen sich tatsächlich so, wie Sie es sich einreden. Trennen Sie sich deshalb von den stereotypen negativen Einstellungen.

Solch entmutigende Sätze lassen sich aber auch ins Positive umkehren. Stellen Sie sich vor den Spiegel, und sagen Sie sich: „Ich bin klug, gut aussehend und erfolgreich.“ Sprechen Sie laut, dann bleibt es besser im Unterbewusstsein haften. Formulieren Sie Ihre Wünsche klar und positiv. Wenn Sie diese Regeln beherzigen, können sie ihre Wirkung nicht verfehlen.

LANDKARTEN DES GEISTES

Damit wir uns in der Welt zurechtfinden, zeichnet unser Gehirn individuelle Orientierungskarten. Sie spiegeln nicht die Wirklichkeit der Kartographen wider, sondern sind eigene Landschaften.

„Mit den Augen lernen wir beim Betrachten einer Karte in einer Stunde mehr als mit den Ohren beim Zuhören in einem Tag.“ Diese wichtige Erkenntnis äußerte der Kartograph Thomas Fuller im Jahr 1605. Gerade das Studium historischer Landkarten zeigt uns sehr deutlich, wie stark das jeweilige Weltbild das Denken und Handeln der Menschheit prägen kann. Jahrtausende lang konnten sich die meisten europäischen Völker kein Bild von der wirklichen Lage der Kontinente und Meere zueinander machen, weil sie annahmen, dass die Erde eine Scheibe sei. Diese Überzeugung schränkte ihren Bewegungsradius und den Entdeckerdrang erheblich ein. Schließlich drohte nach ihrer Ansicht die Gefahr, am Ende des Horizonts ins Nichts zu stürzen.

Bevor die Seefahrer neue Wege beschreiten konnten, musste zunächst ein anderes Bild von der Erde entworfen werden. Erst dann

In unserer Phantasie können wir auf der ganzen Erdkugel herumreisen – Fernsehen, Zeitungen und Zeitschriften liefern das Material fürs Kopfkino.

EINE GROSSE ENTDECKUNG – EIN GROSSER IRRTUM

33 Tage hatte Christoph Kolumbus schon auf See verbracht – da tauchte ein Küstenstrich aus dem Morgendunst auf. Indien?

Für jenes ferne Land hielt der Seefahrer die Insel, die seine Männer gesichtet hatten.

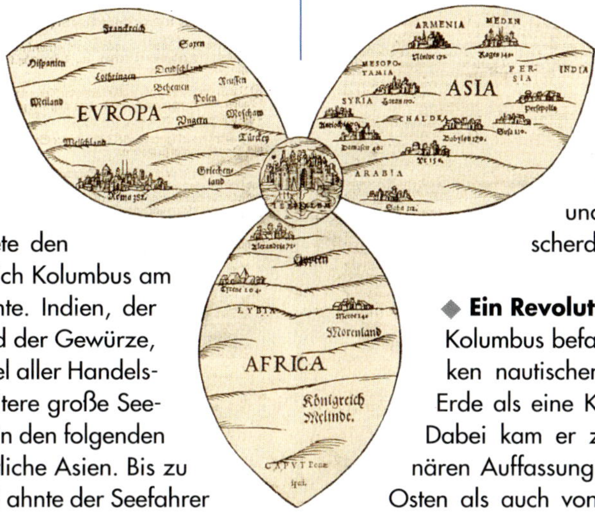

◆ Das falsche Bild von der Neuen Welt

Das Logbuch verzeichnete den 12. Oktober 1492, als sich Kolumbus am Ziel seiner Träume wähnte. Indien, der Kontinent des Goldes und der Gewürze, war damals das Traumziel aller Handelsschiffe Europas. Drei weitere große Seereisen führten Kolumbus in den folgenden zehn Jahren ins vermeintliche Asien. Bis zu seinem Tod im Jahr 1506 ahnte der Seefahrer nicht, dass er etwas viel Interessanteres entdeckt hatte als die vermeintliche Westroute nach Indien: einen neuen Kontinent.

◆ Gefangen in alten Vorstellungen

Einerseits ist es erstaunlich, dass europäische Seefahrer erst so spät auf die riesige Landmasse stießen, obwohl sie bereits so lange durch die Meere fuhren – andererseits ist es auch verständlich. Damals herrschte noch die Vorstellung, dass die Welt eine Scheibe sei, und das grenzte den Forscherdrang erheblich ein.

◆ Ein Revolutionär auf seine Art

Kolumbus befasste sich intensiv mit antiken nautischen Karten, auf denen die Erde als eine Kugel beschrieben wurde. Dabei kam er zu der damals revolutionären Auffassung, dass Indien sowohl von Osten als auch von Westen erreichbar sein müsse. Dass zwischen Europa und Asien noch ein gewaltiger Kontinent liegen würde, das ahnte der Seefahrer allerdings nicht.

stand den Entdeckern die ganze Welt offen. Hätte der Seefahrer Christoph Kolumbus vor seinem inneren Auge nicht die Vision einer kugelförmigen Erde gehabt, wären vermutlich noch weitere Generationen europäischer Seefahrer der irrigen Auffassung gefolgt, dass Asien am östlichen Rand der Welt liegt und deshalb nur über die östlichen Meere zu erreichen sei.

„Ein klares Ziel vor Augen haben" – auch diese Redewendung betont die Bedeutung optischer Wegweiser für das menschliche Handeln. Oft erweist es sich als ausgesprochen schwierig, eine Aufgabe zu bewältigen, ohne sich eine geistige Vorstellung von dem angestrebten Ergebnis zu machen. Je klarer eine Aufgabe umrissen ist und je bildhafter das Ziel, desto geradliniger können wir die Arbeit in Angriff nehmen. Wir setzen unsere Fähigkeit, Wege im Geist nachzugehen und Landkarten im Gedächtnis zu speichern, im Alltag wesentlich häufiger ein, als uns bewusst ist.

Ein Ganzes besteht aus vielen Teilen

Sich in einer unbekannten Stadt zurechtzufinden ist eine Kunst, die nicht jeder auf Anhieb beherrscht. Es gibt verschiedene Methoden, eine neue Umgebung zu erkunden, etwa bei einer geführten Stadtrundfahrt, von einem Aussichtspunkt hoch über der Stadt oder gemächlich Stück für Stück zu Fuß. Die meisten Menschen besorgen sich erst einmal einen Stadtplan, wenn sie in der Lage sein wollen, sich jederzeit zu orientieren. Solche Karten zeichnet auch unser Gedächtnis; sie helfen dem Gehirn dabei, Unübersichtliches zu strukturieren. Wir prägen uns ein Gesamtbild ein, das sich anschließend in überschaubare Teile zerlegen lässt. Diese können wir genau erfassen, und nach ihnen richten wir uns.

Unser räumliches Orientierungsvermögen hilft uns aber auch in kleinen Alltagsdingen. „Wo habe ich nur meine Brieftasche hingelegt?" – wer hat sich diese Frage nicht schon gestellt. Eine hilfreiche Antwort darauf könnte

LANDKARTEN NACH INDIVIDUELLEM WUNSCH

Wir alle wissen, dass Grafiken und sogar Fotos heute so raffiniert verändert werden können, dass es keiner sieht. Doch auch die eigene Wahrnehmung täuscht uns oft.

Solche Manipulationen und Tricks findet man auch auf Landkarten. Manche Verzerrungen dienen nur der Veranschaulichung bestimmter Tatsachen, aber viele verfälschen die Wirklichkeit auch aus ideologischen Gründen. Natürlich ist es schier unmöglich, unsere komplexe dreidimensionale Welt gänzlich wahrheitsgetreu in einer zweidimensionalen Karte wiederzugeben. Deshalb müssen Kartographen auf Land- und Stadtkarten hin und wieder komplizierte Strukturen vereinfachen, weglassen oder glätten.

◆ Korrektur und Betrug

Manchmal werden Karten aber aus ganz anderen Gründen gefälscht: Sie sollen politischen oder propagandistischen Zwecken dienen. So kann man auf Kartenprojektionen bestimmte Länder größer oder kleiner darstellen, als sie in Wirklichkeit sind, um damit den Eindruck von Stärke oder Schwäche zu erzeugen. Bei der Mercatorprojektion, einer verbreiteten Technik der Kartographie, wirken die Polarregionen wesentlich größer, als sie in Wirklichkeit sind. Dadurch erscheint etwa Russland überdimensional groß. Diese Karten wurden in den USA während des Kalten Krieges genutzt, um die Bedrohung durch den riesigen kommunistischen Gegner zu untermalen. Inzwischen wurden die Mercatorkarten häufig durch die Gall-Peters-Projektionen abgelöst, die die Maßverhältnisse der Flächen verlässlicher wiedergeben.

◆ Verzerrte Maßstäbe

Auch vor unserem geistigen Auge sind die räumlichen Verhältnisse häufig verzerrt. Wir alle kennen Karten, in denen eine bestimmte Stadt als der Mittelpunkt der Welt dargestellt wird, um etwas Bestimmtes zu verdeutlichen. In unserer geistigen Landkarte neigen wir ebenfalls dazu, Bekanntes viel zu groß einzuschätzen. So stellt die Abbildung oben einmal Italien aus der Sicht eines Mittelitalieners dar (links) und daneben aus der Sicht eine Süditalieners. Da für uns gewöhnlich die eigene Region wesentlich wichtiger ist als ferne Länder, übertreiben wir ihre Größe unbewusst.

lauten: „Wo bist du denn zuletzt gewesen?“ Wenn man in Gedanken den Weg durch die Räume nachvollzieht, den man soeben zurückgelegt hat, sieht man alles, was dabei getan wurde, plastisch vor dem inneren Auge – und weiß plötzlich auch, wo die vermisste Brieftasche liegt.

Ob man sich an einem Ort wohl fühlt, hängt unter anderem von der Vertrautheit ab. Die meisten Menschen haben ein positives und stimmiges Bild von der Umgebung, in der sie leben. Dazu gehört beispielsweise, dass sie genau wissen, wie der Grundriss ihrer Wohnung aussieht, und dass sie in Gedanken die Wege zum Arbeitsplatz, zur Schule und zu verschiedenen Geschäften abschreiten können. Über viele Alltagsdinge müssen wir nicht mehr nachdenken, sondern führen sie mit dem unbewussten inneren Wegweiser mühelos durch – wie den Großeinkauf im Supermarkt, bei dem man den Einkaufswagen mit schlafwandlerischer Sicherheit schiebt.

Innere Wegweiser aufstellen

Unser Gehirn prägt sich vieles genau ein. Wer eine feste Ordnung auf dem Schreibtisch hält, kann die kleinen Handgriffe zum Taschenrechner oder zum Papier getrost seinem Unterbewusstsein überlassen – der innere Kompass dirigiert die Bewegungsabläufe. So bleiben die Gedanken frei für die Lösung schwieriger Aufgaben.

Spät erblindete Menschen können ihre Umwelt plötzlich nicht mehr mit den Augen registrieren – an diesem Beispiel wird deutlich, wie wichtig innere Landkarten bei der Bewältigung unseres Lebens sind. Die Blinden müssen im Kopf ihre Welt neu erschaffen, indem sie sie mithilfe anderer Sinne in Gedanken wieder schlüssig zusammenfügen.

Diese erstaunliche Leistung vollbringen sie mit dem Gedächtnis und der Vorstellungskraft. Bei ihrem Weg durch die Stadt sind sie nicht mehr in der Lage, sich an bestimmten Gebäuden oder Straßenschildern zu orientieren; stattdessen müssen sie sich andere Wegweiser wie etwa den Duft des Bäckerladens, die Struktur eines Schotterwegs oder den Verkehrslärm einer Kreuzung einprägen. Bald sind die gewohnten Wege zur

SO NAH UND DOCH SO FERN

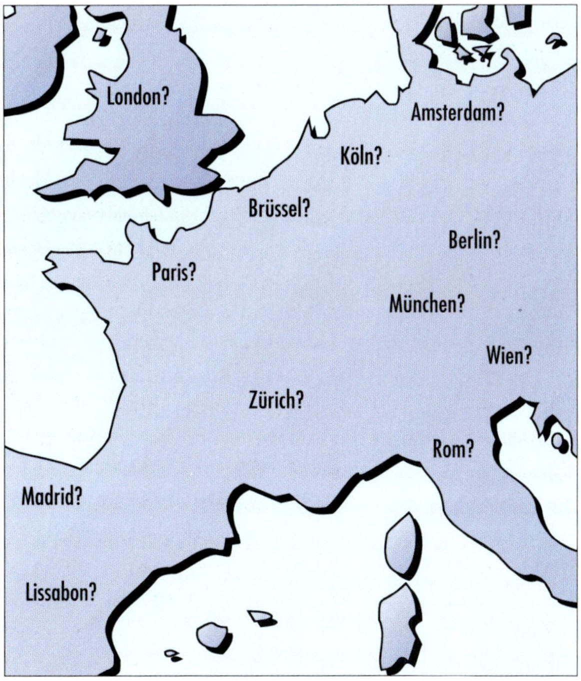

Von Oslo bis Rom

Nehmen Sie doch einmal ein leeres Blatt Papier zur Hand, und zeichnen Sie darauf die Lage verschiedener Städte wie London, Berlin, Wien, Paris, Zürich, Rom, Istanbul, Madrid, Moskau und Oslo ein. Vergleichen Sie danach die einzelnen Entfernungen mit den tatsächlichen Verhältnissen im Atlas. Haben Sie die Distanz zwischen vertrauten Orten über- und die zwischen unbekannten unterschätzt? Dann geht es Ihnen wie vielen anderen. Offensichtlich legt unser Erinnerungsvermögen in der Geographie verschiedene Maßstäbe an. Orte in der näheren Umgebung scheinen uns bedeutender und daher größer.

WÜRFELN IN GEDANKEN

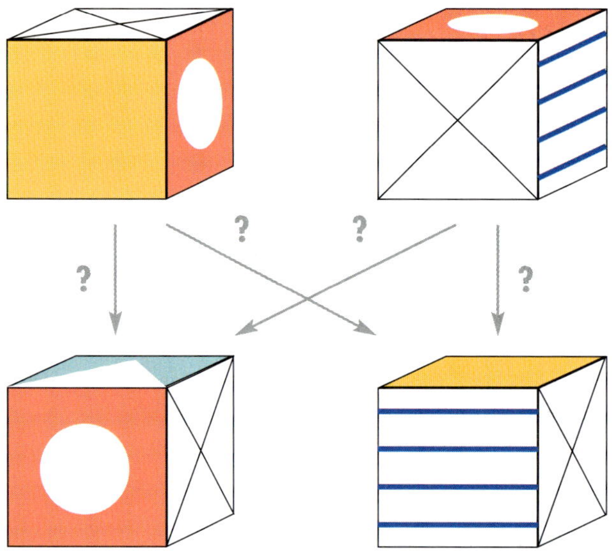

Wie flexibel ist Ihr Geist?

An dieser Stelle können Sie Ihr räumliches Vorstellungsvermögen auf die Probe stellen. Betrachten Sie die beiden oberen Würfel genau, und prüfen Sie in Gedanken, welchen davon Sie so drehen können, dass er daliegt wie einer der unteren. Hinweise: Achten Sie auf Farben und Muster benachbarter Flächen, und bedenken Sie, dass nicht sichtbare Flächen zum Vorschein kommen.

Routine geworden, sodass die Betreffenden sich mühelos „blind" zurechtfinden.

In der Routine lauern allerdings auch gewisse Tücken, denn sie verführt zur Unachtsamkeit. Gerade bei Kindern sollte man an Gefahrenpunkten, beispielsweise im Straßenverkehr, die inneren Landkarten mit ausdrücklichen geistigen Stoppschildern versehen. Man sollte die Kleinen immer wieder auf die Gefahr hinweisen.

Seit geraumer Zeit beschäftigt Hirnforscher und Neurologen die Frage, wo der räumliche Orientierungssinn im menschlichen Gehirn sitzt. Neueste Untersuchungen weisen darauf hin, dass der Hippocampus, ein Teil des Großhirns im Inneren des Schläfenlappens, eine wichtige Aufgabe bei der Orientierung haben könnte. Der Hippocampus gehört zum limbischen System, das als Schaltstelle für die Bewertung von Informationen und als Sitz des Kurzzeitgedächtnisses angesehen wird.

Die britische Neurologin Eleanor Maguire ist der Frage nach dem Sitz des menschlichen Orientierungssinns nachgegangen: Für ihre Untersuchungen wählte sie Londoner Taxifahrer als Testpersonen aus. Mithilfe von Computern, die die Durchblutung einzelner Gehirnregionen sichtbar machten, erforschte sie, welcher Teil des menschlichen Gehirns beim Navigieren besonders aktiv arbeitet. Sie bat ihre Testpersonen, in Gedanken ausgewählte Routen nachzuvollziehen, nachdem ihnen die Augen verbunden worden waren. Bei der Tourenbeschreibung zeigte die rechte hintere Hirnhälfte, wo der Hippocampus sitzt, heftige Aktivität. Dieser Bereich scheint die entscheidende Arbeit beim Lesen eines geistigen Stadtplans zu leisten. Eleanor Maguire erhielt ein ungewöhnlich eindeutiges Untersuchungsergebnis. Nur selten gelingt es Forschern, ein Gehirnareal so genau einzugrenzen, denn in der Regel sind mehrere Regionen im Gehirn an komplexen Denkprozessen beteiligt.

Sind Frauen schlechte Architekten?

Natürlich nicht. Allerdings haben mehr Frauen als Männer Schwierigkeiten mit der Lösung von Auf-

LÖSUNG DER ÜBUNG:
Die rechten Würfel sind gleich.

gaben, bei denen räumliches Denken gefragt ist. Dafür sind sie den Männern meist im Sprachtalent überlegen. Männer basteln gern, Frauen beschäftigen sich lieber mit Kommunikation – ein Unterschied, der auf der jeweiligen Gehirnstruktur beruht? Wissenschaftler vermuten es, haben bisher aber keine Beweise gefunden. Bekannt ist allerdings, dass während des Sprechens bei Frauen beide Hirnhälften gleich stark arbeiten, bei Männern jedoch vor allem die rechte Hälfte; sie ist unter anderem für räumliches Sehen zuständig. Vielleicht können Frauen besser mit Sprache umgehen, weil ihre Hirnhälften stärker vernetzt sind.

Eine Welt für sich

Die Landkarten in unserem Kopf beeinflussen unser Verhalten stärker als wir annehmen. Oft empfinden wir beispielsweise eine Landschaft als besonders anziehend oder als bedrohlich, können aber nicht erklären warum.

Wie sehr persönliche Erfahrungen die Karten in unserem Kopf prägen und wie extrem diese Karten unseren Bewegungsradius bestimmen, kann man bei Patienten mit Angststörungen beobachten. Wer unter Platzangst leidet, vermeidet weiträumige Orte oder große Menschenmengen. Andere Patienten fürchten eher das Gegenteil und erleben in engen Räumen Panikattacken; auch in großen Höhen gerät so mancher in Angstzustände. Die inneren Landkarten dieser Menschen haben viele schwarze Flecken: Eine Metropole wie New York lockt mit ihren gigantischen Hochhäusern Millionen Touristen an; für Menschen, die Höhenangst empfinden oder keinen Fahrstuhl betreten können, ist eine Stadt mit solch eindrucksvoller Architektur allerdings kein Traumziel, sondern ein regelrechter Alptraum.

Kinder verzeichnen auf ihren inneren Orientierungskarten beispielsweise spannende Spielplätze oder Geschäfte, die Süßigkeiten verkaufen. Wahrscheinlich findet man bei ihnen nicht das historische Rathaus oder das Kunstmuseum, das Touristen anlockt.

Neue Perspektiven

Ganz selbstverständlich gehen wir davon aus, dass unser Blick auf die Welt der einzig richtige ist. Auf einer australischen Weltkarte dagegen scheint für Europäer alles völlig verschoben, obwohl nichts daran gefälscht ist. Wenn wir diese Karte betrachten, werfen wir einen ganz neuen Blick auf die vertraute Geographie: Europa steht nun nicht mehr im Mittelpunkt, sondern ist nur noch eine kleine, unscheinbare Fläche – entweder am Rand der Karte oder jenseits ihrer Grenzen. Die Macht der Gewohnheit verschleiert eben manchmal den Blick für die Realität!

Wie sieht ein Australier die Erde? Hier ist es dargestellt. Der Blickwinkel erscheint uns fremd, weil Europa nirgends zu sehen ist. Jedes Land rückt sich auf Karten in den Mittelpunkt.

LEBENSFREUDE – BALSAM FÜR KÖRPER UND SEELE

Gönnen Sie sich hin und wieder Augenblicke der Entspannung, und denken Sie auch an die positiven und heiteren Seiten des Alltags. Bald merken Sie: Gelassenheit und Zuversicht sind äußerst wohltuend für die Seele.

Wer kennt sie nicht, die Tage, an denen man morgens kraftlos, niedergeschlagen oder erschöpft aufwacht und sich geradezu krank fühlt? Und dabei ist man körperlich völlig gesund. Andererseits gibt es Augenblicke im Leben, in denen wir wirklich krank sind, aber dennoch Lebensfreude und Zufriedenheit empfinden. Das sind die Momente, die uns deutlich machen, dass Gesundheit und Krankheit zwei Bereiche des Lebens sind, die sich nicht immer mühelos abgrenzen lassen.

Sich wohl zu fühlen bedeutet mehr als nicht krank zu sein

Körperliches Wohlbefinden hat für die meisten Menschen einen hohen, wenn nicht gar den höchsten Stellenwert. „Gesundheit ist nicht alles, aber ohne Gesundheit ist alles nichts" – heißt es auch in einer Redewendung, die diese Erkenntnis am treffendsten erfasst.

Doch was lässt sich aus der Tatsache schließen, dass wir manchmal körperlich zwar wohlauf sind, uns aber gleichzeitig krank fühlen? Es ist die Erkenntnis, dass zu einer guten Verfassung mehr gehört als nicht zu krank sein. Dieser Schluss, dass ein Mensch

Momente der Lebensfreude sind zwar kostbar, sie müssen aber deswegen nicht selten sein. Wichtig ist, jeden Augenblick zu genießen.

für sein körperliches Wohlergehen auch seelische Ausgeglichenheit braucht, ist im Grunde nicht neu, nur scheinen wir ihn mittlerweile vergessen zu haben.

Bis weit ins Mittelalter hinein wurden Körper, Geist und Seele des Menschen als untrennbares Ganzes, als Einheit angesehen. Erst in der Neuzeit kam es dazu, dass die Mediziner die Gesundheit des Menschen mit der Behandlung bzw. der Vermeidung seiner körperlichen Gebrechen gleichsetzten. Dies führte dazu, dass Krankheiten lediglich als eine Störung in der Funktion von Organen im menschlichen Körper angesehen wurden.

Der Mensch als Einheit von Körper, Seele und Geist

Dadurch, dass man im Menschen nur einen Träger seiner Krankheit sah, wurden die körperlichen und funktionalen Leiden sozusagen von seiner Gesamtpersönlichkeit losgelöst und gesondert behandelt. Diese Auffassung bewirkte, dass der Kranke zu einem seelenlosen Objekt verkam – Ausdrücke wie „der Blinddarm auf Zimmer 25“ verdeutlichen das zur Genüge. Und wenn bei jemandem keine körperlichen Beeinträchtigungen festgestellt werden konnten, so galt er nicht selten als eingebildeter Kranker.

Mittlerweile haben Mediziner erkannt, dass bei etlichen Erkrankungen die äußeren Faktoren eine wesentliche Rolle spielen. So etwa kann Rauchen Lungenkrebs verursachen, eine ungesunde Ernährung zu Bluthochdruck oder Herzinfarkt führen, oder Umweltgifte können den Menschen schädigen. Anhand dieser Beispiele lässt sich klar erkennen, wie wichtig es für jeden Menschen ist, solche äußere Risikofaktoren möglichst auszuschalten, d. h. nicht zu rauchen, sich gesund zu ernähren, Schadstoffe weitgehend zu meiden und außerdem regelmäßig Sport zu treiben.

Allmählich setzt sich in medizinischen Kreisen wieder das alte Wissen um die ganzheitliche Betrachtung des Menschen durch. Psychische Faktoren und soziale Einflüsse haben erhebliche Auswirkungen auf die Gesundheit, und an vielen Erkrankungen ist die Seele zumindest beteiligt. So etwa tritt der Herzinfarkt vermehrt bei ehrgeizigen Menschen auf, und nervöse Menschen werden häufiger von Allergien geplagt. Auch Stress, Trauer und Anspannung können dazu beitragen, die körpereigenen Abwehrkräfte zu schwächen. Wer hingegen zufrieden und entspannt lebt, besitzt häufig ein kräftigeres Immunsystem.

Bewusst leben statt nur dahintreiben

Das Wissen um die Wechselwirkung von Körper, Geist und Seele sollte nicht nur den Fachleuten vorbehalten bleiben. Wer sich dieser Einheit bewusst ist, wird mit sich selbst und auch mit den anderen umsichtiger umgehen. Er wird Sorgen und Kümmernisse zwar ernster nehmen, zugleich aber Freude und Glück intensiver empfinden und das Leben gelassener und positiver angehen.

Daß wir das Leben nur zu einem geringen Teil bewusst genießen und uns häufig bloß treiben lassen, das erkannte schon der römische Dichter und Denker Seneca. Diese Einsicht stimmt nicht nur nachdenklich, sie lässt uns zugleich fragen: Wann haben wir einen Tag das letzte Mal ausgiebig genossen? Wann haben wir uns dem Zwang der Zeit, der Uhr widersetzt und sind eigenen Wünschen und Stimmungen gefolgt? Das fällt vor allem jenen nicht leicht, die in der Tretmühle der Arbeitswelt stecken. Und dennoch: Bliebe nicht ausreichend Zeit, um sich, zumindest gelegentlich, den Luxus reiner Lebensfreude zu gönnen?

Lachen, lieben, länger leben

In sich hineinhorchen, der inneren Stimme folgen, Gefühle wahrnehmen und ihnen genügend Spielraum einräumen sind Fähigkeiten, die viele verlernt haben. Sind wir nicht allzu häufig lediglich mit der Gesunderhaltung unseres Körpers beschäftigt und vernachlässigen dabei unsere Seele?

Wer Stimmungen und psychische Befindlichkeiten beständig ignoriert, Ärger und Anspannung weder wahrnimmt noch abbaut, schädigt sich auf Dauer ebenso wie jemand, der raucht, viel Alkohol trinkt und sich zu wenig bewegt.

Die Forscher suchen heute nach jenen Faktoren, die die Menschen gesund erhalten oder zu ihrer Genesung beitragen. Sie vermuten, dass der Mensch allgemeine Ressourcen besitzt, die ihm helfen, Krisen zu bewältigen. Dazu zählen u. a. die soziale Vernetzung, das Vertrauen zu sich und zu den anderen und nicht zuletzt die Fähigkeit zu tiefer Lebensfreude.

Die Schule des Genießens

„Wer nicht genießt, wird ungenießbar“, hört man oft sagen, und in der Tat enthält diese Erkenntnis ein gutes Stück Wahrheit. „Klingt nicht mal so übel“, ist der erste

Mal die Seele so richtig baumeln lassen, auch das will gekonnt sein.

Gedanke, doch spätestens, wenn man überzeugt ist, sich dem Genuss hinzugeben, kommen die ersten Zweifel auf. „Alles schön und gut", fragt man sich, „aber wie packe ich's an?" Keine Angst, mit diesem Gedanken sind Sie nicht allein, denn viele Menschen tun sich schwer mit der Kunst des Genießens. Doch sie ist erlernbar.

Psychologen entwickelten ein Programm, mit dem die Fähigkeit zu genießen trainiert werden kann. Wichtig ist zunächst, dass Sie Ihre Sinne schärfen. Machen Sie z. B. mit Freunden oder Ihrer Familie folgende kleine Übung: Füllen Sie einen Korb mit Muscheln, Steinen, Blättern, Obst, Gewürzen, Parfüms, Stofftieren, Spieluhren, verschiedenen Stoffen und ähnlichen Dingen. Breiten Sie sie dann alle auf dem Tisch aus. Jeder Teilnehmer soll nun jeden Gegenstand daraufhin untersuchen, welche Sinne er anspricht und welche Erinnerungen er in ihm weckt.

Voraussetzung zum Genießenlernen ist jedoch, dass man dafür genügend Zeit aufbringt und diesen Prozess bewusst wahrnimmt. Nehmen Sie sich also Muße für angenehme Dinge, und konzentrieren Sie sich darauf. Auch hier gilt: „Weniger ist mehr", vor allem wenn es um Essen und Trinken geht. Nicht die Menge erzeugt den Hochgenuss, sondern die Intensität, mit der wir schmecken. Wichtig ist, dass Sie persönliche Vorlieben entdecken und Genusserlebnisse in den Alltag einbauen.

Das Leben aktiv meistern

Lebensfreude ist ein wesentliches Element für die Gesundheit des Menschen. Ebenso wichtig ist jedoch, innerlich davon überzeugt zu sein, dass man sein Glück selbst gestalten kann, dass man sich nicht den Höhen und Tiefen des Schicksals hilflos ausgeliefert fühlt, sondern das Leben aktiv anzupacken vermag. Dazu gehört die bereits erwähnte Fähigkeit, sich selbst Freude, Genuss und Glück zu verschaffen, genauso wie die Fähigkeit, Krisen und Misserfolge bewältigen zu lernen. Wer seine zuversichtliche Lebenseinstellung auch in schwierigen Zeiten nicht aufgibt, verfügt über einen guten gesundheitlichen Schutzfaktor.

Für die Bewältigung von Krisen ist zunächst die innere Haltung entscheidend – die Überzeugung, dass ich durch meine eigene Kraft oder mithilfe anderer Menschen Probleme bewältigen kann. Psychologen haben erkannt, dass erfolgreiche Menschen die Bewälti-

EINTÖNIGKEIT VERMEIDEN

Abwechslung und Spaß bringen Farbe in einen sonst oft grauen Alltag.

Sollten Sie sich nicht mehr erinnern, wann Ihnen zuletzt etwas richtig Freude bereitet hat, so ist es höchste Zeit, eine Änderung in Ihrem Alltag herbeizuführen. Dazu gibt es einen einfachen Weg.

◆ **Wie gehen Sie vor?**
Teilen Sie ein Blatt Papier in vier Felder, die Sie mit je einer Überschrift versehen. Das erste Feld heißt „Was macht mir Spaß mit anderen?", das zweite „Was bereitet mir allein Freude?", das dritte „Kultur und Bildung" und das vierte „Körper und Bewegung". Füllen Sie nun die Felder nach der Regel „Erlaubt ist, was gefällt" mit entsprechenden Tätigkeiten.

◆ **Spaß haben und nicht Stress empfinden**
Greifen Sie jene Aktivitäten heraus, die Sie am liebsten ausüben würden, und stellen Sie einen Wochenplan auf. Überlegen Sie dabei, wann und wie oft Sie ihnen nachgehen möchten und können. Vermeiden Sie, dass diese Wunschtätigkeiten in ein Pflichtprogramm zur Stressbewältigung ausarten.

◆ **An den Plan glauben**
Nur wenn Sie von Ihren Vorhaben selbst überzeugt sind, können Sie sie umsetzen.

gung der Aufgaben sich selbst und ihren Fähigkeiten zuschreiben, die Niederlagen jedoch auf äußere Umstände zurückführen. So etwa wird eine bestandene Prüfung als Folge der Begabung und des Lernens angesehen, eine schwache Arbeit dagegen als Ergebnis widriger Umstände. Andererseits zeigte sich, dass Menschen mit geringerem Selbstwertgefühl bestandene Aufgaben eher glücklichen äußeren Gegebenheiten und Zufällen zuschreiben, ihre Misserfolge aber der eigenen Unfähigkeit. Eine derartige, von Selbstzweifeln geprägte innere Haltung kann im Fall einer Krise schnell zu Apathie, Resignation oder gar Depression führen.

Ich weiß, dass ich es schaffe

Es gibt Denkmuster, die uns geradezu in die Hilflosigkeit treiben. Verallgemeinerungen wie „Nur mir passieren immer so furchtbare Dinge" oder „Immer mache ich alles falsch" und eine negative Einstellung wie „Das wird nie wieder gut" wirken lähmend und steigern das Gefühl der Machtlosigkeit. Derartige Grundhaltungen finden sich sehr häufig bei depressiven Menschen.

Begegnen Sie daher düsteren Stimmungen mit positiven Gedanken. Versuchen Sie zunächst, sich zu beruhigen, indem Sie tief durchatmen. Sie können sich dann er-

PSYCHOSOMATISCHE KRANKHEITEN

„Das schlägt mir auf den Magen", heißt es oft. Doch was hat es damit auf sich?

In diesem Fall muss man den Ausspruch wörtlich nehmen, denn der Magen reagiert auf Anspannung in der Tat extrem empfindlich – mit Magengeschwüren. Auch andere Organe können infolge psychischer Belastung geschädigt werden. Die Übertragungsweise der Gefühle auf das Immunsystem ist jedoch noch nicht geklärt. Dieser Frage geht die Psycho-Neuro-Immunologie nach, ein noch junger Forschungszweig.

Das Leben als eine Achterbahn: Wenn wir lernen, die Höhenflüge zu genießen und die Angst vor den Tiefen zu überwinden, meistern wir auch leichter die Unwägbarkeiten des Alltags.

PHANTASIEREISE ZU EINEM BAUM

In der Ruhe liegt die Kraft

Nur ein gelassener, entspannter Mensch findet zu einer positiven Lebenseinstellung. Wer stets unter Anspannung und Druck steht, wird sich kaum gesund fühlen. Deshalb ist es wichtig, sich regelmäßig in einen entspannten Zustand zu versetzen. Eine Möglichkeit dazu ist, sich mithilfe schöner Bilder und/oder ruhiger Musik auf imaginäre Reisen zu begeben.

Legen oder setzen Sie sich dazu bequem hin, und konzentrieren Sie sich auf das Bild des stattlichen Baums. Stellen Sie sich vor, Sie spazieren über eine blühende Wiese, in deren Mitte dieser Baum aufragt. Treten Sie näher, betasten Sie seine Rinde, und lauschen Sie dem Rascheln der Blätter. In seinen Zweigen sitzen zahllose Vögel, deren Gezwitscher die Stille ringsum durchdringt, und Bienen summen von einer Blüte zur nächsten. Sie legen sich nun unter den Baum und schauen in seine ausladende Krone.

Geben Sie sich bei dieser Reise Ihren Sinneseindrücken hin. Ihr Körper wird immer schwerer, es erfasst Sie eine wohlige Wärme, Ihr Atem geht ruhig, und Sie fühlen sich bald völlig entspannt.

mutigen und zureden: „Ich schaffe das schon“ oder „Fehler kann man ausbügeln“. Der Spruch „Alles nur halb so wild“ hilft Ihnen, Distanz zu gewinnen, und die Erkenntnis „Es könnte schlimmer sein“ oder „Wer weiß, wozu das gut ist“ relativiert die Tragweite der Dinge. Probieren Sie aus, welche Art der Bewältigungsgedanken Ihnen am ehesten liegt. Die „Formeln“ stimmen optimistisch und ermutigen, ein Problem aktiv anzugehen.

Die Seele kann auch den Körper heilen

Genauso wie negative psychische Einflüsse den Körper schädigen können, unterstützen positive Einstellungen den Heilungsprozess. So erklären sich auch die Sensationsberichte der Presse über Wunderheilungen, über die Genesung unheilbar Kranker. Wissenschaftlich werden solche Fälle als „Spontanheilung“ bezeichnet. Es kommt tatsächlich vor, dass sich vermeintlich todkranke Krebspatienten plötzlich erholen und dass ihre Tumore auf wissenschaftlich nicht erklärbare Weise verschwinden. Ein kalifornisches Institut hat in den letzten Jahren Tausende solcher Fälle registriert. Dennoch sind Spontanheilungen ausgesprochen selten und ein bislang wenig erforschtes Phänomen. Dabei suchen Wissenschaftler mittlerweile intensiv nach den psychischen Auslösern für Selbstheilungen.

Hoffnung versetzt auch Berge

Untersuchungen ergaben, dass die Fälle von Selbstheilung – so verschieden sie auch waren – trotzdem etwas gemeinsam hatten: Die Patienten änderten grundlegend

Wer möchte da nicht tauschen? Den nassen Sand unter den Füßen spüren und das Meer, das die Beine umspült, die Wärme der Sonne und den Wind auf der bloßen Haut. In solchen Augenblicken der Entspannung können wir den harmonischen Einklang von Seele und Körper fühlen.

ihren Lebensstil, nachdem sie von ihrer todbringenden Krankheit erfuhren. Sie überprüften ihre Lebensziele, stellten früher für wichtig gehaltene Aspekte wie soziale Statusfragen in den Hintergrund, ernährten sich bewusster und schufen sich ein insgesamt gesünderes Lebensumfeld. Zudem akzeptierten sie nicht ihr „Todesurteil", sondern kämpften aktiv gegen ihr Leiden und nahmen rege teil an der Behandlung.

Zum positiven Denken dieser Patienten gehörte auch ihre feste innere Überzeugung, dass sie es schaffen würden, die Krankheit zu besiegen, dass sie ihr nicht hilflos ausgesetzt seien, sondern ihren Verlauf beeinflussen könnten. Hinzu kam der Beistand von Helfern und Freunden. Außerdem glaubten diese Patienten fest daran, dass der Körper über starke Selbstheilungskräfte verfüge, die dazu beitrügen, das Leiden zu besiegen.

Es gibt also eine Reihe von Faktoren, die uns vor Krankheit schützen und die Gesundheit fördern. Wenn es uns gelingt, sie in unser Leben einzubauen, beugen wir nicht nur Krankheiten vor, sondern können sogar bereits vorhandene Leiden lindern und eventuell zum Verschwinden bringen.

Bilder besiegen den Krebs

Viele Mediziner, wie etwa das texanische Ärztepaar Simonton, machen positive Erfahrungen mit so genannten Visualisierungstechniken. Dabei werden die Patienten nach einer ausführlichen Befragung über ihr Leiden dazu angeleitet, sich ein möglichst exaktes Bild ihrer Krankheit vor Augen zu führen, also das Bild eines Tumors oder des kranken Herzens vor dem inneren Auge entstehen zu lassen. Anschließend sollen sie sich dann immer wieder intensiv vorstellen, wie sich die weißen Blutkörperchen auf ihre Krebszellen stürzen und sie vernichten oder wie sich die verengten Adern ihres Herzens weit öffnen und kräftig von Blut durchströmt werden. Diese Methode bewirkte bei einer Reihe von Patienten, dass sich die Tumore tatsächlich zurückbildeten.

Eine eindeutige wissenschaftliche Antwort darauf, ob und vor allem wie sich Krankheiten durch positives Denken beeinflussen oder gar heilen lassen, steht noch aus. Unbestritten ist aber, dass eine zuversichtliche, hoffnungsvolle Grundeinstellung eine Krankheit erträglicher macht.

Die Brücke zwischen Seele und Körper

Phänomene wie Spontanheilungen und Placebo-Effekt sind ein Nachweis für die enge Wechselwirkung zwischen der Psyche und dem

PLACEBOS: WENN DAS NICHTS DIE SEELE HEILT

Placebos heißen die Scheinmedikamente, für deren rätselhafte Wirkungsweise die Wissenschaft noch keine eindeutige Erklärung kennt.

◆ Seltsame Beobachtungen

Im Rahmen von Versuchen zur erstaunlichen Heilkraft der Psyche machten die Forscher eine sonderbare Feststellung: Erhält ein Patient eine Tablette, die Linderung verspricht, tritt oft eine Besserung ein, auch wenn die Arznei nur einen sonst wirkungslosen Ersatzstoff enthält. Dieses Phänomen wird „Placebo-Effekt" genannt. Vor allem Schmerzpatienten, die Scheinpräparate erhalten haben, berichten von einer deutlichen Schmerzlinderung, vorausgesetzt sie glauben, ihnen wurde ein „echtes" Schmerzmittel verabreicht.

◆ Mögliche Erklärung

Schon die Erwartung einer Schmerzlinderung regt den Körper an, die Menge an Endorphinen, d. h. an eigenproduzierten, schmerzlindernden Stoffen, zu erhöhen. Forschungen belegen zudem, dass die Wirkung einer Arznei zu 55 bis 60 Prozent auf psychischen Vorgängen wie der Vorstellungskraft der Patienten basiert.

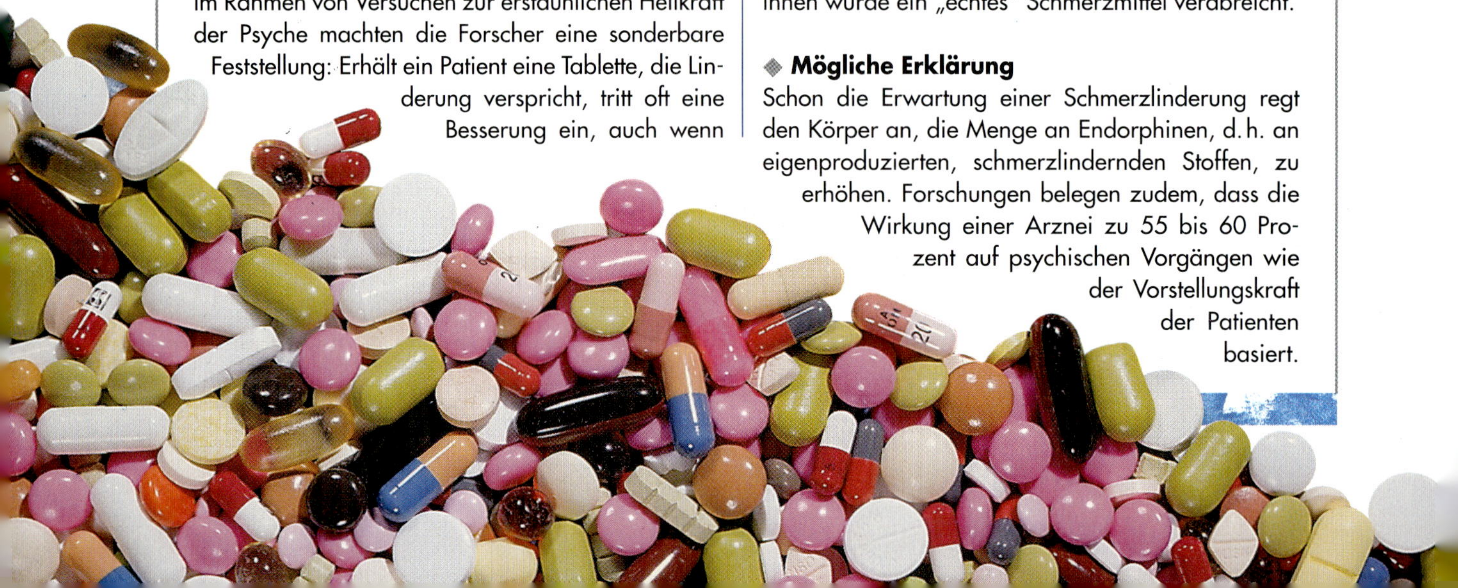

SECHS WEGE ZUM GLÜCK

So verschieden wie die Menschen, so individuell ist auch die Vorstellung vom Glück. Dennoch gibt es einige Regeln, die den Weg dahin erleichtern.

◆ **Genießen Sie den Augenblick!**
Denken Sie nicht nur an die Zukunft, widmen Sie sich der Gegenwart mit ihren guten und schlechten Seiten.

◆ **Zeigen Sie gute Laune!**
Setzen Sie schon morgens eine heitere Miene auf, und lächeln Sie – das kostet nichts und wirkt oft Wunder auf Ihre Umgebung.

◆ **Knüpfen Sie Kontakte!**
Investieren Sie Energie in Freundschaften. Soziale Kontakte sind die stärkste Quelle des Glücks.

◆ **Wagen Sie Neues!**
Suchen Sie Arbeiten oder Hobbys, die Sie herausfordern. Das Meistern schwieriger Aufgaben setzt Glückshormone frei und steigert auch das Selbstwertgefühl.

◆ **Wichtiges beachten!**
Konzentrieren Sie sich nur auf das Wesentliche. Entziehen Sie sich bewusst der modernen Reizüberflutung.

◆ **Bauen Sie Stress ab!**
Entspannungsübungen verhelfen zu mehr Gelassenheit und innerer Ruhe.

Körper des Menschen. Welche Rolle seelische Faktoren jedoch beim Ausbruch von Krankheiten genau spielen, und vor allem auf welche Weise Gefühle die chemischen Prozesse im Körper beeinflussen, diesen Fragen geht die Psycho-Neuro-Immunologie (PNI) seit Ende der 80er-Jahre nach.

Dieser Forschungszweig vereint Wissenschaftler unterschiedlichster Bereiche – Psychologen, Psychiater, Immunologen, Neurologen und Endokrinologen – , die gemeinsam versuchen, die Verbindung von Seele und Körper zu entschlüsseln. Dies führte zu einer Reihe interessanter Feststellungen. Dazu zählt auch die Entdeckung, dass bestimmte Nervenbahnen von Organen, die zu unserem körpereigenen Abwehrsystem, dem Immunsystem, gehören, über direkte Verbindungen zum Gehirn verfügen. Auf diese Weise können beispielsweise unsere Lymphknoten und die Milz im Krankheitsfall eine Produktion von Abwehrzellen anregen. Aber es gibt auch den umgekehrten Weg, indem die Immunzellen durch das Hormonsystem beeinflusst werden. Unsere Gedanken und Gefühle wirken also vermutlich über verschlungene Pfade auf das Immunsystem. Im Krankheitsfall leitet dieses dann die Botschaft ans Gehirn weiter und beeinflusst dadurch unseren Gefühlshaushalt. Noch steckt die PNI in ihren Anfängen, doch sie könnte in Zukunft völlig neue Wege zur Behandlung sowohl psychischer als auch körperlicher Leiden eröffnen.

Auch das gehört zum Glücksgefühl im Alltag: sich mit geschlossenen Augen zurückzulehnen, sich seinen Stimmungen zu überlassen und der Zukunft entspannt entgegenzusehen.

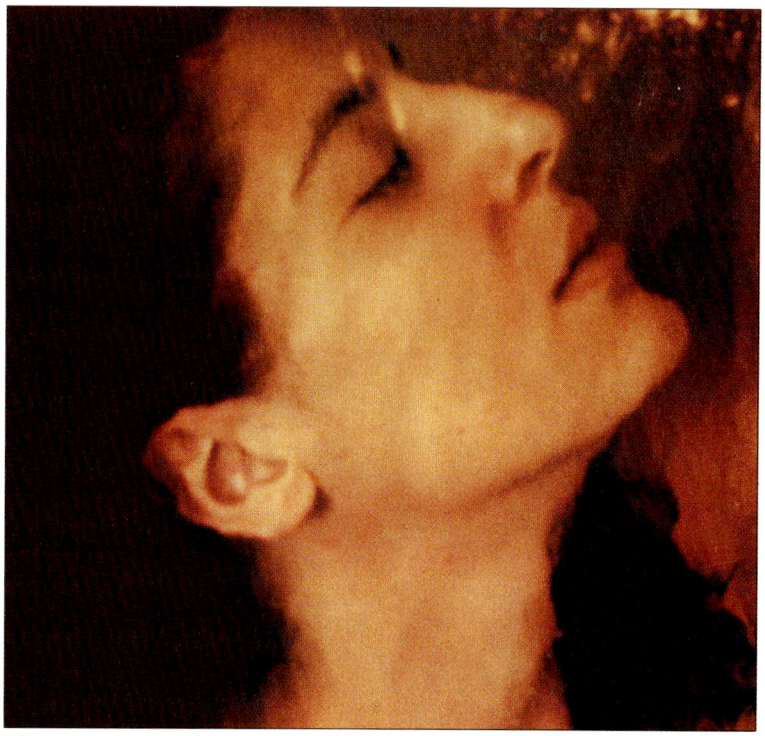

EIN NETZ AUS GEBORGENHEIT

Über Telefon, Fax oder Internet sind wir heute fast rund um die Uhr erreichbar, und dennoch häufen sich die Klagen über Einsamkeit. Wer sie vermeiden oder überwinden will, muss auf seine Mitmenschen zugehen. Nur so bleiben Körper und Seele gesund.

Hektik bei der Arbeit, Ärger mit den Kindern, in letzter Minute noch die Einkäufe erledigen, und in der Küche türmt sich der Abwasch – solch stressige Alltagssituationen sind den meisten von uns nur allzu vertraut. Doch nicht allein die tägliche Hetze macht uns zu schaffen. Es gibt etliche Ereignisse in unserem Leben, die weitaus deutlichere Spuren hinterlassen als etwa Kinder oder Karriere.

Einsamkeit macht krank

Die Psychologie kennt eine Reihe schwerer seelischer Erschütterungen, die in unserer Seele nachhaltige Spuren hinterlassen. Dazu gehören der plötzliche Tod des Lebenspartners, Scheidung, Verlust des Arbeitsplatzes oder auch hohe Schulden. Aber selbst altersbedingte Veränderungen im Leben wie etwa Pubertät, Wechseljahre, Ausscheiden aus dem Berufsleben oder der Auszug der Kinder aus dem Elternhaus bleiben nicht ohne Folgen. In diesen Situationen ist es besonders wichtig, Menschen zu haben, bei denen man sich aussprechen kann, denn soziale Isolation verdoppelt das Krankheits- und Sterberisiko.

Welche Rolle die Unterstützung durch die Mitmenschen spielt, be-

In einer solchen Runde ist für Jung und Alt genügend Platz. Jeder fühlt sich aufgehoben und als Teil einer Gemeinschaft. Und gerade das brauchen wir alle so dringend.

legt auch eine Untersuchung der Weltgesundheitsorganisation: Über zwölf Jahre hinweg wurde eine amerikanische Kleinstadt beobachtet, in der die Bewohner – vor allem italienische Einwandererfamilien – ihren besonders engen traditionellen Zusammenhalt beibehalten hatten. Sie litten zwar an denselben Risikofaktoren wie Übergewicht, Rauchen und Bewegungsmangel wie die Bewohner der umliegenden Gegend, dennoch war die Rate tödlich verlaufender Herzinfarkte nur halb so hoch wie in den benachbarten Städten. Die Geborgenheit einer intakten sozialen Struktur wirkte offensichtlich als Schutzfaktor. Je mehr sich dieser Zusammenhalt in den späteren Jahren auflöste, desto mehr glich sich die Herzinfarktrate an die der Umgebung an.

Leben im Einklang mit sich selbst

Die zunehmende Vereinsamung in unserer Gesellschaft fordert einen hohen Preis. Der Geborgenheit in einer Gemeinschaft kommt neben dem sozialen Aspekt nicht nur eine hohe Schutzwirkung gegenüber Krankheiten zu, vielmehr lässt sie Menschen auch schneller genesen. Studien haben z. B. belegt, dass Menschen, die im Krankenhaus regelmäßig besucht werden, deutlich schneller gesund werden.

Eines gilt jedoch bei sozialen Kontakten sicher nicht: das Prinzip „je mehr, desto besser". Wie so oft ist auch hier lediglich die

WAS VOM TAG ÜBRIG BLEIBT

Es ist ein ureigenes Bedürfnis des Menschen, sich auszusprechen, doch nicht immer fällt es leicht, sich den anderen mitzuteilen.

◆ Dem Herzen Luft machen

„Wes das Herz voll ist, des geht der Mund über", lautet ein altes Sprichwort. Könnte es ein schöneres Bild für unseren Drang geben, uns auszusprechen? Wenn wir Kummer loswerden wollen, dann reden wir uns etwas „von der Seele" und bauen so den aufgestauten inneren Druck ab.

◆ Vertrauen ins Tagebuch

Manchen von uns fällt es schwer, die persönlichsten Gedanken mitzuteilen; andere empfinden es vielleicht als peinlich, allzu Persönliches fremden Ohren preiszugeben. Warum nicht also zum altbewährten Tagebuch greifen? Seine Daseinsberechtigung hat es nach wie vor behalten: Wir können ihm all unsere Gedanken anvertrauen, und es wird eisern schweigen. Hinzu kommt der therapeutische Effekt: Während wir unsere Gedanken schriftlich festhalten, gewinnen wir Abstand von den Problemen und werden gezwungen, uns für eine Weile mit den Ereignissen des Tages zu beschäftigen. Studien belegen es: Wer seine Sorgen dem Papier anvertraut, wird seltener krank.

◆ Träume festhalten

Träume werden oft als Signale des Unbewussten gedeutet, die eine Botschaft überbringen. Meist vergessen wir sie jedoch schon kurz nach dem Erwachen. In einem Traumbuch können wir über längere Zeit hinweg verfolgen, was wir im Schlaf bewältigen müssen. Und wir können die Träume später bestimmten Lebensphasen zuordnen.

Tagebücher helfen der Erinnerung auf die Spur. Warum also nicht bei der nächsten Reise aufschreiben, was Sie inmitten der herrlichen Landschaft gefühlt haben?

WENN DER TAG ZUR NACHT WIRD

Hellwach in der Nacht, schläfrig am Tag, Hungergefühle zu den ungewöhnlichsten Stunden – wer kennt sie nicht, die Folgen der plötzlichen Zeitumstellung? Wie erklären sie sich, und was kann man dagegen tun?

Jährlich fliegen Abermillionen Menschen um den Erdball und damit durch mehrere Zeitzonen. Am Zielort aber bleiben sie oft nachts hellwach und sind tagsüber müde. Vielflieger kennen das Phänomen: Jetlag heißt das Syndrom, bei dem unsere innere Uhr in den ersten Tagen nach der Umstellung aus dem Takt gerät. Der Körper folgt noch dem gewohnten biologischen Rhythmus: Obwohl es Tag ist, produziert die Zirbeldrüse, die weiterhin auf das „Nachtprogramm" eingestellt ist, größere Mengen des Hormons Melatonin, das den Schlaf-wach-Rhythmus steuert. Die Folge ist, dass wir uns matt und schläfrig fühlen und dass letztlich auch unsere Kommunikationsfähigkeit tagsüber darunter leidet. Nachts dagegen folgt die innere Uhr weiterhin dem „Tagesprogramm", das für niedrige Melatoninwerte und damit für Munterkeit sorgt. Diese Umstellung lässt sich mittlerweile in den USA durch die Einnahme von Melatonintabletten unabhängig von den Lichtverhältnissen steuern. Empfehlenswerter ist es aber, den eigenen Rhythmus an die äußeren Faktoren anzupassen. Wer längere Zeit am Zielort bleibt, sollte sich daher möglichst viel dem Tageslicht aussetzen, also lang wach bleiben und erst zu Bett gehen, wenn es dunkel ist. Man kann sich auch vor Reiseantritt an die bevorstehende Zeitverschiebung anpassen. Je nach Zielort verlängern oder verkürzen Sie Ihren Schlaf, bis Sie die entsprechende Zeitverschiebung eingeholt haben. Bei einem Flug nach Florida – der Zeitunterschied beträgt sechs Stunden – bedeutet das: Drei Tage lang zwei Stunden später einschlafen, und schon hat man den Jetlag aufgehoben.

Qualität ausschlaggebend. Unzählige Kontakte verhindern, dass die einzelnen Beziehungen in die Tiefe gehen. Von den vielen Menschen, die man kennt, bleibt oft nur eine Hand voll übrig, die sich auch in der Not bewährt, weil die Bindung zu ihr verlässlich ist. Um sich geborgen fühlen zu können, müssen die Kontakte häufig und regelmäßig zustande kommen sowie fürsorglich sein. Viele Psychologen glauben, dass das Bedürfnis nach sozialer Geborgenheit genauso groß ist wie das nach Nahrung.

Doch zu einem gesunden Lebensstil gehört auch, dass wir mit uns selbst in Einklang leben. Die Kunst besteht darin, den richtigen Rhythmus zu finden.

Unser Leben ist bestimmt von ständigen Wechseln. Die Atmung und der Herzschlag folgen einem eigenen Rhythmus ebenso wie unsere Wach- und Schlafphasen. Während manche Zyklen jedoch nur Bruchteile von Sekunden oder auch mehrere Stunden dauern, gibt es Zyklen, wie etwa die weibliche Menstruation, die im Monatsrhythmus verlaufen.

Doch auch der Verlauf eines Jahres hinterlässt seine Spuren in der Seele und im Körper. Unterschiedliche Lichtverhältnisse beeinflussen die Vorgänge im Körper. In der dunklen Jahreszeit fallen manche Tiere in den Winterschlaf. Die ersten Sonnenstrahlen im Frühjahr dagegen sorgen für Schwung in unserem Leben. Sogar während des Tages unterliegen wir Schwankungen. Viele Menschen haben am Morgen und am frühen Nachmittag einen Energieschub, machen aber während der Mittagszeit und am Abend eher schlapp.

Wenn die innere Uhr aus dem Takt gerät

Was geschieht, wenn die inneren Rhythmen nicht mehr im Einklang sind, zeigt sich am besten bei Flügen über mehrere Zeitzonen. Wir werden müde, auch wenn am Ankunftsort gerade Mittag ist. Mitten in der Nacht dagegen sitzt man hellwach im Bett, weil der Körper noch auf den bisherigen Rhythmus eingestellt ist. Es dauert oft Tage, bis wir diesen so genannten Jetlag richtig überwunden haben.

Auch Schichtarbeiter wissen davon zu berichten, wie sehr der ständige Wechsel der Schlafzeiten ihr Wohlbefinden beeinträchtigen kann. Oft klagen sie über verminderte Leistungsfähigkeit, Magenbeschwerden und eine erhöhte Anfälligkeit für Infekte. Denn wer in der Nacht arbeitet, lebt sozusagen gegen seinen inneren Taktgeber. Nur unter größten Mühen passt sich der Körper diesem unnatürlichen Wechsel von Tag und Nacht an. Zusätzlich sind Nachtarbeiter oft auch von sozialen Kontakten isoliert. Daher gilt die Regel: Wer gesund bleiben will, muss im Einklang mit sich selbst, mit seinem inneren Rhythmus und mit den äußeren Faktoren leben.

Gesundheit ist kein Zufall

Während in Entwicklungsländern Infektionskrankheiten die hauptsächliche Todesursache sind, stehen in Industrieländern Herz-Kreislauf-Erkrankungen an erster Stelle. Dabei können, wie Untersuchungen amerikanischer Ärzte zeigen, die Patienten durch eine veränderte Lebensweise den Verlauf ihrer Krankheit um bis zu 50 Prozent selbst beeinflussen.

Es reicht aber nicht, die Hauptrisikofaktoren – Nikotin, Alkohol, fettreiches Essen und Bewegungsmangel – auszuschalten, vielmehr müssen auch das soziale Umfeld verbessert und ein gesundheitsfördernder Lebensstil eingehalten werden. Entspannung und Anspannung müssen im Gleichklang sein. Übertriebene Hektik und Geschäftigkeit machen auf Dauer ebenso

Auch unser Schlaf und unsere Träume folgen dem natürlichen Rhythmus von Aktivität und Ruhe. Man nimmt an, dass während der Traumphasen wichtige Tagesereignisse abgespeichert und verarbeitet werden.

krank wie ständige Untätigkeit. Es gilt wie in allen Dingen: Das richtige Maß ist entscheidend. Nur so kann der Tag erfüllt und die Nacht geruhsam sein. Wer tagsüber aktiv sein will, muss nachts auch gut schlafen. Im Lauf der Nacht nämlich wird das Gehirn mit deutlich mehr Sauerstoff versorgt, während Blutdruck, Herz- und Atemfrequenz die meiste Zeit über niedriger sind als am Tag.

Wie man sich bettet, so liegt man

In der ersten Hälfte der Nacht produziert der Körper verstärkt Wachstumshormone. In der zweiten schüttet er mehr Kortisol aus und unterstützt dadurch das Immunsystem. Daher rührt auch das alte Sprichwort: „Wir schlafen uns gesund." Die nächtlichen Träume halten uns seelisch fit, denn wer lange nicht schläft, wird gereizt oder sogar depressiv. Doch durch den Druck des Alltags leiden immer mehr Menschen unter Schlafstörungen. Sie können nicht einschlafen, wachen nachts auf und sind am nächsten Morgen wie gerädert. „Ich habe die ganze Nacht wach gelegen", stöhnen viele, wenn der Wecker morgens klingelt.

Leider ist der Versuch, sich zum Schlafen zu zwingen, zum Scheitern verurteilt, denn das Bedürfnis zu schlafen lässt sich nicht von unserem Willen kontrollieren. Und paradoxerweise ist es erst recht die Angst vor dem Nicht-schlafen-Können, die uns wach hält. Wer also nicht einschlafen kann, sollte wissen: Der Körper wird sich immer den Schlaf holen, den er braucht. Und auch das nächtliche Aufwachen ist kein Alarmzeichen, sondern ein ganz normaler Vorgang während der verschiedenen Schlafphasen. Daher kann man nur raten, sich nicht darüber zu ärgern. Außerdem ist wichtig: entspannt bleiben, keinen Alkohol trinken und keine Schlafmittel nehmen, denn sie verändern auf Dauer die natürliche Abfolge der einzelnen Schlafstadien.

Sanft in Morpheus' Armen

Auch ständiges Grübeln hat im Bett nichts verloren. Stattdessen sollten Sie versuchen, Ihre Gedanken auf Angenehmes zu lenken. Gehen Sie möglichst immer zur gleichen Zeit schlafen, denn so

Wenn der Vollmond am Himmel steht, können viele Menschen erst recht nicht schlafen. Versuchen Sie es mal mit Omas Hausmitteln: Ein wohltuendes Entspannungsbad oder eine Tasse Melissentee wirkt oft Wunder.

gewöhnt sich der Körper an den Schlaf-wach-Rhythmus. Trinken Sie vor dem Schlafengehen ein Glas Milch, oder hören Sie beruhigende Musik. Auch der gute alte Kräutertee ist ein probates Mittel gegen Schlafprobleme. Melisse beispielsweise wirkt beruhigend auf das Nervensystem. Wer trotz aller Hausmittel auf Dauer wach im Bett liegt, sollte mit Entspannungsübungen wie autogenem Training dem Körper die nötige Gelassenheit und Gelöstheit verschaffen, die Voraussetzung für einen erholsamen Schlaf sind.

Um den Schlaf gebracht

Doch manchmal rauben uns auch Ereignisse des Lebens den Schlaf. Probleme mit dem Partner, ein unerwarteter Todesfall oder die Angst um den Arbeitsplatz können zu einem seelischen Tief führen. Gefühle von Einsamkeit, Niedergeschlagenheit oder Trauer kennt jeder, sie sind die Kehrseite des Glücks und gehören zum Wechselspiel des Lebens.

Wer jedoch auch nach geraumer Zeit nicht über Schicksalsschläge hinwegkommt oder grundlos wiederholt von einem Gefühl der Sinnlosigkeit übermannt wird und in einen Zustand der Apathie verfällt, leidet vielleicht unter einer Depression. Diese kann sich auch dadurch äußern, dass es dem Betroffenen schwer fällt, einen klaren Gedanken zu fassen. Er kann sich kaum auf einfache Dinge konzentrieren oder einem Gespräch folgen und hat Mühe, die richtigen Worte zu finden.

Meist fühlen sich diese Menschen ständig müde, abgespannt und ohne Hoffnung. Was ihnen früher wichtig war, ist ihnen nun

WEGE AUS DEM SEELENDUNKEL

Jeder von uns durchläuft Phasen, in denen nichts Spaß macht, sodass uns das Leben sinnlos erscheint. Wie kann man so ein seelisches Tief überwinden?

◆ Auf Menschen zugehen
Auch wenn man sich am liebsten vor der Umwelt verkriechen möchte, den einzigen Ausweg aus der Isolation bildet der soziale Kontakt. Entscheidend dabei ist es, auf andere Menschen zuzugehen, das Gespräch mit ihnen zu suchen und sich ihnen anzuvertrauen. Gemeinsame Aktivitäten wie Spaziergänge, Ausstellungs- oder Konzertbesuche können der erste Schritt sein, um wieder Freude am Leben zu gewinnen.

◆ Bewegung tut gut
Wer für ausreichende und regelmäßige Bewegung sorgt, lebt nicht nur gesünder und sieht besser aus, er besitzt auch ein gestärktes Selbstwertgefühl. Etliche Aktivitäten helfen ferner, depressiven Zuständen vorzubeugen. Beim Sport werden ab einer gewissen Belastung so genannte Glückshormone ausgeschüttet, die für ein seelisches Hoch sorgen. Hinzu kommt, dass Bewegung den Zustand der körperlichen Erstarrung, der in der Depression so bedrückend wirkt, lindern kann.

◆ Heiltee schafft Abhilfe
Gegen leichte seelische Verstimmungen hält die Natur ein bewährtes Mittel bereit: den wohltuenden Tee aus Johanniskraut.

◆ Der Gang zum Arzt
Mitunter nehmen Depressionen dramatische Formen an. Wie bedrückend die Last für den Einzelnen sein kann, kommt eindringlich im Gemälde „Der Schrei" von Edvard Munch zum Ausdruck. Bei schweren Depressionen, nicht nur wenn sie mit Selbstmordgedanken einhergehen, sollte man unbedingt den Arzt aufsuchen. Er kann stimmungsaufhellende Medikamente, so genannte Antidepressiva, verordnen. Oft ist auch die Psychotherapie der richtige Weg.

Angst vor dem Alter? Keine Spur! Jetzt kann man unbesorgt neue Kontakte zu seinen Mitmenschen knüpfen und dem Wechselspiel von Ruhe und Aktivität folgen.

gleichgültig geworden, nichts vermag ihr Interesse zu wecken. Ein sinnloser Tag reiht sich an den anderen, und Zukunft wie Vergangenheit erscheinen gleichermaßen trostlos. Depression ist eine Art seelischer Tod, ein Zustand der Erstarrung, der von den Betroffenen als überaus schmerzhaft empfunden wird.

Anders als das Gefühl der Trauer, das jeder Mensch in den verschiedenen Phasen des Lebens erfährt, kann z. B. ein emotional nicht verarbeiteter Verlust zu innerer Leere, zu Gefühlskälte und Teilnahmslosigkeit führen. Der französische Schriftsteller Albert Camus bemerkt in seinem Roman „Der Fremde", dass ein depressiver Mensch sich selbst und anderen gegenüber entfremdet durch die Welt wandert. Es mangelt ihm im Grund an dem, was den Kern allen Erlebens ausmacht: dem Gefühl, etwas wert zu sein.

Eine derartige Empfindungsstörung kann bei jenen Menschen auftreten, die in der Kindheit wie-

SEINEM HERZEN LUFT MACHEN

Bluthochdruck, Rauchen, fettreiche Ernährung – das sind die bekanntesten Risikofaktoren des Herzinfarkts. Seit neuestem rechnet man jedoch auch bestimmte menschliche Charakterzüge dazu.

◆ Wer ist gefährdet?

Wenn ein Kollege einen Herzinfarkt erleidet, sitzt der Schreck in der Abteilung tief. „Bin ich auch dafür anfällig?", fragt sich jeder und geht im Geist die Risikofaktoren durch. Neuerdings müssen auch persönliche Eigenschaften dazugerechnet werden. Untersuchungen haben gezeigt: Wer sich nicht öffnen kann und eine ablehnende Haltung gegenüber den Mitmenschen einnimmt, geht ein erhöhtes Infarktrisiko ein. Misstrauen und Zynismus führen zu innerer Isolation und verhindern eine positive Stressbewältigung.

◆ Richtiges Verhalten

Offenheit, Vertrauen zu anderen und ein intaktes soziales Netz wirken sich positiv auf das Herz aus. So etwa hat Japan die niedrigste Herzinfarktrate unter allen Industrieländern. Dies wird dadurch erklärt, dass soziale Geborgenheit – dazu zählt auch das Gefühl der Zugehörigkeit zu einem Unternehmen – wichtiger ist als persönlicher Ehrgeiz. Trauen Sie sich also, auf Ihre Kollegen zuzugehen. Und suchen Sie jemanden, dem Sie ab und zu Ihr „Herz ausschütten".

derholt erfahren mussten, dass niemand an ihrem Schicksal Anteil nahm. Sie fühlen sich zutiefst einsam und misstrauen ihrer Umgebung. Lediglich ein ausgeprägtes Pflicht- und Verantwortungsgefühl trägt sie durch das Leben, das ihnen jedoch sinnentlehrt scheint.

Krankheit als Chance

Wer heute seelisch oder körperlich erkrankt, muss sich nicht mehr nur der Schulmedizin anvertrauen. So mancher sucht Hilfe in ganzheitlichen Heilmethoden, die von einem völlig neuen Ansatzpunkt ausgehen: Krankheit wird als ein Weg betrachtet, über den der Körper mitteilt, welche seelischen Defekte wir haben. Behandelt werden müssen dann Körper, Geist und Seele.

Die Krankheit kann, diesen Heilmethoden zufolge, auch eine Chance sein, negative Entwicklungen zu korrigieren. Dabei werden den einzelnen Organen bestimmte Rollen zugeordnet. Probleme mit dem Darm werden als ein Hinweis darauf angesehen, dass wir etwas „nicht richtig verdaut“ haben.

Viele Menschen sehnen sich danach, im Einklang mit der Natur zu leben, und hoffen so, uralt zu werden. Sie fragen sich, welche Geheimrezepte die ältesten Menschen der Welt wohl haben. Die einen essen reichlich Knoblauch, die anderen trinken täglich ihr Gläschen Schnaps und werden allen medizinischen Statistiken zum Trotz steinalt.

Altern – warum?

Auch die Medizin befasst sich seit längerem mit der Frage: Warum altern wir überhaupt? Ist es Zufall oder steckt ein genetisches Programm dahinter? Der Prozess des Alterns stellt für die Forscher eines der größten Rätsel dar. Sie versuchen herauszufinden, was den Organismus irgendwann dazu veranlasst, seine Funktion einzustellen. Nachgewiesen ist aber, dass das Altern nicht zwangsläufig mit einem Nachlassen der geistigen Kräfte einhergeht. Jeder kennt Personen, die trotz ihres hohen Alters die Kommunikation mit ihren Mitmenschen suchen und sich als Teil der Gemeinschaft fühlen. Doch weder Verjüngungspillen noch andere Wundermittel können die Zeit aufhalten. Jeder Mensch trägt in sich eine biologische Uhr, die unaufhörlich tickt. Sie allein bestimmt, wann das Ende eintritt. Entscheidend dafür ist die Anzahl der Zellteilungen im menschlichen Körper, die ebenfalls durch den genetischen Code vorgegeben ist.

Nicht zuletzt dank der modernen Medizin werden wir heute viel älter als frühere Generationen: Die durchschnittliche Lebenserwartung der Frauen beträgt 77 Jahre, die der Männer etwas weniger. Dabei wurden die Menschen im Mittelalter nur selten 40 Jahre alt.

Bewegung, richtige Ernährung und ein gesundes soziales Umfeld tragen wesentlich dazu bei, dass wir im Alter nicht nur körperlich fit bleiben, sondern auch die Fähigkeit zur Kommunikation erhalten.

DAS RÄTSEL MENSCH ENTSCHLÜSSELN

Werden unsere Eigenschaften durch die Gene oder durch die Umwelt geprägt? Sicher ist jedenfalls, dass sich ererbte Anlagen nur entfalten können, wenn wir entsprechende Anregungen bekommen.

Rund sechs Milliarden Einwohner zählt die Erde mittlerweile. Menschen sind auf den Mond geflogen und haben den Computer erfunden, Herzen verpflanzt und Wolkenkratzer gebaut. Der Mensch hat aber zwei Seiten: Einerseits ist er ein barbarisches Monster, das Kriege anzettelt und Gräueltaten verübt, dann wieder selbstloser Helfer, der sein Leben für andere aufs Spiel setzt. Vieles, was man früher als rein menschlich angesehen hat, wurde inzwischen bei Menschenaffen beobachtet – trotzdem sind wir einzigartig.

Seit langer Zeit streiten sich die Gelehrten, ob uns die Erbanlagen oder die Umwelt zu dem machen, was wir sind. Der Verhaltensforscher Desmond Morris ist überzeugt, dass unser Verhalten im Wesentlichen genetisch bedingt ist. Wir können jedoch unsere Impulse viel besser kontrollieren als unsere tierischen Verwandten.

Alle Völker der Erde handeln trotz zahlreicher Unterschiede in Sitten und Gebräuchen nach ganz ähnlichen biologischen Grundmustern. Es gibt zwar viele verschiedene Kulturen, Gesellschaftsformen und Religionen, aber in allen lachen und verlieben sich Menschen auf die gleiche Weise – und alle verständigen sich mit einer komplizierten Sprache. Sie ist die Voraussetzung für die geistige

Genetisch unterscheiden wir uns nur minimal von den Schimpansen, unseren nächsten Verwandten; dennoch sind wir den Menschenaffen intellektuell weit überlegen.

WIE WIR WERDEN, WAS WIR SIND

Lange waren die Psychologen sicher, dass unsere Persönlichkeit durch die Erziehung geprägt wird. Heute erkennt man immer mehr die Bedeutung der Erbanlagen.

Die Seele eines Kindes, hieß es früher oft, gleiche einem weißen Blatt Papier, das die Eltern im Lauf der Zeit voll schrieben. Heute sehen die Forscher diesen Prozess anders; in vielen Studien wurde erwiesen, dass die Gene unser Verhalten erheblich beeinflussen.

Bei der Persönlichkeitsbildung und der Entwicklung geistiger Fähigkeiten spielen die Erbanlagen eine entscheidende Rolle. Durch Erziehung können Eltern den Charakter und das Temperament ihrer Kinder nur sehr beschränkt beeinflussen – sie können bestimmte Veranlagungen höchstens fördern oder ihre extreme Ausprägung verhindern. So wird ein musikalisch begabtes Kind in der Regel nur dann ein erfolgreicher Künstler, wenn es die richtige Unterstützung erfährt. Auch Boris Becker erklärt seinen Erfolg damit, dass er bereits als Kind viel Zeit mit seinen Eltern auf dem Tennisplatz verbrachte. Das Milieu trägt also maßgeblich zur Entfaltung der Talente bei. Lob und Ermutigung der Mitmenschen sind ein entscheidender Ansporn.

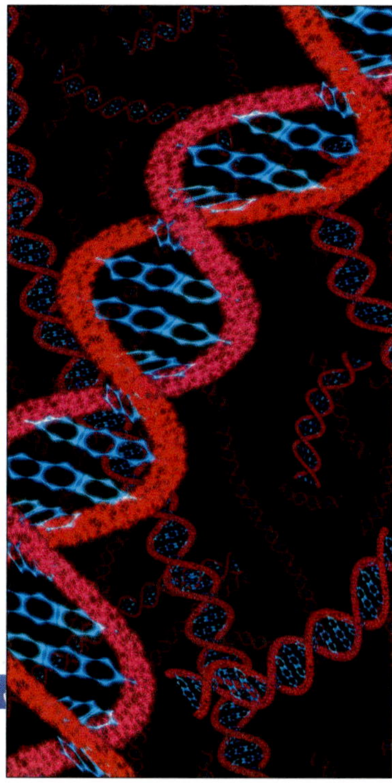

Entwicklung, durch die wir uns von anderen Lebewesen unterscheiden. Erst die Kommunikation mit anderen Menschen kann die Intelligenz eines Kindes wecken.

Genetiker und Verhaltenspsychologen versuchen seit vielen Jahrzehnten, das Rätsel zu lösen, wie sich Persönlichkeit und Intelligenz herausbilden. Einige Forscher sind überzeugt, dass sie schon heute die Gene identifiziert haben, die Eigenschaften wie Neugier, Hyperaktivität, Anfälligkeit für Alkoholsucht, Homosexualität oder auch unser Temperament begründen.

Die Gene liefern das Raster

Den Gen-Code zu knacken ist ein gigantisches Unterfangen: Rund drei Milliarden „Buchstaben" sitzen auf den menschlichen Chromosomen, und sie gilt es zu entziffern. Werfen wir einen Blick auf Eltern und deren Kinder, zeigt sich das Wunder der Vererbung. Die Form der Nase oder die Grundstruktur der „Schaltkreise" im Gehirn, durch die unser Verhalten bestimmt wird, bilden sich durch das Zusammenwirken einer großen Zahl von Genen. Die Erbanlagen liefern gewissermaßen das grobe Raster – die Feinabstimmung aber übernimmt die Umwelt.

Manche Wissenschaftler bezweifeln erheblich, ob sich das Verhalten eines Menschen aus seinen Erbanlagen jemals herauslesen lässt. Selbst wenn der genetische Code komplett entschlüsselt ist, bleibt unklar, was die unzähligen Gene genau bewirken, die auf viele Chromosomen verteilt sind. Abgesehen davon durchläuft jeder von uns einen ganz eigenen Entwicklungsprozess, in dem gesellschaftliche Einflüsse eine entscheidende Rolle spielen.

Das doppelte Lottchen

Um festzustellen, in welchem Maß sich die Erbanlagen auf die Persönlichkeit auswirken, untersuchten Forscher eineiige Zwillinge (mit exakt denselben Erbanlagen), die als Kinder in unterschiedlichen Verhältnissen aufwuchsen. Dabei ergab sich, dass die beiden häufig als Erwachsene erstaunliche Gemeinsamkeiten aufwiesen; so stimmten manchmal die Vornamen der Ehepartner überein, oder die Zwillinge rauchten die gleiche Zigarettenmarke. Ob sie rauchen, welche Partner sie wählen, ob sie lieber Kaffee oder Tee trinken, welchen Beruf sie ergreifen oder was sie in ihrer Freizeit am liebsten tun – eineiige Zwillinge haben

Gleichen sich Zwillinge tatsächlich wie ein Ei dem anderen? Manche Studien brachten Erstaunliches zutage: Ob in Kleidung, Partnerwahl oder Krankheitsgeschichte – die Gemeinsamkeiten sind oft verblüffend.

in vielen Verhaltensweisen wesentlich mehr gemeinsam als zweieiige Zwillinge.

Eine verblüffende Entdeckung machte der englische Verhaltensgenetiker Robert Plomin. Eineiige Zwillinge, die getrennt aufwuchsen, waren sich in Krankheit, Tod oder Scheidung noch ähnlicher als jene, die zusammen erzogen wurden. Besonders beeindruckte ihn ein eineiiges Zwillingspärchen, das sich nach 39 Jahren zum ersten Mal wiedersah. Beide trugen ein Kleid mit derselben Farbe, beide waren im selben Alter die Treppe hinuntergefallen, beide lernten mit 16 Jahren ihren Ehemann kennen, und jede hatte zwei Fehlgeburten erlitten.

Eineiige Zwillinge, die zusammen aufwachsen, entwickeln unterschiedliche Charaktereigenschaften nur, wenn sie in bestimmten Bereichen wie Beruf und Freundeskreis getrennte Erfahrungen machen. Eltern und Schule dagegen werden gemeinsam erlebt und führen nicht zu verschiedenen Eigenschaften. Die sozialen Kontakte prägen also auch bei eineiigen Zwillingen einen individuellen Charakter – zumindest bis zu einem gewissen Maß.

Kein Gehirn gleicht dem anderen

Insgesamt kamen die Zwillingsforscher zu dem Schluss, dass Eltern und Gesellschaft die Persönlichkeit eines Kindes weit weniger formen, als zuvor angenommen worden war. Die Studien schienen zu belegen, dass die Gene den Menschen grundsätzlich prägen.

Einige Wissenschaftler sind allerdings der Meinung, dass die Zwillingsforschung überbewertet wird. Dies belegen Untersuchungen, die nach Unterschieden im Verhalten eineiiger Zwillinge fahndeten. Dabei wurde etwa nachgewiesen, dass die Geschwister schwierige Aufgaben auf die gleiche Weise lösen, obwohl ihre Gehirnströme keineswegs die gleichen Muster zeigen.

Heute weiß man jedenfalls, dass es keine scharfe Grenze zwischen den Einflüssen der Umwelt und denen der Erbanlagen gibt.

Intelligenz entwickelt sich nicht von selbst

Viele Forscher meinen, dass die Erbanlagen bestimmen, wie wir auf Probleme reagieren. Doch auch die Lebensbedingungen wirken prägend. So ist die amerikanische Psychologin Sandra Scarr überzeugt, dass Eltern zwar das Selbstwertgefühl ihres Kindes beeinflussen, auf dessen Intelligenz und Persönlichkeit aber kaum einwirken können. Wenn ein Kind die Veranlagung für hohe Intelligenz hat, kann jedoch die Entfaltung seiner Fähigkeiten durch die Mitmenschen verhindert werden.

Angesichts dieser Erkenntnisse stellt sich die Frage, ob wir uns überhaupt ändern können oder uns besser mit unserem Schicksal aussöhnen sollten. Wie oft bemühen wir uns, ungeliebte Charaktereigenschaften loszuwerden, und stellen schließlich fest, dass wir immer wieder in alte Verhaltensmuster zurückfallen! „Ich kämpfe ständig gegen das Chaos", meint so mancher angesichts der Berge von Kleidung in seinem Schlafzimmer und undurchdringlicher Papierstapel auf dem Schreibtisch, doch die Unordnung bleibt.

Untersuchungen haben ergeben, dass es für viele Menschen sinnvoller ist, im Chaos zu leben, als sich eine Ordnung aufzuzwingen, in der sie gar nichts mehr finden. Die kleinen Fehler wie Eselsohren in Büchern, Flecken im Hemd oder gelegentlich ein vergessener Termin gehören einfach zu unserer Natur. Wer immer perfekt sein will, setzt sich stark unter Druck. Natürlich gilt es auch hier, das richtige Maß zu finden. Wenn die notorische Unordnung beispielsweise immer wieder zu Misserfolgen im Leben und zum Zerbrechen von Freundschaften führt, sollte man ernsthaft in Betracht ziehen, seinen Schreibtisch aufzuräumen.

Futter für die grauen Zellen

Der amerikanische Psychologe Robert Sternberg beschrieb drei Ebenen der Intelligenz: die analytische, mit der wir Aufgaben lösen, die kreative, mit der wir uns an neue Probleme wagen, und die praktische, mit der wir das Leben meistern. Wie unser Denkapparat funktioniert, erforschen seit längerem die Neurobiologen. Sie haben das Gehirn in Schubladen aufgeteilt, in denen gedankliche Tätigkeiten wie „formulieren", „erkennen" oder „hören" liegen. Durch

Ordnung ist das halbe Leben, sagt der Volksmund – auch wenn man gern im Chaos lebt, sollte man doch gelegentlich aufräumen.

GEPRÄGT FÜRS LEBEN

Ein Kind hat vom ersten Lebenstag seine eigene Persönlichkeit, aber vieles andere muss sich erst noch entwickeln.

Das Gehirn eines Menschen umfasst schon bei der Geburt die endgültige Anzahl von Nervenzellen. Wie es später arbeiten wird, hängt aber von der Vernetzung der Gehirnzellen ab; dieser Prozess findet vor allem in der Kindheit statt.

◆ **Die ersten Monate**
Auch wenn es nicht deutlich zu erkennen ist – ein Baby nimmt viele Reize wahr, die seine psychische Entwicklung entscheidend beeinflussen. Dass die ersten sechs Lebensmonate ganz besonders wichtig sind, stellten Psychologen bei Untersuchungen an Heimkindern fest. Wenn diese im ersten Lebenshalbjahr keine Bezugsperson hatten, entwickelten sie dauerhafte Persönlichkeitsstörungen und konnten später keine normalen Kontakte zu Mitmenschen pflegen.

◆ **Ein trauriges Schicksal**
Je trister die Umgebung in einem Heim ist und je weniger Zeit die Pflegerinnen für die Kleinen erübrigen können, desto dümmer bleiben diese – lebenslang. Für alle Babys und Kinder gilt: Vielfältige Anregungen jeder Art fördern die Intelligenz.

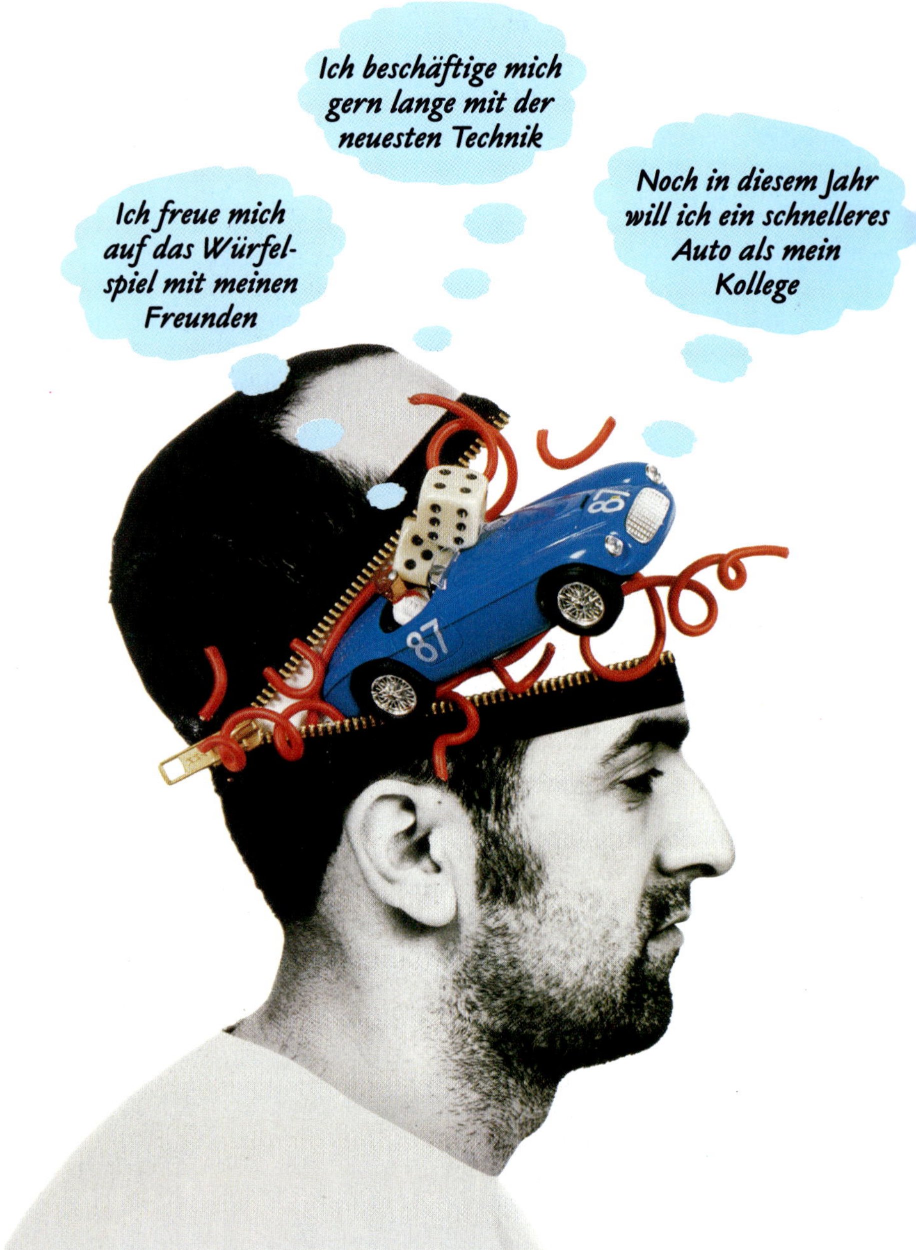

ihr Zusammenarbeiten entsteht unser Denken. Die Denkstrukturen formen sich im Lauf der ersten Lebensjahre. Bei Kindern, die in reizarmer Umgebung aufgewachsen sind, ist die Intelligenz im Vergleich zu der ihrer Altersgenossen unterentwickelt. Ein völliger Entzug äußerer Eindrücke verhindert, dass sich die notwendigen Schaltungen im Gehirn bilden. Das Gehirn wird zu einer Denk-Wüste.

Nicht jeder denkt gleich

Die erste Methode zur Messung der Intelligenz entwickelte im Jahr 1900 der französische Psychologe

Das Gehirn von Mann und Frau weist nicht nur Unterschiede in Größe und Gewicht auf – da die einzelnen Gehirnbereiche unterschiedlich verknüpft sind, denken und fühlen die Geschlechter anders.

Alfred Binet. Seither wird rund um den Erdball mit solchen Verfahren die Denkleistung der Menschen bewertet. Allerdings erfassen die Fragebogen der so genannten IQ-Tests nur sprachliche und logisch-mathematische Intelligenz. Die Fähigkeit zur Lösung von Problemen oder zur Schaffung von Neuem, also das eigentliche Wesen der Intelligenz, lässt sich damit leider nicht erfassen, ebenso wenig wie die soziale Kompetenz.

Dass Menschen unterschiedliche Arten von Intelligenz besitzen, liegt an der Verarbeitung der Informationen im Gehirn. Logisch-Rationales wird anders abgespeichert als beispielsweise Intuition und bildhafte Vorstellung. So lösen Menschen mit ausgeprägten analytischen Fähigkeiten, etwa Mathematiker, schwierige Aufgaben meist auf eine ganz andere Weise und in anderen Gehirnbereichen als Künstler. Zwar erschweren diese so unterschiedlichen Denkstrukturen nicht selten die Verständigung (etwa zwischen Frauen und Männern), doch haben sie auch die Vielfalt der menschlichen Kulturen hervorgebracht.

Warum haben wir uns nur aus unseren tierischen Vorfahren zu so extrem komplizierten, hochintelligenten Lebewesen entwickelt? Die Meinungen der Experten sind geteilt, aber sicher spielte die Kommunikation dabei eine ganz entscheidende Rolle. Menschen sind soziale Wesen, die in großen Gesellschaften zusammenleben. Je komplexer die Beziehungen in diesen Verbänden sind, desto schwieriger wird die Verständigung; so wuchsen vermutlich mit der Größe der Gemeinschaften die geistigen Fähigkeiten unserer Ahnen, mit denen sie die Sprache und schließlich die Schrift schaffen konnten.

Wer nicht denkt, bleibt dumm

Selbst wenn die Grundlagen der Intelligenz schon in den Genen vorgeformt und in den ersten Lebensjahren ausgeprägt werden, ist unsere geistige Entwicklung noch längst nicht abgeschlossen. Der Mensch zeichnet sich auch durch die Fähigkeit aus, bis ans Ende seines Lebens Neues zu lernen. Wer das Denken einstellt, leidet unter geistigem Verfall; wer aber sein Gehirn regelmäßig trainiert, bleibt im hohen Alter noch erstaunlich leistungsfähig.

Deutschland

Informationen über die Deutschen Gedächtnismeisterschaften
Gesellschaft für Gedächtnis- und Kreativitätsförderung e.V. (GGK)
Brunnenweg 4
88260 Argenbühl
Tel.: (0 75 66) 26 55

Ausbildung zum Gedächtnistrainer für Senioren
Bundesverband Gedächtnistraining
Zum Appelhof 1
51570 Windeck-Herchen
Tel.: (0 22 43) 34 43

Intelligenten-Club
Mensa Deutschland
Cirsten Novellino
Einsteinstr. 1
82152 Planegg
Tel.: (0 89) 85 66 38 00

Fit durch Ernährung
Deutsche Gesellschaft für Ernährung
Im Vogelsang 40
60488 Frankfurt
Tel.: (0 69) 9 76 80 30

Bei medizinischen Störungen
Bund Deutscher Hirngeschädigter
Humboldtstr. 32
53115 Bonn
Tel.: (02 28) 96 98 40

Deutsche Alzheimer Gesellschaft
Richard-Strauss-Str. 34
81677 München
Tel.: (0 89) 47 51 85

Stiftung Deutsche Schlaganfallhilfe
Carl-Bertelsmann-Str. 256
33311 Gütersloh
Tel.: (0 52 41) 9 77 00

Gehirntraining nach der Lehrl-Methode
Gesellschaft für Gehirntraining
Marienplatz
85560 Ebersberg
Tel.: (0 80 92) 2 41 24

Öffentlichkeitsarbeit und Patienteninformation
Deutsche Senioren-Liga e. V.
Fontanestr. 14
53173 Bonn
Tel.: (02 28) 36 79 30

Förderkurse für hochbegabte Kinder
Hochbegabtenförderung e. V.
Am Pappelbusch 45
44803 Bochum
Tel.: (02 34) 47 19 04

Deutsche Gesellschaft für das hochbegabte Kind
Sondhauserstr. 80
12249 Berlin
Tel.: (0 30) 7 11 77 18

Künstliche Intelligenzforschung
Deutsches Forschungszentrum für künstliche Intelligenz
Erwin-Schrödinger-Str. 81
67608 Kaiserslautern
Tel.: (06 31) 2 05 32 14

Psychotherapeutische Vermittlung
Deutsche Gesellschaft für Verhaltenstherapie
Postfach 1343
72603 Tübingen
Tel.: (0 70 71) 94 34 93

Grundlagenforschung
Max-Planck-Institut für Psychologische Forschung
Leopoldstr. 24
80802 München
Tel.: (0 89) 3 86 02-1

Gesellschaft für Neuropsychologie e. V.
Postfach 2135
40644 Meerbusch
Tel.: (0 21 59) 39 14

Musiktherapie
Hochschule für Musik und Theater
Harvesterhuderweg 12
20148 Hamburg
Tel.: (0 40) 44 19 55 54

Violine nach der Suzuki-Methode
Deutsches Suzuki Institut
Kerstin Wartberg
Ankerstr. 34
53757 St. Augustin
Tel.: (0 22 41) 2 89 46

Mind-Mapping in Deutschland
MB-Seminare
Fichtestr. 21
24118 Kiel
Tel.: (04 31) 8 33 01

Guter Überblick über Bücher, Spiele, Multi-Media-Produkte usw.
Creativ Concept
Am Rheinhessenblick 26 a
Postfach 26
55292 Harxheim
Tel: (0 61) 38 98 01 08

Bei Suchtgefahren
Deutsche Hauptstelle gegen die Suchtgefahren
Westring 2
59065 Hamm
Tel.: (0 23 81) 90 15-0

Österreich

Mehr über die Mind-Map-Methode
Buzan Centre Austria
Trattnerhof 2
A-1010 Wien
Tel.: (01) 5 33 70 15

Hochbegabtenclub
Mensa Österreich
Tietzestr. 2/3/20
A-1220 Wien
Tel.: (01) 2 02 22 86

Psychotherapeutische Vermittlung
Berufsverband Österreichischer Psychologen
Garnisonsgasse 1/22A
A-1090 Wien
Tel.: (01) 14 07 26 71

Hochbegabtenförderung
Verein für das hochbegabte Kind
c/o Roswita Bergsmann
Rudolf-Pleben-Str. 15
A-3021 Pressbaum-Pfalzau
Tel.: (0 22 33) 5 27 24

Rat und Informationen für Angehörige
Alzheimer Angehörige Austria
Obere Augartenstr. 26 – 28
A-1020 Wien
Tel.: (01) 3 32 51 66

Schweiz

Intelligenten-Club
Mensa Schweiz
Postfach 227
CH-8132 Egg bei Zürich
Tel.: (01) 984 10 46

Psychotherapeutische Vermittlung
Schweizerische Gesellschaft für Psychologie
Zürichbergstr. 43
CH-6044 Zürich
Tel.: (01) 257 36 19

Hochbegabtenförderung
Elterninitiative für das hochbegabte Kind
c/o W. Stern
Emil-Frey-Str. 117
CH-4142 Münchenstein
Tel.: (0 61) 411 56 29

Rat und Informationen für Angehörige
Schweizer Alzheimer Gesellschaft
Frau Hendricksen
Felix-Platter-Spital
CH-4012 Basel
Tel.: (0 61) 326 41 41

Die **fett** gedruckten Seitenzahlen verweisen auf die Haupteinträge, die *kursiven* auf Abbildungen. Die Umlaute ä, ö, ü werden wie a, o, u behandelt.

A

B

C

D

Bildnachweis

o. = oben; u. = unten; l. = links; r. = rechts; M. = Mitte

Umschlagvorderseite: Ginger Neumann

Umschlagrückseite von oben nach unten: Brian Drake/Sports File/FOCUS, Tim Davis/Tony Stone, Jason Hawkes/Tony Stone, Mark Green/Tony Stone

Vor- und Nachsatzpapier: Verlag Das Beste GmbH

Innenteil: 3 Ginger Neumann; 5 Verlag Das Beste GmbH; 6 l. Marche/ZEFA; M. Ginger Neumann; 7 Michael Müller/Fit for Fun; 8 l. Paolo Curto/The Image Bank; Porträt: Ginger Neumann; 9 VCL/Bavaria; 9 Clown: Ginger Neumann; 10 Verlag Das Beste GmbH; 12 Ginger Neumann; 14 o. Marche/ZEFA; 14/15 M. Ginger Neumann; 16 Ginger Neumann; 17 Erich Lessing/Archiv für Kunst und Geschichte, © VG Bild-Kunst, Bonn 1998; 18 Tony May/Tony Stone; 20 Bruce Ayres/Tony Stone; 21 John Millar/Tony Stone; 22 David Stewart/Tony Stone; 23 Thomas Pflaum/Visum; 24 Jason Hawkes/Tony Stone; 26 Emile Luider/Rapho/FOCUS; 28 Dr. Morley Read/Science Photo Library/FOCUS; 29 Erich Lessing/Archiv für Kunst und Geschichte, © VG Bild-Kunst, Bonn 1998; 30 Landschaft: David R. Frazier/Transglobe Agency; Mond: ACE/Mauritius; 31 Color Box/Fotex; 32 Tim Flach/Tony Stone; 33 Verlag Das Beste GmbH; 34 Archiv für Kunst und Geschichte, © VG Bild-Kunst, Bonn 1998; 35 u.l. Erich Lessing/Archiv für Kunst und Geschichte, © VG Bild-Kunst, Bonn 1998; o.r. Verlag Das Beste GmbH; 36 Evi I. Keller/Tony Stone; 37 J. Heron/IFA-Bilderteam; 38 David Olsen/Tony Stone; 39 aus Ishihara's Tests for Color Blindness, Kanehara & Co. Ltd., Tokio; 40 u.l. David Arky/Tony Stone; o.r. Verlag Das Beste GmbH; 42 Dieter Leistner/Bilderberg; 43 o. Pascal Hinous/Agence TOP/FOCUS; u. Verlag Das Beste GmbH; 44 Tastatur: Ed Honowitz/Tony Stone; Vordergrund: Peter Samuels/Tony Stone; 45 Kaiser-Porcelain Ltd.; 46 Ginger Neumann; 47 Verlag Das Beste GmbH; 48 Chris Windsor/Tony Stone; 51 Vordergrund: Euan Myles/Tony Stone; 52 Color Box/Fotex; 53 Verlag Das Beste GmbH; 55 Uhr: Andy Whale/Tony Stone; Buch: K. Ohlenschläger/Fotex; 56 Kehrer/ZEFA; 57 Verlag Das Beste GmbH; 58 Doug Armand/Tony Stone; 59 Eclipse Photography/Bilderberg; 60 Robert Starkoff/FPS Granata/Fotex; 61 l. Erich Lessing/Archiv für Kunst und Geschichte; r. Archiv für Kunst und Geschichte; 62 Muskeln: Kenneth Willardt/Bilderberg; 63 Ginger Neumann; 64 Reza Estakhrian/Tony Stone; 65 Stephanie Rushton/Tony Stone; 66 Nomi Baumgartl/Bilderberg; 67 AP & F/IFA-Bilderteam; 68/69 Bongarts; 69 Nathan Benn/FOCUS; 70 Martin Barraud/Tony Stone; 72 Christopher Arnesen/Tony Stone; 75 Martine Mouchy/Tony Stone; 76 Frank Fourni/Contact/FOCUS; 78/79 Michael Müller/Fit for Fun; 80 Dennis O'Clair/Tony Stone; 81 Barry Blackman/Tony Stone; 82 James Darell/Tony Stone; 83 David Oliver/Tony Stone; 84 Nick Dolding/Tony Stone; 86 Martin Barraud/Tony Stone; 87 Orion Press/Fotex; 88 Jay S. Simon/Tony Stone; 89 Ginger Neumann; 90 Stan Honda/dpa; 91 Randy O'Rourke/The Stock Market; 93 Baron Wolman/Tony Stone; 94 David Arky/Tony Stone; 95 Ginger Neumann; 96 Ginger Neumann; 97 Tom Till/Tony Stone; 98 Zigy Kaluzny/Tony Stone; 99 Archiv für Kunst und Geschichte; 101 Mark Wiens/Tony Stone; 102 David Hanover/Tony Stone; 103 Andrej Reiser/Bilderberg; 104 Manfred Mahn; 104 Insert: Dr. Mark Moffett/Minden-Pictures/Save-Bild; 105 dpa; 106 Nomi Baumgartl/Bilderberg; 109 Rick Raymond/Tony Stone; 110 Alan Thornton/Tony Stone; 112 Miele; 113 Tim Windsor/Tony Stone; 114 Bernd Weissbrod/dpa; 115 Kuh: Tim Davis/Tony Stone; 116 Andy Sacks/Tony Stone; 116/117 Adri Berger/Tony Stone; 118 Comstock; 119 Verlag Das Beste GmbH; 120 Verlag Das Beste GmbH; 121 aus E.G. Boring (1930), A New Ambiguous Figure/American Journal of Psychology; 123 Hans Peter Merten/Tony Stone; 124 Tschanz-Hofmann/Fotex; 125 Nicholas DeVore/Tony Stone; 126 Cinetext; 127 Ginger Neumann; 128 Spinnennetz: Tom Bean/Tony Stone; 131 John Lund/Tony Stone; 132 Ginger Neumann; 133 David Arky/Tony Stone; 134 John Wilkes/G + J Fotoservice/Picture Press; 135, 136 Verlag Das Beste GmbH; 137 o. Verlag Das Beste GmbH; u. Rex Features/Marion Schweitzer; 138 M.C. Escher „Möbius-Band II" © 1998 Cordon Art B.V., Baarn, Holland, All rights reserved; 139 Karl der Große: dpa; Diamanten: Comstock; 141 u.l. Karl der Große: dpa; Diamanten: Comstock; o.r. A. Tränkner/Fotex; 142 Zollstock: Comstock; 145 Ginger Neumann; 146/147 Wolf/IFA-Bilderteam; 148 Lori Adamski Peek/Tony Stone; 149 Camille Tokerud/Tony Stone; 150 Wal: Fred Felleman/Tony Stone; Krokodil: Daryl Balfour/Tony Stone; 152 l. Archiv für Kunst und Geschichte; r. Staatliches Museum für Naturkunde Stuttgart; 153 Jean-Paul Ferrero/Save-Bild; 154 CNRI/Okapia; 155 H. & H.-J. Koch/Bilderberg; 156 l. VW Volkswagen; r. Porsche AG ; 157 l. Rover Deutschland GmbH; r. Daimler Benz AG; 158 Frank Orel/Tony Stone; 161 Faller GmbH; 162 H. R. Bramaz/Helga Lade; 163 Georg Fischer/Bilderberg; 164 Ginger Neumann; 165 VCL/Bavaria; 166 o. Paolo Curto/The Image Bank; 166/167 Ginger Neumann; 168, 169 Verlag Das Beste GmbH; 170 Wedewardt/ZEFA; 171 Wellcome Dept. of Cognitive Neurology/Science Photo Library/FOCUS; 177 Axel Siebmann/access; 173 o. Ginger Neuman; u. Bayer & Mitko/Artothek, © VG Bild-Kunst, Bonn 1998; 174 o. Ginger Neuman; u. Verlag Das Beste GmbH; 175 Christian Petit/Vandystadt/FOCUS; 176 Dennis Galante/Tony Stone; 177 Stuart McClymont/Tony Stone; 178/179 Roland R. Geisselhart/WZ Media; 180 Elefant: Mathias Woltmann/argus-Fotoarchiv; 181 Peter Andrews/Katz Pictures/FOCUS; 182 Bildarchiv Engelmeier; 183 Verlag Das Beste GmbH; 184 o. David Madison/Tony Stone; u. Archiv für Kunst und Geschichte; 185 Rainer Martini/Look; 186 Michael K. Nichols/FOCUS; 187 David Madison/The Image Bank; 188 Ginger Neumann; 189 Karl-Heinz Raach/Look; 190 Bildarchiv Engelmeier; 191 o. Verlag Das Beste GmbH; u. Wolfgang Volz/Bilderberg; 192 Erich Lessing/Archiv für Kunst und Geschichte; 193 Einstein: dpa; Stein: Ginger Neumann; 195 o.l. Verlag Das Beste GmbH; Rest: Ginger Neumann (5); 196 Damm/ZEFA; 197 o.M. Verlag Das Beste GmbH; Rest: Ginger Neumann (5); 198 o. Damm/ZEFA; u. Jochen Tack/Das Fotoarchiv; 199 Jochen Tack/Das Fotoarchiv; 202 Bildarchiv Engelmeier; 203 l. Christian Grzimek/Okapia/Bilder Pur; r. NAS J. L. Lepore/Okapia/Bilder Pur; 204 Baum: Ginger Neumann; 207 Jon Riley/Tony Stone; 208 J. W. Burkey/Tony Stone; 209 l. Bernhard Nimtsch/Das Fotoarchiv; M. Kai R. Svensson/Science Photo Library/FOCUS; r. Hackenberg/ZEFA; 210 Tee: Shaun Egan/Tony Stone; Gebäck: Verlag Das Beste GmbH; 211 Ginger Neumann; 212 Michael Lange/Visum; 213 Hartmut Schwarzbach/argus-Fotoarchiv; 214 Ben Edwards/Tony Stone; 215 Donna Day/Tony Stone; 216 Verlag Das Beste GmbH; 217 Frieder Blickle/Bilderberg; 218 Gesicht: Color Box/Fotex; 219 Renault-Rieger/Gamma/Studio X; 220 Reinhard Wolf/Bilderberg; 221 Richard Meats/Tony Stone; 222 Charlie Waite/Tony Stone; 223 Diogenes Verlag AG, Zürich; 224 Eberhard Grames/Bilderberg; 225 Jacques Prayer/Gamma/Studio X; 226 Lufthansa; 228 Roger M. Gill; 229 News UK Ltd.; 230 Ginger Neumann; 231 Brian Drake/Sports File/FOCUS; 232 John Lund/Tony Stone; 234 Fisch: Ginger Neumann; 235 Jochen Tack/Das Fotoarchiv; 237 John Lund/Tony Stone; 238 Gebäude: Kohlhas/ZEFA; Mensch: TCL/Bavaria; 240 Lauros Giraudon/Studio X; 241 Verlag Das Beste GmbH; 244 Ginger Neumann; 246 Clown: Ginger Neumann; 246/247 lachende Gesichter: VCL/Bavaria; 248 Ed Pritchard/Tony Stone; 250 Christine Hanscomb/Tony Stone; 251 Antonia Deutsch/Tony Stone; 253 David Chambers/Tony Stone; 254 Gummibären: HARIBO; Süßigkeiten: Verlag Das Beste GmbH; 255 Kevin Horan/Picture Group/FOCUS; 257 Bruce Ayres/Tony Stone; 258/259 Wolfgang Schmidt/Das Fotoarchiv; 259 u. Peter Dazeley/Tony Stone; 260 Gisbert Paech; 261 David Hanover/Tony Stone; 262 Cinetext; 265 TCL/Bavaria; 266 Raghu Rai/Magnum/FOCUS; 267 Frank Orel/Tony Stone; 269 NDS/Helga Lade; 270 Comstock; 271 Verlag Das Beste GmbH; 272 Ginger Neumann; 274–275 Ginger Neumann; 276 Frank Herboldt/Tony Stone; 277 o. Dedert/dpa; M. Ursula Düren/dpa; u. AFP/dpa; 278 Charles Thatcher/Tony Stone; 279 Peter Menzel/FOCUS; 280 LDW/IFA-Bilderteam; 283 Rick Rusing/Tony Stone; 284 Peter Paulides/Tony Stone; 285 FGHH/Transglobe Agency; 288 Verlag Das Beste GmbH; 289 Photographic/Mauritius; 290 Ron Berg/Tony Stone; 292 Mark Green/Tony Stone; 293 Chad Slattery/Tony Stone; 295 Simon McComb/Tony Stone; 297 Carol Ford/Tony Stone; 298 David Oliver/Tony Stone; 299 Archiv für Kunst und Geschichte; 300 Photothèque SDP/Mauritius; 301 Zeitungen: Vera R. Storman/Tony Stone; Landschaft: Reiner Pfisterer; Schläfer: K + H Benser/ZEFA; 302 Gert Krienke/Bavaria; 303 Kim Hart/Transglobe Agency, © The Munch Museum/The Munch Ellingsen Group/VG Bild-Kunst, Bonn 1998; 304 u. Ginger Neumann; 304/305 Tracey Scheer/Bilder Pur; 306 James Balog/Tony Stone; 307 Paul Morrell/Tony Stone; 308 Eberhard Grames/Bilderberg; 309 Frank Herholdt/Tony Stone; 310/311 John Millar/Tony Stone.